Wir machen Geschichte

Gymnasium Sachsen
Klasse 9

Wir machen Geschichte

Gymnasium Sachsen
Klasse 9

Von der Weimarer Republik bis zur Gegenwart

Herausgegeben von Ernst Hinrichs, Bernhard Müller und Jutta Stehling

Von Michael Guse, Karin Hartewig, Volker Kneisel, Bernhard Müller, Lutz Niethammer, Jutta Stehling und Dirk van Laak

Bearbeitet von Birgit Gütersloh, Klaus Knabe und Gunda Ulbricht

Verlag Moritz Diesterweg
Frankfurt am Main

Wir machen Geschichte

Gymnasium Sachsen

Klasse 9

Von der Weimarer Republik
bis zur Gegenwart

Herausgegeben von Prof. Dr. Ernst Hinrichs, Oldenburg, StD Bernhard Müller, Heilbronn und OStD Dr. Jutta Stehling, Bielefeld

Verfasst von
StD Michael Guse, Siegen
Dr. Karin Hartewig, Berlin
StD Volker Kneisel, Bad Sassendorf
StD Bernhard Müller, Heilbronn
Prof. Dr. Lutz Niethammer, Jena
OStD Dr. Jutta Stehling, Bielefeld
Dr. Dirk van Laak, Jena

Bearbeitet von
Dr. Birgit Gütersloh, Dresden
Dr. Klaus Knabe, Dresden
Dr. Gunda Ulbricht, Dresden

Genehmigt für den Gebrauch in Schulen,
Genehmigungsdaten teilt der Verlag auf Anfrage mit.

ISBN 3-425-03344-1

Karten und Grafiken: Joachim Zwick, Gießen
Umschlaggestaltung: Sergio Castelli, Passau
Umschlagabbildung: Weiße Rose Stiftung, München
Satz und Druck: Druckhaus Kaufmann, Lahr
Reproduktion: Reprographia, Lahr
Bindearbeiten: Conzella Verlagsbuchbinderei GmbH & Co., Pfarrkirchen
Printed in Germany

Inhaltsverzeichnis

Liebe Schülerinnen und Schüler!

Hier ist nun der 5. Band eures Geschichtsbuchs „Wir machen Geschichte". Wir laden euch wieder ein: Macht euch eure Geschichte selbst! Folgt den Spuren der Geschichte, die euch schließlich zu eurer unmittelbar erlebten Realität führen werden! Entdeckt und erforscht entfernte und nahe Wirklichkeiten! Lasst euch davon Impulse für euer eigenes Denken und Handeln in Gegenwart und Zukunft geben! Die Vergangenheit, auch die unmittelbare, ist abgeschlossen; Geschichte dagegen entsteht ständig in unserem Bewusstsein neu. Alle Menschen haben ein eigenes Bild von der Geschichte. Dieses Geschichtsbild beeinflusst ihr Verhalten in der Gegenwart. Unsere Geschichte ist und bleibt ein spannendes Forschungsgebiet, in dem es immer wieder Neues zu entdecken gibt. Oft sind die Erkenntnisse, die wir dabei gewinnen, unerfreulich. Es wird uns ein Spiegelbild vorgehalten, in dem wir unsere eigenen Probleme deutlich sehen. Dies kann ein schmerzhafter Prozess sein. In eurem Geschichtsbuch findet ihr eine Fülle von Angeboten und Anregungen, Geschichte zu „machen". Hier noch einmal der Aufbau des Buches:

Auftaktbild

Jedes Kapitel beginnt mit einem großen Auftaktbild. Es zeigt etwas, das für den Inhalt des Kapitels typisch ist. Immer gibt es Bekanntes und Unbekanntes zu entdecken. Ihr werdet Fragen stellen wollen. Diese Fragen an die Geschichte sind für eure weitere Arbeit wichtig. Was interessiert euch genau? Wo gibt es Parallelen zu euren eigenen Erfahrungen? Wichtig ist, dass ihr nicht beim Auftaktbild stehen bleibt, sondern weiterfragt: Nach den Menschen, den Besonderheiten und den Problemen der Zeit. Auf der Rückseite des Auftaktbildes findet ihr weitere Informationen zum Verständnis des Bildes.

Einführung

Zunächst gibt es eine kurze Einführung in das Kapitel. Dabei erläutern die Autoren, welche Arbeitsschwerpunkte sie ausgewählt und welche Bedeutung diese für das Kapitel insgesamt haben. Eine Geschichtskarte, eine Zeittafel und eine Liste wichtiger Begriffe geben eine Orientierung für eure Forschungsarbeit. Sie können helfen, sich im Lauf der Geschichte und am Ort der Geschehnisse zurechtzufinden.

Arbeitsteil

Jedes Kapitel besteht aus einem Arbeits- und einem Darstellungsteil. Der Arbeitsteil untergliedert sich wiederum in verschiedene Schwerpunkte, die jeweils eine Reihe von Materialien zu einem für das Verständnis des Kapitels zentralen Thema enthalten. Quellentexte, Sekundärtexte und Bilder. Die Autoren von „Wir machen Geschichte" haben die Materialien so aufbereitet, eingeleitet und kommentiert, dass ihr sie selbstständig bearbeiten können. Arbeitsaufträge werden euch helfen, die Materialien zu verstehen und euch eure eigene Meinung zu bilden.

Darstellungsteil

In diesem Teil stellen die Autoren auf der Grundlage neuester wissenschaftlicher Erkenntnisse entweder Themen dar, die in den Arbeitsteilen nicht behandelt werden oder geben einen Überblick über den betreffenden Zeitabschnitt. Sie informieren auch über Fragen, über die sich die Forscher uneins sind oder zu denen es noch keine sicheren Erkenntnisse gibt: Geschichte ist nichts Abgeschlossenes, sondern ein lebendiger Prozess, zu dem wir alle immer wieder beitragen. Die Fragen am Ende jedes Abschnitts werden euch helfen, euch selbst zu beteiligen.

Werkzeugkiste

Hier findet ihr das notwendige Handwerkszeug, um Geschichte selbst zu „machen". Wie können wir eine Fotocollage herstellen und interpretieren? Wie gehen Comic-Künstler mit der Vergangenheit um? Was müssen wir beachten, wenn wir Zeitzeugen befragen wollen? Wie können wir das internet zur Bearbeitung historischer Themen nutzen? Wie wird eine Quelle perspektivisch erschlossen? Was bietet das Haus der Geschichte der Bundesrepublik Deutschland in Bonn? Was hat es mit dem 9. November in der deutschen Geschichte auf sich? Wie lassen sich Karikaturen und Gemälde erschließen? Bei aller Unterschiedlichkeit der behandelten Themen hat die Werkzeugkiste immer einen engen Bezug zum Thema des Kapitels.

Ein **Glossar** mit Erklärungen schwieriger Begriffe und ein **Register** findet ihr am Ende des Buches. Und nun viel Erfolg mit *„Wir machen Geschichte"!*

Reichsbund
Nie
Krieg

Nie
wieder
Krieg
S.P.D

1 Deutschland 1914 – 1930: Krieg, Revolution, Republik

Zur Auftaktseite

Das Bild zeigt eine Friedensdemonstration im Jahre 1928: Vor Schinkels Altem Museum im Berliner Lustgarten setzten sich demokratische Linksparteien und der Reichsbund für Kriegsbeschädigte und Kriegshinterbliebene für Frieden und Völkerverständigung ein. Nach dem Ersten Weltkrieg gab es in Europa und vor allem in Deutschland eine starke pazifistische Bewegung. Prominente Mitglieder waren Publizisten wie Carl von Ossietzky und Kurt Tucholsky, Vertreter der Parteien, Gewerkschaften und Kirchen, aber auch ehemalige Generäle wie von Schönaich und von Deimling. Die Linksparteien waren für Abrüstung und Kriegsächtung, wie es dann im Kellogg-Pakt des Jahres 1928 in Paris festgelegt wurde.
Das Bild von politischen Massenprotesten auf der Straße ist typisch für die Weimarer Republik. In einem bis dahin nie da gewesenen Maße war die große Masse der Bevölkerung nach dem Ersten Weltkrieg politisch motiviert. Es gab kaum einen politischen Anlass, der nicht seine starke Resonanz auch auf der Straße fand: die Bestimmungen des Versailler Vertrages 1919 ebenso wie die Außenpolitik Stresemanns, das Betriebsrätegesetz von 1920 oder der Streit um eine Reform des Schulwesens. Politik wurde im wörtlichen Sinne auf der Straße gemacht. Die gewählten Politiker wurden unter dem Druck der Straße nicht selten zum Handeln gezwungen.

Zur Einführung

Lange haben Historiker und Geschichtslehrer die Weimarer Republik als bloße Vorgeschichte des „Dritten Reiches" betrachtet. Die Erinnerung an die gescheiterte erste Demokratie nahm dabei bei uns Deutschen den Raum ein wie bei anderen Völkern gelungene Revolutionen. Heute, nach der Wiedervereinigung Deutschlands, scheint klar, dass „Bonn" (= der Bundesrepublik) nicht ein ähnliches Schicksal droht wie „Weimar". Damit wird der Blick frei für die Eigenarten und Besonderheiten der ersten deutschen Republik: die neue politische Kultur, die Verarbeitung des Ersten Weltkriegs, die Innen- und Außenpolitik. Dieses Kapitel endet bereits 1930. Der Machteinsetzung der Nationalsozialisten und ihren Ursachen ist das nächste Kapitel gewidmet.
Die erste deutsche Republik begann Ende 1918 im Schatten eines verlorenen Weltkriegs. Es ging darum, die individuellen Erfahrungen und die allgemeinen politischen Folgen des Krieges zu verarbeiten, aber auch neue politische und soziale Modelle zu entwerfen und zu erproben. Die Verantwortlichen des Ersten Weltkriegs hatten die Bevölkerung lange in dem fälschlichen Glauben gelassen, Deutschland sei von mächtigen Feinden bedroht, es gelte das Vaterland zu retten. Einmal in Gang gebracht entwickelte der Krieg seine eigene Dynamik. Nicht die von der Mehrheit der Parlamentarier eingebrachte Friedensresolution, sondern erst die Bankrotterklärung der Obersten Heeresleitung beendete Ende 1918 den längst verlorenen Krieg. Der erste Arbeitsteil beschäftigt sich mit diesem Thema. Den politischen Umbruch von 1918/19 verfolgen wir sodann an einem gut dokumentierten lokalen Beispiel. Die Vorgänge in Chemnitz zeigen exemplarisch Probleme, Lösungsversuche, Chancen und Scheitern, wie sie für die Mehrzahl der Räte im Reich galten.
Unser dritter Arbeitsteil verwendet die relativ neue historische Kategorie „Geschlecht". Der politische Umbruch stellte auch die Weichen für eine Neubestimmung der Rollen von Männern und Frauen. Wir gehen der Frage nach, welche theoretischen Diskussionen es gab und wie die konkreten Lebensbedingungen nach Einführung des Frauenwahlrechts waren.
Im Darstellungsteil wird der Erste Weltkrieg noch einmal zusammenfassend behandelt. Sodann wird gezeigt, welche politischen Leistungen in der Anfangsphase der Weimarer Republik erbracht wurden, aber auch, unter welch ungeheuren innen- und außenpolitischen wie auch wirtschaftlichen Belastungen die erste deutsche Republik stand.
In der Werkzeugkiste beschäftigen wir uns mit politisch motivierter Fotocollage, einem wichtigem Element der Kultur der Weimarer Republik.

Zur Orientierung

Das Deutsche Reich nach dem Frieden von Versailles

Wichtige Daten

1914–1918	Erster Weltkrieg
1917	Kriegseintritt der USA, Revolution in Russland
1918	14 Punkte des US-Präsidenten Wilson, Frieden von Brest-Litowsk
	Abdankung des Kaisers, Ausrufung der Republik, Abdankung des sächsischen Königs
1919–1925	Sozialdemokrat Ebert Reichskanzler
16.–21.12.	Rätekongress in Berlin
1919	Jan.: Spartakusaufstände in Berlin
	Wahlen zur Nationalversammlung
	Unterzeichnung des Versailler Vertrags
1920	Kapp-Putsch
1922	Vertrag von Rapallo
1923	Einmarsch französischer Truppen ins Ruhrgebiet, Hitler-Putsch in München, Inflation, Reichsexekution gegen Sachsen
1924	Londoner Konferenz, Dawes-Abkommen
1925–1934	Hindenburg Reichspräsident (parteilos)
	Unterzeichnung der Locarno-Verträge
1926	Aufnahme Deutschlands in den Völkerbund
1929	Beginn der Weltwirtschaftskrise
1930	Beginn der Präsidialkabinette

Grundbegriffe: ***Inflation, Parlamentarismus, Parteienstaat, Räte, Versailler Vertrag, Völkerbund***

1 Gegen eine Welt von Feinden? Der lange Schatten des Weltkriegs 1914–1918

Der Erste Weltkrieg endete mit einer Bankrotterklärung der militärischen und politischen Führung. Wir wollen in diesem Arbeitsteil einige für die spätere Entwicklung der Weimarer Republik markante Punkte genauer betrachten.

Der Soldat Adolf Hitler und seine falsche Lehre aus dem Krieg

1932 resümierte der Pädagoge Friedrich Wilhelm Foerster:

Q1 „Hitler ist derjenige deutsche Mensch, der seinen ganzen Glauben, all sein Vertrauen, all seine Opferkraft vier Jahre lang in die deutsche Sache gesetzt, dafür im Schützengraben gelegen, Gas geschluckt, den Beruf verloren hat und für all dies Opfer nichts gewonnen hat als nationale Demütigung, Pflicht zu unabsehbarem Schadenersatz, Entlarvung des Staates von jedem Glanz und jeder Farbe, Verlust aller deutschen Auslandsstellungen, Verkürzung des Lebensraums für das ganze Volk, Verdüsterung aller Lebenshorizonte. Derjenige deutsche Mensch, der dies alles erlebt hat, aber die Ursachen des Krieges und der Kriegsverlängerung sowie des Nachkriegselends richtig erkannte, wurde leidenschaftlicher Pazifist auf Leben und Tod.... Derjenige deutsche Mensch und Kriegsteilnehmer aber, der alle jene Ursachen und Wirkungen nicht richtig deutete, sondern der Lügenpropaganda zum Opfer fiel, die sofort nach dem Kriege die Opfer des Verbrechens von der Fährte der Schuldigen ablenkte, der wurde von rasender Wut gegen den „Vernichtungswillen des Feindbundes“, die „Schuldlüge“, die „Novemberverbrecher“ erfüllt.“

(Die Zeit. Organ für grundsätzliche Orientierung, 5.7.1932, 432. Zit. nach: Th. Koebner: Weimars Ende. 1982, 89)

Die Oberste Heeresleitung

Generalfeldmarschall Paul von Beneckendorff und von Hindenburg (*1847 Posen, †1934 Neudeck, Ostpreußen) wurde am 29. August 1916 vom Kaiser zusammen mit General Ludendorff zum Chef der Obersten Heeresleitung ernannt. Am 2. November 1916 schrieb Hindenburg:

Q2 „Im Laufe des Krieges ist der Einfluss der Maschine immer deutlicher in den Vordergrund gerückt; die Bedeutung der lebenden Kräfte hat sich dagegen verringert; entscheidend ist nicht mehr allein der höhere Wert der Truppe, der nie hoch genug gestellt werden kann, sondern in steigendem Maße die Überlegenheit an Kanonen, Munition und Maschinengewehren. Unseren Gegnern stehen die Fabriken und die Arbeiterschaft der gesamten neutralen Welt zur Verfügung: Deutschland und seine Verbündeten sind lediglich auf die eigenen Mittel angewiesen. Wir können den Krieg daher nur gewinnen, wenn wir dem Heere so viel Kriegsgerät zuführen, dass es den feindlichen Armeen gleich stark gegenübersteht, und wenn wir die Ernährung des gesamten Volkes sicherstellen. Das ist bei den reichen Mitteln, die unsere Feinde haben, nur möglich, wenn alles, was unser Land an Bodenschätzen birgt und was die Industrie und der Acker hergeben können, ausgenutzt wird lediglich für die Förderung des Krieges. Dieses Höchstmaß an Leistungen kann nur erreicht werden, wenn das gesamte Volk sich in den Dienst des Vaterlandes stellt.“

(Zit. nach: T. Walter: Die Weimarer Republik. 1983)

1. Beschreibt die Veränderungen der Kriegsführung, wie Hindenburg sie erläutert! Versetzt euch dabei auch in die Lage der Soldaten!

Die Vertreter des Volkes

Am 19. 7. 1917 beschloss der Reichstag mit den Stimmen von Zentrum, SPD und Liberalen (212) folgende Friedensresolution:

Q3 „Der Reichstag erstrebt einen Frieden der Verständigung und der dauernden Versöhnung der Völker. Mit einem solchen Frieden sind erzwungene Gebietsabtretungen und politische, wirtschaftliche oder finanzielle Vergewaltigungen unvereinbar. Der Reichstag weist auch alle Pläne ab, die auf eine wirtschaftliche Absperrung und Verfeindung nach dem Kriege ausgehen. Die Freiheit der Heere muss sichergestellt werden. Nur der Wirtschaftsfriede wird einem freundschaftlichen Zusammenleben der Völker den Boden bereiten. Der Reichstag wird die Schaffung internationaler Rechtsorganisationen tatkräftig fördern. Solange jedoch die feindlichen Regierungen auf einen solchen Frieden nicht eingehen, solange sie Deutschland mit Eroberung und Vergewaltigung bedrohen, wird das deutsche Volk wie ein Mann zusammenstehen, unerschütterlich ausharren und kämpfen, bis sein und seiner Verbündeten Recht auf Leben und Entwicklung gesichert ist.“

(Zit. nach: ebd., 31)

Aus dem Gründungsaufruf der Deutschen Vaterlandspartei (2. 9. 1917)

Q4 „Weite Kreise des deutschen Volkes stimmen mit der Stellungnahme der gegenwärtigen Reichstagsmehrheit zu den wichtigsten Lebensfragen des Vaterlandes nicht überein. Wen gäbe es nicht, der mit heißem Herzen den Frieden ersehnte! Nervenschwache Friedenskundgebungen verzögern nur den Frieden. Nicht Sonderbestrebungen zur Erringung parteipolitischer Macht dürfen jetzt das Deutsche Reich zersplittern, der unbeugsame, nur auf des Vaterlandes Sieg bedachte Wille muss es sein."

(Zit. nach: ebd., 32)

1. Nennt und diskutiert die beiden unterschiedlichen Haltungen!
2. Arbeitet ein alternatives Handlungskonzept aus!

Junge Soldaten und ihr kurzes Leben

Am 11. November 1914 schrieb Erich Krems (gefallen am 10. März 1916), ein Freund von Peter Kollwitz (gefallen am 22. Oktober 1914), in einem Brief:

Q5 „Glaub bloß keine von den üblichen Redensarten von dem „vorzüglichen Geist in unserem Heer". Es gibt nichts, was der Soldat draußen mehr wünscht, als den Frieden... Das Gefühl ist allgemein: Welch sinnloses, fürchterliches Ding der Krieg ist! Wie ihn keiner gewollt, nicht der Belgier, der auf mich zielt, nicht der Engländer, auf den ich anlege... Jetzt, nach der gemachten Begeisterung, spüren sie's alle: Hass gegen den Krieg. Und der wird bei ihnen zum Hass gegen die Regierung, die den Krieg führt..."

(Zit. nach: U. Grober: Das kurze Leben des Peter Kollwitz. In: Die Zeit, 48, 22.11.1996)

T6 „Verdun, 14. Mai 1979 (dpa). Der Volksbund Deutscher Kriegsgräberfürsorge hat am Montag zu Ehren der deutschen Gefallenen des Ersten Weltkriegs im Hof des Forts Douaumont bei Verdun eine Gedenktafel enthüllt. In einer von der französischen Armee ausgerichteten Feierstunde erinnerte der stellvertretende Präsident des Volksbundes, Hans-Otto Weber, daran, dass im Jahre 1916 in den dreißig Wochen des Kampfes um Verdun mehrere hunderttausend deutsche und französische Soldaten das Leben lassen mussten. Seit jenen Tagen, sagte er, sei der Name Verdun zum Inbegriff der Sinnlosigkeit des Krieges geworden."

1. Sucht und analysiert Denkmäler, die an Gefallene des Ersten Weltkriegs erinnern!
2. Setzt euch mit der Botschaft von B1 an uns alle auseinander!
3. Konzipiert eine Ausstellung zur Wirklichkeit des Ersten Weltkriegs!

B1 Grabmal des Peter Kollwitz von Käthe Kollwitz auf dem Soldatenfriedhof von Vladslo in Belgien.

2 Arbeiter- und Soldatenräte als demokratische Alternative? Chemnitz 1918/19

Die Revolution

Alle Quellen stammen aus der „Volksstimme“, die seit 1891 mit dem Untertitel „Organ für das arbeitende Volk des 10., 15., 16., 17. u. 19. sächsischen Reichstagswahlkreises“ erschien.

Dienstag, 5. 11. 1918, S. 1

Q1 „Und Friedrich August?
.... Immer wird aber nur von der Abdankung des Kaisers gehandelt. Da ist es schon am Platze, daran zu erinnern, dass es damit allein nicht getan wäre. Wird die Abdankung des Kaisers gefordert, dann darf man auf halbem Wege nicht stehen bleiben, sondern dann muss man vor allem daran denken, dass wir noch eine Reihe Monarchien im Reiche haben, die alle als vollständig überlebt anzusprechen sind. Es würde sicher dem deutschen Volke viel nützlicher sein, wenn die furchtbare Zeit nicht nur den Frieden brächte, sondern auch den Einheitsstaat oder ein Staatengebilde, in dem wirklich nur die Beauftragten des Volkes regieren.
Wer wollte behaupten, dass der sächsische König vom sächsischen Volke beauftragt wäre, seine Geschicke zu lenken! Worin ist ein besonderes sächsisches Königtum in der Gegenwart noch begründet?“

B1 Faksimile der „Volksstimme“ vom Montag, 4. 11. 1918, S. 2

In zwölfter Stunde
Am Mittwoch um 1 Uhr wird die Zeichnung auf die 9te Kriegsanleihe geschlossen!
Willst Du zögern, bis es zu spät ist?

Freitag, 8. 11. 1918, Beilage

Q2 „Heraus mit dem gleichen Recht!
Der Wahlrechtsausschuss ist eingesetzt; ob er seine Beratungen bereits begonnen hat, ist der Öffentlichkeit nicht bekannt. Die Auffassung in der Bevölkerung ist, dass Kräfte am Werke sind, die Wahlrechtsänderung zu verschleppen. Für diese Auffassung spricht manches, vor allem, wenn man die Zusammensetzung der städtischen Körperschaften in Rechnung stellt. Wir fordern größte Beschleunigung! Das ist möglich, denn es handelt sich um eine ganz einfache Sache. Ein Wahlrecht, das die restlose Gleichberechtigung vorsieht, ist in wenigen Stunden geschaffen. ... Keine Tüfteleien, keine Suche nach „Sicherungen“, sondern uneingeschränkte Gleichberechtigung! ... Heraus mit dem gleichen Wahlrecht für die Stadtvertretung! Sozialdemokratischer Verein für den 16. Wahlkreis.“

Sonnabend, 9. 11. 1918, S. 1

Q3 „Auf in den Kampf für Freiheit, Brot und Frieden! Arbeiter und Soldaten im Industriebezirk Chemnitz!
Der unterzeichnete Rat der Arbeiter und Soldaten[1] in Chemnitz hat heute Nacht die militärische und politische Macht in die Hände genommen, wie das schon in den ausschlaggebenden Bezirken Deutschlands geschehen ist.

1 Dem provisorischen Arbeiter- und Soldatenrat gehörten jeweils 10 Mitglieder von SPD und USPD und weiterhin 10 Vertreter der Soldaten an.

K2 Die ersten Tage der Revolution. In den eingezeichneten Orten hatten bis zum 10. November 1918 Arbeiter- und Soldatenräte die Macht übernommen.

Der Rat der Arbeiter und Soldaten garantiert die Aufrechterhaltung der Ordnung und öffentlichen Sicherheit. Arbeitseinstellungen dürfen nur auf Befehl des Arbeiter– und Soldatenrates stattfinden. Jeder gehe darum an seine Arbeitsstätte bis er andern Auftrag erhält. Der Verkehr und alle amtliche Tätigkeit muss bis auf Gegenbefehl des Arbeiter– und Soldatenrates aufrecht erhalten werden. Wer seinen Posten ohne Erlaubnis verlässt, wird unnachsichtig zur Rechenschaft gezogen, ebenso jeder Beamte, der Sabotage versucht oder durch Nachlässigkeiten im Dienste dem öffentlichen Wohl Schaden zufügt. Die militärische Kommandogewalt wird vom Arbeiter- und Soldatenrat ausgeübt. Allen von ihm nicht eingesetzten oder anerkannten Instanzen ist jeder Gehorsam zu verweigern. Für die Ernährung der Bevölkerung wird der Arbeiter- und Soldatenrat die Schritte einleiten, die notwendig sind, um keinerlei Stockung in der Zufuhr von Nahrungsmitteln eintreten zu lassen. Jeder sei darum ohne Sorge. Heute Mittag 12 Uhr finden im Zentraltheater, im Kaufmännischen Vereinshaus und im Neuen Stadttheater Versammlungen der Arbeiter und Soldaten statt, in denen über die Lage Bericht erstattet wird. Der provisorische Arbeiter- und Soldatenrat wird sich in diesen Versammlungen bestätigen und zur Vornahme aller notwendigen Handlungen bevollmächtigen lassen. Die Übernahme der Geschäfte durch einen definitiven Arbeiterrat wird nach dessen Wahl erfolgen. Diese Wahl wird im Laufe der nächsten Woche stattfinden. Stimmberechtigt sind alle Chemnitzer beiderlei Geschlechts, die das 18. Jahr vollendet oder Heeresdienst getan haben. Das Ziel aller Arbeiter- und Soldatenräte Deutschlands ist die Errichtung der sozialistischen deutschen Republik! Hoch die brüderliche Gemeinschaft der Soldaten und Arbeiter! Hoch die revolutionäre Disziplin! Es lebe die Weltrevolution! Es lebe der völkerbefreiende Sozialismus! Es lebe der Frieden!“

Sonnabend, 9. 11. 1918, Beilage

Q4 „Die Eroberung der politischen Macht durch Arbeiter und Soldaten in Chemnitz.

Wie schon vorher bereits in vielen anderen Großstädten des Reiches, haben in den späten Freitagabendstunden auch in Chemnitz die Arbeiter und Soldaten die politische und militärische Macht erobert. Die Truppen in den Kasernen entwaffneten ihre Offiziere und erwählten sich selbst eine neue Führung. Schon in der 8. Abendstunde wurde eine große Anzahl Militärgefangener aus der Militärgefangenenanstalt an der Herrenstraße befreit. ...Etwa gegen 9 Uhr war die organische Verbindung zwischen den Soldaten und der Sozialdemokratie beider Richtungen völlig hergestellt. Aufrufe und Extrablätter wurden verteilt und mit nervöser Hast gelesen. An bedeutenden Straßenknotenpunkten und an größeren Plätzen bildeten sich zeitweise große Menschenansammlungen, doch kam es nirgends zu Ausschreitungen oder Unruhen. Alles vollzog sich in musterhafter Ruhe und Ordnung. Gegen 10 Uhr durchzogen große Truppenmassen unter Trommelwirbel und Singen des Sozialistenmarsches die Straßen. Sie wurden bereits von den vorläufig gewählten sozialdemokratischen Aktionskomitees geführt.

Noch in der Nacht traten die Komitees der beiden sozialdemokratischen Parteien und die gewählten Vertreter der Soldaten zu gemeinsamer Beratung zusammen. Der Bruderkrieg wurde beigelegt. Sofort wurde ein Arbeiter- und Soldatenrat konstituiert, der durch in den nächsten Tagen zu erfolgende Wahlen seine Bestätigung erhalten soll. Ehe der Morgen graute waren bereits alle zivilen und militärischen Organe der Stadt und die gesamte Garnison dem Arbeiter- und Soldatenrat unterstellt. Bahnhöfe, Post- und Telegrafenämter wurden besetzt, ein ständiges Bureau errichtet.“

1. Beschreibt den Verlauf der Revolution in Chemnitz!

2. Nennt die Hauptziele des Chemnitzer Arbeiter- und Soldatenrates und schließt auf die Akzeptanz der Räte in der Bevölkerung!

Montag, 2. 12. 1918 Beilage

Q5 „Wahlordnung für die Neuwahlen des Arbeiter- und Soldatenrates im Industriebezirk Chemnitz

§1 Der Wahlbezirk umfasst die Orte Chemnitz, Ebersdorf, Nieder- und Oberhermersdorf, Reichenhain, Harthau, Markersdorf, Schönau, Neustadt, Siegmar, Reichenbrand, Rabenstein, Rottluff, Glösa, Draisdorf, Heinersdorf und Auerswalde.

§2 Wahlberechtigt und wählbar sind alle über 20 Jahre alten, gegen Lohn oder Gehalt beschäftigten Personen beiderlei Geschlechts, sofern sie in einem der oben bezeichneten Orte ihren Wohnsitz haben oder in einem dieser genannten Orte gelegenen Betriebe in Beschäftigung stehen, sowie alle Soldaten oder gewesenen Soldaten ohne Rücksicht auf ihr Alter.

Als gegen Gehalt beschäftigt gelten auch Reichs-, Staats-, Gemeinde- und Privatangestellte mit einem Gehaltseinkommen bis zu 7500 M.

Außerdem sind noch alle sonstigen Personen, die schon vor dem 10. November 1918 Mitglied einer sozialdemokratischen Partei waren, wahlberechtigt.

§3 Die Wahlen finden nach dem System der gebundenen Listen statt. Sie sind geheim und direkt.

§4 Der Arbeiter- und Soldatenrat besteht aus 30 Personen. Seine Amtsdauer beträgt vom Tag der Wahl gerechnet 3 Monate.

§6 1. Die Soldaten wählen in ihren Heereseinheiten. Fabrikarbeiter und Angestellte wählen in ihren Betrieben, soweit mehr als 50 Personen beschäftigt werden und ein Arbeiterausschuss besteht. Alle anderen Wahlberechtigten, einschließlich der Erwerbslosen, wählen in den Bezirkswahllokalen."

Die Wahl am 8. und 9. 12. 1918 erbrachte 79.165 Stimmen für die Liste der SPD und 6.785 Stimmen für die Liste der USPD. 97 Stimmen waren ungültig.

1. Diskutiert das Wahlsystem und schlagt praktikable Alternativen vor!
2. Ordnet die Ereignisse in Chemnitz in den Ablauf der Novemberrevolution ein!
3. Erläutert die Rolle der Räte in der Phase des politischen Umbruchs nach dem Ersten Weltkrieg!
4. Gestaltet die Eintragung in das Dresdner Hofjournal als Hörspiel!

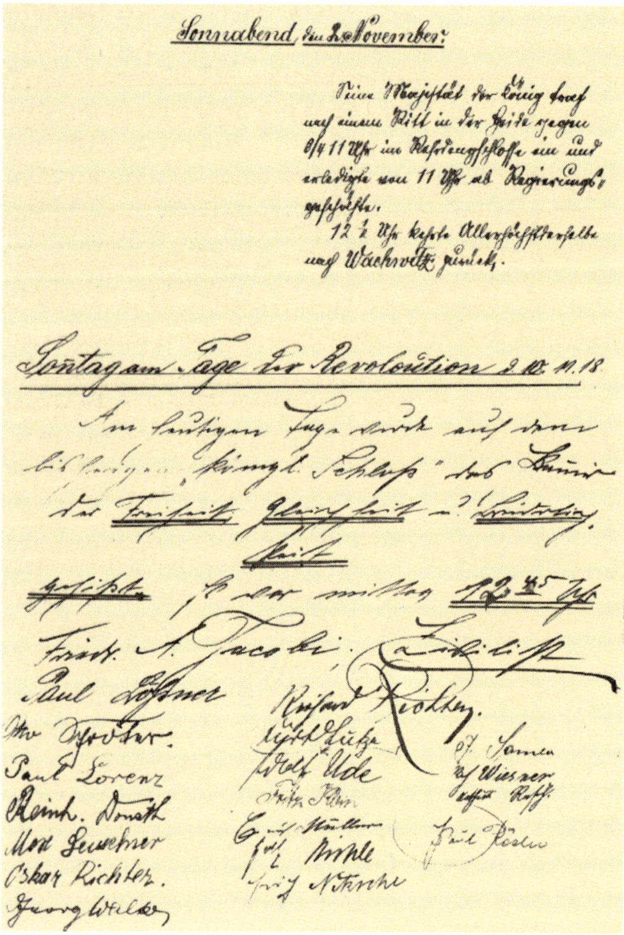
Sonnabend, den 2. November:
Seine Majestät der König traf nach einem Ritt in der Heide gegen 3/4 11 Uhr im Residenzschlosse ein und erledigte von 11 Uhr ab Regierungsgeschäfte.
12 1/2 Uhr kehrte Allerhöchstderselbe nach Wachwitz zurück.

Sontag am Tage der Revolution d. 10. 11. 18
Am heutigen Tage wehte auf dem bisherigen „Königl. Schloss" das Banner der Freiheit, Gleichheit u. Brüderlichkeit
gehisst. ... mittag 12 45 Uhr
Friedr. A. Jacobi
Paul Lorenz
Oskar Richter

B3 Hofjournal des Königlichen Hauses, 2.–10. 11. 1918, letzte Seite.

3 Neue Männer und Frauen in der Republik? Die Modernisierung von Rollenbildern

Nach dem Krieg ist alles anders

Ein zeitgenössischer Publizist schreibt 1932:

Q1 „Zweierlei Art waren die Veränderungen, die die Heimkehrer von 1918 vorfanden, wirtschaftliche und erotische. Sie fanden andere Frauen vor, als sie verlassen hatten, auch dann, wenn sie mehr oder weniger unverändert zurückkamen. Ein Großteil der Frauen war wirtschaftlich bis zu einem gewissen Grade selbstständig geworden, die Not der Zeit hatte ihnen Beamtenmützen auf den Kopf gestülpt und an der Granatendrehbank waren sie den Bügeleisen und den Kochtöpfen entwöhnt worden. Sie hatten eigenes Geld, eine männliche Nonchalance (Unbekümmertheit) gewonnen, es auch auszugeben und nicht mit den Groschen des Haushaltsgeldes zu rechnen. Sie hatten gehungert in der ewigen Kohlrübensymphonie und hatten sich in allen möglichen Surrogaten (Ersatzprodukten) über das Magenknurren hinweggetäuscht, aber sie hatten etwas gewonnen, eine ganz ungeheure Selbstständigkeit."

(J.R. Spinner, Ehekrisen und Ehereform. In: P. Hirschfeld: Sittengeschichten der Nachkriegszeit. 1932, 66)

Hanna Krüger, Angehörige des völkischen Flügels der bürgerlichen Frauenbewegung, 1933:

Q2 „Die Frauenbewegung erreichte kurz vor dem Kriege einen Gipfel des Erfolges, in dem fast 40-jährige Kämpfe einen vorläufigen Abschluss fanden. Die Mädchenschulreform 1908 erschloss den Frauen das Universitätsstudium und die Immatrikulation an allen deutschen Hochschulen. Der Krieg unterbrach die weitere Entwicklung. Zwar blieb der weitaus größte Teil der weiblichen Jugend in der Heimat, das unmittelbare Fronterlebnis blieb den meisten versagt. Aber aus der gewohnten Bahn riss der Krieg auch die um 1890–1900 geborenen Frauen. Er stellte sie in die Munitionsfabriken, auf die Plattform der Straßenbahnen und Fernzüge, rief sie aufs Ackerfeld zu schwerster körperlicher Arbeit, ja zu Tausenden unmittelbar in das Kriegsgebiet, wo sie, wie im Elsass, mit den Schipperkolonnen die Schützengräben aushoben. Ohne Zögern trat überall die Frau an die Stelle des ins Feld gerückten Mannes, trug daneben die Last der täglich schwieriger werdenden Haushaltführung, die Verantwortung für die Kindererziehung und seelisches Leid um die draußen vor dem Feind Gebliebenen. Und als der Zusammenbruch die jungen Männer in die Heimat zurückführte, da fanden sie eine Frauengeneration vor, die sich gleich ihnen mit ihrem Kriegserlebnis auseinander gesetzt hatte, wie sie daran zerbrochen, soweit sie zum negativen, resignierenden Typ gehörte, oder ebenso am Widerstand gewachsen, wenn sie positiv darauf reagierte. (...) Langsam aber sicher werden sie, obwohl ihnen die Revolution die politische Gleichberechtigung mit dem aktiven und passiven Wahlrecht brachte, aus jedem Einfluss auf die Gestaltung des öffentlichen Lebens mehr und mehr ausgeschaltet, aus den Berufen verdrängt."

(H. Krüger: Die Sendung der jungen Generation. 1933, 3f.)

1. Nennt die wesentlichen Faktoren, auf die die beiden Zeitzeugen die Veränderungen in den Rollen von Männern und Frauen zurückführen!

2. Sammelt Bilder und Texte aus möglichst unterschiedlichen Zeitungen und Illustrierten heute, die bestimmte weibliche und männliche Rollenvorstellungen nahe legen! Setzt euch kritisch mit ihnen auseinander und diskutiert darüber in der Klasse!

3. Sucht nach Zusammenhängen zwischen weiblichen Rollenvorstellungen und den jeweiligen ökonomischen Verhältnissen in Vergangenheit und Gegenwart! Zieht dazu auch andere Schulbücher heran!

B1 Rote-Kreuz-Schwestern kümmern sich um verletzte Angehörige der Roten Ruhrarmee, die 1920 die Errungenschaften der Revolution gegen konterrevolutionäre Bestrebungen verteidigen wollte. Reichswehrminister Noske ging mit Reichswehrtruppen gegen das aufständische Ruhrgebiet vor; den von militärischen Standgerichten verhängten Todesurteilen fielen auch etliche Frauen zum Opfer.

Grenzen und Chancen des Geschlechts

Die Psychologin Alice Rühle-Gerstel äußert sich 1932 über Emanzipationsprobleme in der Arbeiterbewegung:

Q3 „Die Arbeiterbewegung ist, trotz ihres geschlechtsindifferenten Programms, heute noch durchgängig eine Männerangelegenheit. Die Frauengruppen der sozialdemokratischen und kommunistischen Partei schaffen keinen Ausgleich der in den Parteien herrschenden Geschlechtsunterschiede. Sie betreiben nur auf Wunsch und meist unter Leitung von Männern untergeordnete Angelegenheiten. Auch in den revolutionären Organisationen des Proletariats kann sich die wahre Emanzipation der Frauen nicht vollziehen. So haben denn die Frauen eigentlich keine wahre Vertretung. Die bürgerliche Frauenbewegung versandet an der Klassengrenze. Sie schließt sich den Bedürfnissen der Klassengenossen an und übersieht die Geschlechtsgenossinnen jenseits des sozialen Grabens. Und die sozialistische Frauenbewegung strandet an der Grenze der Geschlechter, die auch heute noch innerhalb des proletarischen Lagers aufgerichtet ist: In Anpassung an die Bedürfnisse der Klassengenossen übersieht sie die Geschlechtsgegnerschaft im eigenen Reich. Und kann sich folglich nicht emanzipieren."

(A. Rühle-Gerstel: Die Frau und der Kapitalismus. 1932, 142f.)

Die Frauenrechtlerin Gertrud Bäumer 1926:

Q4 „Die Frauen sind bei der technischen Zivilisation nicht führend und veranlassend gewesen. Ganz im Gegenteil: Diese Zivilisation mit ihrem System der Arbeitsteilung und Spezialisierung, mit der Zurückdrängung der Lebensmacht der Familie, mit der Verbreiterung des öffentlichen Lebens hat die Frauen in ihrem eigensten Wirkungskreis eingeengt und gehemmt, ohne ihnen dafür andere Ventile seelischen Wirkens zu öffnen. So kam es zu der Frauenbewegung, deren eigentlicher Antrieb heute so vielfach verkannt und deren Wege und Ziele darum von der heutigen Jugend vielfach kritisch betrachtet werden. Die Frauen waren in ihrer Lage gezwungen, den Anteil an den Sphären zivilisatorischer Leistung, an Beruf und kollektivem Leben zu erkämpfen. Die Frauenbewegung schien, äußerlich betrachtet, nichts anderes zu bedeuten als volle Eingliederung der Frauen in die moderne Zivilisation, in die volkswirtschaftliche Arbeitsteilung, die Politik, das soziale Wirken, den Bildungsbetrieb. Sie schien eine Art Vollstreckung des zivilisatorischen Prozesses an den Frauen. Sicher ist die Frau weniger für Krisenzeiten ausgerüstet als der Mann. Sie ist nach dem schönen Wort Goethes aus den Wahlverwandtschaften „stärker auf das Bleibende und Zusammenhängende angewiesen". Ihre beste Kraft liegt nicht in der Eroberung von Neuland, sondern in dem stillen Ausbau des schon besetzten und eingehegten Bezirks. Sie wird immer stärker sein in einer „konservativen Zeit", denn ihre geistigen Kräfte sind weniger die der Struktur, der Systembildung, sie sind weniger, um im Bilde zu bleiben, architektonischer Art."

(G. Bäumer: Die Frau in der Krise der Kultur. 1926, 10ff.)

1. Vergleicht die Aussagen der beiden Texte!
2. Überprüft die Aussage von Q3! Zieht dazu Parteiprogramme und programmatische Schriften der Arbeiterbewegung heran! Vergleicht die Aussagen dort mit programmatischen Aussagen von Gruppierungen anderer Richtung!
3. Diskutiert die Aussage „Sicher ist die Frau weniger für Krisenzeiten ausgerüstet als der Mann."! Sucht und sammelt andere grundsätzliche Aussagen über Männer und Frauen im Vergleich!

B2 Massendemonstration für die Abschaffung des § 218, der Abtreibung mit Gefängnisstrafe bedroht. (Foto 1928)

Kampf dem „Doppelverdienertum"

T5 „Den Ministern und der Ministerialbürokratie der ersten Regierung der deutschen Republik, insbesondere aus den Reihen des katholischen Zentrums, Teilen der Sozialdemokratie und der national gesinnten Deutschen Demokratischen Partei, war die Frauenarbeit ein Dorn im Auge. Während die Frauenarbeit soeben noch zur Ankurbelung der Rüstungsindustrie diente und durch den kriegsbedingten Ausfall an männlichen Arbeitskräften für die Wirtschaft unverzichtbar war, galt sie jetzt als Ursache der Männerarbeitslosigkeit und wurde in Reichstagsdebatten, wissenschaftlichen Publikationen und der Presse als überflüssiges „Doppelverdienertum" diffamiert und bekämpft. Scharenweise mussten Arbeiterinnen im Zuge der Demobilmachungsverordnungen 1919/20 Maschinen und Werkbänke verlassen. Und sogar Beamtinnen, deren Stellung bis dahin als unantastbar galt, wurde selbst dann, wenn sie bereits unkündbar angestellt waren, die „Entlassung mit einmonatiger Kündigungsfrist ohne Entschädigung" angedroht, falls sie nicht freiwillig ihren Arbeitsplatz räumten. So die Personalabbauverordnung aus dem Jahr 1923. Eigentlicher Kern der Kampagnen gegen die Frauenarbeit war, dass sich die Frauen wieder auf ihre „natürliche Wesensbestimmung" als Hausfrau und Mutter besinnen und zu diesem Zweck zurückkehren sollten an den heimischen Herd."

(K. v. Soden: Frauen und Frauenbewegung in der Weimarer Republik. In: Die wilden Zwanziger. 1986, 111ff.)

1. Nennt die Maßnahmen gegen die Erwerbstätigkeit von Frauen und ihre Folgen!
Diskutiert den Begriff des „Doppelverdienertums"!

Arbeitsalltag zwischen Schein und Wirklichkeit

1928 schrieb das Arbeiterinnensekretariat des Deutschen Textilarbeiterinnenverbandes unter dem Motto „Mein Arbeitstag – Mein Wochenende" einen Literaturwettbewerb aus. Frauen sollten dabei ihren gewöhnlichen Tagesablauf schildern. Das Sekretariat fasste 150 Berichte in einer Broschüre zusammen. Hier der Bericht einer 48-jährigen Arbeiterin:

Q6 „Durch Arbeitslosigkeit meines Mannes bin ich zu der Erwerbstätigkeit gezwungen. Um nicht in allzu große Notlage zu geraten, muss ich zum Haushalt meiner Familie, welche aus meinem Mann, drei Kindern im Alter von 3 bis 13 Jahren und mir besteht, beitragen. Mein Wohnort liegt im Kreise Zeitz, die Arbeitsstelle ist eine Wollkämmerei, in welcher ich Putzerin bin. Da ich fast eine Stunde Bahnfahrt habe, stehe ich früh um 4.30 Uhr auf. Der Zug fährt um 5.10 Uhr ab, kommt 5.55 Uhr am Arbeitsort an. Da unsere Arbeitszeit um 6 Uhr beginnt, muss ich vom Bahnhof zur Fabrik einen Dauerlauf machen, um zur rechten Zeit zur Stelle zu sein. Dort putze ich bis 14.15 Uhr Krempelmaschinen. Der Zug, mit welchem ich fahren kann, fährt erst um 17.13 Uhr. Ich muss mich so lange auf dem Bahnhof aufhalten. Bin ich um 18 Uhr zu Hause. Nun gibt es noch daheim zu schaffen. Das Essen fertig zu kochen, für den nächsten Tag vorzubereiten, bei den Kindern die Sachen nachsehen, ob sie noch ganz und sauber sind. Wenn man den ganzen Tag nicht da ist, wird noch ein bisschen mehr gebraucht, weil die kleinen Schäden nicht so beachtet werden können. Am Abend ist man auch von der langen Zeit müde und abgespannt und die Sachen, Wäsche und Strümpfe, müssen sonntags ausgebessert werden. Manchmal muss ich noch meinen Schlaf opfern, da ich Partei- und Arbeiterwohlfahrtsversammlungen besuche und letztere sogar als Vorsitzende leiten muss. Am Sonnabend bin ich um dieselbe Zeit zu Hause. Da gehe ich erst einmal in den Konsumverein einkaufen, um für die ganze Woche Lebensmittel zu haben. Alle vier Wochen habe ich große Wäsche für meine Familie allein zu waschen. Am Abend vorher mache ich dazu alles fertig, um Sonntagmorgen beizeiten anfangen zu können. Sonst beginnt der Sonntag um 7 Uhr. Da gibt es zu tun mit dem Reinemachen der Wohnung und dem Ausbessern der Kleidungsstücke. Dabei wird das Mittagessen bereitet. Um 14 Uhr beginnt dann für mich der Sonntag. Er wird mit dem Besuch einer Arbeiterveranstaltung oder mit einem Spaziergang beendet. So geht es tagein, tagaus, Woche für Woche, der Tag der Arbeiterin, Proletarierlos!"

(Zit. nach: a.a.O., 113)

B3 Die „neue Frau" der Republik arbeitet im Büro (Foto 1925).

1. Vergleicht den Tagesablauf dieser Arbeiterin mit Beispielen von heutigen Frauen aus eurem Umfeld! Diskutiert in diesem Zusammenhang die Begriffe „Arbeit" und „Freizeit"!
2. In Schillers Lied von der Glocke, das viele Schüler bis in unser Jahrhundert auswendig lernen mussten und das viel zitiert wird, heißt es zur Rollenverteilung von Männern und Frauen u.a. „Der Mann muss hinaus ins feindliche Leben, ... und drinnen waltet die züchtige Hausfrau..." . Überprüft die Wirkungsmacht dieses Slogans an diesem historischen Beispiel und euren eigenen Erfahrungen in der Familie!
3. Diskutiert abschließend, welche Chancen, aber auch welche neuen Belastungen den Frauen die historische Umbruchsituation von 1918 gebracht hat!

4 Krisenjahr 1923 in Sachsen

Im Herbst 1922 war die SPD in Sachsen Siegerin der Landtagswahlen geworden, konnte aber nicht ohne Unterstützung regieren. Sie hatte 40 Sitze inne, die KPD 10, die DNVP 19, die DVP 19 und die DDP 8.

1. Informiert euch über die Ziele der einzelnen Parteien (vgl. S.22) und schlagt Lösungsmöglichkeiten vor! Diskutiert Vor- und Nachteile!

Sachsen im Jahr 1923

T1 30.1. Rücktritt der Regierung nach Misstrauensantrag der KPD
2.2.,13.2. Versuche, einen Ministerpräsidenten zu wählen, scheitern
4. 3. Landeskonferenz der SPD beschließt mit 95 zu 30 Stimmen, Verhandlungen mit der KPD
Vier Bedingungen für die Unterstützung einer Minderheitsregierung der SPD durch die KPD vereinbart:
- Erlass einer Amnestie für Notdelikte und Vergehen gegen den § 218
- Bildung von Kontrollausschüssen zur Bekämpfung des Wuchers
- Erlass eines Arbeiterkammergesetzes zur Mitbestimmung der Arbeiterschaft bei Gesetzentwürfen
- Schaffung gemeinsamer Abwehrorganisationen (proletarischer Hundertschaften) gegen den Putsch in Bayern (vgl. S. 25)

10. 4. Der frühere Justizminister Dr. Erich Zeigner (SPD) mit 49 Stimmen (SPD, KPD) gegen 46 Stimmen zum Ministerpräsidenten gewählt
26. 9. Ausnahmezustand über Deutschland, vollziehende Gewalt in Sachsen erhält Generalleutnant Müller, Leiter des Wehrkreiskommandos
27. 9. Generalleutnant Müller verbietet die proletarischen Hundertschaften, die Kontrollausschüsse und die kommunistische Presse
10. 10. Regierungsumbildung Zeigner: Paul Böttcher, Fritz Heckert (KPD) Minister, Heinrich Brandler (KPD) Leiter der Staatskanzlei
16. 10. Wehrkreiskommando übernimmt Befehl über die Landespolizei
21. 10. Einmarsch der Reichswehr
21. 10. Konferenz der Regierung mit Kontrollausschüssen, Betriebsräten, Gewerkschaften zur Sicherung der Arbeit und Ernährung, Spekulationen auf eine Revolution dementiert
27. 10. Ultimative Forderung des Reichskanzlers Stresemann an Zeigner nach Rücktritt der Regierung
29. 10. Verordnung des Reichspräsidenten Ebert und des Reichskanzlers, Regierung und Behörden Sachsens ihrer Stellung zu entheben
30.10 Rücktritt Regierung Zeigner
31. 10. Alfred Fellisch (SPD) mit den Stimmen der SPD und der DDP zum Ministerpräsidenten gewählt

Aus der Regierungserklärung Zeigners vom 12. Oktober 1923

Q2 „Die neugebildete Regierung ist die Regierung der republikanischen und proletarischen Verteidigung. Die werktätigen Schichten ganz Deutschlands sind auf das Schwerste bedroht. ... Die Kreise hinter dem bayrischen Generalstaatskommissar und der Deutschnationalen Partei verschleiern kaum noch ihre wirtschaftlichen und militärischen Vorbereitungen für die Niederschlagung der werktätigen Bevölkerung. ... Schwerindustrielle Kreise des Ruhrgebiets diktieren den Zehnstundentag und verhandeln gleichzeitig mit den französischen Okkupationsbehörden in der kaum noch verhüllten Absicht, sich auf fremde Bajonette gegen deutsche Arbeiter zu stützen. Demgegenüber erklärt die sächsische Regierung: Sie wird sich jederzeit als die Regierung der gesamten werktätigen Bevölkerung fühlen und betätigen. Ihre besondere Sorge soll den Ärmsten gelten, all den proletarisierten Schichten, die ohne staatlichen Schutz überhaupt zu Grunde gehen müssen. Gestützt auf die Arbeiter und Angestellten, die Beamten, die Angehörigen der freien Berufe, Kleinbauern und die sinkenden Mittelschichten, will sie die Gefahr einer großkapitalistischen Militärdiktatur bannen... Sie wird dabei alles versuchen, um eine solche Diktatur und den Bürgerkrieg zu verhindern."

(Zit. nach: LTA 1923, S. 1578)

1. Informiert euch im Darstellungsteil über die Ereignisse in Bayern und im Ruhrgebiet und ergänzt T1 zu einer dreispaltigen Tabelle!
2. Nennt die Bevölkerungsteile, auf die sich die Zeigner-Regierung nicht stützen wollte! Durch welche Parteien wurden sie vertreten?

Schreiben des Befehlshabers im Wehrkreis IV, Generalleutnant Müller, an den sächsischen Ministerpäsidenten Zeigner über ihren dienstlichen Verkehr, August 1923

Q3 „Sehr geehrter Herr Ministerpräsident!
Gegen 4.30 Nachm. zurückgekehrt, finde ich eine fernmündliche Anweisung des Herrn Reichswehrministers vor, dahin gehend, dass eine Teilnahme der Reichswehr an einer von Ihnen veranstalteten Verfassungsfeier in Rücksicht auf die von Ihnen, Herr Ministerpräsident, am 7. 8. in Leipzig gehaltene Rede zu unterbleiben habe; ferner sei vom Wehrkreiskommando jeder Verkehr mit Ihnen bis zur Klärung der Angelegenheit abzulehnen. Auch nach der nochmaligen Rücksprache zwischen Ihnen, Herr Ministerpräsident, und dem Hauptmann v. Both kann sich an dieser Entscheidung nichts ändern.

Habe die Ehre zu sein ihr ergebener Müller, Generalleutnant und Befehlshaber des Wehrkreises IV."

(Zit. nach: H. Hürten: Das Krisenjahr 1923.1980, 62)

Verordnung von Reichspräsident und Reichskanzler vom 29. 10. 1923

Q4 „Auf Grund des Artikels 48 der Reichsverfassung verordne ich zur Wiederherstellung der öffentlichen Sicherheit und Ordnung in den Gebieten des Freistaates Sachsen: Der Reichskanzler wird ermächtigt, für die Dauer der Geltung dieser Verordnung Mitglieder der sächsischen Landesregierung und Gemeindebehörden ihrer Stellung zu entheben und andere Personen mit der Führung ihrer Dienstgeschäfte zu betrauen."

(Zit. nach: ebd)

1. Informiert euch über Artikel 48 der Weimarer Verfassung!
2. Erklärt das Eingreifen des Reichspräsidenten gegen die sächsische Regierung!

Freiberg war besonders stark von der Reichsexekution gegen Sachsen betroffen. Dazu eine Historikerin:

T5 Obwohl in Freiberg Reichswehr stationiert war, wurden am 23. Oktober zusätzlich Truppen nach Freiberg verlegt. Am selben Tag fand in der „Union" eine Erwerbslosenversammlung statt. Als bekannt wurde, dass die Reichswehr von der Firma Lange, Rossplatz, Lebensmittel abhole, verließen die Erwerbslosen die Versammlung, um den Transport zu verhindern. Dabei bemächtigte sich die empörte Menge der auf dem Wagen verladenen Lebensmittel. Die Reichswehr ging brutal gegen die Erwerbslosen vor und verhaftete zwölf Personen. Angesichts des provokatorischen Auftretens der Reichswehr in der Stadt, des brutalen Vorgehens gegen die Arbeiter, der wachsenden Not und der erhöhten Ernährungsschwierigkeiten beschlossen die in der „Union" am 26. Oktober versammelten Betriebsräte der Freiberger Betriebe einstimmig den Generalstreik. Lediglich die für die unmittelbare Versorgung der Bevölkerung arbeitenden Betriebe sollten zunächst ausgenommen sein. Am Sonnabend, dem 27. Oktober, patrouillierten vormittags Reichswehrsoldaten durch die Stadt, nahmen Haussuchungen vor und durchsuchten auch die „Union", das Versammlungslokal der Freiberger Arbeiter, in der Berthelsdorfer Straße. Nachmittags, gegen 15 Uhr kam es vor dem Postamt zu einer spontanen Ansammlung von Einwohnern der Stadt, die in kurzer Zeit hunderte von Menschen umfasste. Einige Reichswehrsoldaten, die sich gegen 16 Uhr in der Post aufhielten, wurden von der erregten Menge nicht wieder aus dem Gebäude herausgelassen. Darauf erschien, von der Schillerstraße kommend, ein Lastauto der Reichswehr mit 16 bis 20 Mann, die mit Gewehren und einem leichten Maschinengewehr bewaffnet waren, auf dem Postplatz. Blindwütig schoss die Reichswehr in die Menge. 14 Tote und zahlreiche Verwundete waren die Opfer dieses Überfalls. Arbeitersamariter und Funktionäre der Arbeiterparteien bemühten sich, die aufgeregte Menge zu zerstreuen. Die Toten wurden geborgen, die Verwundeten betreut. Da erschien, etwa 15 bis 20 Minuten nach dem ersten Feuerüberfall, das zweite Reichswehrkommando in der Schillerstraße. Oberleutnant Lohde, der dieses Kommando führte, ließ ohne Warnung auf die Versammelten schießen. Der Arbeitersamariter Heinrich Gössel, der, die Rot-Kreuz-Fahne schwenkend, den Reichswehrsoldaten entgegengelaufen war, starb als eines der ersten Opfer des zweiten Feuerüberfalls. Die offizielle Verlautbarung des Reichswehrkommandos im Freiberger Anzeiger nennt als Gründe für das bewaffnete Eingreifen, dass vier Reichswehrangehörige von der erregten Menge in der Post zurückgehalten wurden und auf die zum Entsatz beorderten Truppen geschossen worden sei. Der Freiberger Anzeiger vom 30.10., 31.10. und 1.11.1923 macht über die Bewaffnung der Demonstrierenden widersprüchliche Angaben. Von Steinewerfern im ersten Bericht kommt man schließlich bis zu Maschinengewehr und Handgranaten. Über den Wahrheitsgehalt dieser Aussagen kann keine Entscheidung gefällt werden. Die Bilanz dieses Tages waren 29 Tote, 22 schwer Verletzte und 60 leicht Verletzte."

(Nach: Geschichte der Bergstadt Freiberg 1986, 269f.)

B1 Reichswehr kontrolliert Passanten in Freiberg

1. Rekonstruiert die Freiberger Ereignisse an einem Stadtplan!
2. Informiert euch über die Reichsexekution in eurem Heimatort! Beachtet die Presseverbote!
3. Stellt im Rollenspiel verschiedene Meinungen von Freiberger Einwohnern über die Reichsexekution dar!

Deutschland im Ersten Weltkrieg

Der Weltkrieg als Planung und Vorstellung

Der Krieg, der Europa in eine Katastrophe stürzte und Millionen von Menschen Hunger, Not, Verwundung und Tod brachte, begann mit einer beispiellosen nationalen Begeisterung großer Bevölkerungsteile: Die Soldaten aller beteiligten Nationen glaubten bereits Weihnachten 1914 siegreich in ihre Heimat zurückkehren zu können. Auch die Staatsmänner Europas rechneten mit einer schnellen Entscheidung; die Planungen ihrer Militärstrategen waren auf eine Vernichtung der gegnerischen Streitkräfte in kürzester Zeit ausgelegt. Die deutsche Führung ging nach einem Plan vor, den der Chef des Generalstabs, Graf von Schlieffen, bereits 1905 für den Fall eines Zweifrontenkrieges entwickelt hatte. Er sah die Verletzung der Neutralität Belgiens vor, durch das die Truppen direkt bis Paris vorstoßen sollten. Erst nach dem schnellen Sieg über Frankreich sollte dann an der Ostfront gegen Russland zum Angriff übergegangen werden.

Doch der Plan scheiterte – wie die Eröffnungsoffensiven aller Kriegsparteien: Zwar standen die deutschen Truppen bereits nach vier Wochen an der Marne, 50 km vor Paris, doch hatte man den Gegner unterschätzt. Am 4. September erfolgte der Gegenangriff der Engländer und Franzosen (Marneoffensive), der die deutschen Truppen zum Rückzug zwang. Im Osten war es der russischen Armeeführung gelungen, schneller als von Schlieffen erwartet, zum Angriff überzugehen. Nur mit einem riskanten Manöver des Oberbefehlshabers Paul von Hindenburg gelang es den deutschen Truppen in der Schlacht bei Tannenberg diesen Angriff zu stoppen.

Das wahre Gesicht des Krieges

In den ersten Septembertagen wandelte sich das Bild des Krieges völlig: Der Erste Weltkrieg wurde zum ersten industriellen Krieg. Die raschen Bewegungen, die auf blitzartige Vernichtung des Gegners zielten (Bewegungskrieg), waren überall zum Erliegen gekommen; es setzte ein erbitterter Kampf um Stellungen ein (Stellungskrieg). Armeen in bisher nie da gewesener Größe von mehreren Millionen Soldaten standen sich in Schützengräben gegenüber. Allein an der Westfront war die Linie der Gräben 700 km lang, teilweise gab es mehrere hintereinander, alle durch Stacheldraht gesichert. Stunden-, oft tagelang wurden die gegnerischen Stellungen beschossen; dann erfolgte ein Angriff, der, wenn er erfolgreich war, nach wenigen Tagen von einem Gegenangriff beantwortet wurde. So wurde oft um jeden Meter Boden mehrfach gekämpft, die Erde durch Granaten und Minenexplosionen regelrecht zerwühlt, alles Leben weitestgehend zerstört. Zermürbung und Ausblutung des Gegners lautete die Devise. Durch die Unmengen von eingesetzten Waffen wurde dieser Krieg auch zu einer Materialschlacht: Die leistungsfähigste Rüstungsindustrie würde schließlich über Sieg und Niederlage entscheiden. Das Schlachtfeld von Verdun, von den Soldaten die „Hölle von Verdun" genannt, ist zum Symbol dieses neuartigen Krieges geworden. Vom 21. Februar bis zum 21. Juli 1916 dauerte die Schlacht um die französische Festung. Über eine halbe Million Soldaten starben in dieser Zeit oder wurden schwer verwundet.

B1 Schlachtfeld bei Flandern.

Der Krieg im Alltag der „Heimat"

Der industrielle Krieg hinterließ auch in der Heimat deutliche Spuren. Um den Ausfall von Millionen von Arbeitskräften auszugleichen und dennoch Unmengen von Waffen für die Materialschlachten zu liefern, waren so große Anstrengungen nötig, dass die Zeitgenossen von einer zweiten Front, der „Heimatfront", sprachen.

Da man sich nun kurzfristig auf einen langen Krieg umstellen musste, griff der Staat regulierend in die Wirtschaft ein. Die Rüstungsindustrie wurde vorrangig mit Rohstoffen und Arbeitskräften versorgt; andere Wirtschaftszweige hatten sich unterzuordnen. Dies führte zu tiefgreifenden sozialen Veränderungen: Kleinere Gewerbetreibende und Landarbeiter wurden durch hohe Löhne in die Rüstungsproduktion gelockt; Jugendliche verließen früher die Schulbank; Frauen nahmen die Plätze der in den Krieg gezogenen Männer ein. Darüber hinaus verstärkte der Arbeitskräftemangel die Versorgungsengpässe: Die Wirtschaftsblockade der Kriegsgegner schnitt Deutschland von dringend benötigten Lebensmitteln ab, die inländische Produktion ging zurück. Allein die Brotversorgung fiel dadurch auf 60% des Vorkriegsstandes – und das bei minderer Qualität. Lange Schlangen vor Geschäften und Marktständen, sogenannte „Lebensmittelpolonäsen", gehörten daher zum alltäglichen Bild in den Städten. Die Kohlrübe wurde im Winter 1916/17 zum Hauptnahrungsmittel der unteren Schichten. Die wenigen, die genügend Geld hatten, konnten sich illegal, im „Schleichhandel", mit höherwertigen Lebensmittel versorgen. Der großen Mehrheit blieb der Hunger. So zogen sie oft mit Rucksäcken auf das Land um Brennstoff und Lebensmittel zu „hamstern". Hunger, Auszehrungen und Kälte waren in den Kriegsjahren so groß, dass im Winter 1918/19 eine einzige Grippewelle in Deutschland 200000 Menschenleben forderte (weltweit annähernd 20 Millionen).

Die Entbehrungen der Bevölkerung, aber auch der Zorn über die wenigen, die im Luxus lebten, die „Kriegsgewinnler", ließ die Begeisterung über den Krieg rasch umschlagen. Zunächst waren es nur spontane „Hungerkrawalle", in denen sich der Unmut Luft machte. Doch ab 1917 wurde der Protest organisierter und gezielter. Im April 1917 streikten in Berlin und Leipzig Metallarbeiter. Im Januar 1918 kam es schließlich zur größten Streikwelle in der Geschichte des Kaiserreichs: Allein in Berlin traten 400000 Arbeiter in den Ausstand um gegen den Krieg und die sozialen Missstände zu protestieren.

B2 Frauen in einer Waffenfabrik 1917.

B3 Die ausgehungerte Bevölkerung schlachtet auf der Straße einen Pferdekadaver aus, Berlin 1918.

1. Erläutert die Besonderheiten des industriellen Krieges im Vergleich zu früheren Kriegen.

2. Stellt zusammen, welche Veränderungen im alltäglichen Leben der Krieg bewirkte! Wie reagierten die Menschen darauf?

Das Ende des Krieges

Aber die Unruhen waren nicht die Ursache des Zusammenbruchs der Mittelmächte, sondern Folge einer Kette von militärischen Fehlschlägen. Im Verlauf des Krieges zeigte sich, dass die alliierten Kräfte den Mittelmächten vor allem wirtschaftlich überlegen waren. Vergeblich hatte die deutsche Marine versucht die Wirtschaftsblockade zu durchbrechen um das Blatt zu wenden. Im Frühjahr 1917 beschloss die Oberste Heeresleitung (OHL) daher alle Schiffe – auch die Handelsschiffe – in britischen Gewässern durch U-Boote anzugreifen. Aber auch dies brachte nicht den ersehnten Erfolg, im Gegenteil: Die USA fassten den U-Boot-Krieg als Rechtsbruch auf; da überdies bei einem Angriff amerikanische Staatsbürger getötet wurden, erklärte der amerikanische Präsident Thomas Woodrow Wilson Deutschland am 6. April 1917 den Krieg.

Im Frühjahr 1918 strebte die OHL erneut die Entscheidung an der Westfront an. Die Lage schien sich für Deutschland gebessert zu haben, denn an der Ostfront war der Krieg mit dem Frieden von Brest-Litowsk beendet. Doch standen an der Westfront nun 600.000 amerikanische Soldaten den Alliierten zur Seite. Zudem setzten die Gegner Deutschlands neue Waffen ein, mit denen sie den Stellungskrieg aufbrechen konnten: Für ihre Panzer und Flugzeuge stellten die deutschen Schützengräben kein unüberwindbares Hindernis mehr dar. So zeigte die auf den deutschen Angriff erfolgende alliierte Gegenoffensive in aller Deutlichkeit, dass die Mittelmächte militärisch besiegt waren. Österreich-Ungarn und Bulgarien suchten daraufhin einen Sonderfrieden mit den Alliierten. Schließlich erkannte auch die OHL: „Die Oberste Heeresleitung und das deutsche Heer sind am Ende. Der Krieg ist nicht mehr zu gewinnen, vielmehr steht die endgültige Niederlage unmittelbar bevor." Daher forderte sie die Reichsregierung am 28. September auf über einen sofortigen Waffenstillstand zu verhandeln.

Die Einsicht in die militärische Niederlage hielt Ludendorff und Hindenburg später nicht davon ab, die sogenannte „Dolchstoßlegende" zu erfinden. Sie behaupteten später, das Heer sei im Felde ungeschlagen gewesen. Es sei vielmehr von hinten – aus der Heimat durch Streiks und Revolution – von jenen Kräften „erdolcht" worden, die 1918/19 den neuen Staat auf den Trümmern des wilhelminischen Kaiserreichs errichtet hatten.

B4 Wahlplakat der Deutschnationalen 1924.

1. Fasst zusammen, warum die Mittelmächte den Krieg verloren!

2. Erläutert, warum Hindenburg und Ludendorff die Ereignisse später anders darstellten! Nehmt dazu das Wahlplakat zur Hilfe!

Auf dem Weg zum dauerhaften Frieden?

Bereits im Januar 1918 hatte der amerikanische Präsident Wilson in 14 Punkten seine Vorstellungen von einer künftigen Friedensordnung dargelegt. Damit das Ende des alten Krieges nicht bereits den Keim für einen neuen enthalte, plädierte Wilson für einen Frieden ohne Gebietsabtretungen und Kriegsentschädigungen. Alle Völker sollten ihr Selbstbestimmungsrecht erhalten, ein Völkerbund künftige Konflikte friedlich regeln und abgerüstet werden.

Im Angesicht der Niederlage erschien dieses Programm der deutschen Regierung als Hoffnung. Kaiser Wilhelm II. war sogar bereit Wilsons Bedingung für Verhandlungen zu akzeptieren; der amerikanische Präsident lehnte es nämlich ab mit nicht demokratisch legitimierten Regierungen zu verhandeln. Daher ernannte Wilhelm Prinz Max von Baden zum neuen Reichskanzler; er hatte die Unterstützung der Reichstagsmehrheit (SPD, Zentrum; Fortschrittliche Volkspartei). Wenig später stimmte er einer grundlegenden Verfassungsänderung zu, durch die Deutschland Ende Oktober 1918 für kurze Zeit zu einer parlamentarischen Monarchie wurde.

Die Hoffnungen Deutschlands auf einen Friedensvertrag im Sinne Wilson erfüllten sich nicht. Vom 18. Januar bis zum 28. Juni 1919 tagte die Friedenskonferenz in Paris. Die Nähe des Konferenzortes zu den schlimmen Kriegsverwüstungen und die vielen Kriegsverwundeten in der Stadt mögen dazu beigetragen haben, dass die Konferenzteilnehmer in den meisten Punkten Frankreich nachgaben. Ziel der französischen Regierung war es, Deutschland durch den Friedensvertrag wirtschaftlich und militärisch so nachhaltig zu schwächen, dass es auf absehbare Zeit nicht zu einem erneuten Angriff in der Lage sein würde. Der **Friedensvertrag von Versailles** löste darum auch in Deutschland einen Aufschrei der Empörung aus. Vor allem der Kriegsschuldparagraph 231 und die zu zahlenden Reparationen wurden als Ungerechtigkeit empfunden (vgl. Kasten S. 19).

Neuere Einsichten verändern die Perspektive

Aus heutiger Sicht muss die Kritik der Zeitgenossen allerdings zurechtgerückt werden: 1. Die Pläne für den Fall eines deutschen Sieges sahen wesentlich härtere Bedingungen für die Kriegsgegner vor. 2. Zweifellos hätte die Empörung der Deutschen sich zumindest teilweise gelegt, wäre bereits damals die deutsche (Mit-)Verantwortung am Ausbruch des Ersten Weltkriegs öffentlich erörtert worden. 3. Schließlich muss man feststellen, dass es Deutschland trotz der Bestimmungen des Versailler Vertrages gelang, seine wirtschaftliche Überlegenheit in Europa zu behaupten. Dennoch bleibt festzuhalten, dass Wilson seine Friedensvision ebenso wenig wie sein Konzept einer weltweiten Abrüstung durchsetzen konnte. So blieb lediglich der 1920 in Genf erstmals zusammengetretene ***Völkerbund***. Er war immerhin der erste bedeutende Versuch in der Geschichte den Frieden weltweit durch eine internationale Organisation zu sichern. Doch die Hypothek des Versailler Vertrages belastete auch die Arbeit des Völkerbundes.

Der Erste Weltkrieg hatte die Welt grundlegend verändert: In Deutschland war noch vor dem endgültigen Waffenstillstand das Kaiserreich zusammengebrochen. In Russland hatte es bereits ein Jahr zuvor eine Revolution gegeben, aus der die kommunistische Sowjetunion entstanden war. Mit dem Kriegseintritt hatten die USA England als Weltmacht abgelöst und waren zum Gläubiger Europas geworden. Die beiden Ereignisse des Jahres 1917 halten Historiker für so einschneidend, dass sie von einem Epochenjahr sprechen. Hier begann die Epoche, die 1989 mit dem Zusammenbruch des Ostblocks endete (vgl. S. 207ff.).

Die Bestimmungen des Versailler Vertrages für das Deutsche Reich

Artikel 231: Deutschland hat den Alliierten den Krieg aufgezwungen und ist daher für alle Verluste und Schäden verantwortlich.
Gebietsabtretungen: sämtliche Kolonien, 13,1% der Gesamtfläche und 10% der Gesamtbevölkerung:
Elsass-Lothringen an Frankreich; Posen, Westpreußen und Oberschlesien an Polen; das Saarland wird unter Verwaltung des Völkerbundes gestellt.
Wirtschaftliche Beschränkungen: Verschrottung fast der gesamten Kriegsflotte; Verbot des Baus jeglicher Schiffe; Lieferung von Industrieanlagen an Frankreich.
Militärische Bestimmungen: Beschränkung der Armee auf 100000, Entmilitarisierung des Rheinlandes;
Besetzung des linken Rheinufers durch alliierte Truppen
Finanzielle Wiedergutmachung: Höhe der Reparationen wird 1920 auf der Konferenz von Boulogne auf 269 Mrd. Goldmark, zahlbar in 42 Jahresraten, festgelegt.

1. Arbeitet heraus, in welchen Punkten sich der Versailler Vertrag von den Vorstellungen Wilsons unterschied!
2. Erörtert: a. Was sollte mit den Bestimmungen des Versailler Vertrags erreicht werden?
b. Welche Bestimmungen wurden in Deutschland als besonders ungerecht empfunden? Begründet eure Meinung!

Deutschland im Umbruch: Vom Kaiserreich zur parlamentarischen Demokratie

Die Novemberrevolution

Die erste deutsche Republik ging aus einer Revolution hervor. Warum kam es im November 1918 dazu? Sicherlich: Die Menschen hatten viel gelitten; und sie gaben dem alten System – dem Kaiserreich – die Schuld an den Entbehrungen, am Hunger, an den sozialen Ungerechtigkeiten. Doch hatte es im Oktober gerade einschneidende Veränderungen gegeben: Deutschland war eine parlamentarische Monarchie geworden und die SPD, die stärkste Partei, stützte die Regierung. Aber die Waffenstillstandsverhandlungen hatten immer noch nicht begonnen. Meinten es Kaiser, Heeresleitung und Regierung ernst mit dem Neuanfang?

Ein kleiner Anlass reichte aus um diese Zweifel zu wecken und den Sturm zu entfachen, der das Kaiserreich in wenigen Tagen fortfegte: Drei Tage nach der Verfassungsreform, am 29. Oktober, erteilte die Marineleitung den Befehl zum Auslaufen der vor Wilhelmshaven liegenden Flotte. Die Matrosen verweigerten den Befehl; so kurz vor dem Ende wollten sie sich nicht mehr sinnlos „verheizen“ lassen. Die Meuterer wurden verhaftet und nach Kiel verlegt; doch dort wurden sie am 4. November von ihren Kameraden befreit, nachdem zuvor die Offiziere entwaffnet worden waren. Aus einer Meuterei war ein Aufstand geworden. Nun schlossen sich auch in anderen Städten Soldaten und Arbeiter spontan und ohne eine zentrale Organisation der Bewegung an. Nach dem Vorbild der russischen Revolution bildeten sie Arbeiter- und Soldaten***räte***.Ihre Forderungen waren von Ort zu Ort verschieden; überwiegend traten die Aufständischen aber für einen sofortigen Frieden, die Absetzung des Kaisers und für eine Republik ein; vereinzelt verlangten sie auch die Enteignung der Unternehmer. So breitete sich in nur fünf Tagen der Aufstand von Kiel über ganz Deutschland aus und wurde zu einer Revolution.

Der Rat der Volksbeauftragten

Am 9. November erreichte die Revolution Berlin. Arbeiter und Soldaten hatten einen Generalstreik angekündigt. In dieser Situation ergriff der am 3. Oktober 1918 ernannte Reichskanzler Prinz Max von Baden noch einmal die Initiative: Um 12.00 Uhr verkündete er eigen-

mächtig die Abdankung Kaiser Wilhelms. Dieser fügte sich und reiste einen Tag später nach Holland ins Exil. Um 15.00 Uhr übergab der Prinz das Reichskanzleramt dem Führer der Sozialdemokraten, Friedrich Ebert. Dessen Parteifreund Philipp Scheidemann hatte um 14.00 Uhr von einem Fenster des Reichstagsgebäudes die deutsche Republik ausgerufen. Damit war er dem Kommunisten Karl Liebknecht zuvor gekommen, der um 16.00 Uhr die sozialistische Republik proklamierte.
Der neue Reichskanzler handelte schnell: Er bildete sofort eine provisorische Regierung, den Rat der Volksbeauftragten. Der Rat bestand aus je drei Mitgliedern der SPD und der USPD, die sich 1917 von der SPD abgespaltet hatte. Einen Tag später bestätigten die Vertreter der Berliner Arbeiter und Soldaten die neue Regierung. Der Rat der Volksbeauftragten hatte in kurzer Zeit eine Reihe von schwierigen Aufgaben zu bewältigen: Am 11. November war der Waffenstillstand unterzeichnet worden. Nun mussten in wenigen Tagen Millionen von Soldaten entwaffnet in die Heimat zurückgeführt werden. So schnell wie möglich musste ferner die Wirtschaft auf Friedensproduktion umgestellt werden, damit die Soldaten Arbeit fanden. Darüber hinaus galt es, die Bevölkerung mit Nahrung und Heizmaterial zu versorgen; ein weiterer Hungerwinter hätte ansonsten neue Unruhen hervorgerufen. Schließlich wollten die drei SPD-Mitglieder den Weg für Wahlen zu einer verfassunggebenden Versammlung ebnen. Ebert glaubte die dringenden Probleme nur lösen zu können, wenn er mit dem alten Staatsapparat zusammenarbeitete; Beamte, Richter und Offiziere – die „alten Eliten“– blieben daher im Amt. Aus Angst vor einer Entwicklung wie in Russland schloss Ebert zudem am 10. November ein geheimes Bündnis mit General Groener von der OHL: Groener versprach militärische Unterstützung der neuen Regierung für den Fall weiterer Unruhen; Ebert sicherte Groener im Gegenzug zu die militärische Führung nicht auszuwechseln.
Auch in den Bundesstaaten zeigte sich in dem Ende der Monarchien der revolutionäre Umschwung. In Sachsen dankte am 13. 11. 1918 mit Friedrich August III. der letzte Wettiner auf dem Königsthron ab.

1. Beschreibt die Stimmung, die B5 vermittelt!
2. Erläutert, wieso Ebert mit den alten Eliten paktierte!
3. Überlegt, welche möglichen Folgen dieser Pakt gehabt haben könnte! Zieht auch B5 und B6 in eure Überlegungen mit ein!

Die Januarunruhen

Viele Arbeiter und Soldaten wollten sich mit dem Kompromiss ihrer Regierung nicht abfinden; sie hatten sich eine radikalere Demokratisierung und vor allem soziale und wirtschaftliche Veränderungen erhofft. Es kam zu den von Ebert befürchteten Unruhen. Die USPD setzte sich an deren Spitze und trat am 29. Dezember 1918 aus der provisorischen Regierung aus. Noch weiter links davon wurde von Karl Liebknecht am 1. Januar 1919 die Kommunistische Partei (KPD) gegründet.
Die Aufstände in Berlin spitzten sich zu: Was im Dezember von SPD-Mitgliedern begonnen worden war, um die eigene Führung zu mutigeren Veränderungen zu drängen, geriet nun unter den Einfluss der Kommunisten

B5 9. November 1918. Berlin, Unter den Linden.

B6 Barrikadenkämpfe im Berliner Zeitungsviertel.

und richtete sich gegen die Regierung. Am 5. Januar besetzten Aufständische Verkehrsknotenpunkte und Zeitungsverlage in Berlin; im Regierungsviertel fielen Schüsse. Nun holte die Regierung Truppen zur Hilfe, die den Aufstand niederschossen. Am 15. 1. wurden Karl Liebknecht und Rosa Luxemburg, die Führer der Kommunisten, ermordet. Die Republik wurde gerettet - doch zu welchem Preis. Die SPD setzte Truppen ein – die Freikorps –, deren Soldaten aus ihrer republikfeindlichen Haltung kein Geheimnis machten. Seither galt die Parteiführung den Kommunisten als „Arbeiterverräter"; der Bruch zwischen beiden Parteien war vollzogen.

1. Fertigt eine Übersicht mit Ursachen, Anlass und den wichtigsten Ereignissen der Novemberrevolution an!
2. Erläutert die Politik des Rates der Volksbeauftragten und wertet sie kritisch!
3. Diskutiert, welche Probleme das Vorgehen der SPD mit sich brachte! Erörtert Alternativen!

Die neue Verfassung

Eine Woche nach Ende der Unruhen fanden die Wahlen zur verfassunggebenden Versammlung statt. Die Hoffnung der SPD die absolute Mehrheit zu erringen, erfüllte sich nicht; sie entschied sich für eine Koalition mit dem katholischen Zentrum und der liberalen DDP (Weimarer Koalition). Zusammen verfügten die Parteien über mehr als zwei Drittel aller Stimmen. Am 6. Februar trat das Parlament erstmals zusammen, in Weimar wegen der unsicheren Lage in Berlin. Die Koalition wählte Friedrich Ebert zum Reichspräsidenten und Philipp Scheidemann zum Kanzler. Am 11. August 1919 wurde die Verfassung von Ebert unterzeichnet. Aus heutiger Sicht sind vier Elemente bedeutsam: Deutschland blieb auch als Republik ein Bundesstaat. Die Bevölkerung hatte neben den Wahlen zum Reichstag zwei weitere Mitwirkungsmöglichkeiten: Sie wählte den Präsidenten in direkter Wahl und konnte in einem Volksentscheid über Gesetze abstimmen. Auffällig ist die sehr starke Position des Reichspräsidenten, einer Art „Ersatzkaiser auf Zeit". Er ernannte und entließ die Regierung (Kanzler und Minister) und konnte das Parlament auflösen. Darüber hinaus hatte er den Oberbefehl über die Reichswehr. Besondere Macht verlieh ihm aber der Notstandsartikel 48 der Weimarer Verfassung: Mit Hilfe dieses Artikels konnte er zeitweilig die Grundrechte außer Kraft setzen und die parlamentarische Kontrolle der Regierung aufheben. Diese Machtfülle führte ab 1930 dazu, dass unter Reichspräsident Hindenburg die Demokratie völlig ausgehöhlt wurde (vgl. S. 44).

Das Gegenstück zum starken Präsidenten war ein relativ schwacher Reichstag. Seine Aufgabe lag in der Gesetzgebung und der Kontrolle der Exekutive. Die Schwäche des Parlaments war eine Folge des Wahlrechts. Die Verfassungsväter hatten sich für das Verhältniswahlrecht entschieden, weil es den Wählerwillen genauer widerspiegelt als das Mehrheitswahlrecht. Während beim Mehrheitswahlrecht nur der jeweilige Sieger der einzelnen Wahlkreise ins Parlament einzieht und die Stimmen der anderen nicht mehr zählen, werden beim Verhältniswahlrecht die Stimmen aller Parteien landesweit addiert und in Parlamentssitze umgerechnet. In der Weimarer Republik führte das Verhältniswahlrecht allerdings zu einer Zersplitterung der Parteienlandschaft, da auch kleinere Gruppen ins Parlament einziehen konnten. Dies erschwerte von 1920 an erheblich die Bildung mehrheitsfähiger Koalitionen. Noch fataler war, dass das Wahlrecht unpersönlich war: Es gab in den Wahlkreisen keine direkten Ansprechpartner für die Wähler. So entfremdeten sich Bevölkerung und Parlamentarier.

B7 Die Verfassung der Weimarer Republik.

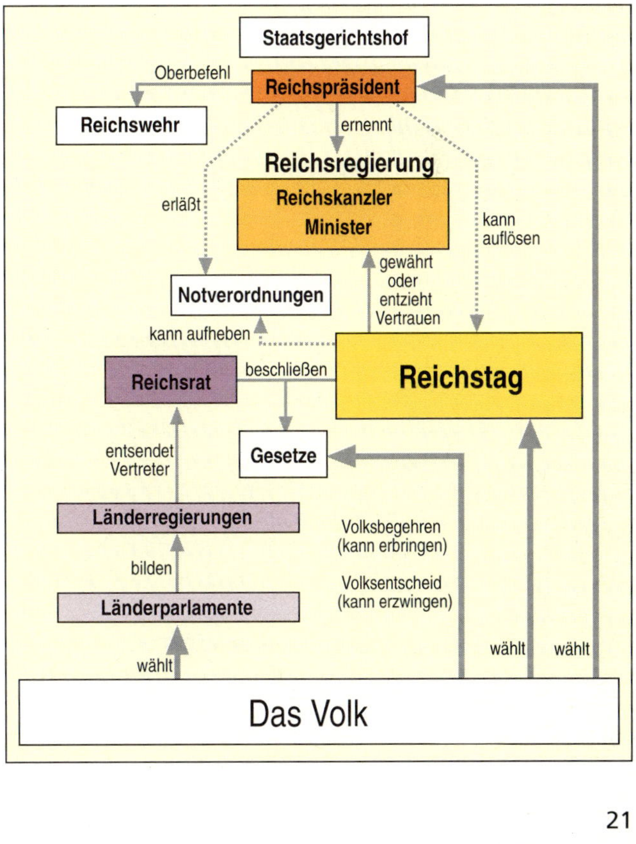

Die wichtigsten Parteien in der Weimarer Republik

Kommunistische Partei Deutschlands (KPD)

1919 von Mitgliedern des linken Flügels der USPD (Spartakusbund) gegründet; für eine sozialistische Rätedemokratie und Beseitigung des Kapitalismus durch Enteignung von Industrieunternehmen und Großgrundbesitzern; wichtige Politiker: Rosa Luxemburg, Karl Liebknecht, Clara Zetkin.

Unabhängige Sozialdemokratische Partei Deutschlands (USPD)

1917 im Streit um die Bewilligung der Kriegskredite durch Abspaltung von der SPD entstanden; wichtige Politiker: Hugo Haase, Wilhelm Dittmann, Mathilde Wurm. Die Mehrheit der USPD trat 1920 zu den Kommunisten, eine Minderheit 1922 zur SPD über.

Sozialdemokratische Partei Deutschlands (SPD)

1875 als Sozialistische Arbeiterpartei Deutschlands gegründet (1890: SPD) setzte sich in der Weimarer Zeit für die parlamentarische Demokratie ein; für Demokratisierung der Verwaltung; für eine Stärkung von Tarif- und Streikrechten; für staatliche Kontrolle der Großindustrie; gegen Konfessionsschulen; wichtige Politiker: Friedrich Ebert, Philipp Scheidemann, Marie Juchacz.

Zentrum

1870 gegründete Partei des politischen Katholizismus; für eine parlamentarische Demokratie; für einen Schutz des Mittelstandes durch staatliche Aufsicht über die Großindustrie; für Konfessionsschulen; arbeitete zumeist mit der Bayerischen Volkspartei (BVP) zusammen; wichtige Politiker: Matthias Erzberger, Heinrich Brüning, Hedwig Dransfeld.

Deutsche Demokratische Partei (DDP)

Liberale Partei, November 1918 aus der Fortschrittspartei hervorgegangen; für die Weimarer Verfassung; gegen Verstaatlichungen; für den Schutz des Mittelstandes; gegen Konfessionsschulen; wichtige Politiker: Friedrich Naumann, Gertrud Bäumer, Walter Rathenau, Otto Gessler

Deutsche Volkspartei (DVP)

Im Dezember 1918 gegründet, aus der Nationalliberalen Partei hervorgegangen; für eine konstitutionelle Monarchie; Förderung von Privateigentum, Industrie und Mittelstand; wichtiger Politiker: Gustav Stresemann

Deutschnationale Volkspartei (DNVP)

1918 aus den konservativen Parteien und dem „Alldeutschen Verband" entstanden; für die Wiedereinführung der Hohenzollernmonarchie; radikale Ablehnung des Versailler Vertrages; antisemitisch; unterstützt von Großindustrie und ostelbischen Großgrundbesitzern; wichtige Politiker: Alfred Hugenberg, Oskar Hergt, Wolfgang Kapp, Kuno von Westarp

Nationalsozialistische Deutsche Arbeiterpartei (NSDAP)

1920 gegründet; nationalistisch, antisemitisch, antiparlamentarisch; Kampf gegen den Versailler Vertrag und die parlamentarische Demokratie mit allen Mitteln (politische Morde, Putschversuche; Straßenschlachten); wichtige Politiker: Adolf Hitler, Joseph Goebbels, Hermann Göring

1. Vergleicht die Weimarer Verfassung mit unserer heutigen (vgl. S. 158)!

2. Untersucht, welche Koalitionsmöglichkeiten die Parteien hatten! Beachtet B9, S. 23!

B8 Ergebnisse der Reichstagswahlen 1919–1933 in der Weimarer Republik.

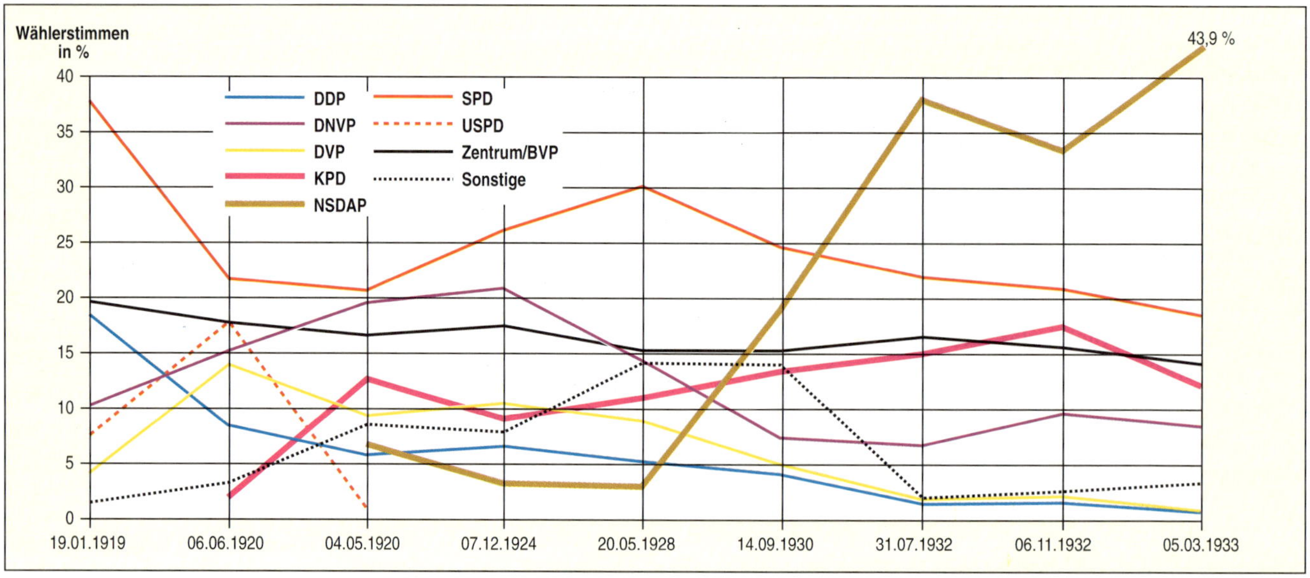

Beginn	*Koalition*	*Reichskanzler*
10.11.1918	*SPD-USPD*	*Ebert (SPD)*
13.02.1919	*SPD-Zentrum-DDP*	*Scheidemann (SPD)*
21.06.1919	*SPD-Zentrum-DDP*	*Bauer (SPD)*
27.03.1920	*SPD-Zentrum-DDP*	*Müller (SPD)*
21.06.1920	*Zentrum-DDP-DVP*	*Fehrenbach (Z)*
10.05.1921	*SPD-Zentrum-DDP*	*Wirth (Z)*
22.11.1922	*Zentrum-DDP-DVP*	*Cuno (parteilos)*
13.08.1923	*SPD-Z-DDP-DVP*	*Stresemann (DVP)*
30.11.1923	*Z-DDP-DVP-BVP*	*Marx (Z)*
03.06.1924	*Zentrum-DDP-DVP*	*Marx (Z)*
15.01.1925	*Z-DDP-DVP-DNVP*	*Luther (parteilos)*
20.01.1926	*Z-DDP-DVP-BVP*	*Luther (parteilos)*
17.05.1926	*Zentrum-DDP-DVP*	*Marx (Z)*
29.01.1927	*Z-DVP-BVP-DNVP*	*Marx (Z)*
29.06.1928	*SPD-Z-DDP-DVP-BVP*	*Müller (SPD)*
30.3.1930	*Präsidialkabinett*	*Brüning (Z)*
01.06.1932	*Präsidialkabinett*	*Papen (parteilos)*
03.12.1932	*Präsidialkabinett*	*Schleicher (parteilos)*
30.01.1933	*Präsidialkabinett*	*Hitler (NSDAP)*

B9 Die Reichsregierungen 1919–1930.

Deutschland in der Krise: Die Jahre 1919 bis 1923

Den ersten Regierungen der jungen Republik blieb wenig Zeit ihre Politik in Ruhe zu gestalten. Zu sehr wurde Deutschland von einer ganzen Reihe von Krisen erschüttert, die die Existenz der Demokratie bedrohten (vgl. S. 20).

Republik ohne Republikaner?

Bereits in der Reaktion auf die Unterzeichnung des Versailler Vertrages zeigte sich, dass die „alten Eliten" im Gegensatz zu großen Teilen der Bevölkerung gar nicht daran dachten, mit der neuen Republik zusammenzuarbeiten. Sie waren in der Zeit des Umbruchs in Deckung gegangen; ab Mitte 1919 aber attackierten sie offen die verhasste Republik.

Dabei schreckten die Republikgegner selbst vor Mord als politischem Mittel nicht zurück. Zahlreiche Revolutionäre und Demokraten wurden in den ersten Jahren auf offener Straße erschossen oder von hinten erschlagen. Die bekanntesten waren Rosa Luxemburg, Karl Liebknecht (vgl. S. 21), Kurt Eisner (USPD, bayerischer Ministerpräsident, 21. 2. 1919), Hugo Haase (USPD, 8. 10. 1919), Matthias Erzberger (Zentrum, Finanzminister, 26.8.1921) und Walther Rathenau (DDP, Außenminister, 4. 6. 1922). Andere, wie Scheidemann oder Joseph Wirth (Zentrum), entkamen nur knapp dem Tod. Die „kaiserliche" Justiz ging gegen die Attentäter kaum vor. Die geringen Strafen für politischen Mord von Rechtsstehenden kam beinahe einer Aufforderung zum Weitermachen gleich. Die demokratischen Politiker hingegen wurden öffentlich bedroht und beschimpft. Ihre Arbeit wurde zudem allzu oft von der Beamtenschaft verschleppt und durch Verordnungen behindert. Das Militär schließlich entwickelte sich zu einem „Staat im Staate". Verlass war auf die Truppen lediglich, wenn es gegen einen linken Aufstand ging. Angesichts dieser Entwicklung urteilte der damalige Reichskanzler Joseph Wirth 1922: „Da steht der Feind – und darüber ist kein Zweifel: Dieser Feind steht rechts!"

Der Kapp-Putsch

Wie gefährlich ein Heer ohne demokratische Kontrolle sein konnte, zeigte sich im März 1920. Weil die „Marinebrigade Erhard" unter General Lüttwitz sich nicht auflösen lassen wollte, putschte sie am 13. März und ernannte Wolfgang Kapp zum neuen Reichskanzler. Die Regierung musste nach Stuttgart fliehen. Der Chef des Truppenamtes, General von Seeckt, hatte sich nämlich geweigert, die Republik mit Regierungstruppen gegen die Putschisten zu verteidigen. „Reichswehr schießt nicht auf Reichswehr", lautete seine knappe Begründung. Dennoch scheiterte der Putsch nach vier Tagen. Ein Generalstreik, zu dem die Gewerkschaften aufgerufen hatten, legte das öffentliche Leben und die Kapp-Regierung lahm. Die Putschisten traten zurück. Doch zur

B10 „Die Sühne der politischen Morde". 1921 vom Mathematiker und Pazifisten Professor Dr. Emil Gumbel veröffentlichte Statistik. Gumbel musste 1933 vor den Nationalsozialisten fliehen.

	Politische Morde begangen von Linksstehenden	Politische Morde begangen von Rechtsstehenden
Gesamtzahl der Morde	22	354
davon ungesühnt	4	326
teilweise gesühnt	1	27
gesühnt	17	1
Zahl der Verurteilten	38	24
geständige Täter freigesprochen	–	23
geständige Täter befördert	–	3
Dauer der Einsperrung je Mord	15 Jahre	4 Monate
Zahl der Hinrichtungen	10	–
Geldstrafe je Mord	–	2 Papiermark

Rechenschaft wurden sie nicht gezogen: Kapp floh nach Schweden, die anderen verschonte die Justiz.
Die Weimarer Koalition hatte dennoch das Vertrauen der Wähler verloren. Bei den Reichstagswahlen im Juni 1920 wanderten viele nach links ab. Sie waren enttäuscht darüber, dass es auch nach den Wahlen zur Nationalversammlung nicht zu weiter gehenden Veränderungen gekommen war. Weitaus mehr Wähler aber verlor die Koalition nach rechts, vor allem aus Verbitterung über den Versailler Vertrag. Und diese Wählerbewegung sollte – von Unterbrechungen abgesehen – bis 1933 anhalten.

1. Diskutiert den Ausdruck „Republik ohne Republikaner"! Inwieweit ist er zutreffend?

Die Inflation

Mehr noch als wegen der politischen Unruhen sorgten sich die Menschen wegen der wirtschaftlichen Entwicklung. Seit Ausbruch des Ersten Weltkriegs herrschte in Deutschland eine schleichende ***Inflation***. Nach dem Krieg nahmen die Inflationsraten deutlich zu, bis schließlich in der „Hyperinflation" von 1923 alles Geld völlig wertlos wurde. Die langfristige Ursache für diese Entwicklung lag in der Kriegsfinanzierung. Statt die Steuern mit Kriegsbeginn zu erhöhen, um die Mehrausgaben zu decken, verschuldete sich der Staat, z. T. durch Anleihen bei seinen eigenen Bürgern. Diese Finanzierung spekulierte auf einen Sieg mit reicher Beute. Doch nach der Niederlage blieben nicht nur die Schulden; es kamen auch neue kostenintensive Belastungen hinzu: Die Rückführung der Soldaten, die Umstellung der Wirtschaft auf Friedensproduktion, die Aufwendungen für Kriegsopfer und Arbeitslose und die Reparationszahlung – all das verschlang Unsummen.

B11 Inflationsrate (gemessen an den Lebenshaltungskosten).

1914	34 %
1915	14 %
1916	8 %
1917	18 %
1918	26 %
1919	70 %
1920	244 %
1921	65 %
1922	2.429 %
1923	1.869.999.900 %

Juni 1923	100.000 RM
Juli 1923	350.000 RM
Aug.1923	4.600.000 RM
Sept.1923	100.000.000 RM
Okt. 1923	25.000.000.000 RM
Nov. 1923	4.200.000.000.000 RM

B12 Wert der Reichsmark (1 Dollar).

Was bedeutete die Inflation für das alltägliche Leben? Alle Menschen wurden zu Millionären. Doch das Papier, auf dem diese hohen Summen standen, war schnell gar nichts mehr wert. Hatte man ein Bündel von Scheinen als Lohn erhalten, so rannte man los, um davon zu kaufen, was zu bekommen war: Lebensmittel, Butter, Kleidung, die Dinge des täglichen Bedarfs. Fand man nicht auf Anhieb die benötigten Waren, kaufte man etwas anderes, um es später tauschen zu können. Denn schon nach Stunden bekam man möglicherweise für seinen Wochenlohn nicht einmal die Briefmarke für eine Postkarte. So entstand allmählich ein Tauschhandel wie im Krieg. Bis 1923 unternahmen die Regierungen nichts, im Gegenteil: Durch die ständige Ausgabe von neuem Papiergeld heizten sie die Inflation weiter an. Sie hofften, durch die Geldentwertung einerseits die Schulden loszuwerden, andererseits die Reparationsforderungen der Alliierten zu mildern. Die Entschuldung des Staates gelang tatsächlich, allerdings auf Kosten eines nicht wieder gut zu machenden Vertrauensverlustes der Bürger in das demokratische System. Die Zeche zahlten nämlich diejenigen, die zwischen 1914 und 1918 Staatsanleihen gekauft oder auf andere Weise Geld zurückgelegt hatten. 1923 waren alle Ersparnisse völlig wertlos. Außerdem verloren viele mittelständische Gewerbetreibende und Kleinhändler ihre Existenz. Sie hatten darunter zu leiden, dass in den letzten Monaten der galoppierenden Inflation der normale Handel fast völlig zum Erliegen kam. Aber es gab nicht nur Verlierer. Sachwertbesitzer blieben von den Folgen der Inflation verschont. Dies nutzten insbesondere Industrielle. Sie konnten mithilfe von Krediten, die infolge der Geldentwertung später leicht zurückzuzahlen waren, neue Anlagen kaufen. Dadurch fand eine riesige Umverteilung in der Wirtschaft statt. Zulasten der mittelständischen Betriebe entstanden gigantische Unternehmenskomplexe.

1. Stellt Ursachen und Folgen der Inflation zusammen!
2. Wie veränderte die Inflation den Alltag der Menschen?

Der Ruhrkampf

Das Jahr 1923 begann mit einem Paukenschlag: Am 9. Januar besetzten französische und belgische Truppen das Ruhrgebiet. Weil Deutschland mit Reparationszahlungen und Sachlieferungen in Rückstand geraten war, sollten die Soldaten nun die Lieferungen mit militärischer Gewalt erzwingen. Die Reichsregierung reagierte mit einem Aufruf zu passivem Widerstand. In den Betrieben wurde daraufhin gestreikt, die Verkehrsverbindungen brachen zusammen und die Behörden arbeiteten nur noch schleppend. Die Franzosen und Belgier übernahmen daher selbst die Regie in den wichtigen Betrieben, entließen 140.000 deutsche Beamte und setzten eigene ein. Damit entfielen der Reichsregierung sämtliche Steuereinnahmen aus dem Ruhrgebiet. Zudem kostete der passive Widerstand täglich 40 Millionen Goldmark an Unterstützungsgeldern für die streikende oder entlassene Bevölkerung. Dies war der Auftakt zur Hyperinflation. Im Sommer 1923 wurde klar, dass eine Fortführung des Ruhrkampfes unweigerlich ins Chaos führen musste. Eine neu gebildete Regierung unter Reichskanzler Gustav Stresemann beendete im August den passiven Widerstand und kündigte für den November eine Währungsreform an. Zuvor aber hatte die Regierung weitere innere Bewährungsproben zu bestehen. In Hamburg kam es im Oktober zu kommunistischen Unruhen, in Sachsen und Thüringen hatten sich Koalitionsregierungen aus SPD und KPD gebildet; Bayern schließlich drohte aus Protest gegen die Beendigung des Ruhrkampfes damit sich vom Reich zu lösen und die Monarchie wieder einzuführen. Stresemann verhängte den Ausnahmezustand über das Reich und die Reichswehr marschierte in Sachsen (20.10.) und Thüringen (24.11.) ein und setzte die sächsische Regierung ab.

B13 Sabotage im Ruhrkampf 1923. Ein Zug, der Kohlen nach Frankreich transportieren sollte, ist entgleist.

Der Hitler-Putsch

In München dagegen gab es Kräfte, die die chaotische Lage nutzen wollten, um die Republik endgültig aus den Angeln zu heben: Hitler und die NSDAP. Sie putschten in der Nacht vom 8. auf den 9. November und kündigten im Münchener Bürgerbräukeller den „Marsch auf Berlin" an. Bereits am 9. November war der Spuk jedoch vorüber: Beim „Marsch zur Feldherrenhalle" stießen die Putschisten unter Hitler und Ludendorff auf die Landespolizei. Nach wenigen Schüssen, denen 19 Menschen zum Opfer fielen, gab Hitler auf. Er wurde verhaftet. Doch auch diesmal versagte die Justiz (vgl. S. 23): Hitler wurde zu nur fünf Jahren Festungshaft, einer Ehrenhaft, verurteilt, von der er gerade neun Monate verbüßen musste.

Deutschland im Aufwind: Die „goldenen zwanziger Jahre"

Eine bemerkenswerte und faszinierende kulturelle Blüte gab der Zeit zwischen 1924 und 1930 ihren Namen: Die „goldenen zwanziger Jahre". Von einer Blüte kann man aber auch in Hinblick auf die wirtschaftliche und soziale Entwicklung sprechen: Auf die Krisenjahre folgten die Jahre relativer Stabilität.
Eine wichtige Voraussetzung für den wirtschaftlichen Aufschwung ab 1924 war der Kurswechsel in der deutschen Außenpolitik, den Gustav Stresemann einleitete. Stresemann, Gründer und Vorsitzender der rechtsliberalen Deutschen Volkspartei (DVP), war von 1923 bis zu seinem Tod 1929 unter vier verschiedenen Kanzlern Außenminister. Während des Ruhrkampfes hatte er erkannt, dass Veränderungen am Versailler Friedensvertrag durch Boykotte und Gewalt nicht zu erreichen waren. Seiner Meinung nach musste sich Deutschland zunächst einmal an die Bestimmungen des Vertrags halten um auf dem Verhandlungswege nach und nach Erleichterungen durchsetzen zu können. Im April 1924 setzte eine internationale Kommission unter Leitung des amerikanischen Bankiers Charles Dawes die Reparationszahlungen neu fest. Ab 1929 sollte Deutschland jährlich 2,5 Mrd. Goldmark zahlen. Für die Jahre davor waren deutlich geringere Zahlungen vereinbart worden, damit sich zunächst die deutsche Wirtschaft erholen konnte. Gleichzeitig sollten amerikanische Kredite die Industrieproduktion ankurbeln.

Ein Ausweg aus den Reparationszahlungen?

Noch bevor die hohen Reparationsraten fällig waren, wurde 1929 in Paris eine neue Regelung, der Young-Plan, ausgearbeitet. Erstmals saßen auch deutsche Vertreter am Verhandlungstisch. Der Plan sah eine Senkung der jährlichen Raten von 2,5 auf 2,05 Mrd. Goldmark vor, legte aber fest, dass die Zahlungen bis 1988 zu erfolgen hätten. Darüber hinaus erreichte Stresemann wichtige politische Zugeständnisse: 1. Das Rheinland sollte 1930 von den fremden Truppen geräumt werden, fünf Jahre vor dem im Versailler Vertrag genannten Termin. 2. Alle internationalen Kontrollen über die deutsche Wirtschaft wurden aufgehoben. Trotz dieser unbestreitbaren Erfolge wurde Stresemann von den rechten Kreisen, der DNVP, der NSDAP und deren Wehrverbänden, scharf angegriffen. Die Einstellung der Reparationszahlungen am 2. November 1932 erlebte Stresemann nicht mehr; aber ohne seine Politik, die Deutschland international wieder hoffähig gemacht hatte, wäre es dazu nicht gekommen.

Der Vertrag von Rapallo

Nach dem Ersten Weltkrieg war Deutschland außenpolitisch völlig isoliert. Erst 1922, aber noch vor der Ära Stresemann, gelang es mit dem Vertrag von Rapallo diese Isolation zu durchbrechen. In dem Abkommen mit der Sowjetunion verzichteten beide Staaten auf Kriegsentschädigungen und nahmen diplomatische Beziehungen auf. Stresemann verlängerte 1926 diesen Vertrag und ergänzte ihn durch ein gegenseitiges Neutralitätsabkommen im Falle eines Angriffs Dritter.

Die Verträge von Locarno: Beendigung der außenpolitischen Isolierung Deutschlands

Der Ausgleich mit dem Westen gelang 1925 in den Verträgen von Locarno. Deutschland erkannte hierin die Westgrenzen an und akzeptierte die Entmilitarisierung des Rheinlandes. In Schiedsabkommen mit Frankreich, Belgien, Polen und der Tschechoslowakei verpflichtete sich das Reich die bestehenden Grenzen nicht gewaltsam zu verändern. Eine Revision der Ostgrenzen auf friedlichem Wege wollte Stresemann aber nicht ausschließen. Mit diesen Verträgen gelang Stresemann der internationale Durchbruch. Deutschland war in der Weltpolitik wieder ein gleichberechtigter und anerkannter, wenn auch noch sorgsam beobachteter Partner geworden. Deutliches äußeres Zeichen dafür war die Aufnahme Deutschlands in den **Völkerbund** im September 1926. Stresemann und sein französischer Amtskollege Briand erhielten für ihre Verständigungsbemühungen 1926 den Friedensnobelpreis verliehen. Die Verträge von Locarno haben heute noch eine andere Bedeutung: Sie gelten als ein erster Versuch einer deutsch-französischen Annäherung, als Vorläufer und Vorbild der Politik Adenauers und de Gaulles in den 50er Jahren.

1. Erläutert Ziele, Strategie und Ergebnisse der Außenpolitik Stresemanns!
2. Erörtert, warum Stresemann und Friedrich Ebert heute als die bedeutendsten Politiker der Weimarer Republik gelten!

Der Wirtschaftsaufschwung 1924 – 1928

Stresemann hatte durch seine Politik die Grundlagen für einen wirtschaftlichen Aufschwung gelegt. Unter seiner Kanzlerschaft wurde im November 1923 die Währungsreform durchgeführt, die die Inflationszeit beendete. Die neu eingeführte Rentenmark entsprach 1 Billion alter Papiermark. Sie wurde durch industriellen und landwirtschaftlichen Besitz gedeckt, da Gold- und Devisenreserven fehlten (innere Stabilisierung). Durch den Dawes-Plan gelang es mit ausländischem Kapital die Wirtschaft in Schwung zu bringen (äußere Stabilisierung). Die Kredite wurden ab 1924 zur Modernisierung der Betriebe genutzt. Nach amerikanischem Vorbild

B14 Fließbandproduktion in der Autoindustrie: die Firma Hannomag in Hannover 1925.

wurde rationalisiert und die Fließbandproduktion eingeführt. Dadurch stieg die Produktion allmählich und erreichte wieder das Vorkriegsniveau. Auch die Zahl der Arbeitslosen ging wieder zurück, von über drei Millionen 1923 auf ca. 700000 1924; sie stieg jedoch bereits 1926 wieder auf ca. 1,3 Millionen. Die Konzentration der Wirtschaft, die während der Inflation begonnen hatte, nahm weiter zu. So entstanden z. B. die IG-Farben, in der vier Fünftel der deutschen Chemieindustrie vereint waren, u. a. Bayer, BASF und Hoechst. Waren diese marktbeherrschenden Giganten noch in der Lage bei Anzeichen einer neuen Krise schnell zu reagieren? Schließlich gab es eine Reihe von Hinweisen, dass der Aufschwung auf schwachen Füßen stand. Die deutsche Wirtschaft war hoch verschuldet und hatte im Vertrauen auf eine Verlängerung der Kredite das Geld langfristig angelegt. Zudem mussten die neuen Anlagen ausgelastet sein, damit sich die Investition wirklich rechnete.
Auch die Wirtschaft im Freistaat Sachsen erlebte einen Aufschwung: Der Anteil der in Industrie und Handwerk Beschäftigten stieg bis 1925 auf 60,9% der Erwerbstätigen (Deutschland 41%). Dominierend blieb eine spezialisierte Verarbeitungsindustrie, wobei vor allem der Kraftfahrzeugbau mit der Autounion in Chemnitz und den Horch-Werken in Zwickau eine Spitzenstellung in Deutschland erreichte.
Besonders in der feinmechanischen und Textilindustrie blieben in Sachsen jedoch die Klein- und Mittelbetriebe vorherrschend. Sie waren vom Export und vom Handel mit anderen Gebieten Deutschlands in hohem Maße abhängig. 28–30% des deutschen Exports in die USA und 60% des gesamten deutschen Textilexports kamen aus dem Freistaat. Auf den Leipziger Messen und der „Jahresschau der Deutschen Arbeit" in Dresden wurden Neuentwicklungen der Technik präsentiert. Zur Herbstmesse 1925 kamen 12.203 deutsche und 661 ausländische Aussteller nach Leipzig.

1. Fasst die wirtschaftliche Entwicklung von 1924–28 zusammen!
2. Entwerft ein Regierungsprogramm für die Jahre des Aufschwungs!
3. Erläutert die besondere Gefährdung der sächsischen Wirtschaft durch eine neue Krise!

B15 Lieferwagen mit Spezialaufbau der Phänomen-Werke Zittau für die Reichspost, 1931

Soziale Veränderungen

Der Aufschwung wirkte sich auch sozial aus. Waren die Reallöhne 1923 auf 60% des Vorkriegsniveaus gefallen, stiegen sie ab 1924 wieder an. Aber erst 1928 erreichten die Arbeiter wieder den Lebensstandard von 1913. Positiv wirkte sich auch aus, dass die Regierungen das „soziale Netz" verbesserten. Die Leistungen der unter Bismarck eingeführten Sozialversicherungen wurden erweitert; 1927 wurde eine Arbeitslosenversicherung eingeführt. Damit waren Arbeitslose nicht mehr auf die Fürsorge angewiesen, sondern hatten einen rechtlichen Anspruch auf Unterstützung.

Auch das soziale Gefüge wandelte sich in den zwanziger Jahren. Auf der einen Seite verlor der alte Mittelstand, die Handwerker und Gewerbetreibenden, an Ansehen und wirtschaftlicher Bedeutung. Den preiswerten Produkten der modernen Großbetriebe hatten sie vielfach nichts Gleichwertiges mehr entgegenzusetzen. Auf der anderen Seite entstand ein neuer Mittelstand. Die Rationalisierung und Vergrößerung der Betriebe, aber auch die zunehmenden staatlichen Aufgaben erforderten mehr Angestellte. Sie waren unselbstständig wie die Arbeiter und verdienten oft auch nicht viel mehr als diese. Doch in ihrer Tätigkeit und in ihrem sozialen Ansehen hoben sie sich deutlich ab.

In Bereich der Dienstleistungen waren auch verstärkt Frauen beschäftigt, als Sekretärinnen, Stenotypistinnen und Verkäuferinnen. Ihr Einkommen war weitaus geringer als das der Männer – selbst bei gleicher Tätigkeit. Und sie waren die ersten, die entlassen wurden, wenn der Wirtschaftsmotor ins Stocken geriet; so z. B. 1919/20, als die Soldaten wieder ins Arbeitsleben zurückgeführt werden mussten. Aber es gab auch Ansätze einer Familienpolitik, die Familienfrauen die Berufstätigkeit erleichterte. Vereinzelt entstanden bereits Kinderkrippen und Kindergärten.

1924 schloss auch die sächsische Regierung, wie einige andere Regierungen deutscher Länder, mit dem Fürstenhaus der Wettiner einen Vertrag, in dem Entschädigungen für die durch die Revolution verlorenen Rechte vereinbart wurden. So sollten die Wettiner 300.000 Goldmark Barabfindung und beinahe 100 Millionen Reichsmark für Schlösser, Forsten, Kunstsammlungen und andere Rechte erhalten. Dieser Vertrag und angekündigte reichsweite Regelungen riefen Widerspruch durch SPD, KPD, Gewerkschaften und anderer Organisationen hervor. Sie strebten einen Volksentscheid auf der Grundlage der Weimarer Verfassung an. Ein Ausschuss unter Leitung des Wissenschaftlers René Kuczynski erarbeitete dafür einen Gesetzentwurf. In diesem war vorgesehen, die eingesparten Entschädigungsgelder den Erwerbslosen, Kriegsbeschädigten und -hinterbliebenen, Sozial- und Kleinrentnern, Inflationsopfern, Landarbeitern und Kleinbauern zukommen zu lassen.

Im Volksbegehren für die Zulassung des Volksentscheids sprachen sich in Sachsen 47,3% der Wahlberechtigten für seine Durchführung aus, im Reich 31,8%.

Am 20. Juni 1926 stimmten von 15,8 Millionen Teilnehmern im Reich fast 14,5 Millionen mit „Ja" zum Gesetzentwurf des Kuczynski-Ausschusses. Für sein Inkrafttreten wären aber 19,8 Millionen Stimmen erforderlich gewesen, sodass es bei den ausgehandelten Verträgen blieb. In Sachsen hatten sich 51,5% der Wahlberechtigten beteiligt, 46,7% stimmten mit „Ja".

1. Erörtert: Wer hat die Zeit damals als „golden" empfunden, wer nicht? Begründet eure Meinung!
2. Informiert euch, wie ein Volksentscheid zu Stande kam! (Weimarer Verfassung, Artikel 73, 76)
3. Gegner des Volksentscheids verbreiteten Flugblätter mit dem Text: „Du sollst nicht stehlen". Diskutiert die Berechtigung dieses Arguments!
4. Vermutet Wirkungen des Volksentscheids auf verschiedene Bevölkerungsschichten! Beachtet B16!

B16 Demonstration für Volksentscheid

Kultur der „Goldenen Zwanziger"

Das neue Lebensgefühl der „Goldenen zwanziger Jahre" fand Ausdruck in Bildender Kunst, Theater und Tanz. Die Entwicklung neuer Stilrichtungen ging dabei mit einer zunehmenden Politisierung der Kultur einher. Es entstanden Arbeitertheater, Agitpropgruppen, die politische Ziele künstlerisch umsetzten, und politische Zusammenschlüsse wie die „Assoziation revolutionärer bildender Künstler".

Ein Beispiel der neuen Kunstrichtungen im Tanz war 1920 die Gründung der Mary-Wigman-Schule, 1924 entstand die erste Wigman-Tanzgruppe, der Gret Palucca angehörte. Diese gründete 1925 in Dresden eine eigene Schule für Ausdruckstanz.

Auch in der Architektur zeigte sich ein Durchbruch neuer Ideen, die schon vor dem Ersten Weltkrieg ihren Anfang genommen hatten. Stahl, Beton und Glas als Materialien sowie klare, zweckmäßige Formen bestimmten den Stil innovativer Bauten.

In vielen deutschen Städten entstanden Wohnungsgenossenschaften, die den Wohnungsmangel lindern wollten. Am 8. Oktober 1926 wurde im ganzen Reich eine Wohnungsnotzählung durchgeführt, die allein für Sachsen 44.879 dringend fehlende Wohnungen für Familien mit Kindern ergab. Die neu errichteten Wohnungen versuchten die Architekten anders zu gestalten als die Mietskasernen, wie sie bisher die großen Städte dominierten. Zu jedem Haus sollte ein Stück Garten gehören und die Wohnungen wurden, so weit es die beschränkten finanziellen Mittel der Genossenschaften zuließen, mit Bad und Fernheizung ausgestattet. Die Wohngebiete erhielten zum Teil Genossenschaftswäschereien und andere Gemeinschaftseinrichtungen. Besonders in kleineren Städten entstanden außerdem Siedlungshäuser als Einfamilienhäuser oder in Reihenbauweise.

1. Gestaltet eine Fotoausstellung mit Bauten der 20er-Jahre in eurer Umgebung!
2. Historiker bezeichneten die Blüte dieser Zeit als „Tanz auf dem Vulkan". Interpretiert diesen Satz!

B17 Mary Wigman mit Ballettschülerinnen

Wirkungen der Weltwirtschaftskrise

Die enge Verflechtung der deutschen Wirtschaft mit dem Welthandel, besonders mit der ökonomischen Entwicklung in den USA führten nach dem Ausbruch einer heftigen Wirtschaftskrise im Herbst 1929 zu einem dramatischen Rückgang der Produktion. Die Zahl der Arbeitslosen stieg von 1,86 Millionen im Januar 1928 auf 6,04 Millionen im Januar 1932. Die 1927 eingeführte Arbeitslosenversicherung war nicht auf Langzeitarbeitslose eingerichtet, sodass ein großer Teil von ihnen nach einigen Wochen mit Krisenunterstützung, schließlich mit Wohlfahrtsunterstützung von den Gemeinden auskommen musste. Diese lag im Februar 1931 mit 41 Mark für einen Erwachsenen, 61,50 Mark für ein Ehepaar und 18 Mark im Monat pro Kind unter 16 Jahren schon unter dem Existenzminimum. Dennoch bedeutete die Versorgung einer steigenden Zahl Arbeitsloser für viele Industriestädte und besonders in Sachsen auch für kleinere Gemeinden den Bankrott des Haushaltes. Hier konnten die Gemeindevertreter praktisch nichts mehr für eine Verbesserung der Lage tun, da keine Ausgaben von den vorgesetzten Behörden genehmigt wurden.

1. Vergleicht die Situation mit der Zeit der Inflation!
2. Erwägt Möglichkeiten der Gemeindeverordneten zur Linderung der Situation! Überprüft, welche wirklich angewendet wurden!

Wir erproben die Technik der Fotocollage

Die Weimarer Republik war eine Phase intensivster künstlerischer Produktion. Die neue Staatsform inspirierte gerade die Kunstschaffenden. Wir werden dies am Beispiel der Fotocollage (oder Fotomontage) zeigen, die in besonderer Weise jene Mischung aus politischem Engagement und neuer künstlerischer Technik zeigt, wie sie für die Weimarer Republik typisch ist. Bei der Collage handelt es sich um ein Bild, das nicht gemalt, sondern aus Fremdmaterialien wie Papier, Karton, Tapete, Fotos u.Ä. montageartig zusammengesetzt wird.

Der Grafiker und Fotograf John Heartfield (1891 – 1968) war einer der bekanntesten Fotomonteure der Weimarer Republik.

Ein Kunsthistoriker berichtet über Heartfields Verfahren:

T1 „Um auf Presseberichte möglichst schnell reagieren zu können legt sich Heartfield ein ausgedehntes Archiv von Fotografien an. Dank einem ausgeprägten visuell-assoziativen Gedächtnis – eine der Voraussetzungen seiner Montagetechnik – ist es ihm in seinem Arsenal kurzfristig möglich, die richtige Fotografie herauszufinden. Steht für eine bestimmte Bildvorstellung kein geeignetes Material zur Verfügung, so beauftragt Heartfield einen Fotografen mit der Herstellung des Fotos, für das er detaillierte Bleistiftskizzen angefertigt hat. Waren die Fotos ausgewählt, die gestellten Aufnahmen im „Kasten“, so begann der Prozess der Bearbeitung der Einzelaufnahmen. In seiner etwa 1945 niedergeschriebenen Erinnerung „Als ich mit John Heartfield zusammenarbeitete” berichtet Wolf Reismann: „Beim Entwickeln in der Dunkelkammer stand er auch am Vergrößerungsapparat, bis die Abzüge fertig waren. Ich war meist so müde, dass ich nicht stehen, nicht denken konnte, nur schlafen wollte, – er aber rennt mit den noch feuchten Fotos nach Hause, trocknet sie, schneidet sie aus, stellt sie unter einer schweren Glasplatte zusammen. Er schläft ein, zwei Stunden, um acht Uhr früh sitzt er schon beim Retuscheur, zwei, drei, vier, fünf Stunden lang, seine Nerven sind aufs Äußerste gespannt, der Retuscheur könnte die Sache noch verderben. Die Verantwortung ist groß, Heartfield ist ein revolutionärer Künstler, die Idee kann nie schlagend genug, die Formulierung nie präzis genug, die Montage nie klar genug sein. Lieber noch einmal ins Archiv, nochmals zum Fotografen, nochmals zum Retuscheur.“ Die retuschierten Fotografien werden ausgeschnitten, Kanten und Schnitte sorgfältig verschliffen. Die Fototeile werden auf einer Unterlage umhergeschoben um die einzelnen Positionen festzulegen. Stimmen die Proportionen nicht, so werden sie durch Zwischenaufnahmen korrigiert, bei denen die Teile vergrößert oder verkleinert werden. Erneut schiebt Heartfield die Montage-Segmente herum, – er benutzt dabei Stäbchen um die Fotoflächen nicht mit den Fingerspitzen zu berühren –, bis schließlich die Syntax (Aufbau) der Komposition seinen Vorstellungen entspricht. Die Positionen werden markiert und die Fotos auf die Unterlage (Karton) aufgeklebt. Heartfield benutzt dazu einen langsam trocknenden Leim, der ihm nachträgliche leichte Verschiebungen ermöglicht.

Das Produkt dieses ersten Montage-Prozesses wird nun zwischen zwei schwere Glasplatten gelegt, die das Werfen der geklebten Teile verhindern sollen. Auf die Fixierung der Fototeile folgt die Retuschierung der Gesamtmontage. Sie hat vor allem drei Aufgaben:

– Gestaltung der leeren Hintergrundflächen, wobei die Übergänge von fotografierten Teilen zu der sie umgebenden Fläche besondere Aufmerksamkeit verlangten,

– Umverteilung von Licht und Schatten um die Illusion eines einheitlichen Raums zu erzeugen oder zu zerstören,

– Tilgung auffälliger Nahtlinien der Schnitte.

Als Material benutzt der Retuscheur – bzw. Heartfield – Deckfarbe und Retuschefarbe. Neben den üblichen verwendet Heartfield bei besonders delikaten Retusche-Aufgaben einen Luftpinsel, den er mit dem Mund bläst, um jederzeit den Druck kontrollieren und korrigieren zu können. Die nicht betroffenen Montageteile werden bei diesem Vorgang mit Schablonen abgedeckt.

(E. Siepmann: Montage: John Heartfield. 1977, 270)

1. Erarbeitet nun die Aussage der Bilder! Klärt dazu zunächst, wer und was im Einzelnen zu sehen ist! Zieht dazu auch andere Bücher heran!

2. Schreibt einen Text, der die Aussage des jeweiligen Bildes möglichst genau wiedergibt! Diskutiert über unterschiedliche Interpretationen!

3. Fertigt eure eigenen Fotocollagen an! Sammelt dazu Bilder aus der Tagespresse! Erstellt eine Wandzeitung für die Klasse mit historisch-politischen Inhalten, bezieht euch dabei auch auf gerade aktuelle politische Probleme!

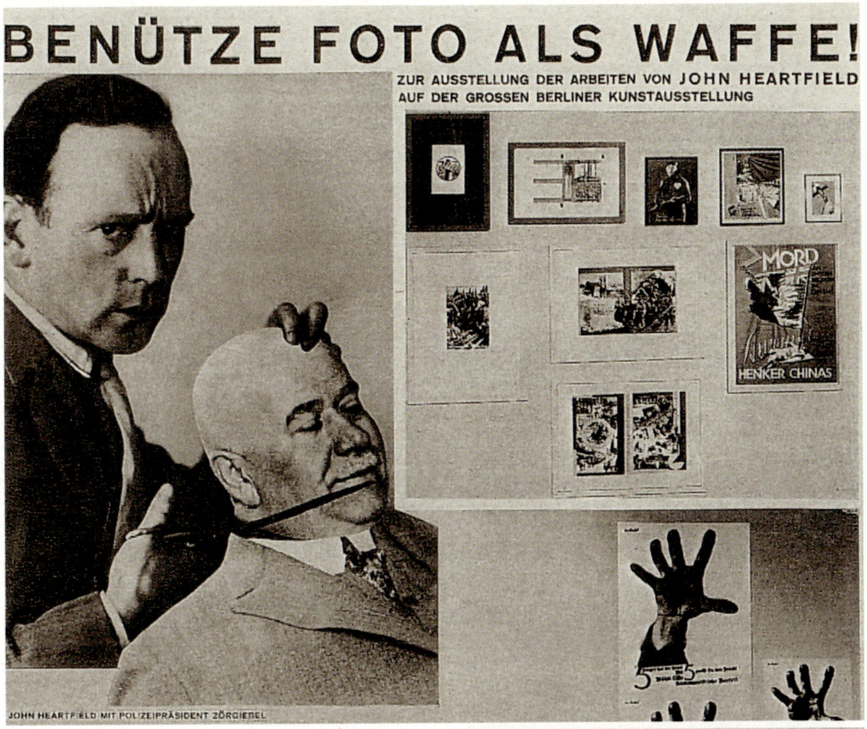
BENÜTZE FOTO ALS WAFFE!
ZUR AUSSTELLUNG DER ARBEITEN VON JOHN HEARTFIELD
AUF DER GROSSEN BERLINER KUNSTAUSSTELLUNG
MORD
HENKER CHINAS
JOHN HEARTFIELD MIT POLIZEIPRÄSIDENT ZÖRGIEBEL

DER SINN DES
HITLERGRUSSES:
MILLIONEN
STEHEN
HINTER MIR!
Kleiner Mann bittet um große Gaben

KRIEG UND LEICHEN – DIE LETZTE HOFFNUNG DER REICHEN

O Tannenbaum im deutschen Raum, wie krumm sind deine Äste!

WIE IM MITTELALTER . . .
Aufs Rad geflochtener Mann in einer alten Stiftskirche in Tübingen.
. . . SO IM DRITTEN REICH

S.M. ADOLF
Ich
führe Euch herrlichen Pleiten entgegen!

2 Täuschung, Verführung und Gewalt: Errichtung und Sicherung der nationalsozialistischen Diktatur

Zur Auftaktseite

Das Einführungsfoto entstammt einem Bildband über Adolf Hitler aus dem Jahr 1936. Auf Hunderten von Fotos waren damals in allen Zeitungen Hitler und ihm zujubelnde Menschen jeden Alters und Geschlechts zu sehen. Die Bilder zeigen den Diktator in den verschiedensten Rollen: als ernsten Staatsmann im Frack, als freundlichen Privatmann umgeben von Kindern oder Tieren, als Parteiführer, demagogischen Redner, militärischen Oberbefehlshaber. In allen Medien, insbesondere im damals neuen Rundfunk und im Film, wurde ein heute unvorstellbarer Personenkult betrieben.
Die Bildunterschrift lautete: „Am Tag der nationalen Arbeit 1934. Kundgebung im Berliner Lustgarten am 1. Mai. Die Abfahrt des Führers nach seiner großen Rede an die Jugend." Dieses Foto ist bezeichnend für unzählige Massenveranstaltungen, mit denen es der nationalsozialistischen Propaganda schon vor und während der Machtübernahme gelang, große Teile des deutschen Volkes, insbesondere der Jugend, in eine Stimmung des Aufbruchs und der Begeisterung zu versetzen. Durch ein langes Spalier strammstehender SS-Männer in schwarzen Uniformen fährt Hitler, im chromglänzenden Kabriolett stehend, an jubelnden Menschen vorbei, die ihn mit dem Hitlergruß, dem ausgestreckten rechten Arm, und mit Heilrufen feiern. Die vielen Uniformierten, zu denen auch der SA-Führer auf dem Rücksitz des Wagens gehört, zeigen den gewollt militärischen Anstrich der Partei. Daneben sonnt sich in Zivil auch noch Franz von Papen im Glanze Hitlers. Er hatte als Vizekanzler in Hitlers erster Regierung mit anderen konservativen Ministern geglaubt, diesen zähmen zu können, ist aber zu diesem Zeitpunkt schon zur Bedeutungslosigkeit verurteilt.

Zur Einführung

Dieses Kapitel ist eines der schwierigsten der deutschen Geschichte. Nicht nur die Historiker treibt die Frage um, wie Hitlers Machtübernahme am 30. Januar 1933 möglich war. War es ein Betriebsunfall der Geschichte oder die notwendige Folge langfristiger Fehlentwicklungen, also eines deutschen Sonderwegs, der den Untertanengeist und Nationalismus der Deutschen stärker ausprägte als bei anderen Völkern? War es eine Folge des missglückten Friedensvertrags von Versailles oder die Auswirkung einer bisher nicht gekannten Weltwirtschaftskrise? Wie konnte eine radikale Minderheit innerhalb kürzester Zeit unter dem Deckmantel der Legalität die Demokratie von Weimar beseitigen? Wie wurde der Umbau des Staates und der gesamten Gesellschaft zu einer Einparteiendiktatur, ja, zur uneingeschränkten Herrschaft eines Mannes vollzogen?
Diesen Fragen geht der Darstellungsteil nach. In den Arbeitsteilen nähern wir uns dem Nationalsozialismus aber von einer ganz anderen Seite. Worin bestand das Anziehende der NS-Bewegung auf die damalige Bevölkerung? Im 1. Arbeitsteil geben Zeitgenossen darüber Auskunft, warum sie der Verführung des Nationalsozialismus erlagen. Der „Tag von Potsdam" (2. Arbeitsteil) kann als Musterbeispiel gelten, wie die Nationalsozialisten die nationalen Kreise und die Öffentlichkeit in Deutschland täuschten. „Dort, wo man Bücher verbrennt, verbrennt man bald auch Menschen." Dieses prophetische Wort von Heinrich Heine ist die Überschrift für den 3. Arbeitsteil. Sie weist auf die schrecklichen Seiten des NS-Systems voraus, die in den nachfolgenden Kapiteln behandelt werden. Die Werkzeugkiste stellt Hitler als Comic vor – wo liegen die Chancen, wo die Gefahren einer solchen Darstellung?

Politische Systeme im Europa der Zwischenkriegszeit

Wichtige Daten

1929 Beginn der Weltwirtschaftskrise

1930 Bruch der großen Koalition, Präsidialkabinette (Brüning regiert mit Notverordnungen)
Reichstagswahlen, „Erdrutschsieg" der NSDAP

1931 „Harzburger Front" (NSDAP, DNVP, Stahlhelm)

1932 Wiederwahl von Reichspräsident von Hindenburg (19,4 Mio Stimmen, Hitler 13,4 Mio)

1933 30. Januar: 1. Kabinett Hitler, Vizekanzler von Papen
27. Februar: Reichstagsbrand
28. Februar: „Reichtagsbrandverordnung"
Einführung der „Schutzhaft"
24. März: Ermächtigungsgesetz
1./2. Mai: Feiertag der Arbeit / Verbot der Gewerkschaften
Juni/Juli: Verbot der SPD, Auflösung der Parteien, NSDAP Staatspartei
Austritt aus dem Völkerbund

1934 Ermordung politischer Gegner
Tod Hindenburgs, Vereidigung der Reichswehr auf „Führer und Reichskanzler Adolf Hitler".

Grundbegriffe

Nationalsozialismus, Propaganda, Führerprinzip, totalitäre Diktatur, „Gleichschaltung", „Volksgemeinschaft", Wirtschaftskrise

1 „Wir haben unseren Führer gesehen...“

Wie überall in der gleichgeschalteten Presse der Hitlerkult erzeugt und gefeiert wurde zeigt ein Bericht der illustrierten deutschen Schülerzeitschrift 'Hilf mit' 1935:

Q1 „Fünf Düsseldorferinnen (...) hatten sich im Herbst 1935 zusammengetan zu einer Schulungsfahrt. Bis München fuhren wir, und von dort aus sollte es über den Chiemsee nach Berchtesgaden gehen.... Der Herbergsvater der Jugendherberge gab uns den väterlichen Rat, heute zum Obersalzberg zu gehen, da der Führer oben sei ... Auf unsere Frage, wie viel Menschen das wohl wären, antwortete ein SS-Mann: „Heute sind es 3000, aber wir sind an größere Massen gewöhnt ...“ Die Menge bewegte sich wie eine Prozession vorwärts. Sofort stellten wir uns auf und marschierten mit der HJ im Gleichschritt zu unserem Führer. Von weitem sahen wir seinen Kopf. Alles zuckte in mir, ich konnte kaum etwas sagen, denn zum ersten Male sah ich unseren Führer, ihn, der Deutschland vor dem sicheren Untergang errettete... Wir alle sahen den Führer an, aber keine von uns konnte seinen Blick lange ertragen. Er schien unsere innersten Gedanken zu lesen, nickte leicht mit dem Kopf, und ich glaube, jede von uns Mädels hat sich in diesen Sekunden geschworen, dass sie ihm ewig die Treue halten und immer für seine Sache kämpfen werde...“

(Zit. nach: I. Bayer: Ehe alles Legende wird. 1979, 64)

B1 Zu Propagandazwecken nachgestellter Fackelzug vom 30. 1. 1933 in Berlin (vgl. S. 210f.)

1. Beschreibt den Eindruck, den der Bericht auf euch macht! Versetzt euch in die Beteiligten damals und sprecht über die Wirkung!

Ein arbeitsloser SA-Mann 1932:

Q2 Neunzig Prozent unseres Sturms waren arbeitslos, aber wir hatten noch etwas, wofür wir leben und kämpfen konnten. Ich erhielt 8,40 Mark Arbeitslosenunterstützung in der Woche. 5 Mark gingen für Miete drauf, und mit den restlichen 3,40 Mark mußte ich meinen Lebensunterhalt bestreiten. 30 Pfennig gab ich für Tabak aus. 10 Pfennig zahlte ich als Invaliden-Versicherung in die Kampfkasse der Partei für den Fall, daß ich beim Einsatz für die Partei verwundet werden sollte. (...) Zur Hauptmahlzeit konnte ich jeden Tag ins SA-Heim gehen, wo wir für 10 Pfennig ein gutes Mittagessen bekamen. Die wohlhabenden Parteimitglieder gaben Spenden für das SA-Heim. Oft gab es für uns gute Butter und auch Wildbret und Wildschweinfleisch von ihren Jagdgütern, und während der Saison bekamen wir Arbeit als Treiber und Gewehrlader. Immer wenn so ein hohes Tier ins Sturmlokal kam, gab es für uns freies Essen und Bier für alle. Diese Herren sprachen mit uns von Mann zu Mann und ließen uns fühlen, daß sie die gleichen Ideen und die gleichen Hoffnungen für Deutschland hatten wie wir. Mein Mitgliedsbeitrag wurde von einem Paten bezahlt, der ein Schuhgeschäft hatte. Unsere NS-Paten waren Leute, zu denen wir jederzeit gehen konnten, wenn wir in Schwierigkeiten waren...“

(Zit. nach: L. Hagen: Geschäft ist Geschäft. 1969, 46/47)

1. Welche Gründe für die SA-Mitgliedschaft werden hier deutlich?
2. Q2 zeigt die Zusammensetzung der NSDAP. Nennt unterschiedliche soziale Gruppen!

Eine Führerin des Bundes deutscher Mädel (BdM) schreibt in ihren Erinnerungen über den 30. Januar 1933:

Q3 „Am Abend des 30. Januar nahmen meine Eltern uns Kinder mit in das Stadtzentrum. Dort erlebten wir den Fackelzug, mit dem die Nationalsozialisten ihren Sieg feierten. Etwas Unheimliches ist mir von dieser Nacht her gegenwärtig geblieben. Das Hämmern der Schritte, die düstere Feierlichkeit roter und schwarzer Fahnen, zuckender Widerschein der Fackeln auf den Gesichtern und Lieder, deren Melodie aufpeitschend und sentimental zugleich klangen.
Stundenlang marschierten die Kolonnen vorüber, unter ihnen immer wieder Gruppen von Jungen und Mädchen, die kaum älter waren als wir. In ihren Gesichtern und in ihrer Haltung lag ein Ernst, der mich beschämte. ...Ich war noch ein Kind, das Jungmädchenbücher zu Weihnachten geschenkt bekam. Und ich brannte doch darauf, mich in diesen Strom zu werfen, in ihm unterzugehen und mitgetragen zu werden. Es ging um Leben und Tod.

(Zit. nach: ebd., 17f.)

1. Vergleicht die Berichte der Zeitgenossen und sprecht darüber, was die Jugendlichen damals am Nationalsozialismus faszinierte!
Beachtet B2 und Q3!

Lied der HJ

Q4 Unsere Fahne flattert uns voran,
In die Zukunft ziehn wir Mann für Mann.
Wir marschieren für Hitler durch Nacht und durch Not,
Mit der Fahne der Jugend für Freiheit und Brot.
Unsere Fahne flattert uns voran.
Unsere Fahne ist die neue Zeit,
Und die Fahne führt uns in die Ewigkeit.
Ja, die Fahne ist mehr als der Tod!...(21)

(Zit. nach: Handbuch des Geschichtsunterrichts Bd. V, 263)

B2 Werbeplakat der HJ von1936

Hitlers Weltanschauung

Bereits zwei Jahre nach seinem gescheiterten Putschversuch von 1923 beschrieb Hitler der Öffentlichkeit mit erschreckender Deutlichkeit seine weltanschaulichen Vorstellungen und Ziele. (Alle Zitate stammen aus: Adolf Hitler: Mein Kampf. München[29] 1933.)

Völkischer Staat und Rassenhygiene

Q5 „Was auf diesem Gebiet heute von allen Seiten versäumt wird, hat der völkische Staat nachzuholen. Er hat die Rasse in den Mittelpunkt des allgemeinen Lebens zu setzen. Er hat für ihre Reinerhaltung zu sorgen. Er hat das Kind zum kostbarsten Gut eines Volkes zu erklären. Er muss dafür Sorge tragen, dass, nur wer gesund ist, Kinder zeugt, dass es nur eine Schande gibt: Bei eigener Krankheit und eigenen Mängeln Kinder in die Welt zu setzen, doch eine höchste Ehre: darauf zu verzichten. Umgekehrt aber muss es als verwerflich gelten: Gesunde Kinder der Nation vorzuenthalten. Der Staat muss dabei als Wahrer einer tausendjährigen Zukunft auftreten, der gegenüber der Wunsch und die Eigensucht des Einzelnen als nichts erscheinen und sich zu beugen haben."

(S. 446)

Antisemitismus

Q6 „Indem der Jude die politische Macht erringt, wirft er die wenigen Hüllen, die er noch trägt von sich. Aus dem demokratischen Volksjuden wird der Blutjude und Völkertyrann. In wenigen Jahren versucht er, die nationalen Träger der Intelligenz auszurotten und macht die Völker, indem er sie ihrer Intelligenz beraubt, reif zum Sklavenlos einer dauernden Unterjochung. Das furchtbarste Beispiel dieser Art bietet Russland, wo er an die dreißig Millionen Menschen in wahrhaft fanatischer Wildheit teilweise unter unmenschlichen Qualen tötete, um einen Haufen jüdischer Literaten und Börsenbanditen die Herrschaft zu sichern. Das Ende aber ist nicht nur das Ende der Freiheit der von Juden unterdrückten Völker, sondern auch das Ende dieses Völkerparasiten selber. Nach dem Tode des Opfers stirbt auch früher oder später der Vampir.
Wenn wir alle Ursachen des deutschen Zusammenbruches vor unserem Auge vorbeiziehen lassen, dann dann bleibt als die letzte und ausschlaggebende das Nichterkennen des Rassenproblems und besonders der jüdischen Gefahr übrig. Die Niederlagen auf dem Schlachtfelde im August 1918 wär spielend leicht zu ertragen gewesen. Sie standen in keinem Verhältnis zu den Siegen unseres Volkes. Nicht sie haben uns gestürzt, sondern jene Macht, die diese Niederlagen vorbereitete, indem sie unserem Volke die politischen und moralischen Instinkte und Kräfte raubte, die allein Völker zum Dasein befähigen und damit auch berechtigen. Indem das alte Reich an den Fragen der rassischen Grundlagen unseres Volkes achtlos vorüberging, missachtete es auch das alleinige Recht, das auf dieser Welt Leben gibt. Völker, die sich bastardisieren (vermischen) oder bastardisieren lassen, sündigen gegen den Willen der ewigen Vorsehung ... Die verlorene Blutsreinheit allein zerstört das innere Glück für immer, senkt den Menschen für ewig nieder."

(S. 358f.)

Eroberung von Lebensraum im Osten

Q7 „Demgegenüber müssen wir Nationalsozialisten unverrückbar an unseren außenpolitischen Zielen festhalten, nämlich dem deutschen Volk den ihm gebührenden Grund und Boden auf dieser Erde zu sichern. Und diese Aktion ist die einzige, die vor Gott und unserer deutschen Nachwelt einen Bluteinsatz gerechtfertigt erscheinen lässt: Vor Gott, insoferne wir auf diese Welt gesetzt sind mit der Bestimmung des ewigen Kampfes um das tägliche Brot, als Wesen, denen nichts geschenkt wird, und die ihre Stellung als Herren der Erde nur der Genialität und dem Mute verdanken, mit dem sie sich diese zu erkämpfen und zu wahren wissen ... Damit ziehen wir Nationalsozialisten bewusst einen Strich unter die außenpolitische Richtung unserer Vorkriegszeit. Wir setzen dort an, wo man vor sechs Jahrhunderten endete. Wir stoppen den ewigen Germanenzug nach dem Süden und Westen Europas und weisen den Blick nach dem Osten. Wir schließen endlich ab die Kolonial- und Handelspolitik der Vorkriegszeit und gehen über zur Bodenpolitik der Zukunft."

(S. 739 und 742)

Propaganda

Q8 „Jede Propaganda hat volkstümlich zu sein und ihr geistiges Niveau einzustellen nach der Aufnahmefähigkeit des Beschränktesten. Damit wird ihre geistige Höhe um so tiefer zu stellen sein, je größer die zu erfassende Masse der Menschen ist. Die Aufnahmefähigkeit der großen Masse ist nur sehr beschränkt, das Verständnis klein, dafür jedoch die Vergesslichkeit groß. Aus dieser Tatsache heraus hat sich jede wirkungsvolle Propaganda auf nur sehr wenige Punkte zu beschränken, bis auch der Letzte unter einem solchen Worte das Gewollte sich vorzustellen vermag.
Das Volk ist in seiner überwiegenden Mehrheit so feminin veranlagt, dass weniger nüchterne Überlegung, vielmehr gefühlsmäßige Empfindung sein Denken und Handeln bestimmt. Es gibt hierbei nicht viel Differenzierung, sondern ein Positiv oder Negativ, Liebe oder Hass, Recht oder Unrecht, Wahrheit oder Lüge, niemals halb so und halb so, oder teilweise usw."

(S. 198 und 201)

1. Unterscheidet nach innen- und außenpolitischen Zielen!
2. Verdeutlicht euch, welche Folgen die Verwirklichung dieser Vorstellungen nach sich ziehen musste!
3. Diskutiert in der Klasse darüber, warum Hitler (auch auf Grund seines Buches „Mein Kampf") von vielen völlig unterschätzt wurde!

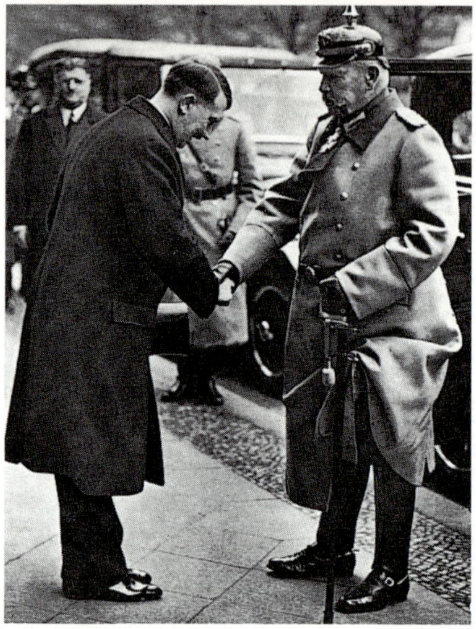

B2 Der neue Reichskanzler Hitler begrüßt Reichspräsident Hindenburg.

2 „Die Vermählung der alten Größe und der jungen Kraft"

Der am 5. März 1933 neu gewählte Reichstag (vgl. S. 22) wurde zur Eröffnung nach Potsdam einberufen und in Anwesenheit des Reichspräsidenten Hindenburg in der Garnisonskirche, der Grablege Friedrich Wilhelms I. und Friedrichs II., feierlich eröffnet.

1. Erschließt aus den Bildern, den Zweck der Zeremonie!
2. Informiert euch über Rolle und Bedeutung von Potsdam in der preußischen Geschichte!
3. Beschreibt die Haltung der beiden Politiker und die Atmosphäre in der Garnisonskirche!
4. Untersucht, welchen Anspruch Hitler erhebt und in welche Tradition er sich stellt! Beachtet Q1 und B3!

B3 Postkarte von 1933.

B1 Staatsakt in der Potsdamer Garnisonskirche (21.3.1933).

Aus Hitlers Ansprache in der Garnisonskirche

Q1 „Heute, Herr Generalfeldmarschall, lässt Sie die Vorsehung Schirmherr sein über die neue Erhebung unseres Volkes. Dieses Ihr wundersames Leben ist für uns alle ein Symbol der unzerstörbaren Lebenskraft der deutschen Nation. So dankt Ihnen heute des deutschen Volkes Jugend, und wir alle mit, die wir Ihre Zustimmung zum Werk der deutschen Erhebung als Segnung empfinden. Möge sich diese Kraft auch mitteilen der nunmehr eröffneten neuen Vertretung unseres Volkes. Möge uns dann aber auch die Vorsehung verleihen jenen Mut und jene Beharrlichkeit, die wir in diesem für jeden Deutschen geheiligten Raum um uns spüren, als für unseres Volkes Freiheit und Größe ringende Menschen zu Füßen der Bahre eines größten Königs."

(Zit. nach: Hitlers Machtergreifung. Hg. v. J. Becker. 1983, 158)

Der Tag von Potsdam aus der Sicht eines Zeitgenossen (Tagebuch von Erich Ebermayer)

Q2 „Am Vormittag Übertragung der Feiern in Potsdam über den Rundfunk. Alles geschickt, eindrucksvoll, ja hinreißend, jedenfalls für die Massen. Aber auch wir können und dürfen die Augen nicht verschließen vor dem, was hier geschieht. Heute und hier gelang die Vermählung, wenn nicht für ewig, so doch auf Zeit, zwischen den von Hitler geführten Massen und dem „Geist von Potsdam", dem Preußentum, repräsentiert durch Hindenburg.

Welch großartige Inszenierung durch den Meisterregisseur Goebbels! Die Fahrt Hindenburgs, der Regierung und der Abgeordneten geht von Berlin bis Potsdam durch ein einziges geschlossenes Spalier jubelnder Millionen. (...) Der Rundfunksprecher weint fast vor Rührung. (...) Dann spricht Hitler. Es ist nicht zu leugnen: Er ist gewachsen. Aus dem Demagogen und Parteiführer, dem Fanatiker und Hetzer scheint sich – für seine Gegner überraschend genug – der wirkliche Staatsmann zu entwickeln. Also doch ein Genie..."

(Zit. nach: Hitlers Machtergreifung, a.a.O., 155)

1. Vergleicht Hitlers öffentliches Auftreten mit seiner (geheimen) Ansprache vor den Befehlshabern des Heeres und der Marine (Q4)!

Hitler vor den Befehlshabern des Heeres und der Marine, am 3. Februar 1933 (handschriftliche Aufzeichnungen eines Teilnehmers)

Q3 „Ziel der Gesamtpolitik allein: Wiedergewinnung der politischen Macht. Hierauf muss gesamte Staatsführung eingestellt werden (alle Ressorts!)

1. Im Innern: Völlige Umkehrung der gegenwärtigen innenpolitischen Zustände in Deutschland. Keine Duldung der Betätigung irgendeiner Gesinnung, die dem Ziel entgegensteht (Pazifismus!) Wer sich nicht bekehren will, muss gebeugt werden. Ausrottung des Marxismus mit Stumpf und Stiel. Einstellung der Jugend und des ganzen Volkes auf den Gedanken, dass nur der Kampf uns retten kann... Ertüchtigung der Jugend und Stärkung des Wehrwillens mit allen Mitteln....

2. Nach außen. Kampf gegen Versailles. Gleichberechtigung in Genf;[1]...

3. Wirtschaft! Der Bauer muss gerettet werden! Siedlungspolitik! Künftige Steigerung der Ausfuhr zwecklos. Aufnahmefähigkeit der Welt ist begrenzt...

4. Aufbau der Wehrmacht wichtigste Voraussetzung für Erreichung des Ziels... Wie soll politische Macht, wenn sie gewonnen ist, gebraucht werden? Jetzt noch nicht zu sagen. Vielleicht Erkämpfung neuer Export-Möglichkeiten, vielleicht – und wohl besser – Eroberung neuen Lebensraums im Osten und dessen rücksichtslose Germanisierung...

(Zit. nach: ebd., 40)

[1] *betrifft die Abrüstungsvorschläge des Völkerbundes*

Aus dem Bericht des britischen Botschafters in Berlin an seinen Außenminister vom 21.3.1933

Q4 „1. Bis jetzt haben nur wenige der führenden „Novemberverbrecher" wirklich ihr Leben verloren, obwohl viele misshandelt wurden, und die Zahl der ermordeten oder bei politischen Schlägereien schwer verletzten Personen in die Hunderte gehen muss. Den bedeutenderen Persönlichkeiten ist es gelungen aus dem Land zu fliehen, eine große Anzahl von ihnen hält sich noch in Grenznähe versteckt.

2. Die Gefängnisse und Haftlokale sind im Augenblick mit politischen Gefangenen überfüllt. Es ist offensichtlich, dass der Vorschlag Konzentrationslager für Kommunisten und Sozialdemokraten zu errichten, hauptsächlich veranlasst ist durch die Schwierigkeiten und Unkosten eine große Anzahl von Häftlingen in den zur Verfügung stehenden Gefängnissen mit ihrer begrenzten Kapazität unterzubringen. Die Konsuln Seiner Majestät berichten, dass im ganzen Lande summarisch die Haft über Beamte und Politiker, die der Linken angehörten, im allgemeinen mit der Begründung verhängt wurde, dass es nötig sei, „die Erregung der Massen davor zu bewahren in persönliche Gewalttätigkeit auszuarten".

(Zit. nach: ebd., 159)

1. Diskutiert: Tag der nationalen Erhebung oder Tag der nationalen Unterdrückung?

3 „Dort, wo man Bücher verbrennt, verbrennt man auch am Ende Menschen"

Am 10. Mai 1933 wurden in Berlin und anderen Universitätsstädten Scheiterhaufen errichtet, auf denen Bücher unliebsamer Schriftsteller verbrannt wurden. Etwa 25000 Bücher fielen den Flammen zum Opfer. Feuersprüche deutscher Studenten bei der Bücherverbrennung am 10.5.1933

Q1 „1. *Gegen* Klassenkampf und Materialismus.
Für Volksgemeinschaft und idealistische Lebenshaltung.
Marx, Kautsky

2. *Gegen* Dekadenz und moralischen Verfall.
Für Zucht und Sitte in Familie und Staat.
Heinrich Mann, Ernst Glaeser, Erich Kästner...

3. *Gegen* seelenzerfasernde Überschätzung des Trieblebens.
Für den Adel der menschlichen Seele.
Freud'sche Schule, Zft. Image

4. *Gegen* Verfälschung unserer Geschichte und Herabwürdigung ihrer großen Gestalten.
Für Ehrfurcht vor unserer Vergangenheit.
Emil Ludwig, Werner Hegemann

5. *Gegen* volksfremden Journalismus demokratisch-jüdischer Prägung.
Für verantwortungsbewusste Mitarbeit am Werk des nationalen Aufbaus.
Theodor Wolff, Georg Bernhard

6. *Gegen* literarischen Verrat am Soldatentum des Weltkrieges.
Für Erziehung des Volkes im Geist der Wehrhaftigkeit. E. M. Remarque

7. *Gegen* dünkelhafte Verhunzung der deutschen Sprache.
Für Pflege des kostbarsten Gutes unseres Volkes.
Alfred Kerr

8. *Gegen* Frechheit und Anmaßung.
Für Achtung und Ehrfurcht vor dem unsterblichen deutschen Volksgeist.
Tucholsky, Ossietzky"

(Zit. nach: Handbuch des Geschichtsunterrichts. Bd. V, 260)

1. Überlegt, was mit diesen Aktionen bewirkt werden sollte!
2. Zieht Rückschlüsse auf die nationalsozialistische Weltanschauung (Q1)!

Erich Kästner war Augenzeuge der Verbrennung seiner Bücher:

Q2 „Im Jahre 1933 wurden meine Bücher in Berlin, auf dem großen Platz neben der Staatsoper, von einem gewissen Herrn Goebbels mit düster-feierlichem Pomp verbrannt. Vierundzwanzig deutsche Schriftsteller, die symbolisch für immer ausgetilgt werden sollten, rief er triumphierend beim Namen. Ich war der einzige der vierundzwanzig, der persönlich erschienen war, um dieser theatralischen Frechheit beizuwohnen. Ich stand vor der Universität, eingekeilt zwischen Studenten in SA-Uniform, den Blüten der Nation, sah unsere Bücher in die zuckenden Flammen fliegen und hörte die schmalzigen Tiraden des kleinen abgefeimten Lügners. Begräbniswetter hing über der Stadt. Es war widerlich.
Plötzlich rief eine schrille Frauenstimme: „Dort steht ja der Kästner!" Eine junge Kabarettistin, die sich mit einem Kollegen durch die Menge zwängte, hatte mich stehen sehen und ihrer Verblüffung übertrieben laut Ausdruck verliehen. Mir wurde unbehaglich zumute. Doch es geschah nichts. (Obwohl in diesen Tagen gerade sehr viel zu „geschehen" pflegte.) Die Bücher flogen weiter ins Feuer. Die Tiraden des kleinen abgefeimten Lügners ertönten weiterhin. Und die Gesichter der braunen Studentengarde blickten, den Sturmriemen unterm Kinn, unverändert geradeaus, hinüber zu dem Flammenstoß und zu dem psalmodierenden, gestikulierenden Teufelchen."

(Zit. nach: M. v. d. Grün: Wie war das eigentlich? 1981, 55)

1. Sprecht über die Folgen der Bücherverbrennung für den einzelnen Schriftsteller und für das Ansehen Deutschlands in der Welt! Berücksichtigt T3!

B1 Bücherverbrennung in Dresden vor dem Gebäude der Dresdner Volkszeitung, 8. 3. 1933.

„Ein Verbrechen gegen die Humanität"

T3 „Der Auszug aus Deutschland ins Exil begann: Regisseure, Schauspieler, Schriftsteller, Maler, Musiker, Bildhauer, Komponisten und Wissenschaftler, beinahe eine ganze Generation geistig schaffender Menschen ging außer Landes.
Berlin, bis 1933 einer der kulturellen Mittelpunkte der Welt, sank über Nacht in die Bedeutungslosigkeit.
Einige Künstler fanden in anderen Ländern eine neue Heimat, andere zogen von einem Land ins andere, immer auf der Flucht vor den Nazis. Viele begingen Selbstmord....
Und der Franzose Romain Rolland schrieb einen offenen Brief an den Chefredakteur der „Kölnischen Zeitung" am 15.5.1933: „... es ist wahr: ich liebe Deutschland und habe es immer gegen Ungerechtigkeiten und Unverständnis des Auslandes verteidigt ... Sehen Sie denn nicht, dass dieses national-faschistische Deutschland der schlimmste Feind jenes wahren Deuschlands ist, das es gerade vereint? Eine solche Politik ist ein Verbrechen nicht nur gegen die Humanität, sondern gegen euer eigenes Volk."

(Zit. nach: Max von der Grün a.a.O., 58f.)

B2 Deutsche Studenten bei der Bücherverbrennung am 10.5.1933.

„Reinigung des Kulturlebens von schädlichem und unerwünschtem Schrifttum". Anordnung des Präsidenten der Reichsschrifttumskammer vom 25. 4. 1935:

Q4 „Es gehört zu den Obliegenheiten der Reichsschrifttumskammer, das deutsche Kulturleben von allem schädlichen und unerwünschten Schrifttum rein zu halten. Für die künftige Regelung erlasse ich folgende Anordnung:
§ 1. Die Reichsschrifttumskammer führt eine Liste solcher Bücher und Schriften, die das nationalsozialistische Kulturwollen gefährden. Die Verbreitung dieser Bücher und Schriften durch öffentlich zugängliche Büchereien und durch den Buchhandel in jeder Form (...) ist untersagt.
§ 2. Die Reichsschrifttumskammer führt eine weitere Liste solcher Bücher und Schriften, die zwar nicht in die in § 1 erwähnte Liste aufzunehmen, jedoch ungeeignet sind, in die Hände Jugendlicher zu gelangen. Solche Schriften dürfen:
1. nicht (...) öffentlich ausgelegt werden,
2. nicht durch Reisende (...) und sonstige Händler ohne festen Verkaufsraum vertrieben werden,
3. nicht an Jugendliche unter 18 Jahren ausgehändigt werden.
§ 3. Wer gegen die Bestimmungen der § § 1 und 2 verstößt, rechtfertigt die Annahme, dass er die erforderliche Zuverlässigkeit und Eignung im Sinne des § 10 der Ersten Verordnung zur Durchführung des Reichskulturkammergesetzes vom 1. November 1933 (RGBl, 1, S. 797) nicht besitzt. Er hat somit den Ausschluss aus der Reichsschrifttumskammer zu gewärtigen. Sofern er nicht Mitglied der Reichsschrifttumskammer ist, kann ihm die etwa erteilte Erlaubnis für den Vertrieb von Büchern und Schriften entzogen werden. In leichteren Fällen können nach § 28 der genannten Durchführungsverordnung Ordnungsstrafen verhängt werden..."

(Zit. nach: H. Krieger (Hg): Handbuch des Geschichtsunterrichts, Bd. 5, 261)

Zusammenfassende Aufgaben zu allen 3 Arbeitsteilen:

1. Arbeitet aus den Quellen „Hitlers Weltanschauung" heraus! Ergänzt aus anderen Kapiteln!

2. Wendet die drei Leitbegriffe des Kapitels auf die Materialien an!

Zwischen Demokratie und Diktatur – wie kann die Krise gelöst werden?

B1 „Brautvorführung". Karikatur aus der schweizerischen Zeitschrift „Der Nebelspalter", Februar 1933.

Machtergreifung oder Machtübertragung?

Als am Abend des 30. Januar 1933 die „nationalen Verbände", SA, SS und Stahlhelm mit einem großen Fackelzug durchs Brandenburger Tor und an der Reichskanzlei vorbei ihren Sieg feierten, konnte kaum jemand die Tragweite dieses Einschnitts in der deutschen Geschichte ermessen. Die meisten Deutschen waren überzeugt, dies sei ein Regierungswechsel wie die vielen anderen auch in den letzten Jahren der Weimarer Republik. Nach den gescheiterten Regierungen Brünings (1930–32), Papens (1932) und General Schleichers (1932/33) werde nun Hitler, der radikale Wortführer der NSDAP, für mehr oder minder kurze Zeit sein Glück in der Bewältigung der Wirtschaftskrise suchen, die zur Staatskrise der jungen Demokratie geworden war. Die oppositionellen Kräfte, die SPD, die Gewerkschaften, die Reste der liberalen Parteien erwarteten sein baldiges Scheitern. Die KPD glaubte, eine faschistische Herrschaft würde die Widersprüche der kapitalistischen Wirtschafts- und Gesellschaftsordnung so verschärfen, dass eine Revolution nach sowjetischem Vorbild unausweichlich wäre. Die bürgerliche Rechte, die DNVP, gab sich der trügerischen Hoffnung hin, Hitler gezähmt und für ihre Zwecke eingespannt zu haben. Einzig Hitler und seine Anhänger waren überzeugt, dass sie mit dem endlich errungenen Zipfel der Macht einen Durchbruch erzielt hätten. Sie sprachen deshalb auch von „Machtergreifung", ja von einer „nationalen Erhebung". Aber was hatte Hitler als Kanzler einer Rechtskoalition mit der DNVP tatsächlich erreicht? Er und seine zwei NSDAP-Minister waren von konservativen Ministern „eingerahmt". „Hitler redet, Hugenberg handelt" – so war die allgemeine Überzeugung, weil Hugenberg als Parteiführer der DNVP und Pressezar als der starke Mann des Kabinetts galt.

Papen als Vizekanzler glaubte gar, er habe Hitler „gezähmt" und könne ihn „in die Ecke drängen bis er quietscht".

In Wahrheit hat Hitler also die Kanzlerschaft nicht erobert oder ergriffen. Sie wurde ihm ausgeliefert, weil einflussreiche Kreise der Wirtschaft, der Reichswehr und der alten Führungsschicht die verhasste Weimarer Republik in einen autoritären Staat verwandeln wollten. Es ist unstrittig, dass die Machtübertragung an Hitler keineswegs unausweichlich war und dass es bis 1933 andere Möglichkeiten gegeben hätte, die Krise der Republik zu lösen. Hitler kam nicht über uns – er wurde emporgetragen (Willy Brandt). Damit verschärft sich die Frage, wer für diese Machtübergabe verantwortlich war und warum in Deutschland die Wirtschaftskrise zu einem diktatorischen und massenmörderischen Regime führte. So vermischen sich die Erklärungsversuche für die Machtübernahme durch Hitler und die Nationalsozialisten mit den Ursachen für das Scheitern der ersten deutschen Demokratie. Das Ja zu Hitler und das Nein zu Weimar hängen eng zusammen.

Der Frage nach den Ursachen und Verantwortlichkeiten für die Machtauslieferung an Hitler wollen wir auf den nächsten Seiten nachgehen.

1. Beschreibt, in welchen Rollen Papen, Hugenberg und Hindenburg in B1 dargestellt sind!
2. Beurteilt die politische Aussageabsicht des Autors! Beachtet dabei die das Bett schmückenden Symbole!

Die große Weltwirtschaftskrise

Scheinblüte der zwanziger Jahre

In den zwanziger Jahren hatten die Industrieländer beachtliche wirtschaftliche Fortschritte erzielen können. Amerika erlebte den stärksten „boom". Aber der zunehmenden Produktion von Verbrauchsgütern folgte keine entsprechende Zunahme der Kaufkraft der Bevölkerung. Die Überproduktion zwang schließlich zur Produktionsdrosselung, was Arbeitslosigkeit zur Folge hatte.

Der New Yorker Börsenkrach

In der kapitalistischen Wirtschaft ist die Aktiengesellschaft (AG) die beherrschende Unternehmensform. Eine Aktiengesellschaft beschafft sich das notwendige Kapital für Investitionen durch Ausgabe von Aktien (Anteilen). Der Wert der Aktien wird an der Börse gehandelt, er kann steigen oder fallen. Der „boom" der zwanziger Jahre brachte in den USA steigende Aktienkurse. Aktien wurden nicht nur für Banken, sondern auch für weite Kreise der Bevölkerung interessant. Wer konnte, kaufte Aktien. Das alles konnte nur so lange gut gehen, wie die Aktien weiterhin stiegen. Am 25. Oktober 1929 („Schwarzer Freitag") aber kam es an der New Yorker Börse zu dem großen Kurssturz, den man als auslösendes Moment der Weltwirtschaftskrise betrachtet. Infolge des Börsenkrachs brachen viele Banken zusammen, und viele kleinere Spekulanten waren ruiniert.

Die Krise ergreift Europa und Deutschland

Nach dem Börsenkrach zogen viele amerikanische Banken ihre Anlagen aus Europa ab. Das musste besonders in Deutschland zur Katastrophe führen. Während der Scheinblüte der zwanziger Jahre (vgl. S. 25ff.) hatten viele Unternehmen so viel investiert, dass sie die laufenden Kosten mit Krediten finanzieren mussten. Als das nicht mehr ging, musste die Produktion eingeschränkt und mussten Arbeiter entlassen werden.

Im Mai 1931 begann der Zusammenbruch des europäischen Bankensystems. Die deutschen Banken hatten seit Herbst 1930 ausländische Gelder verloren, was zum Teil politisch bedingt war. (Die Septemberwahlen 1930 hatten das Vertrauen des Auslands in die Stabilität der politischen Verhältnisse in Deutschland nachhaltig erschüttert, sodass ein zunehmender Abfluss fremder Kapitalanlagen erfolgte). Nun brachen in Deutschland angesehene Banken zusammen. Ein Sturm der Sparer auf die Banken setzte ein. Auch die englischen Banken wurden von französischen und amerikanischen Einlegern bestürmt. Das Vertrauen der Bürger in die Banken in ganz Europa war erschüttert. Viele zahlten ihr Spargeld nicht mehr ein, sondern „horteten" es oder legten es in Gold und Sachwerten an. Deren Preise fielen, was die Lage zusätzlich verschärfte. Weil die Bürger ihr Geld zurückhielten, konnten die Banken der Wirtschaft keine Kredite mehr zur Verfügung stellen. Die Produktion wurde weiter eingeschränkt, die Arbeitslosigkeit stieg. Im Winter 1932/33 waren in Deutschland 6 Millionen, in den USA 12 Millionen Menschen ohne Arbeit.

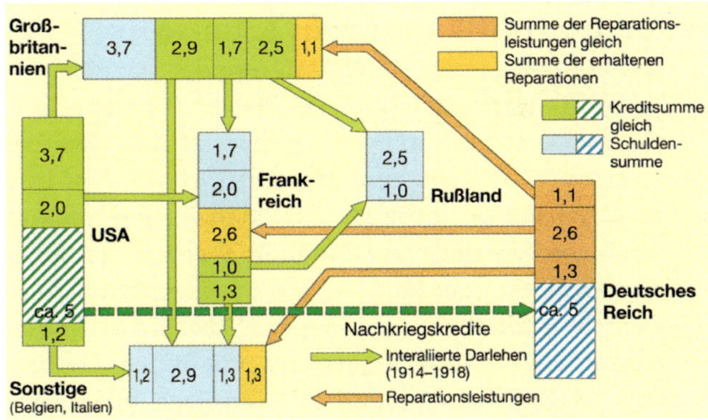

B2 Kapitalverflechtungen nach dem Ersten Weltkrieg bis 1932 (in Mrd Dollar).

Sozialpsychologische Auswirkungen

Die Wirtschaftkrise hatte in Deutschland andere Auswirkungen als in den übrigen Staaten Europas. Dazu vertritt der englische Historiker Alan Bullock folgende Meinung:

„Die Deutschen hatten zwischen 1918 und 1923 bereits eine Reihe von Schocks hinnehmen müssen: die Niederlage nach einem opferreichen Krieg, den Vertrag von Versailles, die Reparationen, den Zusammenbruch der Monarchie, die Revolution, Phasen des Bürgerkriegs, die Inflation. Das akkumulierte (angehäufte) Ergebnis dieser Traumata (seelischen Verletzungen) waren Ängste und eine existenzielle Unsicherheit, die durch die Wirtschaftskrise von 1929 wieder belebt wurden. (...) Millionen von Deutschen fühlten sich in den frühen dreißiger Jahren wie Überlebende eines Erdbebens, die gerade angefangen hatten, ihre Häuser wieder herzurichten, als die Erde von neuem zu beben begann und alles um sie herum ein zweites Mal zusammenstürzte. In solchen Situationen verlieren viele Menschen die Orientierung, verfallen in tiefste Verzweiflung und nähren zugleich imaginäre (eingebildete) Hoffnungen. Diese Umstände riefen nicht nach einem Hitler, aber sie „ermöglichten" ihn... Hitler brachte Millionen von Deutschen eine Kombination der beiden Botschaften, die sie am dankbarsten aufnahmen: die völlige Ablehnung von allem, was seit Kriegsende in Deutschland vorgegangen war, und dazu das unbedingte Versprechen, einer verzagten und zerrissenen Nation das Gefühl ihrer Größe und Macht zurückzugeben.

(Zit. nach: A. Bullock: Hitler und Stalin, 303)

„100 Meter vor dem Ziel" – Brünings Politik und sein Scheitern

Die Große Koalition seit 1928 hätte regulär bis zum Ende der Legislaturperiode 1932 im Amt bleiben können. Sie zerbrach vordergründig an einem vergleichsweise lächerlichen Streit zwischen SPD und DVP. Wegen der hohen Arbeitslosigkeit musste die Finanzierung der Arbeitslosenversicherung neu geregelt werden. Es ging um eine Erhöhung der Beiträge um ½ Prozent. Im Grunde aber waren die Interessen der DVP, welche die Industrie und das Großbürgertum vertrat, mit denen der SPD nicht mehr vereinbar. Sie und die Gewerkschaften verteidigten die Arbeitslosenversicherung als Errungenschaft der Weimarer Republik, die Arbeitgeber wollten sie als „Systemfehler" beseitigen. Weil der Reichstag die notwendige Zustimmung zu den Notverordnungen der Regierung verweigerte, löste ihn Reichspräsident Hindenburg auf (vgl. S. 21). In den folgenden Septemberwahlen erzielte Hitler seinen ersten großen Durchbruch. Aus einer zwar lautstarken, aber bisher fast unbedeutenden rechtsradikalen Splitterpartei war über Nacht eine Massenpartei mit 6,4 Mill. Wählern geworden. Die Zahl ihrer Abgeordneten im Reichstag stieg von 12 auf 107. Da auch die anderen republikfeindlichen Parteien, die DNVP auf der Rechten und die KPD auf der Linken, Gewinne erzielen konnten, war keine Mehrheit der demokratischen Parteien der Mitte mehr möglich.

Nachfolger des Reichskanzlers Müller (SPD) wurde der Zentrumsabgeordnete Brüning, der von Reichswehrkreisen empfohlen wurde und als ehemaliger Frontoffizier und Finanzexperte geeignet erschien. Er regierte mit Notverordnungen weiter, die von der SPD toleriert wurden.

Sichtbarer Ausdruck der Wirtschaftskrise war die hohe Arbeitslosigkeit. Die Not der Betroffenen war groß. Eine Unterstützung, die mit heutigen Verhältnissen vergleichbar wäre, gab es nicht. Eine Verelendung weiter Bevölkerungskreise war die Folge. Brünings Hauptsorge galt dem Haushalt. Er wollte die Staatsverschuldung durch strenge Sparpolitik in Grenzen halten. Weil die Steuereinnahmen zurückgingen, wurden staatliche Aufträge und Ausgaben (u.a. die Beamtengehälter und Arbeitslosenhilfe) gekürzt. Brüning nahm die Wirtschafts- und Haushaltskrise zum Anlass, dem Ausland die Unfähigkeit Deutschlands zu beweisen, weitere Reparationsleistungen zahlen zu können. Hier gelang ihm ein bemerkenswerter Erfolg. 1931 wurden die Reparationszahlungen für ein Jahr ausgesetzt, 1932 weitgehend erlassen. Aber da war Brüning schon nicht mehr im Amt. Er war der Überzeugung seine „Politik der nackten Not" hätte den wirtschaftlichen und politischen Aufstieg Deutschlands einleiten können. Arbeitsbeschaffungsmaßnahmen lehnte er wegen ihrer Auswirkungen auf Haushalt und Währung ab. Er mutete allen Volksschichten schwere Opfer zu und überschätzte die Geduld und Leidensfähigkeit der deutschen Wähler.

1932 war die Amtszeit des Reichspräsidenten abgelaufen. Hindenburg wurde vor allem mit den Stimmen des katholischen Zentrums, der Partei Brünings, und der Sozialdemokratie wieder gewählt. Sein Gegenkandidat war Adolf Hitler. Unmittelbar nach der Wiederwahl entließ der enttäuschte Hindenburg Brüning.

Hitlers Wahlerfolge – die Demokratie „totwählen"?

In der Endphase der Weimarer Republik unterstützten die Wähler in zunehmendem Maße verfassungs- und demokratiefeindliche Parteien. Seit den Septemberwahlen 1930 gewann die „Hitler-Bewegung" stetig an Stimmen (vgl. S. 22).

Die NSDAP wurde zur mitglieder- und wählerstärksten Partei Deutschlands. Bei den Reichstagswahlen 1932 erhielt die NSDAP mit 13,75 Millionen (das waren 37,3%) mehr Stimmen als SPD und Zentrum zusammen. Allerdings verlor sie im November bei den zweiten Reichstagswahlen in diesem Jahr rund 2 Millionen Wähler. War dies ein Anzeichen dafür, dass ihr Höhepunkt überschritten war und der Abstieg begann?

Die KPD wuchs nicht in dem rasanten Tempo wie die NSDAP, aber auch sie hatte seit 1928 fortlaufend Stimmen gewonnen. Da aber die Gesamtstimmen von SPD

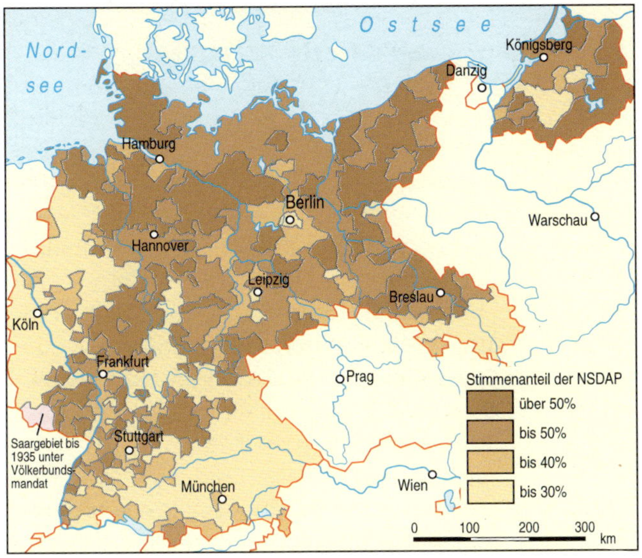

K3 Stimmenanteil der NSDAP bei der Reichstagswahl von 31. 7. 1932.

oder KPD annähernd gleich blieben, lassen sich die KPD-Gewinne mit den SPD-Verlusten erklären.
Woher kamen Hitlers Wähler? Die Abnahme der konservativ-bürgerlichen Parteien legt den Schluss nahe, dass deren Wähler zur NSDAP gewechselt haben. Die Wahlforschung spricht von „radikalisierten Kleinbürgern" (Handwerkern, Kleinhändler, Angestellte), die Hitlers Wählerschaft ausmachten. Ein genaueres Bild vermittelt die Karte, welche die regionalen Hochburgen der NSDAP angibt.
Außerdem konnte Hitler viele seitherige Nichtwähler, die antidemokratisch und national eingestellt waren, für sich gewinnen. Der Wahlforscher Falter bezeichnete deshalb die NSDAP als „eine Partei des Mittelstandsextremismus" und der „radikalisierten Unpolitischen", die „sowohl eine Heils- als auch eine Protestbewegung" war.

1. Untersucht, wo die Hochburgen der NSDAP lagen!
2. Stellt die Faktoren zusammen, die Hitlers „Machtergreifung" ermöglichten!

Allerdings, was nutzten die großen Wahlerfolge, wenn Hitler dadurch nicht an die Schalthebel der Macht gelangte? Das Amt des Reichspräsidenten hatte er nicht erreicht. Die Ernennung zum Reichskanzler lehnte Hindenburg lange ab. Aus eigener Kraft brachte die NSDAP nie mehr als ein gutes Drittel der Wähler hinter sich.

War also das Rezept von Goebbels die Demokratie „totzuwählen", gescheitert? In der Tat befand sich die Partei am Ende des Jahres 1932 in einer Sackgasse. „Die starke Stimmung in der Partei ist jetzt einer flauen Depression gewichen... Die Zukunft ist dunkel und trübe" - schrieb Goebbels in sein Tagebuch. Hinzu kamen Schulden und Geldsorgen sowie Spannungen innerhalb des Führungszirkels zwischen Hitler und seinem Stellvertreter. Erst das Verhalten Schleichers und Papens, von denen eingangs die Rede war, wendeten das Blatt.
Am 30. Januar 1933 wurde Hitler zum Reichskanzler ernannt. Auch wenn es sich um ein Intrigenspiel in der Umgebung des Reichspräsidenten gehandelt hat – die Verantwortung der Wähler bleibt davon unberührt. Sie haben die Nationalsozialisten groß gemacht und dafür gesorgt, dass im Reichstag ohne sie (oder die KPD) keine Mehrheit mehr zustande kam.
Genauso wichtig wie die Frage nach Hitlers Wählern ist die nach seinen Geldgebern. Zweifellos flossen Gelder aus Industrie- und Bankkreisen in die Parteikasse der NSDAP. Aber eine Abhängigkeit vom „Kapital" ergibt sich daraus nicht. Abgesehen davon, dass auch andere Parteien wie die DNVP und DVP von der Industrie unterstützt wurden – die NSDAP verfügte über beträchtliche Eigenmittel aus Mitgliedsbeiträgen, Eintrittsgeldern, Spenden und Publikationen. Außerdem verfügte sie über eine opferbereite und einsatzfreudige Massenbasis. Nicht nur die Großen, sondern auch die Massen haben Hitler und seine Bewegung stark gemacht. (vgl. S. 42)

1. Fasst zusammen, wie Hitler die Macht überlassen wurde!
2. Erläutert, welche Ursachen zu Hitlers Machteinsetzung führten!
3. Diskutiert, welche Alternativen es zu Hitlers Machteinsetzung gegeben hat und wer die Verantwortung für die Überlassung der Macht an Hitler trug!
4. Überprüft mithilfe des Verfassungsschemas auf Seite 158, ob ein solcher Vorgang wie die Übergabe der Kanzlerschaft an Hitler in der Bundesrepublik möglich wäre!

Die Errichtung der Diktatur

Legale Revolution?

„Am 30. Januar 1933 sind in Deutschland die Würfel gefallen." So wertete Hitler in einer Rede seine Ernennung zum Reichskanzler. Aber das war zunächst nur ein Regierungswechsel im Rahmen der Verfassung. Die eigentliche „Machtergreifung" folgte erst – allerdings mit atemberaubendem Tempo. Hitler stellte damit sein Vorbild Mussolini und Stalins Gewaltherrschaft in den Schatten. Wofür diese mehrere Jahre benötigt hatten, das vollzog sich in Deutschland innerhalb von Monaten. Wie aus der Übersicht hervorgeht, vollzog sich alles „gesetzmäßig". Die Nationalsozialisten sprachen deshalb auch von einer „legalen" und „nationalen Revolution". Diese Bezeichnungen sind der Schlüssel zum Verständnis dieser Vorgänge. Die der Regierung bewilligten außerordentlichen Vollmachten (in Form von Notverordnungen des Reichspräsidenten oder Beschlüsse des Reichstages) gaben allen Maßnahmen den Anschein der Rechtmäßigkeit. Das war im Blick auf die nationale und bürgerliche Wählerschaft wichtig. Das Wort „Revolution" zielte dagegen auf die eigenen Anhänger und ihre Erwartungen. Es sollte den grundlegenden Neuanfang und Aufbruch in das andere, bessere Deutschland signalisieren. Die Doppelstrategie von „Legalität" und „Revolution" ermöglichte auch die Ausschaltung unliebsamer Gegner und die Verhinderung jeder Opposition. Die wahren Absichten wurden verschleiert, mögliche Gegenwehr verhindert.

B4 Verhaftung politischer Gegner durch die SA, 1933.

Verordnungen und Gesetze 1933/1934

1933

4.2.	„Verordnung zum Schutze des deutschen Volkes": Verbot von Zeitungen und Versammlungen
28.2.	„Verordnung zum Schutz von Volk und Staat" (Reichstagsbrandverordnung): Einschränkung der Grundrechte: persönliche Freiheit, freie Meinungsäußerung, Presse-, Vereinsfreiheit, Brief- und Fernsprechgeheimnis
27.3.	„Gesetz zur Behebung der Not von Volk und Reich" (Ermächtigungsgesetz): Reichsregierung kann Gesetze beschließen. Sie dürfen von der Verfassung abweichen.
31.3./7.4.	Gesetze „zur Gleichschaltung der Länder": Auflösung und Neuzusammensetzung der Landtage, „Reichsstatthalter"
7.4.	Gesetz „zur Wiederherstellung des Berufsbeamtentums": Beamte können aus politischen und rassischen Gründen entlassen werden.
14.7.	Gesetz „gegen die Neubildung von Parteien": NSDAP als einzige Partei in Deutschland zugelassen.
1.12.	Gesetz „zur Sicherung der Einheit von Partei und Staat": Stellvertreter Hitlers und SA-Chef in Reichsregierung

1934

30.1.	Gesetz „über den Neubau des Reiches": Länderparlamente beseitigt, Länderregierungen der Reichsregierung unterstellt
14.2.	Gesetz „über die Aufhebung des Reichsrates"
2.8.	Gesetz „über das Staatsoberhaupt des Deutschen Reiches": Befugnisse des Reichspräsidenten gehen auf Hitler über; sein Titel: Führer und Reichskanzler.

Der Reichstagsbrand und seine Folgen

Zum Verständnis der Vorgänge bis zur Vollendung der „Führerdiktatur" sind zwei Ereignisse wichtig. Noch vor der Vereidigung des neuen Kabinetts am 30. Januar hatte Hitler die Zusage des Reichspräsidenten erreicht, den erst im November gewählten Reichstag erneut aufzulösen. Mit den am 5. März 1933 angesetzten Neuwahlen war das Zähmungskonzept der Rechten schon gescheitert, denn Hitler und die NSDAP erhielten so die Chance, den Wahlkampf mit allen Machtmitteln zu führen, die das Reichskanzleramt und der Zugriff auf die Polizei durch die NSDAP-Minister Frick und Göring ermöglichten. Das zweite Schlüsselereignis war der Reichstagsbrand. Wichtiger als die Hintergründe, die bis heute nicht eindeutig geklärt sind, waren die Folgerungen, welche die neue Regierung daraus zog. Der Reichstagsbrand wurde zum Vorwand, die „Notverordnung zum Schutz von Volk und Staat" durchzusetzen. Mitten im Wahlkampf wurden die wichtigsten Grundrechte, u.a. die Presse- und Versammlungsfreiheit, beseitigt. In Deutschland herrschte ab jetzt (bis 1945!) Ausnahmezustand, der willkürliche Verhaftungen ermöglichte und die Grundlage für alle weiteren Terrormaßnahmen einschließlich der Konzentrationslager bildete. Die Kommunisten waren die ersten Opfer. Die Propaganda schob nämlich ihnen den Brand in die Schuhe und behauptete, er hätte den Auftakt zur kommunistischen Revolution in Deutschland bilden sollen. Wie tief diese Propagandathese in das Bewusstsein der Öffentlichkeit gedrungen ist, sieht man daran, dass auch heute noch allen Ernstes behauptet wird, 1933 sei es um die Alternative zwischen „roter" oder „brauner" Diktatur gegangen.

Das Ermächtigungsgesetz

Das Wahlergebnis vom 5. März (vgl. S. 22) entsprach nicht Hitlers Erwartungen. Trotz des Einsatzes aller propagandistischen Mittel der Partei und des Staates, trotz der massiven Behinderung der Gegner wurde die absolute Mehrheit nicht erreicht. Noch einmal brauchte Hitler die Koalition mit der DNVP. Durch ein Ermächtigungsgesetz sollte aber auch deren Einfluss ausgeschaltet werden. Für die notwendige Verfassungsänderung brauchte man auch die Stimmen der liberalen Parteien und des Zentrums. Die kommunistischen Abgeordneten waren seit dem Reichstagsbrand bereits in „Schutzhaft". Mit einem propagandistischen Schauspiel, dem Tag von Potsdam (siehe Arbeitsteil 2), gelang es, alle Bedenken auf der Rechten zu zerstreuen. Das Zentrum wurde mit Versprechen geködert, die Konfessionsschulen zu schützen. Daher stimmten schließlich alle im Reichstag verbliebenen Parteien mit Ausnahme der SPD für das Ermächtigungsgesetz. Es ist bis heute für viele ein Rätsel, wie eine gewählte Volksvertretung ihre eigene Entmachtung beschließen und der Regierung die gesetzgebende Gewalt übertragen konnte. Der Titel einer wissenschaftlichen Darstellung „Verführung und Gewalt" deutet an, wie die Forschung heute diese Frage beantwortet. Aber damit ist die persönliche Verantwortung der damaligen Abgeordneten nicht aufgehoben. Sie standen unter massivem Druck der SA und Polizei, den KPD-Abgeordneten war das Mandat aberkannt, einige SPD-Abgeordnete schon verhaftet worden. Dennoch stimmte die SPD-Fraktion gegen das Ermächtigungsgesetz. Die Abgeordneten der bürgerlichen Parteien stimmten zu, weil sie hofften – wie es in solchen Situationen immer heißt – noch Schlimmeres verhüten zu können.

B5 Die Mitglieder der 288-köpfigen NSDAP-Fraktion rücken zur ersten Sitzung des Reichstags am 21. 3. 1933 in die Krolloper ein.

Der Ausbau der Führerdiktatur

Mit der Verabschiedung des Ermächtigungsgesetzes waren in Deutschland tatsächlich „die Würfel gefallen". Rechtsstaatlichkeit und Gewaltenteilung, Grundelemente des modernen Verfassungsstaats, waren beseitigt. „Das Jahr 1789 wird aus der deutschen Geschichte gestrichen" (Joseph Goebbels). Die im Ermächtigungsgesetz enthaltenen Zusagen wurden gebrochen, die Länder ihrer Selbständigkeit beraubt und der Zentralgewalt des Reiches untergeordnet.
Aber mit Reichswehr und Großwirtschaft waren noch zwei wichtige Machtträger dem Zugriff der Nationalsozialisten entzogen. Durch Versprechungen und Erfül-

lung ihrer Interessen sicherte sich Hitler ihre Unterstützung. Die Wirtschaft gewann er mit dem Programm der Wiederaufrüstung und der Aussicht auf Staatsaufträge. Die Eigentumsverhältnisse blieben unangetastet.
Der 1. Mai wurde als „Tag der nationalen Arbeit" bezahlter Feiertag – ein Ziel, für das die Arbeiterschaft jahrzehntelang vergeblich gekämpft hatte. Am Tag danach wurden die Gewerkschaftshäuser besetzt, das Vermögen beschlagnahmt und die Gewerkschaften aufgelöst. Damit war eine zentrale Errungenschaft der November-Revolution 1918, die Tarifhoheit und die Mitwirkung der Arbeitnehmervertreter, beseitigt.
Schließlich opferte Hitler sogar seine Parteiarmee, die SA. Am 30. Juni 1934 ließ er den SA-Führer Ernst Röhm, der ihm zu mächtig geworden war, und andere Parteigenossen und konservative Politiker wie General Schleicher, den vorletzten Reichskanzler, von der SS ermorden. Die SS wurde dem Führer direkt unterstellt und bekam als sein Werkzeug des Terrors immer größere Bedeutung. Hitler opferte die radikale und gewalttätige SA, die nur noch zu Aufmärschen gebraucht wurde, einer engeren Zusammenarbeit mit der Reichswehr. Die „Röhmmorde" wurden nachträglich gegen jedes hergebrachte Rechtsverständnis als Staatsnotwehr des Führers für rechtens erklärt um selbst hierbei den Anschein der Legalität aufrecht zu erhalten. Manchen, die Hitler unterstützt hatten, wurde jetzt die brutale Wirklichkeit der NS-Diktatur bewusst.
Am 2. August 1934 starb der Reichspräsident von Hindenburg. Jetzt übernahm Hitler dessen Amt und ließ sich von nun an „Führer und Reichskanzler" nennen. Er hatte jetzt auch den Oberbefehl über die Reichswehr und ließ diese sogleich auf seinen Namen vereidigen. Damit hatte er alle Macht in seinen Händen. Der Führerstaat war errichtet.

B7 Das Verhängnis, A. P. Weber 1932.

1. *Interpretiert die Karikatur B7!*
2. *Sucht Erklärungen für die weitgehende Wirkungslosigkeit solcher Warnungen!*

B6 „Bannerträger", Gemälde von Hubert Lanzinger, 1937.

„Auch du gehörst dem Führer" – das nationalsozialistische Deutschland als totalitäres System

Mit der „restlosen Übernahme der politischen Macht" gaben sich Hitler und die Nationalsozialisten nicht zufrieden. Sie war nur „Voraussetzung für den Beginn der Erfüllung ihrer eigentlichen Mission": die Durchsetzung der nationalsozialistischen Weltanschauung nach innen und nach außen. Dies bedeutete: Gleichschaltung der Gesellschaft, Erziehung zum Krieg, Kampf gegen die „Novemberverbrecher" und – vor allem – gegen die Juden.
Die bisherige Darstellung der NS-Herrschaft könnte den Eindruck erwecken, als ob alle Maßnahmen folgerichtig geplant und eine effiziente Herrschaftsform errichtet worden sei. Die Wirklichkeit sah anders aus. Vieles war zufällig, manches improvisiert. Hitler selbst bediente

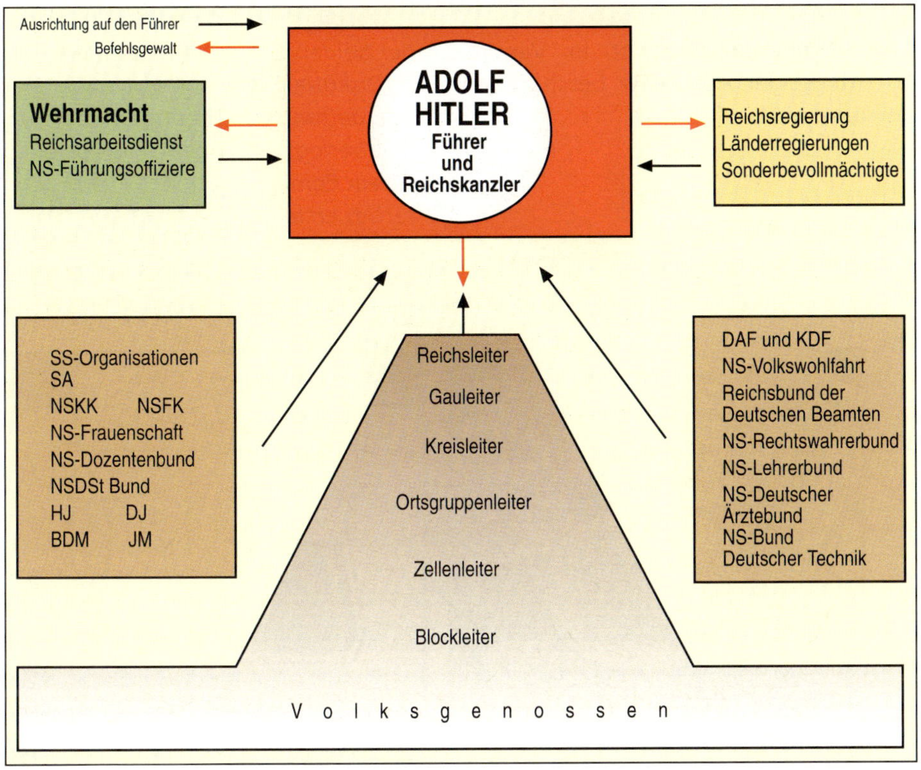

B8 Der Führerstaat aus der Sicht der Nationalsozialisten.

sich der alten Herrschaftstechnik „divide et impera" (teile und herrsche). Er spielte einen gegen den anderen aus und konnte so seine persönliche Macht sichern. Verschiedene Führungskräfte wie Reichsstatthalter, Gauleiter der NSDAP und Ministerpräsidenten konkurrierten miteinander. Neben der alten Justiz gab es die Praxis der Schutzhaft, neben der grünen Schutzpolizei gab es die Gestapo (Geheime Staatspolizei), neben den normalen Gefängnissen die Konzentrationslager, die unerreichbar waren für die Gerichte. Dieses Nebeneinander gab es in allen Bereichen von Politik, Wirtschaft und Gesellschaft. Der Führer stand als Einziger über diesem Wirrwarr der Zuständigkeiten. Schwierigkeiten wurden nicht ihm angelastet, sondern auf den Feind abgelenkt, aus dessen Bekämpfung und Vernichtung das NS-System seine Rechtfertigung bezog: das internationale Judentum!

Zusammenfassende Aufgaben:
1. Stellt die in diesem Kapitel genannten Erklärungsversuche für die nationalsozialistische Herrschaft zusammen und ordnet sie nach übergeordneten Gesichtspunkten!
2. Diskutiert die These: „Hitler – ein deutsches Verhängnis?"

B9 Plakat von 1936

Der Nationalsozialismus im Comic

Es gab und gibt viele verschiedene Formen und Versuche sich mit dem Nationalsozialismus auseinanderzusetzen. Auch in der Kunst. An dieser Stelle wollen wir zwei Beispiele präsentieren, wie Comic-Künstler mit den Geschehnissen im Dritten Reich umgehen.

Zuerst aber sollten wir uns die Frage stellen, was Comics eigentlich sind. Bisher wurde immer bestritten, es handele sich bei diesen „bunten Bildern" um Kunst. Wir sind da anderer Meinung und wollen diese mit Aussagen von Scott McCloud, einen „Theoretiker" der Comic-Kunst belegen. Seine Comic-Theorie hat er – wie könnte es anders sein – in Bildern festgehalten:

1. Fasst die Aussagen McClouds zusammen! Wie definiert er Comics?
2. Erläutert, was seiner Meinung nach alles unter Comic-Kunst fallen müsste! Diskutiert seine Aussagen!

Auf den nächsten Seiten findet ihr zwei Beispiele für Comics zum Nationalsozialismus.

Der eine (farbige) Ausschnitt stammt aus dem zweibändigen Werk „Hitler" von Friedemann Bedürftig (Journalist) und Dieter Kalenbach (Comic-Künstler) und ist 1989 erschienen.

Das andere ist dem Werk „Maus" von Art Spiegelman entnommen (erschienen ab 1989). Spiegelman schreibt in Rückblenden aus Gesprächen mit seinem Vater Wladek, einem polnischen Juden, der das KZ Auschwitz überlebte. In Form einer Tierfabel (die Juden als Mäuse, die Deutschen als Katzen) zeichnet er dessen Leidensgeschichte nach.

Um die beiden Comics vergleichen zu können, haben wir Seiten, die sich mit der Situation im Vernichtungslager Auschwitz beschäftigen, ausgewählt.

1. Vergleicht die Gestaltungsweise der beiden Comics miteinander!
2. Diskutiert Vor- und Nachteile der Bearbeitung des Themas in Comics!
3. Überlegt ein Thema, das ihr in einem Comic gestalten könntet und fertigt erste Skizzen dazu an!

MEHR ALS **DREITAUSEND JAHRE** DARÜBER HINAUS!
ES GIBT EINE UNGLAUBLICHE FÜLLE VON **BELEGEN** FÜR DAS **HOHE ALTER** DES COMICS, UND IN MANCHEN VON IHNEN LIEGT VIELLEICHT DER **SCHLÜSSEL** ZU SEINER **ZUKUNFT!**
DIE ENTDECKUNG UND **KATALOGISIERUNG** DIESER SCHÄTZE HAT BEREITS **BEGONNEN.*** ABER ES GIBT NOCH **VIEL MEHR** ZU TUN!
IN DER **OFFIZIELLEN VERSION** DER **KUNSTGESCHICHTE KLAFFT** EIN **GROSSES LOCH**, UND ES WIRD **HÖCHSTE ZEIT**, DASS ES **GESTOPFT WIRD!**
SEQUENZEN ANGEORDNETE BILDLICHE ODER ANDERE ZEICHEN

In: Spiegelman: Maus II, 58 + 59

In: Bedürftig/Kalenbach, Hitler, o.S.

National-Sozialistische
Niederschlesische
Tageszeitung
Geschäftsstelle

Kunstspeise-Eis
50 10
100 20
150 30
200 40

3 Menschen im Alltag der Nazi-Diktatur: Die „Volksgenossen" und die Anderen

Zur Auftaktseite

Die Bilder der beiden vorherigen Seiten stammen aus privaten Fotoalben. Sie zeigen Menschen in der Zeit zwischen 1933 und 1945 und in ganz unterschiedlichen privaten Situationen. Gleichwohl ist überall die Politik allgegenwärtig: Wenn die Jungen sich stolz in der Uniform der Hitlerjugend zeigen, die Frauen Panzergräben ausheben oder der Familienvater auf Heimaturlaub sich (ein letztes Mal) mit seiner Frau und seinen Kindern fotografieren läßt. Was wussten diese Menschen von dem, was damals im Namen der Politik geschah? In den meisten Familien gibt es heute noch Fotos wie diese. Nehmt sie zum Anlass, um mit euren Eltern und Großeltern über den Nationalsozialismus zu sprechen. Welche Erinnerungen verbinden die Menschen in eurer Familie mit dem Nationalsozialismus, welche Folgerungen haben sie aus den Erfahrungen der Nazi-Zeit gezogen?

Zur Einführung

Wir haben bereits untersucht, wie die erste deutsche Demokratie beseitigt und die Nazi-Diktatur durchgesetzt werden konnte. Dabei galt unsere Aufmerksamkeit vor allem der „großen Politik", dem Handeln von Politikern und Parteien. In diesem Kapitel geht es nun um das alltägliche Leben der Menschen während der Diktatur. Für die Mehrheit sah es in den ersten Jahren nach der Machtübernahme wirklich so aus, als ob sich vieles zum Besseren wendete. Manche, die anfänglich dem Nationalsozialismus und seinem großsprecherischen Führer skeptisch gegenüberstanden, fanden sich mit den neuen Realitäten ab. Sie passten sich an, arrangierten sich, wurden zu Mitläufern und sogar zu Mittätern. Viele ließen sich vor allem in den ersten Jahren von den grandios inszenierten Erfolgen beeindrucken, so bei den Nürnberger Parteitagen oder den Olympischen Spielen in Berlin 1936. Andere lernten gleich nach der Machtübernahme Terror und Gewalt kennen. Viele der Verfolgten flohen und fanden politisches Asyl im Ausland. Manche, vor allem Künstler, Schriftsteller, Politiker, arbeiteten von dort weiter gegen das Unrecht in Deutschland. Nachdem Hitler den trotz aller Friedensbeteuerungen vorbereiteten Zweiten Weltkrieg ausgelöst hatte, änderte sich nicht nur das Leben im Deutschen Reich und in den vom Krieg heimgesuchten Ländern, sondern auch die Einstellung vieler Menschen. Der Widerstand Einzelner wurde entschiedener und mutiger, aber auch Überwachung, Bespitzelung und Verfolgung und Vernichtung seitens der Partei, der Geheimen Staatspolizei und der SS nahmen unglaubliche Ausmaße an.

In unseren drei Arbeitsteilen werden wir euch zeigen, wie unterschiedlich Menschen das Nazi-Regime in ihrem je persönlichen Alltag erfahren, wie unterschiedlich sie sich verhalten haben. Dabei wird schnell klar, dass es nicht so einfach ist, eine klare Trennlinie zwischen Tätern und Opfern zu ziehen, dass es nicht weiterhilft Menschen vorschnell zu verurteilen. Was aber den Menschen, die dies alles erlebt haben, damals oft unmöglich war, ist für uns heute ein umso größeres Bedürfnis: Wir wollen den Dingen auf den Grund gehen, die Frage: „Wie war das möglich" auch in der eigenen Umgebung stellen. In der Darstellung geben wir euch einen Überblick über all die Themen, die besonders im Alltag der Menschen eine Rolle gespielt haben.

In der Werkzeugkiste erfahrt ihr dann, was ihr bei der Durchführung von Interviews mit Zeitzeugen beachten solltet.

Zur Orientierung

Deutschland unter nationalsozialistischer Herrschaft 1936–1939

Wichtige Daten

März 1933	Errichtung des KZ Dachau, 100 weitere Lager im Jahr 1933
April 1933	Aktionen der SA gegen jüdische Geschäfte
Mai 1933	Gründung der Zwangsorganisation „Deutsche Arbeitsfront" (DAF) Bücherverbrennungen
Juli 1933	„Gesetz zur Verhinderung erbkranken Nachwuchses"
Sept. 1933	„Reichskulturkammergesetz"
1935	Nürnberger Gesetze
1936	Olympische Spiele in Berlin
1936	Ausstellung „Entartete Kunst"; Verbot für Deutsche einen Nobelpreis anzunehmen
1938	Pogromnacht
1939	Durchführung des „Euthanasie"-Programms
1942	Wannseekonferenz

Grundbegriffe

Euthanasie, Exil, Gestapo, Gleichschaltung, Konzentrationslager, „entartete Kunst"

1 Gegen Bürgerlichkeit, Demokratie und Rationalität: Jugendliche im Nazi-Regime

„Wer die Jugend hat, hat die Zukunft" hieß ein wichtiger Slogan der Nazis. Jugendliche wurden von ihnen hofiert und umworben, mit großen Erlebnissen und Freiheit von schulischen und familiären Zwängen gelockt.

„Diese Jugend wird gegen uns antreten"

Bereits 1936, anlässlich der Olympischen Spiele in Berlin, warnte der spätere französische Botschafter in Deutschland (1938/39), Robert Coulondre:

Q1 „Zehntausende von Jungen und Mädchen in ihren braunen Uniformen sind über die Stufen des riesigen Berliner Olympia-Stadions verteilt. Von Zeit zu Zeit wird die Aufstellung der Jugendlichen so verändert, dass durch den Gegensatz der weißen Mädchenblusen und der braunen Jungenhemden in lebendigen Buchstaben Sprüche zu Ehren Hitlers sich aus der Masse herausheben, zum Beispiel: „Wir leben und sterben für unseren Führer." Dann erhebt sich der Führer dieser Jugend, ihr Hoher Priester von Schirach, der ebenso jung aussieht wie seine Zuhörer. Mit einfachen, unmissverständlichen Worten legt er ihr die Heiligkeit der Aufgabe dar, zu der jener Mann sie berufen hat, den die Vorsehung zum Führer auserwählte. Da recken sich die Hälse und blitzen alle Augen. Es ist zu spüren, dass eine innere Erregung diese jungen Leute packt, dass eine religiöse Begeisterung sie erfüllt. Baldur von Schirach verkündet den Führer wie Johannes der Täufer Messias. Als Hitler erscheint - wie immer mit Verspätung –, schüttelt eine Art mystischer Verzückung die Menge und die ersten Rufe, in die sie ausbricht, bevor sie ihr Glaubensbekenntnis ablegt, klingen wie ein Schluchzen. Diese fanatisierte Jugend wird zum Angriff über die Maas gegen uns antreten."

(Zit. nach: Das Dritte Reich. Eine historische Collage. Teil 2. 1975, 70)

1. Die Olympischen Spiele in Berlin sollten den Gästen aus aller Welt die friedlichen Absichten der Nazis demonstrieren. Der spätere französische Botschafter zweifelte daran. Welche Beobachtungen führten ihn dazu?
2. Der Verfasser des Textes spricht von einer „Art mystischer Verzückung" der Menge. Sucht Beispiele aus anderen Zusammenhängen und sucht Erklärungen für deren Wirkung!

B1 Gestellte Aufnahme vom Reichsjugendtag in Potsdam, 1.10.1934.

Wie erlebten Jugendliche selbst den Nationalsozialismus?

Renate Finckh kam 1933 gerade in die Schule, 1937 wurde sie in die Hitlerjugend aufgenommen, drei Jahre später war sie Jungmädelführerin im Bund Deutscher Mädel (BDM). Bis Kriegsende und darüber hinaus blieb sie überzeugte Nationalsozialistin. Sie wollte treu bleiben, denn Treue war für sie in den Jahren ihrer Jugend zur wichtigsten Tugend geworden. Im Gespräch mit einer Journalistin berichtet sie:

Q2 „Schon in meiner frühesten Kindheit hörte ich die Eltern begeistert über „die Nazis" und verächtlich über „die Sozis" reden. „Kommunisten" und bald dann auch „Juden" waren jene Menschen, die nicht zu uns gehörten, die an dem Unglück, in dem Deutschland lebte, schuld waren. Die Nazis würden das ändern, sagten meine Eltern. „Wenn die Nazis die Wahl gewinnen, dann gibt es für alle Deutschen wieder Arbeit und Brot." Meine Eltern wollten an dieser neuen „Volksgemeinschaft" mitarbeiten. Der „Führer" musste ein wunderbarer Mann sein, dass er meine Eltern so froh machen konnte. Nach der Machtergreifung verwandelte sich das Gefühl der Hoffnung bei meinen Eltern in Triumph: Sie hatten Recht behalten, nun würde alles gut werden. In diesem politischen und emotionalen Klima wuchs ich auf. Wäre ich damals schon älter und zu eigenem Denken fähig gewesen, hätte ich vielleicht anders reagiert, hätte mich nicht so vereinnahmen lassen. Aber ich, ein Kind, das viele Ängste und fast kein Selbstbewusstsein hatte, das sich vom Vater nicht genügend angenommen fühlte und immer in der Furcht lebte seinen Ansprüchen nicht zu genügen, fand dann im „Bund Deutscher Mädel", in den ich mit zehn Jahren aufgenommen wurde, endlich eine emotionale Heimat, einen Hort der Geborgenheit und bald auch eine Stätte der Anerkennung. Ich war sehr ehrgeizig... „Wir“ Jungmädel aus der Hitlerjugend gehörten zusammen, waren eine Elite innerhalb der deutschen „Volksgemeinschaft“. So empfand ich es damals. Und deshalb machte ich auch alles mit, was mir weniger Spaß brachte. Wie etwa die anstrengenden Wanderungen mit dem Rucksack. Ich nahm mir einfach vor alles schön zu finden – und ich habe mich in dieses Gefühl hineingesteigert, bis ich es selbst glaubte.

In Gewissenskonflikte geriet ich erst Jahre später. Gewiss, auf der Straße marschierte SA, aber für mich waren diese Männer ein Teil jener besseren Welt, der ich mich verschrieben hatte. Misshandlungen durch SA-Männer habe ich nicht gesehen – oder als solche nicht wahrgenommen. Ich erinnere mich eigentlich nur an zwei Vorfälle. Bei einer Parteikundgebung während des Krieges sprach der Kreisleiter zu den HJ-Führern und -Führerinnen. Da trat eine junge Frau auf ihn zu, so etwa 25 Jahre alt, ich kannte sie, sie war Gemeindehelferin und etwas verwachsen. Sie hob ihren Arm zum Hitlergruß und rief: „Hören Sie auf mit Ihrem Gerede, das deutsche Volk will keinen Krieg, das deutsche Volk will Frieden!“ Da waren sofort zwei SA-Männer bei ihr, packten sie brutal rechts und links an den Armen und führten sie ab. Ich weiß nicht, was aus der Frau geworden ist, aber ich weiß noch, dass ich empört war. Nicht etwa über die SA-Leute, sondern darüber, dass diese Frau es wagte, öffentlich solche diffamierenden und defätistischen Dinge zu sagen. Mein moralisches Gewissen war damals - mit etwa 16 Jahren - bereits vollkommen umgepolt. Ein anderes Mal wurde ein schreiender, etwa 12jähriger Junge, der geistig behindert war, von SA-Männern in ein Auto gezerrt und offensichtlich gegen den Willen seiner Eltern in eine Anstalt gebracht. Dort sollte er zwangsweise operiert werden, wie ich von herumstehenden Leuten hörte. Mir war die Szene unangenehm, mehr nicht. Ich fragte mich, warum die Eltern ihn denn nicht freiwillig mitgegeben hatten. Und auch die Reichskristallnacht einige Jahre zuvor hatte bei mir nur Unbehagen und dumpfe Abwehr erzeugt. Ich war ja von dem Antisemitismus meiner Eltern beeinflusst – und Juden bedeuteten für mich die Verkörperung alles „Schlechten“: Schlechte Gedanken, entartete Kunst, Intellektualisierung. ... Ich fürchte, das Feindbild war schon so stark, dass ich die Opfer gar nicht mehr wirklich als Menschen, als leidende Menschen, erkennen konnte.

Wirklich angerührt hat mich nur einmal die Begegnung mit einem jüdischen Mädchen, das mit mir zusammen die Schule besucht hatte. Sie war eines Tages aus unserer Klasse verschwunden und ich traf sie Jahre später auf der Straße wieder. Da trug sie den gelben Judenstern. Sie grüßte mich und ich grüßte zurück, war dann aber sofort erschrocken, denn ich durfte Juden doch gar nicht grüßen. Da hat mich dieses Mädchen angesehen mit einem Blick, den ich niemals vergessen werde. Nie wieder habe ich jemanden so traurig blicken sehen. Dann war sie weg. Diese Erinnerungen lasten noch heute schwer auf mir.

(Renate Finckh im Gespräch mit Heinz Mundzeck. Aus: Der alltägliche Faschismus. Frauen im Dritten Reich, 70ff.)

Manfred Rommel, Jahrgang 1929, 1974–1996 Oberbürgermeister von Stuttgart und Sohn von Feldmarschall Erich Rommel, schrieb 1962:

Q3 „Im Jahre 1939, im Alter von zehn Jahren kam ich zum Jungvolk. Wir hatten mindestens einmal in der Woche Dienst. Dieser Dienst fand in Gestalt von sogenannten Heimabenden, von Geländespielen, von Ausmärschen und von Sportveranstaltungen statt. Heimabende waren so etwas wie ein Gemisch aus ideologischer Schulung, Liederabende (das gesamte nationalsozialistische Liedgut wurde uns beigebracht) und theo-

B2 und B3 Hitlerjugend und BDM. Propagandafotos von 1936.

retischer Wehrkunde. Bei den Ausmärschen wurde die Fahne vorangetragen, außerdem marschierte meistens eine Musikkapelle voraus. Im Sommer wurden Zeltlager veranstaltet, die zwischen einer Woche bis zwei Wochen dauerten. Ich wurde nach einiger Zeit zum Jungenschaftsführer bestellt (eine Jungenschaft = zehn Jungen) und war bestätigter Oberhordenführer. Ein Jungenschaftsführer trug eine rotweiße Schnur, ein Oberhordenführer hatte zwei Winkel auf dem Ärmel. Ich erhielt verschiedene Leistungsabzeichen, durfte sogar einmal die Fahne tragen, wobei ich offenbar nicht erfolgreich war. Acht Tage nach meinem 15. Geburtstag, am 1. Januar 1944, wurde ich als Luftwaffenhelfer zu einer Batterie einberufen, die mit 3,7 cm Flakgeschützen ausgerüstet war. Anfang 1945 kam ich mit 16 Jahren zum Arbeitsdienst, wo wir mit Restbeständen der deutschen Wehrmacht ausgerüstet und mit alten französischen Karabinern ausgestattet als Infanteristen ausgebildet wurden. Ich geriet dann Ende April 1945 in französische Gefangenschaft und wurde im September 1945 entlassen, immer noch 16 Jahre alt. Im Alter von 16 Jahren hatte ich 21 Monate Wehrdienst geleistet. Wenn man mich als jungen Menschen gefragt hätte, ob ich Nationalsozialist sei, hätte ich diese Frage mit einem klaren Ja oder besser Jawohl beantwortet. Ich wusste zwar nicht genau, was Nationalsozialismus ist, ich stellte mir da wunder etwas vor wie: der Einzelne ist nichts, die Gemeinschaft ist alles, der Einsatz für Deutschland, gleich dem Führer Adolf Hitler, ist Ehrensache, Bekämpfung des Bolschewismus, Errichtung eines germanischen Großreiches, neue Menschen, die sich nicht wegen des Geldes, sondern wegen der Ehre einsetzen. Um für eine Sache zu sein braucht man sie nicht zu kennen; im Gegenteil, es ist umso leichter, sich für eine Sache zu begeistern, je weniger man über sie nachdenkt. Selbstverständlich war ich auch gegen die Juden, was mir leicht fiel, weil ich nur wenige kannte, die ich selbstverständlich als positive Ausnahmen betrachtete. Ich fühlte mich keineswegs unfrei, sondern im hohen Maße frei. Tat ich doch alles, was mir befohlen wurde, freiwillig. Außerdem störten mich von meiner Meinung abweichende Ansichten selten, denn kaum jemand wagte solche abweichenden Ansichten zu äußern. Zu Hause war das anders. Wenn ich das, was ich aufgeschnappt hatte, zu Hause erzählte, trug es meine Mutter mit Fassung; mein Vater, wenn er gelegentlich nach Hause kam, war etwas verärgert und bezeichnete das als ein dummes Geschwätz, das ich, während er am Tische sitze, für mich behalten sollte. Aber das focht mich nicht weiter an, zeigte es doch, dass die Älteren mit der neuen Zeit nicht richtig mitkamen. Der Nationalsozialismus wurde eben von der Jugend getragen. Die Jugend war die Hoffnung, so wie man es uns beigebracht hatte. In der Schule neigte ich zu Unverschämtheiten gegenüber meinen Lehrern, die nach meiner Einschätzung auch nicht die neue Zeit richtig begriffen hatten.(...)

Dass Adolf Hitler der größte aller lebenden Menschen sei, daran hatte ich keinen Zweifel. Diese Meinung wurde von meinen Kameraden geteilt. Wir bestätigten uns immer gegenseitig, dass wir Recht hätten. Vielleicht war dieser oder jener anders gesinnt. Jedenfalls traute er sich nicht dies zu sagen, weil er sofort unserer Verachtung anheimgefallen wäre. Und welcher Mensch, vor allem welcher junge Mensch riskiert das schon. Überdies war Krieg und da war es ohnehin klar, auf welcher Seite man zu stehen hatte. In meiner jugendlichen Grundhaltung trat erst dann ein grundsätzlicher Wandel ein, als am 14. Oktober 1944 mein Vater verhaftet und getötet wurde. Zu diesem Zeitpunkt entdeckte ich, dass ich in einem Unrechtsstaat lebte, dass die Ziele Hitlers mit den Interessen des deutschen Volkes nicht das Geringste zu tun haben, dass man uns für dumm verkauft hatte und dass der Staat selber die Rolle des Terroristen spielte. Aber diese meine neu gewonnene Meinung behielt ich weithin für mich. Ich teilte sie nur wenigen Kameraden mit, aus deren Äußerungen ich entnommen hatte, dass sie auch nicht oder nicht mehr zu den Anhängern des Regimes zählten. Aber ich war im Blick auf die möglichen Folgen sehr vorsichtig."

(Was Manfred Rommel jungen Leuten über Nationalsozialismus zu sagen hat. In: PZ. 29, 1982, 6f.)

1. Beschreibt, welche ursprüngliche Einstellung zum Nationalsozialismus Renate Finckh und Manfred Rommel hatten und wie sich diese weiterentwickelte! Worin bestand für beide der Reiz des BDM bzw. der Hitlerjugend? Welchen Einfluss auf die Einstellungen beider hatte das Elternhaus? Wann und wodurch veränderte sich Manfred Rommels Einstellung zum NS-Regime?
2. Arbeitet heraus, warum es Renate Finckh und Manfred Rommel so schwer fiel, mit anderen über ihre Zweifel zu sprechen!
3. Diskutiert über die Folgerungen, die beide für sich zogen!
4. Auch in eurer Umgebung gibt es Menschen, die in ihrer Jugend begeisterte Anhänger Hitlers waren. Befragt sie nach ihren Erinnerungen, diskutiert mit ihnen und erkundet, welche Konsequenzen sie langfristig gezogen haben!

2 „Auf eine sonnige Zukunft für die Überlebenden". Menschen im Alltag vor Ort

Das folgende Beispiel stammt aus einem kleinen Ort bei Leipzig, der Gemeinde Panitzsch. Es zeigt stellvertretend, dass es – neben den bekannteren großen Widerstandsgruppen – eine Vielzahl von Aktivitäten von Menschen gab, die unter großem persönlichem Risiko gegen das Nazi-Regime wirkten.

Die kleine Arztpraxis der Frau Dr. Margarete Blank

Aus dem Urteil des Volksgerichtshofes gegen Dr. Margarete Blank:

Q1 „Im Namen des Deutschen Volkes! In der Strafsache gegen die praktische Ärztin Dr. med. Margarete Blank aus Panitzsch, ... geboren am 22. Februar 1901 in Kiew, zurzeit in gerichtlicher Untersuchungshaft, wegen Wehrkraftzersetzung hat der Volksgerichtshof, 6. Senat",auf Grund der Hauptverhandlung vom 15. Dezember 1944, (...) für Recht erkannt: Margarete Blank hat im Januar 1944 vor einer deutschen Frau, deren Mann im Felde steht, schwer zersetzende Äußerungen getan. Sie wird daher zum Tode und dauerndem Verlust der Ehrenrechte verurteilt. Ihr fallen auch die Kosten des Verfahrens zur Last. Gründe: Frau Erika Benne ist die Mutter von 5 Kindern. Anfang 1944 waren diese an Keuchhusten erkrankt. Sie hatte deshalb die Angeklagte als Ärztin zugezogen. Etwa bei dem zweiten Besuch (...) fragte die Angeklagte Frau Benne, wo denn ihr Mann sei. Als sie hörte, dass dieser in Russland sei, erwiderte sie: Russland ist ein schönes Land. Unaufgefordert erging sie sich dann, ohne dass sie Frau Benne recht zu Wort kommen ließ, in langen Erörterungen über Russland und die gegenwärtige politische Lage von ihrem Standpunkt aus. Frau Benne war durch diese Ausführungen derart beeindruckt, dass sie unmittelbar nach dem Fortgang der Angeklagten deren Äußerungen in dem angefangenen Brief an ihren Mann niederlegte. Diese Äußerungen hatten folgenden Wortlaut: „Ich bin fest davon überzeugt, dass Russland das Land der Zukunft ist und dass auch wir bolschewistisch werden. Das ist gut so. Die ganze Propaganda gegen Sowjetrussland ist falsch, wir haben nur von Grausamkeiten gehört. Die Russen sind ein so fabelhaftes Volk, wie es kein zweites auf der Welt gibt, wir können nur von ihnen lernen. (...) Unsere jetzige Regierung bleibt nicht und wir müssen durch unsagbar schwere Zeiten hindurch. ... Den Bombenkrieg auf unsere Städte haben wir uns selbst zuzuschreiben."

(...) Die Angeklagte hat in der Hauptverhandlung dargelegt, sie habe 1924 und 1933 die Überzeugung gewonnen, dass der Nationalsozialismus im Grunde die Fortsetzung des Krieges bedeute. Daher habe sie auch innerlich den Nationalsozialismus abgelehnt und sei aus diesem Grunde weder der nationalsozialistischen Partei noch dem nationalsozialistischen Ärztebund beigetreten. Sie habe auch kurz vor dem Umbruch die kommunistische Partei gewählt.

(...) Nur in minder schweren Fällen kann auf Zuchthaus oder Gefängnis erkannt werden. Die Angeklagte war eine anerkannt tüchtige Ärztin, die sich bei Terrorangriffen selbstlos für die Bevölkerung eingesetzt hat. Sie hat aber ihren Beruf als Ärztin dazu benutzt, um Frauen, deren Männer im Felde standen, das Herz schwer zu machen und ihnen das Vertrauen zur Staatsführung und den Glauben zum Sieg zu nehmen. Dieser Missbrauch im Beruf wiegt besonders schwer. Dieser gemeine Verrat am deutschen Volke während seines schwersten Schicksalskampfes hebt alle Verdienste der Angeklagten auf und erfordert ihre Ausschließung aus der deutschen Volksgemeinschaft. Aus diesem Grunde musste die Todesstrafe verhängt werden."

(Zit nach: Sächsisches Staatsarchiv Leipzig. UHA Leipzig 1944/45.).

Am 8. Februar 1945 wurde Margarete Blank auf dem Gelände des Dresdner Landgerichts hingerichtet. Ihr Abschiedsbrief enthält die Worte: „Auf eine sonnige Zukunft für die Überlebenden".

1. Stellt dar, warum Margarete Blank hingerichtet wurde!
2. Zeigt auf, welche Motive ihres Handelns das Gerichtsurteil zum Ausdruck bringt!

B1 Dr. Margarete Blank

Widerstand in den Betrieben

Auch in sächsischen Betrieben wurde Widerstand geleistet. Einen Einblick gibt die Dresdner Chronik, in der Angaben von über 40 Betriebe gesammelt werden konnten, in denen Widerstand geleistet wurde:

Q2 „2. Ariston-Elka. Chemnitzer Str. 28. Maschinenfabrik. Inh. SS-Mann Schwabach. Es bestand eine Widerstandsgruppe über viele Jahre. (...) Die Nachrichten der Sender Moskau und London wurden im Betrieb verbreitet. Der Einfluss auf die übrigen Arbeiter war gut. Es wurde Sabotage verübt. Die Drehteile wurden nicht genau angefertigt. Es bestand Verbindung zu illegalen Gruppen anderer Großbetriebe, jedoch kann niemand Angaben machen zu welchen. (...)

4. Böhme & Hennen, Dresdner Kunstgewerbe, Görlitzer Str. Hier bestand über viele Jahre eine der am besten arbeitenden Widerstandsgruppen. Ihr gehörten mit unterschiedlicher Dauer 15–20 Genossen und Kollegen an. (...) Herbert Bochow tauchte dort öfter als Vertreter des Blindenverbandes auf, überbrachte Instruktionen des ZK und nahm Berichte entgegen. Zu folgenden Betrieben hielten die Genossen Verbindung: Werkzeugfabrik Bernhard, Alaun-Str, Chlorodont, Hauswäscherei Neustadt, ab 1939 Brauerei Waldschlösschen, Tischlerei Protifa, Lederfabrik Thiele u. a.. Hinweise des ZK und Nachrichten über die Situation sowie des Senders Moskau wurden ausgetauscht.

14. Bahnhof Friedrichstadt. Hier bestand ab 1933 eine Widerstandsgruppe. (...) In der ersten Zeit wurde der „Kleine Vorwärts" verteilt, später weiteres Material welches durch Eisenbahner der ČSR eingeschleust wurde. Mit den Kriegsgefangenen und Zwangsarbeitern wurde zusammen gearbeitet und dieselben unterstützt. Nachrichten ausländischer Sender wurden verbreitet und Sabotage an Wagons (Sand in die Buchsen gestreut), sowie falsche Ladungen ausgeführt. Dadurch wurden wesentliche Betriebsstörungen und Bahnbetriebsunfälle verursacht. 80–90 Zwangsarbeiter aus der SU, ČSR und Frankreich waren beteiligt.

17. Greiling Zigarettenfabrik, Nossener Str. Illegale Arbeit wurde hier spätestens ab 1938 durch Übernahme der Genn. Frölich, Elsa aus der jüdischen Zigarettenfabrik Yramus geleistet. Ab 1940 kamen die Genn. Wend, Hilde (KPD), Weig, Johanna (parteilos) u. die Gen. Eckert, Hermann (SAP) und Tietze, Ernst (parteilos) hinzu. Sie arbeiteten mit verschiedenen Kollegen zusammen. Die illegale Arbeit bestand aus Besprechungen über die politische Situation, das Abhören und Verbreiten der Nachrichten des Senders Moskau, sowie Sabotage in der Rüstungsproduktion. Elsa Frölich hatte Verbindungen mit der Widerstandsgruppe in der Universelle, mit Grundigs, Fritz Schulze u.a. Genossen. Hermann Eckert hatte die Verbindung zu Prof. Fetscher u.a. Antifaschisten. Die Zusammenarbeit mit den Zwangsarbeitern war gut. Die Kollegin Weig wurde dazu mit der Leitung des Zwangsarbeiterlagers beauftragt. (...)

20. Hille Werke, Reicker Str. Auch hier gab es eine verhältnismäßig große und sehr aktive Gruppe die bis 1945 tätig war. (...) Es wurde Sabotage verübt, die Nachrichten des Senders Moskau gehört und verbreitet. Rudi Gorogranz nahm einen sowjetischen Genossen mit in die Wohnung und hörte mit ihm Moskau. Die Zwangsarbeiter wuchsen von 120 im Jahre 1939 auf 478 bis 1944 an. Mit ihnen arbeiteten sie engstens zusammen. Als 1945 ein Zerstörungstrupp zur Sprengung der Betriebsanlagen gebildet wurde, erhielt die Truppe von der Gruppe Anweisung wie sie die Betriebsanlagen schützen soll. Die Gruppe hatte Verbindung zu Bruno Siegel, der bei Zeiß-Ikon arbeitete und damit wahrscheinlich auch zu Herbert Blochwitz. (...)

34. Seidel & Naumann, Hamburger Str. In diesem Betrieb gab es schon vor 1933 eine starke kommunistische Betriebszelle.... Während der 12 Jahre Faschismus wurde hier von vielen Gen. der KPD und SPD mit Parteilosen eine gute Widerstandsarbeit geleistet. Trotzdem verneinen einige Gen. das Bestehen einer illegalen Gruppe. Sie hat bestanden, wenn es auch einigen so scheint, als hätte es diese nicht gegeben. Infolge der konspirativen Arbeit durfte ja keiner mehr wissen als unbedingt nötig. (...) Im Betrieb wurde Sabotage verübt, Nachrichten ausländischer Sender abgehört und verbreitet, öffentliche Kritik an der ständig steigenden Ausbeutung und Lohndrückerei geübt und die Methode „Arbeite langsam" durchgeführt. Mit den mehr als 800 Zwangsarbeitern und Kriegsgefangenen aus mehreren Ländern wurde ein enges solidarisches Verhältnis entwickelt. (...)"

(Zit. nach: Sächsisches Hauptstaatsarchiv Dresden: SED-Bezirksleitung Dresden. Akt-Nr. V/5.1.123)

1. Zeigt Formen des Widerstandes in den Betrieben auf!
2. Diskutiert, inwieweit die strenge parteipolitische Trennung in den Betrieben bestehen blieb!
3. Erläutert, warum es schwierig ist, ein umfassendes Bild der Widerstandsarbeit nachzuzeichnen! Denkt an die Quellenlage!
4. Informiert euch in eurem Heimatort über Aktivitäten von Antifaschisten!

3 Die Ausgrenzung der deutschen Juden

Dem Holocaust, dem physischen Mord an den europäischen Juden, ging ein systematischer alltäglicher Terror gegen die Mitbürger jüdischen Glaubens voraus.

Das Dritte Reich war kein Doppelstaat

Robert M. W. Kempner, stellvertretender US-Chefankläger bei den Nürnberger Prozessen schrieb 1981:

Q1 „Man hat ihnen die Berufe genommen, das Besitztum gestohlen, sie durften nicht erben oder vererben, sie durften nicht auf Parkbänken sitzen oder einen Kanarienvogel halten, keine öffentlichen Verkehrsmittel benutzen, keine Restaurants, keine Konzerte, Theater oder Kinos besuchen, für sie galten bestimmte Rassengesetze, ihnen wurden sämtliche staatsbürgerlichen Rechte entzogen, die Freizügigkeit wurde ihnen genommen, ihre Menschenrechte und ihre Menschenwürde wurde in den Staub getreten, bis sie in Konzentrationslager deportiert wurden und in die Gaskammern kamen.... Dieses Buch zeigt in hervorragender Weise und erstmalig durch Aufzählung und Charakterisierung von hunderten von antijüdischen Gesetzen, Verordnungen, Erlassen, dass das Dritte Reich kein Doppel-Staat war: Etwa auf der einen Seite ein überkommener sauberer Staatsapparat mit „unpolitischer" Exekutive und Justiz, bürokratische Kontinuität wahrend, – auf der anderen Seite Gestapo, SS, Konzentrationslager, Gaskammern."

(Zit. nach: J. Walk: Das Sonderrecht für Juden im NS-Staat.)

Aus dem Buch „Das Sonderrecht für die Juden im NS-Staat", das 525 zwischen 1933 und 1945 gegen die Juden verhängte gesetzliche Maßnahmen auflistet:

Q2 „27.3.33, Stadtverwaltung Köln: Jüdische Firmen sind in Zukunft weder zur Abgabe von Angeboten heranzuziehen noch bei Erteilung von Aufträgen zu berücksichtigen. (16)
29.3.33, Parteileitung NSDAP: Aufruf zum planmäßigen Boykott jüdischer Waren, jüdischer Ärzte und jüdischer Rechtsanwälte. Der Boykott verpflichtet die Parteimitglieder und tritt am 1.4.1933 in Kraft (19),
31.3.33, Einstweilige Anordnung für Preußen: Jüdische Richter und sonstige jüdische Juristen, welche bei Gerichten beschäftigt sind, werden zwangsweise beurlaubt. (22)
4.4.33: Der deutsche Boxer-Verband hat jüdische Boxer von der Beteiligung an Wettkämpfen ausgeschlossen und die Aufhebung aller Verträge angeordnet, an denen jüdische Unternehmer interessiert sind. (40)
6.4.33: Baden: Jüdische Lehrer und Angestellte in öffentlichen Erziehungsinstitutionen sind mit sofortiger Wirkung zu beurlauben. (42)
7.4.33, Bayern: Jüdische Studenten werden nicht mehr zum Medizinstudium zugelassen. (50)
18.4.33, Pfalz: Juden werden aus der Schutzhaft nur entlassen, wenn je zwei Bittsteller oder die Ärzte, die die Juden krankgeschrieben haben, an ihrer Stelle die Haft antreten. (59)
16.2.1945, Runderlass des Reichswehrministeriums: Wenn der Abtransport von Akten, deren Gegenstand anti-jüdische Tätigkeiten sind, nicht möglich ist, sind sie zu vernichten, damit sie nicht dem Feind in die Hände fallen. (525)"

(Zit. nach: J. Walk: Das Sonderrecht für die Juden im NS-Staat. 1981, S. 48)

B1 Victor Klemperer

Victor Klemperer wurde am 9. Oktober 1881 in Landsberg/Warthe geboren. Obwohl Sohn eines Rabbiners, fühlte er sich nicht der jüdischen Religion zugehörig und trat 1912 zur evangelischen Kirche über. Er studierte Philosophie, Romanistik und Germanistik. Von 1920 bis 1935 war er ordentlicher Professor an der Technischen Hochschule Dresden.
Während seines ganzen Lebens führte Victor Klemperer Tagebücher, aus denen wir heute das alltägliche Leben auch in der Zeit des Nationalsozialismus kennen lernen können.

10. März 1933

Q3 „30. Januar: Hitler Kanzler. Was ich bis zum Wahlsonntag, 5. 3., Terror nannte, war mildes Prélude (Vorspiel). Jetzt wiederholt sich haargenau, nur mit anderem Vorzeichen, mit Hakenkreuz, die Sache von 1918. Wieder ist es erstaunlich, wie wehrlos alles zusammenbricht. Wo ist Bayern, wo ist das Reichsbanner usw. usw.? Acht Tage vor der Wahl die plumpe Sache des Reichstagsbrandes – ich kann mir nicht denken, dass irgend jemand wirklich an kommunistische Täter glaubt statt an bezahlte (Hakenkreuz)-Arbeit. Dann wilde Verbote und Grausamkeiten, und dazu durch Straße, Radio ect. grenzenlose Propaganda."

(Zit. nach: V. Klemperer: Das Tagebuch 1933–1945. Eine Auswahl für junge Leser. 1997, 11)

31. März 1933

Q4 „Morgen beginnt der Boykott. Gelbe Plakate, Wachen, Zwang, christlichen Angestellten zwei Monatsgehälter zu zahlen, jüdische zu entlassen. Man mordet kalt oder „mit Verzögerung". Es wird „kein Haar gekrümmt" – man lässt nur verhungern. ... Und es ist gegen die Ehre deutscher Studenten, mit Juden in Berührung zu kommen. Der Zutritt zum Studentenhaus ist ihnen verboten. Mit wie viel jüdischem Geld wurde vor wenigen Jahren das Studentenhaus gebaut! Der Aufruf und Befehl des Boykottkomitees ordnet an: „Religion ist gleichgültig, es kommt nur auf die Rasse an."

(Zit. nach: ebd.,15)

Aus dem Parteiprogramm der NSDAP vom 24. 2. 1920:

Q5 „4. Staatsbürger kann nur sein, wer Volksgenosse ist. Volksgenosse kann nur sein, wer deutschen Blutes ist ohne Rücksichtnahme auf Konfession. Kein Jude kann daher Volksgenosse sein."

(Zit. nach: W. Maser: Der Sturm auf die Republik, 1981, 469)

Aus Hitler: Mein Kampf 1925

Q6 „(Der Jude ist) immer nur Parasit im Körper anderer Völker ... Er sucht immer neuen Nährboden für seine Rasse ... Er ist und bleibt der typische Parasit, ein Schmarotzer, der wie ein schädlicher Bazillus sich immer mehr ausbreitet ... wo er Auftritt, stirbt das Wirtsvolk nach kürzerer oder längerer Zeit ab."

(Zit. nach: A. Hitler: Mein Kampf, 1925, 334)

B2 Brand der jüdischen Synagoge in Dresden am 10. November 1938.

10. April 1933

Q7 „Die entsetzliche Stimmung des „Hurra, ich lebe!" Das neue Beamten-Gesetz lässt mich als Frontkämpfer im Amt – wahrscheinlich wenigstens und vorläufig. Aber ringsum Hetze, Elend, zitternde Angst.
Man ist artfremd oder Jude bei 25 Prozent jüdischen Blutes, wenn ein Teil der Großeltern Jude war. Wie im Spanien des 15. Jahrhunderts, aber damals ging es um den Glauben. Heute ist es Zoologie+Geschäft."

(Zit. nach: V. Klemperer: Das Tagebuch 1933–1945. a.a.O., 11)

4. September 1934

Q8 „Nicht bloß ins Gebiet der Sprache gehört, dass mir nun ein Beamteneid auf Adolf Hitler persönlich abgefordert wird. Gemeinsame Ableistung erfolgte am Sonnabend. Die in Urlaub Befindlichen werden anfangs des neuen Semesters vereidigt. Ich bin in Urlaub. Zwei Monate sind eine lange Zeit. – Aber ich werde schwören. Ich begreife erst jetzt die Notwendigkeit und Selbstverständlichkeit der reservatio mentalis (etwas anderes sagen, als man meint). Blumenfeld ... sagte mir: „Du schwörst nicht bei Adolf Hitler persönlich, sondern dem Führer und Reichskanzler Adolf Hitler für die Zeit seiner amtlichen Tätigkeit." Trotzdem: ekelhaft."

(Zit. nach: Ders.: Ich will Zeugnis ablegen bis zum Letzten, 1995, 141)

1935 wurde Victor Klemperer auf der Basis des Gesetzes zur Wiederherstellung des Berufsbeamtentums in den Ruhestand versetzt, 1940 aus seinem Haus in Dölzschen vertrieben und zunächst in das „Judenhaus" Caspar-David-Friedrich-Str. 15b, dann Lothringer Weg 2 eingewiesen. Ab 1943 musste er in einer Teeabfüllanlage und Kartonagenfabriken Zwangsarbeit leisten und schließlich mit den letzten Juden in die Zeughausstraße 1 umziehen. Der Deportation entging er, weil seine Frau Eva „arisch" war.

6. März 1942

Q9 „Heute kam das Verbot der Straßenbahnbenutzung. Voran ging in den letzten Monaten: Beschränkung auf den Vorderperron, Verbot der Hechtwagen, Verbot der Autobusse. ... keinen „unnötigen Briefwechsel", „Ankauf und Vorratshaltung von Medikamenten", „die Benutzung von elektrischen Apparaten ist ebenfalls auf das Äußerste einzuschränken", Verbot, Illustrierte oder Wochenzeitschriften zu kaufen oder zu abonnieren, Verbot, Lebensmittelmarken ohne J zu verwenden."

(Zit. nach: ebd., 39f.)

14. Mai 1942

Q10 „Sternjuden und jedem, der mit ihnen zusammenwohnt, ist mit sofortiger Wirkung das Halten von Haustieren (Hunden, Katzen, Vögeln) verboten, die Tiere dürfen auch nicht in fremde Pflege gegeben werden. Das ist das Todesurteil für Muschel (Klemperers Kater), den wir über elf Jahre gehabt und an dem Eva sehr hängt. Er soll morgen zum Tierarzt geschafft werden, damit ihm die Angst des Abgeholtwerdens und gemeinsamer Tötung erspart bleibt."

(Zit. nach: ebd. 85)

2. Juni 1942

Q11 „Ich stelle einmal die Verordnungen zusammen: 1) Nach acht oder neun Uhr abends zu Hause sein. Kontrolle! 2) Aus dem eigenen Haus vertrieben. 3) Radioverbot, Telefonverbot. 4) Theater-, Kino-, Konzert-, Museumsverbot. 5) Verbot, Zeitungen zu abonnieren oder zu kaufen. 6) Verbot zu fahren ... auch zur Arbeit zu Fuß, sofern man nicht 7 Kilometer entfernt wohnt oder krank ist. 7) Verbot, „Mangelware" zu kaufen. 8) Verbot, Zigarren zu kaufen oder irgendwelche Rauchstoffe. 9) Verbot, Blumen zu kaufen. 10) Entziehung der Milchkarte. 11) Verbot, zum Barbier zu gehen. 12) Jede Art von Handwerker nur nach Antrag bei der Gemeinde bestellbar. 13) Zwangsablieferung von Schreibmaschinen. 14) von Pelzen und Wolldecken. 15) von Fahrrädern... 16) von Liegestühlen. 17) von Hunden, Katzen, Vögeln. 18) Verbot, die Bannmeile Dresdens zu verlassen. 19) den Bahnhof zu betreten. 20) das Ministeriumsufer, die Parks zu betreten. 21) die Bürgerwiese und die Randstraßen des Großen Gartens ... zu benutzen. 22) Seit dem 19. September der Judenstern. 23) Verbot, Vorräte an Esswaren im Haus zu haben. ... 24) Verbot der Leihbibliotheken. 25) Durch den Stern sind uns alle Restaurants verschlossen. Und in den Restaurants bekommt man immer noch etwas zu essen,... wenn man zu Hause gar nichts mehr hat... 26) Keine Kleiderkarte. 27) Keine Fischkarte. 28) Keine Sonderzuteilung wie Kaffee, Schokolade, Obst, Kondensmilch. 29) Die Sondersteuern. 30) Die ständig verengte Freigrenze. Meine zuerst 600, dann 320, jetzt 185 Mark. 31) Einkaufsbeschränkung auf eine Stunde (drei bis vier, Sonnabend zwölf bis eins). Ich glaube, diese 31 Punkte sind alles. Sie sind aber alle zusammen gar nichts gegen die ständige Gefahr der Haussuchung, der Misshandlung, des Gefängnisses, Konzentrationslagers und gewaltsamen Todes."

(Zit. nach: ebd, 107f.)

Der Stern

Q12 „Ich frage mich heute wieder, was ich mich (...) schon hunderte von Malen gefragt habe: Welches war der schwerste Tag der Juden in den zwölf Höllenjahren?
Nie habe ich von mir, nie von Anderen eine andere Antwort erhalten als diese: der 19. September 1941. Von da an war der Judenstern zu tragen, der sechszackige Davidstern, der Lappen in der gelben Farbe, die heute noch Pest und Quarantäne bedeutet und die im Mittelalter die Kennfarbe der Juden war, die Farbe des Neides und der ins Blut getretenen Galle, die Farbe des zu meidenden Bösen; der gelbe Lappen mit dem schwarzen Aufdruck „Jude", das Wort umrahmt von Linien der ineinander geschobenen Dreiecke, das Wort aus dicken Blockbuchstaben gebildet, die in ihrer Isoliertheit und in der breiten Überbetontheit ihrer Horizontalen hebräische Schriftzeichen vortäuschen.
Die Beschreibung ist zu lang? Aber nein, im Gegenteil! Mir fehlt nur die Kunst zu genauerer, eindringlicherer Beschreibung. Wie oft, wenn ein neuer Stern auf ein neues (vielmehr alt aus der jüdischen Kleiderkammer erworbenes) Stück, eine Jacke oder einen Arbeitsmantel, anzuhängen war, wie oft habe ich den Lappen unter der Lupe betrachtet, die Einzelparzellen gelben Gewebes, die Ungleichheiten des schwarzen Aufdrucks – und alle diese Einzelfelder hätten nicht ausgereicht, hätte ich an jedes eine der erlebten Sterntorturen knüpfen wollen.
Gewiss, vom Allgemeinen abgeschnitten war ich schon seit 1933,... aber trotzdem: Sobald ich die Wohnung hinter mir hatte und die Straße, in der man mich kannte, war es doch ein Untertauchen im großen allgemeinen Strom, ein angstvolles zwar, denn in jedem Augenblick konnte mich ja ein Böswilliger erkennen und belästigen, doch immerhin ein Untertauchen; nun aber war ich in jedem Augenblick für jeden kenntlich und durch die Kennzeichnung isoliert und vogelfrei;...
Jetzt erst war die Gettoisierung eine vollkommene; vorher tauchte das

Wort Getto nur auf, wo auf Briefstempeln etwa „Getto Litzmannstadt“ zu lesen stand, es war dem eroberten Ausland vorbehalten. In Deutschland gab es einzelne Judenhäuser, in die man die Juden zusammendrängte und die man bisweilen auch mit der Aufschrift „Judenhaus“ versah. Aber diese Häuser lagen inmitten arischer Wohnviertel und auch selber waren sie nicht ausschließlich von Juden bewohnt; weswegen man denn auch gelegentlich an anderen die Mitteilung lesen konnte: „Dies Haus ist judenrein.“
Jetzt, da der Judenstern eingeführt war, tat es nichts mehr zur Sache, ob die Judenhäuser zerstreut lagen oder ein eigenes Viertel bildeten, denn jeder Sternjude trug sein Getto mit sich, wie eine Schnecke ihr Haus. Und es war auch gleichgültig, ob in seinem Hause nur Juden oder auch Arier lebten, denn über seinem Namen musste der Stern an der Tür kleben. War seine Frau arisch, so hatte sie ihren Namen abseits vom Stern anzuschlagen und das Wort „arisch“ dahinterzusetzen.
Und am giftigsten phosporisziert der „verdeckte Stern“. Der Stern, lautete die Gestapovorschrift, muss unverdeckt an der Herzseite getragen werden, auf dem Jackett, auf dem Straßenmantel, auf dem Arbeitsmantel, er muss an jedem Ort getragen werden, wo die Möglichkeit eines Zusammentreffens mit Ariern besteht. Wenn du an schwülen Märztagen den Mantel geöffnet hast, sodass die Rockklappe über die Herzseite zurückgeschlagen ist, wenn du die Aktenmappe unter den linken Arm geklemmt hältst, wenn du als Frau einen Muff trägst, dann ist dein Stern verdeckt, vielleicht absichtslos und auf Sekunden, vielleicht auch absichtlich, um einmal ohne Brandmal durch die Straßen zu gehen. Ein Gestapobeamter nimmt immer die Absicht des Verdeckens an, und darauf steht das KZ. Und wenn ein Gestapobeamter Pflichteifer beweisen will und du läufst ihm gerade über den Weg, dann mag der Arm mit der Aktenmappe oder dem Muff bis zum Knie herabhängen, dann kann der Mantel noch so ordentlich zugeknöpft sein: Dann hat der Jude Lesser oder die Jüdin Winterstein „den Stern verdeckt“, und spätestens ein Vierteljahr nachher liegt der Gemeinde ein ordnungsgemäßer Totenschein aus Ravensbrück oder Auschwitz vor. Darauf ist die Todesursache präzis und sogar abwechslungsreich oder individuell angegeben; sie heißt umschichtig „Insuffizienz des Herzmuskels“ und „bei Fluchtversuch erschossen“. Aber die wahre Todesursache ist der verdeckte Stern.

(Zit. nach: ders.: LTI., 16. Aufl. 1996, 211–217)

Februar 1945 konnten Victor Klemperer und seine Frau fliehen und kehrten Juni 1945 nach Dresden zurück.

25. Juni 1945

Q13 „Ich muss allmählich anfangen, systematisch auf die Sprache des VIERTEN REICHES zu achten. Sie scheint mir manchmal weniger von der des DRITTEN unterschieden als etwa das Dresdner Sächsische vom Leipziger. Wenn etwa Marschall Stalin der Größte der derzeit Lebenden ist, der genialste Stratege usw... „

(Zit. nach: ders.: Und alles ist schwankend. 1996, 31f.)

26. Oktober 1945

Q14 „Sonst im Radio immer und immer die gleiche Leier: Man erzählt, wie uns die Alliierten helfen, und welche Wirtschafteinheit Deutschland bilde. Man erzählt, wie sehr wir alle Antifaschisten und Demokraten geworden sind, wie sehr „gesäubert“, umgekehrt, besser gemacht wird. Man predigt gegen jeden Militarismus – und man schlägt mit alledem genau, ganz haargenau so krass aller Wahrheit und Realität ins Gesicht, wie es, andersherum, aber mit gleichen, ganz gleichen Worten – LTI=LQI! ausrichten, kämpferisch, wahre Demokratie etc., etc. – wie das die Nazis taten.“

(Zit. nach: ebd., 167f.)

13. November 1945

Q15 „Seidemann, vorgestern Abend eine Weile bei uns, warb mich dringend für die KPD. Meine Lage insofern grundlegend verändert, als ich einer der vier Parteien beitreten muss, wenn ich als Opfer des Faschismus als Rasseverfolgter aufgenommen werden soll.“

(Zit. nach: ebd., 181)

20. November 1945

Q16 „Die Antragsformulare zur Aufnahme in die KPD liegen auf dem Schreibtisch. Bin ich feige, wenn ich nicht eintrete; bin ich feige, wenn ich eintrete? Habe ich zum Eintritt ausschließlich egoistische Gründe? Nein! Wenn ich schon in eine Partei muss, dann ist diese das kleinste Übel. Gegenwärtig zum Mindesten. Sie allein drängt wirklich auf radikale Ausschaltung der Nazis. Aber sie setzt neue Unfreiheit an die Stelle der alten! Aber das ist im Augenblick nicht zu vermeiden. ... Ich bin eigentlich dafür entschieden. Aber es kommt mir wie eine Komödie vor: Genosse Kl.! Wessen Genosse?“

(Zit. nach: ders.: Und so ist alles schwankend. 1996)

Ab 1945 war Victor Klemperer Professor in Dresden, Berlin, Greifswald und Halle, Mitglied der Volkskammer der DDR und der Deutschen Akademie der Wissenschaften. Er starb 1960.

Zerstörung von Kultur – Instrumentalisierung von Kultur

Bücherverbrennungen

Am 8. März 1933 verbrannten die Nationalsozialisten in Dresden vor dem Gebäude der Volkszeitung die vorgefundenen Bücher (vgl. S 40f.).

Am 10. Mai 1933 wurden in vielen deutschen Städten und an den Universitäten auf großen Scheiterhaufen Bücher verbrannt. Bis 1934 setzten die Nationalsozialisten über 3000 literarische und wissenschaftliche Werke auf den Index der verbotenen Bücher, darunter das Gesamtwerk von 149 Autoren, die Rang und Namen in Deutschland und der Welt hatten. 800 Tonnen Bücher wurden beschlagnahmt, 25 000 Bücher wurden in Berlin ein Opfer der Flammen. NS-Propagandaminister Joseph Goebbels leitete die Verbrennung der sogenannten „weltbürgerlich-jüdisch-bolschewistischen Zersetzungsliteratur“. Darunter waren die Werke von Walter Benjamin, Werner Bergengruen, Ernst Bloch, Bertolt Brecht, Alfred Döblin, Lion Feuchtwanger, Peter Huchel, Franz Kafka, Erich Kästner, Egon Erwin Kisch, Karl Kraus, Else Lasker-Schüler, Heinrich Mann, Klaus Mann, Thomas Mann, Carl von Ossietzky, Erich Maria Remarque, Joseph Roth, Anna Seghers, Kurt Tucholsky, Franz Werfel, Arnold Zweig, Stefan Zweig, Carl Zuckmayer, Schriften des Physikers Albert Einstein, des Psychoanalytikers Sigmund Freud, des Theaterkritikers Alfred Kerr.

Die „Reichskulturkammer“

Eine „Reichskulturkammer“ überwachte nicht nur die Schriftsteller, sondern übernahm die Kontrolle und Lenkung der gesamten Kulturpolitik. Sie war dem Reichspropagandaministerium unterstellt. Nur wer Mitglied der Reichskulturkammer war, durfte fortan künstlerisch tätig sein. Damit war auch die ***Gleichschaltung*** des kulturellen Lebens erfolgt. Die hoch entwickelte Wissenschaft, Kunst, Musik, Literatur der Weimarer Republik wich einer völlig einseitigen weltanschaulichen Ausrichtung. In dieser Gesinnungsliteratur war das „Bekenntnis zu Führer, Volk und Vaterland“ der alles entscheidende Maßstab. Den Nazi-Dichtern ging es um Überredung, sie mobilisierten starke Gefühle um die Leser den Zielen der Führung gefügig zu machen. Die Sprache war entweder rührselig-sentimental („Blut-und -Boden“-Ideologie, Heimatdichtung) oder auf monumentale Effekte angelegt (Kampfstimmung und kultische Führerverehrung).

„Entartete Kunst“ und die „Große Deutsche Kunstausstellung“

1937 wurde ein in München eigens errichtetes monumentales „Haus der deutschen Kunst“ mit der „Großen Deutschen Kunstausstellung“ pompös eröffnet. Hier sollte der Triumph der typisch deutschen, sauberen und schönen Kunst im Dritten Reich gefeiert werden. Hitler erklärte zur Eröffnung: „Wir werden von jetzt ab einen unerbittlichen Säuberungskrieg führen gegen die letzten Elemente unserer Kulturzersetzung. Diese vorgeschichtlichen prähistorischen Kultur-Steinzeitler und Kunststotterer mögen unseretwegen in die Höhlen ihrer Ahnen zurückkehren um dort ihre primitiven internationalen Kritzeleien anzubringen.“

Zur gleichen Zeit lockte die Ausstellung „Entartete Kunst“, die zuerst in München und später in fast allen größeren Städten gezeigt wurde, mehrere Millionen Besucher an. Sie war die heftigste Kampfansage der Nationalsozialisten gegen jede Art von moderner Kunst. Über 650 bedeutende Gemälde, Skulpturen, Grafiken und Bücher aus 32 deutschen Museen waren zusammenge-

B1 (oben) Oskar Kokoschka: Die Auswanderer, 1916/17. B2 (unten) Gemälde von Adolf Wissel

tragen worden um sie als undeutsch zu verspotten und zu verhöhnen, als krankhaft, abartig und unnatürlich zu diffamieren. Sie wurden zum Symbol des Schlechten und Bösen stilisiert. Mit dem ursprünglich biologischen Fachbegriff „entartet“ sollte ausgedrückt werden, dass diese Werke nicht mehr als Kunst gelten könnten.
Das Nebeneinander beider Ausstellungen sollte den Sieg der offiziellen Kunst, realistischer Landschafts-, Porträt- und Aktbilder sowie militärischer Szenen über die moderne Kunst verdeutlichen, die nach einem Dekret von Goebbels „das deutsche Gefühl beleidigen oder die natürliche Form zerstören oder verstümmeln“ sollte. Was vor 1933 in einer großartigen Vielfalt an moderner deutscher Kunst entstanden war, Werke des Expressionismus, Surrealismus, Futurismus, Konstruktivismus, des Dada, der Neuen Sachlichkeit wurden verfemt. Dabei verfielen dem Verdikt nicht nur abstrakte Bilder, sondern auch Landschaften und Porträts von August Macke und die mit expressionistischer Farbgewalt ausgestatteten Gemälde von Ernst Ludwig Kirchner, Karl Schmidt Rottluff und Emil Nolde, einem frühen Parteimitglied, der 1936 Malverbot erhielt. Verurteilt wurde auch jede sozialkritische Malerei, so die Werke von Max Beckmann, Otto Dix, George Grosz. Allein im Jahr 1937 wurden über 16000 Werke moderner Kunst als „entartet“ konfisziert, viele davon gegen harte Währung ins Ausland verkauft und sonst unwiederbringliche Kunst wenigstens der Nachwelt gerettet. Viele andere Werke wurden im Jahr 1939 ähnlich der Bücherverbrennungen auf einem großen Scheiterhaufen vor der Feuerwache in Berlin verbrannt.
Zahlreiche Museumsdirektoren und wissenschaftliche Angestellte staatlicher Einrichtungen wurden aufgrund des „Gesetzes zur Wiederherstellung des Berufsbeamtentums“ vom 7. April 1933 entlassen. Alle Unerwünschten wurden aus ihren Lehrstellen an Akademien und Hochschulen verjagt, aus der Preußischen Akademie in Berlin z.B. Ernst Barlach, Oskar Kokoschka, Käthe Kollwitz, Max Liebermann und viele andere. Der Stempel des Zensors ächtete eine ganze Generation avantgardistischer, fortschrittlicher Künstler, denen nichts anderes übrig blieb, als ins Ausland zu gehen oder sich in die innere Emigration zurückzuziehen.

Magie und Kult

Zur Vereinnahmung und leichteren Lenkung des Volkes, das Hitler in „Mein Kampf“ verächtlich als Masse bezeichnete, setzte der Nationalsozialismus alle damals modernen Medien ein, neben der Presse insbesondere den Rundfunk und den Film. Unter Leitung des Reichspropagandaministeriums wurde immerfort die Ideologie von der großen Volksgemeinschaft aller Deutschen beschworen. Um möglichst tiefgehend Einfluss auf das Volk zu gewinnen bedienten sich die Nazis, wie es für alle totalitären Herrschaftsformen kennzeichnend ist, geradezu magischer Kulte: Führerkult, Fahnenkult, Treuekult, Kult um sogenannte „Blutzeugen“ und „Märtyrer“ der nationalsozialistischen Bewegung. Der Person Hitlers wurde geradezu göttliche Verehrung zuteil. Mit Festen und Feiern, die wie Gottesdienste verliefen und sich ständig wiederholten, sollte letztlich wohl das Christentum abgelöst werden. Es gab Weihestunden zu hohen Staats- und Parteifeiertagen, es gab nationalsozialistische Familienfeiern zu Geburt, Hochzeit und Tod, Morgenappelle, Fahnenweihen, deren Ausgestaltung bis hin zu den vorgetragenen Führerworten, Weihesprüchen und Liedern der Bewegung genauestens festgelegt waren.
Besondere monumentale Feierstätten von oft gigantischen Ausmaßen, wie das Reichsparteitagsgelände in Nürnberg, das alles bis dahin Dagewesene in den Schatten stellen sollte, oder ein „Ehrentempel mit ewiger Wache“ für die Toten der nationalsozialistischen Bewegung vom 9. November 1923 unterstrichen den Weihecharakter solcher Feiern. Auf dem Parteitagsgelände in Nürnberg fanden mehrere 100000 Menschen Platz. Eine Seite des Rechtecks war begrenzt durch eine gewaltige Treppenanlage von 390 Meter Länge, flankiert von zwei riesigen Flammenschalen und mit dem gewaltigen steinernen Rednerpodest in der Mitte, auf dem Hitler ganz allein aus der Masse herausgehoben sprach, umgeben von einem Wald von Hakenkreuzfahnen und Standarten.

B3 Hitler auf dem Reichsparteitagsgelände in Nürnberg.

Beim jährlichen Erntedanktag auf dem Bückeberg schritt Hitler vom Fuß des Berges einen 800 Meter langen erhöhten Weg, der von hunderttausenden Bauern gesäumt war, empor zum Erntealtar, der auf der Höhe des Berges aufgebaut war. Eine Presseanweisung des Propagandaamtes vom 3. Oktober 1937 lautete: „Der Mittelweg auf dem Bückeberg, den der Führer alljährlich auf der Kundgebung beschreitet, soll in Zukunft auf Wunsch des Führers als Weg durch das Volk bezeichnet werden. Jede andere Bezeichnung ist untersagt." Dem feierlichen Schreiten des Führers entsprach das Schreiten und Marschieren der Massen, z. B. beim Fahneneinmarsch oder beim traditionellen Marsch der „alten Kämpfer" zur Feldherrnhalle am 9. November, der einer Prozession glich und bei dem die „Blutfahne der Bewegung" wie eine Reliquie oder das Allerheiligste mitgeführt wurde. An der Spitze marschierten die „alten Kämpfer als Blutzeugen der Bewegung wie Apostel der nationalsozialistischen Idee". Solche Massenaufmärsche von Hunderttausenden sollten ansteckend und mitreißend auf die noch abseits des Nationalsozialismus Stehenden wirken. Als ewiges und unveränderbares Gesetz der Geschichte wurden Kampf und Opfergang des Volkes, Sieg oder Untergang beschworen.
Die meisten Forscher betonen, wie die Deutschen auf diese Weise zu willfährigen, gehorsamen Gefolgsleuten beim Weg Hitlers in den Krieg gemacht werden sollten. Nicht umsonst würden im Kult Gehorsam, Heldentum und Opferbereitschaft zu den wichtigsten Tugenden des nationalsozialistischen Menschenbildes. Es gibt aber auch die Auffassung, dass bei der Mehrheit der Deutschen schon vorher eine Bereitschaft zum Mitmachen vorhanden war, dass insbesondere ein weit verbreiteter Antisemitismus sie zu „bereitwilligen Vollstreckern" des Terrors machte.

Olympische Spiele 1936

Eine besondere Rolle bei der Gewinnung des Volkes spielte die Olympiade 1936. Die Olympischen Spiele waren schon vor 1933 nach Berlin vergeben worden. Hitler nutzte sie um den Deutschen die Anerkennung der Welt für die Errungenschaften des Nationalsozialismus zu demonstrieren. Die Hauptstadt gab sich weltoffen und tolerant. Antisemitische Parolen und Schilder wurden kurzfristig beseitigt. Berlin war ein Meer von Fahnen. Nach außen herrschten Ruhe, Ordnung, Sauberkeit und Disziplin. Und die Jugend der Welt spielte mit. Die französische Mannschaft marschierte beispielsweise mit dem Hitlergruß ins eigens errichtete Olympiastadion ein. Hitler und seine Paladine waren häufig auf der Ehrentribüne anwesend, in Begleitung hochrangiger Staatsgäste. So konnten die durch ihre Nürnberger Parteitage in der Organisation von Massenveranstaltungen geübten Machthaber der Welt und dem eigenen Volk das Schauspiel eines friedliebenden Staates vorgaukeln, der sich in Einklang mit allen Volksgenossen befand. Dass in Deutschland viele Menschen unter unmenschlichen Bedingungen in Konzentrationslagern gefangen gehalten wurden, dass Hitler bestehende Verträge schon häufig gebrochen hatte und Deutschlands Aufrüstung kräftig betrieben wurde, wollte zu diesem Zeitpunkt kaum jemand wahrhaben. Emigranten und noch im Land verbliebene Oppositionelle mussten sich nun endgültig verraten und verstoßen fühlen.

B4 Einmarsch der Nationen in das Berliner Olympiastadion, 1936.

1. Beschreibt die Bedeutung der Olympischen Spiele für das Ansehen des nationalsozialistischen Regimes!
2. Erläutert die Mittel, die Hitler anwandte!
3. Beleuchtet kritisch die Entwicklung der Olympischen Spiele bis in die Gegenwart! Sucht Beispiele für Olympiaden, die sich mit dem besonderen Charakter der Spiele 1936 in Berlin parallelisieren lassen!

Vertreibung der Intelligenz

Schon in den ersten Wochen nach der Machtübernahme, aber erst recht nach dem Brand des Reichstags und der „Notverordnung zum Schutz von Volk und Staat" hatte eine Fluchtbewegung von oppositionellen Journalisten, Künstlern, Schriftstellern, Wissenschaftlern, Politikern begonnen. Der außerordentliche Verlust im kulturellen Leben, den Deutschland durch die NS-Diktatur erlitt, ist kaum abzuschätzen. Allein 104098 Emigranten wanderten bis 1941 in die USA ein, viele davon mit akademischen und künstlerischen Berufen, darunter über 1000 Wissenschaftler, vor allem Professoren und ferner die bedeutendsten deutschen Schriftsteller. Im Exil wurde mit geringen Mitteln, aber aufopferungsvollem Engagement deutschsprachige Kultur demonstriert. Wer bereits einen Namen hatte, dem fiel es leichter, in der Emigration Fuß zu fassen. Schwer hatten es die vielen namenlosen Verfolgten, denen im Ausland Beziehungen und Geld fehlten und die sich kümmerlich durchschlagen mussten. Ihnen blieb nichts anderes übrig als auf Zuwendungen besser gestellter Emigranten zu hoffen. Antifaschistische Flugblätter und aufklärerische Schriften wurden auf abenteuerliche Weise nach Deutschland geschmuggelt und vor allem in der Arbeiterschaft verteilt. Die Ansichten über den Erfolg dieser Bemühungen der Emigranten sind geteilt. Vielfach wird betont, dass es der nationalsozialistischen Propaganda weitgehend gelungen war, die Arbeiter für das Regime zu gewinnen. Als Begründung werden der wirtschaftliche Aufschwung und die vordergründige Verminderung der Arbeitslosigkeit angeführt. Die aufklärerische Publizistik der Emigranten wurde von Reichspropagandaminister Goebbels als „Gräuelpropaganda" und „Emigrantenhetze" abgetan.

1. Arbeitet heraus, warum gerade Künstler und Intellektuelle in großer Zahl vor dem Nazi-Regime flohen!
2. Erkundigt euch nach Werken, die im Exil entstanden sind!
3. Erläutert, warum es insbesondere für Schriftsteller, aber auch für andere Intellektuelle, besonders bitter ist aus ihrem Heimatland vertrieben zu werden!

Volkswohlfahrt und „Kraft durch Freude"

Um Arbeitslosenzahlen zu senken achtete man darauf, dass nicht Maschinen menschliche Arbeitskraft ersetzten. Durch Ehestandsdarlehen und Propaganda einer neuen Familienpolitik wurden Frauen dem Arbeitsmarkt entzogen und mehr Arbeitsplätze für Männer freigemacht. Jugendliche wurde durch den anfangs freiwilligen, später verpflichtenden Arbeitsdienst von der Straße geholt. So entstand der von der Propaganda kräftig geförderte Eindruck einer Wirtschaftsblüte. Aber dieser Eindruck täuscht im Hinblick auf die gezahlten Löhne und Gehälter, die selbst in der Vollbeschäftigung unter dem Niveau der guten Jahre der Weimarer Republik blieben. Eine echte Interessenvertretung der Arbeitnehmer gab es seit dem Verbot der Gewerkschaften (vgl. S. 48) nicht mehr. Durch Gesetz wurde das Führerprinzip in den Betrieben eingeführt, wurden Betriebsräte beseitigt. An die Stelle der Gewerkschaften trat durch Gesetz die „Deutsche Arbeitsfront" (DAF): „In ihr sind die Angehörigen der ehemaligen Gewerkschaften, der ehemaligen Angestelltenverbände und der ehemaligen Unternehmer-Vereinigungen als gleichberechtigte Mitglieder zusammengeschlossen. Die Führung der Deutschen Arbeitsfront hat die NSDAP. Der Stabsleiter der Politischen Organisation führt die Deutsche Arbeitsfront. Er wird vom Führer und Reichskanzler ernannt. Er ernennt und enthebt die übrigen Führer der Deutschen Arbeitsfront." Die DAF erfasste auch diejenigen, die der

B5 Für wenig Geld konnte der KdF-Wagen angespart werden. Allerdings gingen die ersten Volkswagen dann als Kübelwagen an die Wehrmacht.

Partei fernstanden. Die Mitgliedschaft stieg bis 1939 auf 30 Millionen. Die Führer der DAF hatten der Gefolgschaft klarzumachen, dass die „Erfordernisse der Staatspolitik" vorgingen: „Der Führer spricht nicht von Lohn- und Preispolitik, sondern von Seele, Rasse, Blut, Boden und Vaterland... Wir sind alle Soldaten der Arbeit, von denen die einen befehlen, die anderen gehorchen." Gemeinschaftserlebnisse, wie im Abschnitt über den Kult beschrieben, aber auch der Reichsarbeitsdienst und die Hitlerjugend sollten ein neues Gefühl der Gleichheit und der Überwindung der Klassengegensätze in der „Volksgemeinschaft" schaffen. Jeden vierten Sonntag sollte alle Deutschen z.B. Eintopf löffeln – vom Führer bis zum letzten Arbeiter wie eine einzige große Familie. Nicht alle waren mit dieser Auffassung von Sozialismus zufrieden. Um die enttäuschten Hoffnungen aufzufangen wurde 1935 die NS-Gemeinschaft „Kraft durch Freude" (KdF) ins Leben gerufen. KdF sollte Werkstätten und Büros verschönen, Theater- und Konzertbesuche, bunte Abende und Volksfeste organisieren, Erwachsenenbildung und Betriebssport fördern und diente bald auch zur Wehrertüchtigung. Vor allem aber „organisierte" sie staatlich geförderten Massentourismus. Millionen Menschen fuhren mit KdF aufs Land, in die Berge und erlebten preiswerte Ferien. Auf KdF-eigenen Dampfern, späteren Truppentransportern, erlebten 750 000 Deutsche Kreuzfahrten ins Nordmeer oder ins Mittelmeer, besuchten das faschistische Italien oder Spanien.

Wie die Gestapo ermittelte, wurden die Aktivitäten von KdF von einem Teil der Arbeiterschaft freudig anerkannt, andererseits hielte ein großer Teil die Vorteile dieser Organisation für wenig nützlich, solange sie nicht in der Lage seien die Familie ordentlich zu ernähren.

Eine weitere Organisation, die abseits der Partei stehende Deutsche binden und beschäftigen sollte, war die Nationalsozialistische Volkswohlfahrt (N.S.V.). Sie diente außerdem dazu, die nationalsozialistische Rassenideologie vom gesunden und starken Volk zu verbreiten. Zugleich sollte sie die Opferbereitschaft der Deutschen steigern.

1. Stellt zusammen, welcher Mittel sich Partei und Staat bedienten um Denken und Handeln möglichst aller Deutschen in ihrem Sinne zu lenken!

2. Nennt und erörtert, welche Möglichkeiten es gab sich diesen Einflüssen gegenüber zu verhalten!

3. Zieht kurz- und langfristige Folgerungen für die Auswirkungen der nationalsozialistischen Kulturpolitik auf das Geistesleben!

„Wer die Jugend hat, hat die Zukunft"

Schule und Erziehung

Von Anfang an ließen die Nationalsozialisten keinen Zweifel daran, dass sie sich der Schulen bemächtigen wollten. Neben den Jugendorganisationen der Partei sollte auch die Schule dazu beitragen, die Jugend ganz für die nationalsozialistischen Ziele zu gewinnen. Bereits 1933 stellte Reichsinnenminister Frick fest: „Die nationale Revolution gibt der deutschen Schule und ihrer Erziehungsaufgabe ein neues Gesetz: Die deutsche Schule hat den politischen Menschen zu bilden, der in allem Denken und Handeln dienend und opfernd in seinem Volke wurzelt und der Geschichte und dem Schicksal seines Staates ganz und unabtrennbar zuinnerst verbunden ist." Konkret forderte er der Wehrhaftmachung der Schuljugend durch geländesportliche Übungen besonderes Interesse entgegenzubringen. „Nicht die geistigen Fähigkeiten sollen in erster Linie gefördert werden", schreibt ein damaliger Pädagoge, sondern „die Erziehung muss grundsätzlich daran festhalten, zum heldischen Charakter zu bilden... Wertvoller als alle noch so virtuos gebildete Intellektualität, wertvoller als noch so umfassendes Wissen ist wahres menschliches Heldentum, das jenseits jeder intellektuellen Bildungshöhe und jenseits jedes Wissensbesitzes steht."

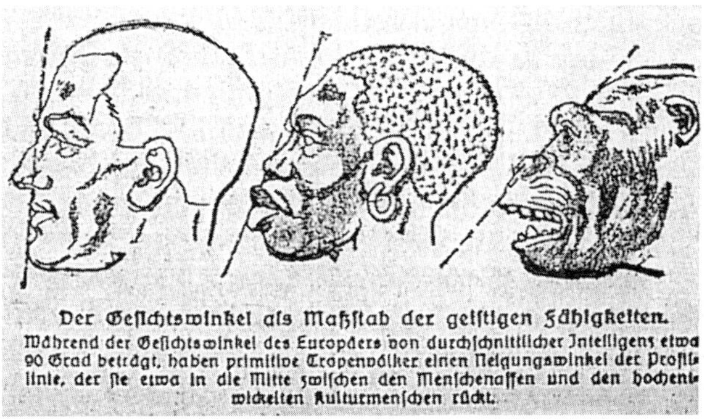

B6 Zeichnung zu einem rassepolitischen Artikel im Großdeutschen Anzeiger vom 5. 2. 1934.

Durch eine Vielzahl von Erlassen wurde insbesondere der Rassegedanken in die Schulen getragen. Alle Schüler sollten erkennen, dass „die Kenntnis der biologischen Grundtatsachen und ihre Anwendung auf Einzelmensch und Gemeinschaft für die Erneuerung unse-

res Volkes unerlässliche Voraussetzung ist. Kein Schüler und keine Schülerin darf ohne dieses Grundwissen ins Leben entlassen werden." Daher müssen sie in Rassenkunde, Rassenhygiene, Familienkunde und Bevölkerungspolitik unterrichtet werden. Dazu sollte dem Biologieunterricht notfalls auf Kosten von Mathematik und Fremdsprachen ein größere Wochenstundenzahl eingeräumt werden. Die Rassentheorie wurde auch ausdrücklich zum Unterrichtsprinzip in den Fächern Erdkunde, Geschichte, Deutsch, Zeichnen und Singen erhoben. Aufgabe des Geschichtsunterrichts war es, die gesamte Weltgeschichte als Kampf der Rassen zu interpretieren. Das las sich in einem Schulbuch so: „Schon im zweiten Jahrtausend v. Chr. drangen die Arier (nordische Rasse) in Indien ein und begründeten dort die arische Kultur. Ein verwandter Zweig der Arier schuf die Grundlage zur Macht und Blüte des alten Perserreichs.
Ebenso geht die althellenische Kultur auf das Blut nordischer Einwanderer zurück. Überlieferte Bildwerke sowie die Schilderungen aus jener Zeit legen Zeugnis dafür ab, dass die Hellenen, solange sie ihre Rasse rein erhalten hatten, hochwüchsige, hellhäutige, helläugige und blonde Menschen waren. Das römische Weltreich wurde von den mit den Kelten verwandten Italikern begründet. Mit der Entnordung, d. h. mit dem Dahinschwinden des nordischen Blutes war auch das Schicksal dieser stolzen Reiche besiegelt." So einseitig geht die Interpretation der Geschichte bis zur Gegenwart weiter.

Rollenbilder von Frauen und Männern

Die Rolle der Frauen und die der Männer war in der nationalsozialistischen Ideologie klar getrennt. In einem Aufsatz mit dem Titel „Artgemäße Mädchenerziehung und Rasse" findet sich folgende Gegenüberstellung:

Mädchen	Jungen
Anschauung und Gefühl	Anschauung und Verstand
Dem Nächsten dienen	Die Welt erobern und unterwerfen
In Frieden arbeiten	Siege erringen
Leid ertragen	Taten ausführen
Die Familie und Häuslichkeit pflegen	Den Staat gründen
Auf dem Boden der Wirklichkeit bleiben	Die Ziele in die Sterne setzen
Das Leben als Geschenk	Das Leben als Kampf
Mütterlichkeit	Mannhaftigkeit

Erziehung durch HJ und BdM

Der Schule allein traute man die weltanschauliche Ausrichtung der Jugend nicht zu. Viele Lehrer, insbesondere die Älteren, waren keine überzeugten Nationalsozialisten. Sie folgten den vielen Erlassen der neuen Machthaber nur mehr oder weniger widerwillig. Deshalb waren HJ und BdM auch dazu bestimmt, diese Schulung zu leisten. Wie sie dies taten, zeigt z.B. der Bericht über einen Heimabend im Soester BdM aus dem Heimatkalender 1936: „Unsere Heimabende sind dazu bestimmt, unseren Mädeln die einheitliche weltanschauliche Ausrichtung zu geben. Mädel sollen sie sein, die sich bewusst und freudig hinter den Führer stellen... Rassisches Denken, wie es seinen Ausdruck findet in den Nürnberger Gesetzen, ist für uns bereits Selbstverständlichkeit. Das Reich des Führers ist auf dem Grundsatz von Blut und Boden aufgebaut. Ein Volk ist der Träger. Dieses Reich erfüllt endlich die Sehnsucht der Deutschen durch die Jahrhunderte... Wir erkennen die Fehler und Schwächen der Deutschen, die zur Novemberrevolution 1918 führten, die 1806/7 Napoleon zum Siege halfen, die einen 30-jährigen Krieg ermöglichten. Die Jugend des Dritten Reiches weiß, dass nur ein einiges Volk unter einem Führer Träger eines starken Reiches sein kann. Wir wollen in Treue, Gehorsam, Pflichterfüllung und Kameradschaft hinter dem Führer stehen..."

In diesem Abschnitt werden Erziehungsziele und Leitbilder für die Jugend im Nationalsozialismus formuliert.
1. Welche übereinstimmenden Ziele gibt es für Mädchen und Jungen?
2. Worin unterscheiden sich Ziele und Leitbilder für Mädchen und Jungen? Stellt die Rollenzuweisungen gegenüber!
3. Sprecht darüber, ob es ähnliche Rollenzuweisungen auch noch heute gibt und was ihr davon haltet!

Zwischen Anpassung und Widerstand: Gewerkschaften, Kirchen, Verbände

Sehr viele Emotionen und Kontroversen löst bis heute die Beschäftigung mit der Rolle der Kirchen zur Zeit des Nationalsozialismus aus. Je nach Standort des Betrachters wird dabei eher die Anpassung und das zu lange Schweigen der Kirche oder der Mut einzelner Christen im Widerstand betont. Nachdem alle politischen Parteien verboten, die Gewerkschaften aufgelöst und Vereine und Verbände mit den Organisationen der NSDAP gleichgeschaltet waren, gab es nur noch zwei große Einrichtungen, die sich der Gleichschaltung und völligen Anpassung hatten entziehen können: Reichswehr und Kirchen. Die Reichswehr wurde für die Kriegspläne gebraucht und sie spielte bei der „nationalen Erhebung" mit, musste also zu diesem Zeitpunkt nicht bekämpft werden. Aber die Kirchen mit ihrem großen Einfluss auf breite Volksschichten konnte eine weltanschauliche Bewegung mit totalem Herrschaftsanspruch nicht auf Dauer neben sich dulden. So musste nach einer Phase taktischer Zusammenarbeit oder Tolerierung ein Kirchenkampf beginnen.

In den Kirchen wurde die vom weltanschaulichen Totalitätsanspruch ausgehende Gefahr sehr unterschiedlich eingeschätzt. Im Parteiprogramm der NSDAP hieß es: „Die Partei als solche vertritt den Standpunkt eines positiven Christentums ohne sich konfessionell an ein bestimmtes Bekenntnis zu binden." In seiner Rede zum Ermächtigungsgesetz, zu dem er noch die Zustimmung des katholischen Zentrums brauchte, hatte Hitler betont, die Sorge seiner Regierung gelte „dem aufrichtigen Zusammenleben von Kirche und Staat". Die nationalsozialistische Propaganda betonte anfangs die Gemeinsamkeiten im Abwehrkampf gegen den kirchenfeindlichen Bolschewismus. Feldgottesdienste und kirchliche Massentrauungen der SA unterstrichen die scheinbar kirchenfreundliche Haltung.

Katholische Kirche und Christen

Durch das Konkordat vom Juli 1933, einen Vertrag des Deutschen Reiches mit dem Vatikan, schien Hitler Frieden mit der katholischen Kirche geschlossen zu haben. Die deutschen Bischöfe änderten daher ihre bis dahin ablehnende Haltung gegenüber der NSDAP, die die meisten von ihnen mit dem katholische Glauben für unvereinbar hielten. Denn im Vertrag mit dem Vatikan war zugesichert: „Freiheit des Bekenntnisses und öffentliche Ausübung der katholischen Religion, katholischer Religionsunterricht, katholische Bekenntnisschulen." Dieses Konkordat lähmte vorhandene Widerstandskräfte. Obwohl schon bald Vertragsverletzungen zu beklagen waren und Geistliche verhaftet wurden, lehnte die Kirche insgesamt aktiven Widerstand ab.

Die Nationalsozialisten beschränkten ihren Kampf gegen die Kirche zunächst auf untergeordnete Stellen: Gestapo und Hitlerjugend führten in den Gemeinden einen Kleinkrieg gegen Vereine, insbesondere die katholische Jugend, und einzelne kritische Priester. Trotz aller geschickten Spaltungsversuche, Diffamierungskampagnen und seit 1937 massivster Unterdrückung, die Hunderten von Gläubigen und Geistlichen das Leben kostete, gelang es den Nazis nicht, die enge Bindung großer Bevölkerungsteile an die Kirchen zu lösen. Andererseits stieg bis zum Krieg die Zahl der Kirchenaustritte beträchtlich. Einzelne bekämpften umso entschiedener das Neuheidentum des Nationalsozialismus: „Der Nationalsozialismus ist darum nicht einmal Heidentum, sondern er bedeutet den Versuch die religiöse Sphäre prinzipiell zu entthronisieren. Er setzt nicht eine neuen Religion an die Stelle des Christentums, sondern er spielt Religion."

(Dietrich von Hildebrand (1889-1977), Philosophieprofessor, Mitgründer des Katholischen Akademikerverbandes. Zit. nach: Christliche Demokraten gegen Hitler, 94)

Evangelische Kirchen und Christen

Darin sind sich die Historiker einig, dass die evangelische Kirche gegenüber den Zersetzungs- und Spaltungsversuchen wesentlich anfälliger war. Aber auch hier gewann die „Bekennende Kirche" (BK) an Einfluss, die sich der weitgehenden Anpassung an die Nationalsozialisten widersetzte, wie sie von der „Glaubensbewegung Deutsche Christen" (DC) angestrebt wurde. Die Bekennende Kirche war aus einem „Pfarrer-Notbund" entstanden, den Martin Niemöller in Berlin gegründet hatte. Er lehnte das Führerprinzip und den Arierparagraphen in der Kirche ab und wies die Machtansprüche der DC zurück. Ein Reichsbischof, zu dem die Nazis einen ehemaligen Wehrkreispfarrer gemacht hatten, blieb nur ein kurzes Zwischenspiel. Trotzdem spalteten die DC, die sich eng an die nationalsozialistische Rassentheorie anlehnten, die evangelischen Gemeinden und selbst einzelne Familien.

Widerstand gegen die „Vernichtung lebensunwerten Lebens"

Wie in den Arbeiterparteien und Gewerkschaften, so gibt es auch in den Kirchen viele Beispiele für persönlichen Mut und kämpferischen Einsatz. Berühmt wurde die Predigt des Bischofs von Münster, Graf von Galen, der am 13. August 1941 die planmäßige Ermordung von Geisteskranken, die sogenannte ***Euthanasie,*** öffentlich anprangerte. Der evangelische Landesbischof von Württemberg Wurm wandte sich wegen dieser Tötung „lebensunwerten Lebens" an den zuständigen Minister und Pastor Bodelschwingh von den Krankenanstalten in Bethel protestierte direkt in Berlin. Sie hatten Erfolg. Wenigstens nach außen hin musste die Tötungsaktion abgebrochen werden, für die sich zahlreiche Mediziner hergegeben hatten. Daraus zog Hitler die Konsequenz bei der beschlossenen Vernichtung der Juden ganz auf schriftliche Befehle von höchster Stelle zu verzichten. In Gesprächen machten Hitler und andere Führer aber keinen Hehl daraus, dass sie nach dem Endsieg mit den Kirchen abrechnen wollten.

Ganz schutzlos waren während der NS-Zeit kleinere Glaubensgemeinschaften dem Terror ausgesetzt. Die Zeugen Jehovas verweigerten jegliche Anpassung, sowohl den Hitler-Gruß als auch den Wehrdienst. Etwa 10000, jeder Zweite, kam deshalb in die Konzentrationslager, wo nur 4000 bis 5000 überlebten.

Oft wird gefragt, ob die Kirchen insgesamt und nicht nur Einzelne massiver gegen das Unrecht hätten vorgehen müssen. Die Ansichten darüber gehen weit auseinander. Die evangelische Kirche hat sich nach dem Krieg – trotz des Wirkens von Niemöller und Bonhoeffer – dazu bekannt eine Mitschuld an den Verbrechen der nationalsozialistischen Zeit zu tragen.

1. Stellt zusammen, wie die Kirchen und ihre Gläubigen von den Nationalsozialisten behandelt wurden!
2. Erörtert, welche Möglichkeiten Christen hatten ihren Glauben zu verteidigen!
3. Überlegt, warum schließlich etwa ein Drittel der Mitglieder aus der Kirche austrat!
4. Nennt die wichtigsten Punkte der Kritik von Hildebrand am Nationalsozialismus!

Kriegsgefangene und zivile Zwangsdeportierte: Vergessene Opfer von Krieg und Gewalt

Nicht nur in den Konzentrationslagern wurden Millionen von Menschen gequält und umgebracht. Die Schicksale der während des Krieges zum Arbeitseinsatz nach Deutschland verschleppten ausländischen Arbeitskräfte sind weniger bekannt und werden in der Geschichtsschreibung über den Nationalsozialismus und in Geschichtsbüchern meist nur mit wenigen Sätzen erwähnt. Dabei waren es über sieben Millionen Frauen und Männer und selbst Kinder. Eine große Gruppe dieser „Zwangsarbeiter" waren Kriegsgefangene. Daneben gab es „Zivilarbeiter" aus westeuropäischen Ländern, die sogar Arbeitsverträge hatten, und die „Ostarbeiter" aus den von Deutschland besetzten osteuropäischen Staaten, insbesondere Polen und Russen, die weitaus härter behandelt wurden. Darunter waren etwa 30% Frauen, denen es teilweise noch schlechter erging als den männlichen Gefangenen. In den besetzten Gebieten wurden ganze Landstriche und Städte „durchkämmt" und die willkürlich von den Straßen zusammengetriebenen Menschen auf Lastwagen zum nächsten Bahnhof verfrachtet und nach Deutschland deportiert: Vier Millionen aus der Sowjetunion und mehr als eine Million aus Polen.

Was insbesondere die sogenannten „slawischen Untermenschen" in der Landwirtschaft, in Bergbau und Industrie und in den Gefangenenlagern erwartete, zeigt eine Erklärung des „Generalbevollmächtigten für den Arbeitseinsatz": „...und wenn sie sich das geringste Vergehen im Betrieb zuschulden kommen lassen, dann bitte sofort Anzeige bei der Polizei, aufhängen, totschießen! Das kümmert mich gar nicht! Wenn sie gefährlich werden,

B7 Mobilisierung der Arbeitskräfte im Deutschen Reich 1939-1944 (in Millionen)

Jahr	Arbeitskräfte				Wehrmacht			Gesamtzahl der erfaßten Deutschen	Gesamtzahl der Arbeitskräfte	Gesamte aktive Kräfte
	Deutsche			Ausländer und Kriegsgefangene	insgesamt einberufen	Kumulierte Verluste	Aktivbestand			
	Männer	Frauen	zus.							
1939 (Ende Mai)	24,5	14,6	39,1	0,3	1,4	–	1,4	40,5	39,4	40,8
1940 –	20,4	14,4	34,8	1,2	5,7	0,1	5,6	40,5	36,0	41,6
1941 –	19,0	14,1	33,1	3,0	7,4	0,2	7,2	40,5	36,1	43,3
1942 –	16,9	14,4	31,3	4,2	9,4	0,8	8,6	40,7	35,5	44,1
1943 –	15,5	14,8	30,3	6,3	11,2	1,7	9,5	41,5	36,6	46,1
1944 -	14,2	14,8	29,0	7,1	12,4	3,3	9,1	41,4	36,1	45,2
1944 (Ende Sept.)	13,5	14,9	28,4	7,5	13,0	3,9	9,1	41,4	35,9	45,0

muss man sie auslöschen." Auf Plakaten und Flugblättern warnten die Behörden vor falschem Mitleid mit bettelnden „Ostarbeitern". Außerdem wurde zur Denunziation aufgefordert. „Dulden wir nicht, dass Ausländern Brot oder sonstige markenpflichtige Lebensmittel zugeschoben werden. Bringen wir rücksichtslos jeden zur Anzeige, der dagegen verstößt!"
Da die Gestapo Aufstände und Sabotage der vielen Ausländer außerordentlich fürchtete, wurde ein umfangreicher Apparat zu ihrer Bespitzelung und Überwachung geschaffen. Misshandlungen und Schikanen, wie etwa Entzug der ohnehin minimalen Essensrationen, waren an der Tagesordnung. Aus kleinsten Anlässen, z. B. wegen des Diebstahls von Steckrüben oder Brot, wurden die Hungernden erschossen. Wer wegen „Bummelei" oder „aufrührerischer Reden" in eines der Straflager eingewiesen wurde, die es bei fast allen größeren Städten gab, war nicht besser dran als die Häftlinge in den Konzentrationslagern. Die Todesrate war hoch.
Für Deutsche, die sich den Fremdarbeitern gegenüber menschlich verhielten, konnte schon eine freundliche Unterhaltung gefährlich werden. Berichte in den Zeitungen sollten vor dem verbotenen Umgang mit Kriegsgefangenen warnen und abschreckend wirken. Heute zeigen sie uns, wie vergiftet das Klima durch Angst und Denunziation auch zwischen den Deutschen selbst war. Ein alltäglicher Zeitungsbericht vom Mai 1941 beleuchtet auch die Rolle der Strafjustiz: Ein Mann, der sich im Wartezimmer eines Arztes mit einem französischen Kriegsgefangenen unterhalten und ihm eine Zigarette geschenkt hatte, wurde deswegen von seiner Nachbarin angezeigt. Über die daraus folgende Gerichtsverhandlung berichtet die Offenbacher Zeitung: „Der Angeklagte, ein 48-jähriger Waldarbeiter, war geständig, er gab als Entschuldigung an, dass er die Verordnung über den Umgang mit Kriegsgefangenen nicht kenne, außerdem sagte er, dass er selbst 5 Jahre lang Kriegsgefangener gewesen sei. Der Staatsanwalt wertete, dass der Mann nicht vorbestraft und geständig war, verurteilte jedoch streng das Benehmen, das gegen das gesunde Volksempfinden verstoße, und beantragte drei Monate Gefängnis. Der Richter verurteilte den Mann gemäß dem Antrag des Staatsanwalts und betonte, dass jeder Umgang mit Kriegsgefangenen, der nicht durch Beruf, Arbeitsverhältnis oder Dienst bedingt sei, streng verboten sei. Der Angeklagte habe vorsätzlich gehandelt und könne nur mit Gefängnis bestraft werden." (Schülerarbeit Sven Beckert, S. 108f)
Sehr viel schlimmere Folgen hatte es für beide, wenn sich deutsche Frauen oder Mädchen mit Kriegsgefangenen oder Ostarbeitern einließen. Ein Augenzeuge berichtet: „Alle Polen aus dem Landkreis Fritzlar mussten sich dann auf einer Wiese um einen kräftigen Baum versammeln. Mittags kam ein Auto angefahren, aus dem ein Pole mit Augenbinde herausgeführt wurde. Dieser Pole wurde barfuß und mit gefesselten Händen auf einen kleinen Tisch gestellt, der sich direkt unter dem Baum, an dem eine Schlinge befestigt wurde, befand... Dem Polen wurde die Augenbinde abgenommen, es wurden seine Personalien und die Anklage mit Urteil verlesen... Das Deutsche Reich hat entschieden: Tod durch Erhängen. Er wird beschuldigt des Missbrauchs eines deutschen Mädchens... Daraufhin trat der Henker mit weißen Handschuhen und einer Maske an den Polen heran, legte ihm den Strick um den Hals, zog den Tisch weg, auf dem der Pole stand, und zog mit drei kräftigen Zügen an den Beinen. Das Mädchen, mit dem der Pole das Verhältnis gehabt haben sollte, musste daneben stehen und das mit ansehen."
Wie aus Akten der Gestapo Kassel hervorgeht, wird die junge Frau, eine Magd, die von dem „halbdeutschen" Polen, dessen Vater 1918 die polnische Staatsbürgerschaft angenommen hatte, ein Kind erwartete, in das Frauenkonzentrationslager Ravensbrück eingeliefert. Grundlage dafür war ein Erlass des Reichsführers der SS Heinrich Himmler.

1. Wertet die Tabelle aus und erklärt, warum Millionen Ausländer ins Deutsche Reich verschleppt wurden!
2. Erläutert, welche Unterschiede zwischen Fremdarbeitern und Kriegsgefangenen aus west- und osteuropäischen Ländern gemacht wurden und warum!
3. Beurteilt die Rolle der Presse und der Justiz!

B8 Öffentliche Zurschaustellung einer jungen Frau, die sich in einen polnischen Zwangsarbeiter verliebt hat.

Wir befragen Zeitzeugen

Schüler, die 1984 am Schülerwettbewerb um den Preis des Bundespräsidenten „Alltag im Nationalsozialismus" erfolgreich teilgenommen haben, berichten in einer Diskussion:

T1 „Irmgard Hartmann: Wir waren elf Leute und da standen zwei Blöcke gegeneinander: Die einen, die sagten, wir müssen vor Ort die Geschichte aufrollen, und die anderen fragten: Haben wir das Recht die alten Leute wieder an das zu erinnern, was sie vergessen wollen, wobei sie vielleicht nie erkannt haben, dass sie etwas falsch gemacht haben? Vielleicht haben auch einige darunter gelitten (...)

Matthias Heyl: Zu Ulis Frage nach den „Leichen im Keller" fand ich interessant, dass ich eigentlich nicht auf Leichen stieß, sondern ganz alltägliche Vorgänge dieser Zeit, die als Leichen empfunden wurden, dass man also schon bei ganz harmlosen Dingen der NS-Zeit schwieg. Bei mir war es so, dass ich aus Identifikation mit den Opfern, die ich ziemlich schnell hatte, auf einmal das Bedürfnis hatte ältere Leute ganz generell zu fragen: „Wo wart ihr 1933–45, was habt ihr da gemacht?". Ich bin oft aggressiv geworden der alten Generation gegenüber. Heute regt es mich auf, dass so viel geschwiegen wird.

Dirk Rumberg: Ich habe vorher, also vor meiner Arbeit, viel mehr angeklagt, weil ich eben nicht gewusst habe, wie alles gekommen ist, und vor allen Dingen, wie dieses unwahrscheinlich durchdrungene Unterdrückungssystem war. Wenn wir heute wieder in so einem System wären, ich glaube nicht, dass wir etwas dagegen machen könnten. Und ich muss ehrlich sagen, früher bin ich überzeugt gewesen: Ich hätte was dagegen gemacht. Heute bin ich mir da nicht mehr so sicher; ...

Ulla Lachauer: Führt deine Erkenntnis nicht zur Resignation?

Dirk Rumberg: Nein, ich bin nur realistischer geworden, was mich angeht. Aber die entscheidende Frage ist ja, was man vorher tut um so ein System zu verhindern. Und deshalb klage ich nicht die Leute an, weil sie damals in Dachau daneben gesessen haben, sondern weil sie auch heute noch sagen, wir sind da hineingeschlittert, und keine Konsequenzen daraus ziehen.

Günther Rehme: Bei Akten über Verbrechen, wo Personen mit Namen genannt wurden, ist bei mir immer eine Aggression entstanden, nicht unbedingt gegen die Person, aber gegen das, was sie gemacht hat. Dabei ist auch die Schwierigkeit gewesen, soll man die Namen veröffentlichen, also anklagen, oder nicht. Kann man das jetzt an dem einen, der politisch verantwortlich war als Landrat, Oberbürgermeister oder sonst was, festmachen oder könnte der auch durch eine Person X. ersetzt werden. Ich habe immer gemeint, man muss ihn angreifen, weil er das gemacht hat. Mein Freund hat gesagt, man solle ihn nicht angreifen, weil es auch ein anderer gewesen sein könnte. Auch die vielen kleinen antisemitischen Äußerungen in den Gesprächen, die fand ich so erschreckend, dass ich schon deshalb verurteilen muss.

Dirk Rumberg: Weißt du, es geht mir nicht um Schuldzuweisungen für Dinge, die vor 40, 50 Jahren passiert sind. Ich will nicht auf einen mit dem Finger zeigen und sagen «Ui, das war aber ein böser Mensch». Ich finde auch, dass man die NS-Richter, die NS-Ärzte und so weiter zur Verantwortung ziehen muss, aber nicht die kleinen Leute, die halt einfach geschaut haben, dass sie gelebt haben. Man muss rausfinden, warum sich die Leute so verhalten haben. Ich weiß nicht, ob jemand von euch das Buch über Rudolf Höss, den Kommandanten von Auschwitz, gelesen hat „Aus einem deutschen Leben". Ich finde diesen Titel sehr bezeichnend. Da wird gezeigt, wie ein Mann aus seiner totalen Obrigkeitshörigkeit dazu kam, dass er hinterher auch schreiben konnte: Mich trifft keine Schuld, ich habe nur Befehle ausgeführt. Ich finde das wichtig, die Obrigkeitshörigkeit von dem Höss zu erkennen, weil ich glaube, dass Höss gar kein ideologisch überzeugter Nazi war. Ich glaube überhaupt, dass es da gar nicht so viele gegeben hat, die ideologisch überzeugte Nazis waren. Das war vielmehr diese Befehlsstruktur, die ich vielleicht sogar als typisch deutsch bezeichnen möchte, die irrsinnige Obrigkeitshörigkeit und dieser Drang alles immer noch perfekter zu machen. (...)

Monika Möller: Aber welche Bedeutung hat das eigentlich für dich, wenn du immer fragst, soll man verurteilen oder nicht? (...) Also stell dir vor, du wärst in dem System aufgewachsen. Du hättest eine ganz andere Erziehung genossen. Heute sind wir ja weitaus freier erzogen. Du hättest wahrscheinlich nicht so gedacht, wie du heute denkst.

Kirsten Floß: Ich finde auch, dass es um gegenwärtiges Verhalten gehen muss. Aber ich hab mit dem Verhalten der Leute in der Nazi-Zeit auch noch ein anderes Problem. Ich wusste nämlich manchmal gar nicht so genau, was die Leute eigentlich falsch gemacht haben. Natürlich, wenn man über den Terror gegen die Juden spricht, kann man das eindeutig sagen, aber wenn man über ganz normale Frauen forscht, ist das irgendwie anders: Die haben was unternommen, Theater gespielt, viele kamen raus aus dem Haus und haben sich gut und selbstbewusst dabei ge-

fühlt. Das Schlimme war eben, dass dies an die Zwecke des Systems gebunden war. Aber das haben viele gar nicht gemerkt, auch deshalb nicht, weil das Frauenbild der Nazis ja gar nicht so anders war. Die Mütterlichkeit wurde aufgewertet, so wie man es heute auch tut, wenn's keine Arbeitsplätze für Frauen gibt. Wenn ich mich mit den Einzelheiten der Frauenarbeit oder einzelnen Frauen beschäftigt hab, dachte ich manchmal, ich würde eine pronazistische Arbeit schreiben.
Margaret Mehl: Bei mir war auch so ein Problem, das mich irritiert hat. Einer meiner Onkel zum Beispiel war wirklich sehr stark in der Bekennenden Kirche engagiert, aber hat in seinen Briefen Formulierungen verwendet, da würde jeder heute auf „Rechtsaußen" tippen. Mein Großvater dagegen, der in der NSDAP war, der hat nie solche Formulierungen verwendet und war außerdem ein toleranter und oft kritischer Mann. Das ist mir unerklärlich. Es ist merkwürdig, dass der Nationalsozialismus trotz dieser Gegensätze bestehen konnte.
Silke Sonntag: (...) Aber was mir aufgefallen ist, ist, dass einige gesagt haben, wir haben ja nichts gemacht. Die meisten sahen sich als Glied einer Kette. Sie bekamen Befehle und haben sie ausgeführt. Und das waren ja auch Gesetze, nach denen sie gehandelt haben. Negative Seiten wurden absolut verdrängt. (...) Irgendwie sei alles normal gewesen.
Monika Möller: Ob jemand etwas als normal empfand oder die Veränderungen wahrnahm, das hing doch ganz stark davon ab, in welcher Position man war. Ich habe fast nur Frauen aus dem Widerstand interviewt und für die änderte sich sehr viel. Sie litten ganz erheblich unter der Bespitzelung und lebten in ständiger Angst, zum Beispiel um die Zukunft ihrer Kinder. Für sie bestand das tägliche Leben im Überleben, einfach weil sie befürchten mussten jeden Tag verhaftet zu werden.

(Nazis und Nachbarn. Schüler erforschen den Alltag im Nationalsozialismus. Hg. v. D. Galinski, U. Herbert, U. Lachauer. 1982, 303ff.)

1. Nennt die Erfahrungen, die die Schüler bei ihren Interviews mit Zeitzeugen gemacht haben! Überlegt, wie sie zu erklären sind!
2. Arbeitet heraus, wie Zeitzeugen mit ihrer Vergangenheit umgehen!
3. Erörtert die Schwierigkeiten, die bei der Bewertung des damaligen Verhaltens auftauchen!

Die langjährige Tutorin beim Schülerwettbewerb Deutsche Geschichte, Dr. Erika Richter, berichtet:
T2 „Seit 1973 habe ich erlebt, wie diese zunächst nur zögernd wahrgenommene Methode der Informationsbeschaffung geradezu einen Siegeszug in den Schulen angetreten hat. Oral History als Chance einer Begegnung zwischen den Generationen ist aus pädagogisch-psychologischen Motiven meines Erachtens nur zu begrüßen. Aber ihr Erkenntniswert für die Feststellung von historischen Sachverhalten müsste doch wohl viel stärker problematisiert werden. Hierzu ein Beispiel: Bei einer großen Befragung von Vertriebenen aus Schlesien im Rahmen des Wettbewerbs „Alltag im Nachkriegsdeutschland", wann sie endgültig erfasst hätten, dass sie nie wieder zurückkehren würden, haben die Informanten nahezu einhellig betont, das wäre ihnen bereits beim Aufbruch aus der alten Heimat bewusst gewesen. Es war nicht leicht, den Schülern anhand von Briefzeugnissen der gleichen Menschen deutlich zu machen, dass der Bewusstseinsprozess anders verlief und dass 1945/47 die Vorstellung einer baldigen Heimkehr durchaus noch lebendig war. Dem Argument „die müssen doch selbst am besten wissen, was sie gefühlt haben", musste entgegengehalten werden, dass „erinnerte Geschichte" ein hochkomplexer Vorgang ist."

(Zit. nach: Loccumer Protokolle, 2/90, 27)

B1 Im Rahmen des Schülerwettbewerbs zur Deutschen Geschichte befragen forschende Schüler Zeitzeugen.

4 Kriegsvorbereitung und Zweiter Weltkrieg: Nicht nur der Deutschen Krieg

Zur Auftaktseite

Das Auftaktbild zeigt Kinder in einem Konzentrationslager. Das Lager wurde während des Zweiten Weltkrieges in der Sowjetunion (nahe des Ortes Petrosawodsk) von der deutschen Besatzung errichtet; das Foto stammt von der russischen Fotografin Galina Sankova, die es nach dem Krieg in verschiedenen Bänden über die Opfer des Faschismus veröffentlicht hat. Hier sind die Opfer Kinder, denen der Weg in die Freiheit durch Stacheldraht verwehrt wurde.
Das Foto verdeutlicht die Unfassbarkeit der nationalsozialistischen Verbrechen.
Während des Zweiten Weltkriegs wurden Juden aus ganz Europa in Konzentrationslager gebracht und dort systematisch ermordet. Der Rassismus der Nationalsozialisten richtete sich auch gegen andere Bevölkerungsgruppen: gegen Roma und Sinti, gegen die slawischen Völker, aber auch gegen körperlich und geistig Behinderte. Immer waren von dem Vernichtungswahn der Nationalsozialisten auch Kinder betroffen.

Zur Einführung

Die Geschichte des nationalsozialistischen Deutschlands ist unauflösbar verbunden mit der Entfesselung des Zweiten Weltkriegs und dem Völkermord an den europäischen Juden. Sowohl der Holocaust als auch der Überfall auf die europäischen Nachbarn waren entscheidender Bestandteil der nationalsozialistischen Ideologie. Bereits früh hatten Hitler und andere diese zentralen Ziele nationalsozialistischer Herrschaft formuliert.
In der politischen Praxis des Dritten Reiches hängen beide Ziele eng miteinander zusammen: Dem äußeren Krieg ging ein rassistischer „innerer" Krieg gegen die Juden voraus. Darüber hinaus wurde der Krieg rassistisch begründet: Es ging den Nationalsozialisten um die Schaffung „neuen Lebensraums" im Osten auf Kosten der angeblich minderwertigen „slawischen Rassen". Andererseits schuf der Krieg die Voraussetzungen, um dem rassistischen Wahn endgültig den Weg zum Völkermord zu bahnen.
Angesichts der Ungeheuerlichkeit der Verbrechen muss jeder Erklärungsversuch ins Stocken geraten. Was bleibt, sind Entsetzen und Scham über diese Untaten und die Hoffnung, dass sie sich nie wiederholen.
In den ersten Jahren nach dem Zweiten Weltkrieg bis in die 60er Jahre hinein, haben viele Menschen die Verbrechen dieser Zeit, in der sie selbst gelebt hatten, verdrängt. Wenn wir heute, mehr als 50 Jahre danach, von **„Bewältigung der Vergangenheit"** sprechen, so meinen wir nicht ihre Entsorgung. Wir meinen, dass wir uns der Vergangenheit unseres Volkes stellen müssen und uns kritisch mit den Taten unserer Vorfahren und ihren Voraussetzungen auseinander setzen müssen. (vgl. S. 161).
Daher steht die Bearbeitung und Darstellung der nationalsozialistischen Außenpolitik ganz im Bann dieser Verbrechen. Im ersten Arbeitsteil lernt ihr die wirtschaftlichen Vorbereitungen des Zweiten Weltkriegs kennen. Dann folgen zwei Fallbeispiele: Im zweiten Arbeitsteil geht es um sowjetische und deutsche Soldaten in der Schlacht um Stalingrad; im dritten Arbeitsteil um den letztlich vergeblichen Widerstand der „Weißen Rose", einer Gruppe von Münchner Studenten.
Der Darstellungsteil erklärt euch die Grundzüge der nationalsozialistischen Außenpolitik im Zusammenhang: den Weg in den Krieg, die wichtigsten Kriegsereignisse, den Holocaust. Da das Thema international erforscht und diskutiert wird, hat es auch bereits Eingang in ein neues Medium gefunden: das Internet. Eine Einführung in die Diskussion im Internet über die Verantwortung für die Judenvernichtung erhaltet ihr in der Werkzeugkiste.

Zur Orientierung

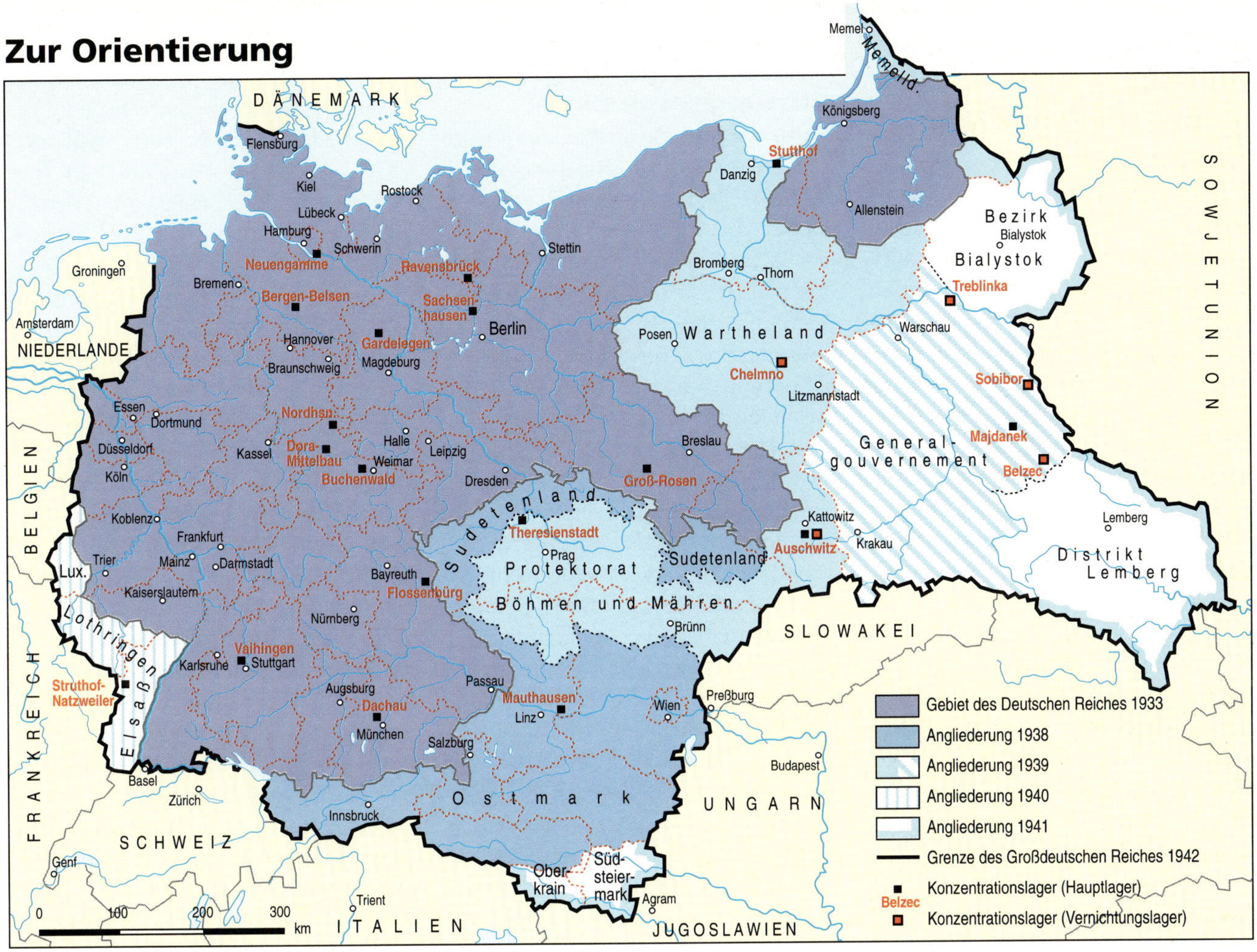

Die Expansion des Deutschen Reiches 1933–1942

Wichtige Daten

1933	Konkordat mit dem Vatikan Austritt aus dem Völkerbund
1934	Nichtangriffspakt mit Polen
1935	Anschluss des Saarlandes (1. März) Wiedereinführung der Wehrpflicht
1936	Kündigung des Locarno-Vertrages Einmarsch ins Rheinland
1936–1939	Bürgerkrieg in Spanien
11. März 1938	„Anschluss" Österreichs
29. Sept. 1938	Münchener Abkommen
15. März 1939	Besetzung der Tschechoslowakei
23. Aug. 1939	Hitler-Stalin-Pakt
1. Sept. 1939	Beginn des Zweiten Weltkriegs
22. Juni 1941	Überfall auf die Sowjetunion
11. Dez. 1941	Kriegserklärung an die USA
Jan. 1942	Wannsee-Konferenz: Beschluss zur Vernichtung der europäischen Juden
Winter 1942/43	Schlacht um Stalingrad
6. Juni 1944	Alliierte Landung in der Normandie
20. Juli 1944	Attentat auf Hitler
8. Mai 1945	Kapitulation Deutschlands
6./9. Aug. 1945	Abwurf der Atombomben auf Hiroshima und Nagasaki
2. Sept. 1945	Kapitulation Japans

Grundbegriffe

Bewältigung der Vergangenheit, Faschismus, Genozid, Holocaust, Nationalsozialismus, Pogrom, Rassismus, Widerstand

1 NS-Wirtschaftspolitik: Arbeitsbeschaffung für den Krieg

In Interviews mit Zeitzeugen wird häufig auch heute noch die Wirtschaftspolitik der NS-Herrschaft als deren positive Seite genannt. Hitler habe die Leute „von der Straße geholt", ihnen Arbeit und Brot gegeben. Wir wollen in diesem Kapitel die nationalsozialistische Wirtschaftspolitik genauer betrachten: Welche Funktion hatte sie bei der Vorbereitung des Zweiten Weltkriegs?

Der Mythos Autobahn

B1 Fotomontage mit dem Bild des ersten Spatenstichs Hitlers; Propagandabroschüre zum Reichsautobahnbau, um 1938.

1. Beschreibt, was ihr seht und welchen Eindruck das Bild auf euch macht!
2. Sammelt Informationen und Meinungen über den Zusammenhang zwischen Autobahnbau und Wirtschaftspolitik der Nazis! Verwendet sie, um sie im Verlauf der Arbeit mit diesem Kapitel zu hinterfragen!

Wirtschaftsaufschwung, Arbeitsbeschaffung und Rüstungskonjunktur

Ein moderner Historiker zu den Ursachen des Wirtschaftsaufschwungs:

T1 „In der Tat stellte sich unter der Herrschaft der Nationalsozialisten ein Wirtschaftsaufschwung ein. Dies hat mehrere Gründe: Einmal war der Tiefpunkt der zyklischen Wirtschaftskrise durchschritten. Bereits unter der Regierung Schleicher hatte sich eine Belebung der Wirtschaft bemerkbar gemacht. Zum anderen setzten die Nationalsozialisten die Politik der Staatsverschuldung verstärkt fort. Die Industrie erhielt staatliche Aufträge, beschäftigte wieder mehr Arbeiter, die wiederum mehr konsumieren konnten, so dass auch in anderen Industriezweigen die Nachfrage wieder einsetzte. Außerdem wurden umfangreiche Arbeitsbeschaffungsprogramme wie der Autobahnbau organisiert. Dadurch konnten wieder mehr Menschen beschäftigt werden. Schon die ersten Arbeitsbeschaffungsprogramme dienten der Aufrüstung. So erhielten die drei Abteilungen der Wehrmacht aus Maßnahmen, die noch unter der Regierung Schleicher eingeleitet worden waren, im Februar/März 1933 100 Millionen RM. Auch der Autobahnbau war keineswegs eine Verbesserung der Infrastruktur zugunsten der Lebensqualität. Das zivile Kraftfahrzeugaufkommen war viel zu gering und der Besitz eines Autos war auf die wohlhabenden Schichten der Bevölkerung beschränkt. Für Arbeitsbeschaffungsprogramme, die der Bevölkerung wirklich genützt hätten, zum Beispiel die Förderung des Wohnungsbaus, wurde nur wenig Geld ausgegeben."

(R. Vespignani: Faschismus. 1977, 9ff.)

Der Historiker Schoenamsgruber, 1996:

T2 „Der Schwerpunkt der Maßnahmen richtete sich in Deutschland ausschließlich auf die Aufrüstung. So entfielen im Staatshaushalt 1934 bereits 2,6 Mrd. RM auf Ausgaben für die Wehrmacht, während für die „zivilen" Investitionen nur 1 Mrd. RM zur Verfügung gestellt wurden. Dem Reichsarbeitsdienst, der im Rahmen der Arbeitsbeschaffung die „zivilen"

B2 Die Entwicklung der Arbeitslosigkeit in Deutschland.

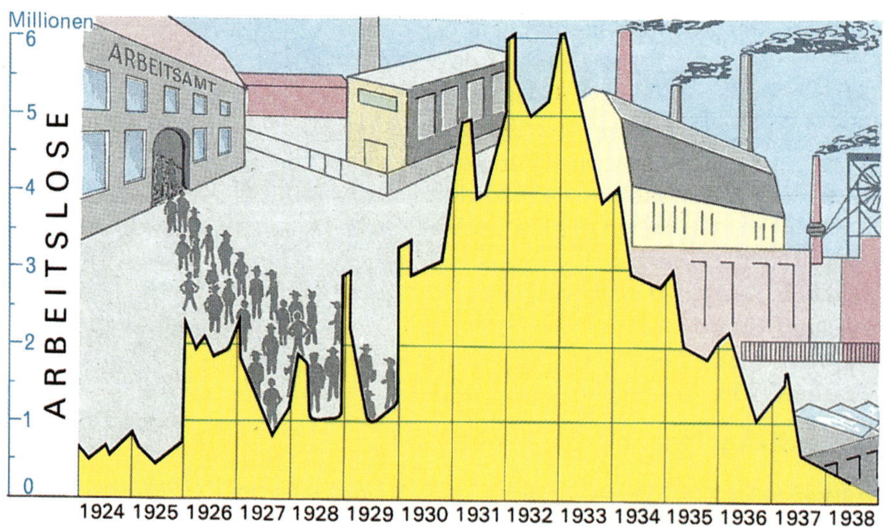

Arbeiten durchführte, wurde bereits 1934 untersagt, Projekte weiterzuführen, wenn ihre militärische Bedeutung nicht klar erwiesen war. Bis auf den Autobahnbau, der schon in der Weimarer Republik projektiert wurde, wurden alle anderen zivilen Arbeiten eingestellt. Dies beweist nur den strategischen Wert, den ihm die Nazis beigemessen haben."

(H.-J. Schoenamsgruber: Die Wirtschaftspolitik im Nationalsozialismus. schoen@glasnost.de 1996)

1. *Fasst T1 und T2 zu Aussagen zusammen!*
2. *Nennt die Informationen, die die Grafik enthält! Überprüft die Aussagen von T1 mit ihrer Hilfe!*
3. *Vergleicht die Verteilung der Mittel des Staatshaushalts der Nazis mit dem der Bundesregierung heute! Zieht dazu euer Politikbuch heran!*

Hitlers geheime Denkschrift über einen „Vierjahresplan" (1936)

Im August 1936 verfasste Hitler eine geheime Denkschrift für einen „Vierjahresplan", die im Wesentlichen auf den Ausarbeitungen des IG-Farben-Direktors Carl Krauch beruhte.

Q3 „Die wirtschaftliche Lage Deutschlands ist, in kürzesten Umrissen gezeichnet, folgende:

1. Wir sind überbevölkert und können uns auf der eigenen Grundlage nicht ernähren. Zahlreiche Produktionen können ohne weiteres erhöht werden. Das Ergebnis unserer landwirtschaftlichen Produktion kann eine wesentliche Steigerung nicht mehr erfahren. Ebenso ist es uns unmöglich, einzelne Rohstoffe, die uns in Deutschland fehlen, zur Zeit auf einem künstlichen Wege herzustellen oder sonst zu ersetzen.

5. Es ist aber gänzlich belanglos, diese Tatsachen immer wieder festzustellen, d.h. festzustellen, dass uns Lebensmittel oder Rohstoffe fehlen, sondern es ist entscheidend, jene Maßnahmen zu treffen, die für die Zukunft eine endgültige Lösung, für den Übergang eine vorübergehende Entlastung bringen können.

6. Die endgültige Lösung liegt in einer Erweiterung des Lebensraumes bzw. der Rohstoff- und Ernährungsbasis unseres Volkes. Es ist die Aufgabe der politischen Führung, diese Frage dereinst zu lösen. Es ist notwendig, die Friedensernährung und vor allem der Kriegsführung die Mittel zu sichern, die durch menschliche Energie und durch Tatkraft gesichert werden können. Und ich stelle daher zu einer endgültigen Lösung unserer Lebensnot folgendes Programm auf: I. Ähnlich der militärischen und politischen Aufrüstung bzw. Mobilmachung unseres Volkes hat auch eine wirtschaftliche zu erfolgen, und zwar im selben Tempo, mit der gleichen Entschlossenheit und wenn nötig auch mit der gleichen Rücksichtslosigkeit. (...) III. In diesem Sinne ist die deutsche Brennstofferzeugung nunmehr im schnellsten Tempo vorwärts zu treiben und binnen 18 Monaten zum rastlosen Abschluss zu bringen. Diese Aufgabe ist mit derselben Entschlossenheit wie die Führung eines Krieges anzufassen und durchzuführen: denn von ihrer Lösung hängt die kommende Kriegsführung ab und nicht von einer Bevorratung des Benzins. IV. Es ist ebenso augenscheinlich die Massenfabrikation von synthetischem Gummi zu organisieren und sicherzustellen. V. Die Frage des Kostenpreises dieser Rohstoffe ist ebenfalls gänzlich belanglos ... Es ist weiter notwendig, die deutsche Eisenproduktion auf das Außerordentlichste zu steigern ... Es ist weiter notwendig, unsere industrielle Fettversorgung in kürzester Schnelligkeit vom Import unabhängig zu machen und aus unserer Kohle zu befriedigen ... Es ist weiter notwendig, ohne Rücksicht auf die Kosten die deutsche sonstige Erzförderung zu steigern. Kurz zusammengefasst: Ich halte es für notwendig, dass nunmehr mit eiserner Entschlossenheit auf all den Gebieten eine 100%ige Selbstversorgung eintritt, auf denen dieses möglich ist ... Ich stelle damit folgende Aufgabe:

Die deutsche Armee muss in 4 Jahren einsatzfähig sein.

Die deutsche Wirtschaft muss in 4 Jahren kriegsfähig sein."

(Zit. nach: W. Hofer, Nationalsozialismus, 84ff.)

1. *Fasst die Aussage des Textes kurz zusammen! Erklärt dabei die Bedeutung der Selbstversorgung für die Vorbereitung des Krieges!*
2. *Sucht nach Spuren, die das Prinzip der Selbstversorgung im Alltag der Familien hinterließ! Zieht dazu alte Koch- und Haushaltsbücher heran und vergleicht mit heutigen Gewohnheiten!*
3. *Versucht abschließend, den Widerspruch zwischen dem Erinnern der Zeitzeugen und den objektiven Befunden zu erklären!*

B3 Zeichnung aus dem Völkischen Beobachter, 1937.

2 „Nicht nur Hitlers Krieg“: Sowjetische und deutsche Soldaten in der Hölle von Stalingrad

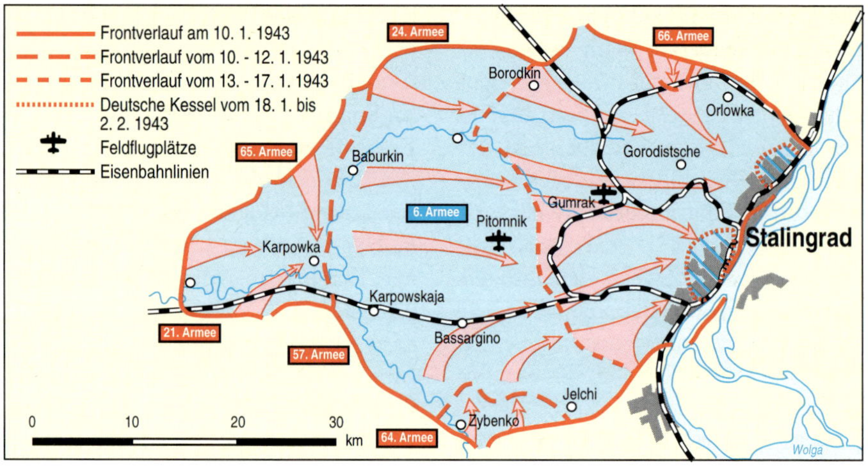

K1 Die Schlacht um Stalingrad 1942/43.

Chronik der Schlacht um Stalingrad

1942
23. Juli:
„Führerweisung“ (Nr. 45): gleichzeitige Operation auf Batum-Baku und Stalingrad. Folge: Überdehnung der Front auf über 4000 km
28. Juli:
Weisung des Sowjetischen Oberkommandos an die Heeresgruppe Stalingrad: „Keinen Schritt zurück. Hinter der Wolga gibt es für uns kein Land mehr.“
August:
Die (zerstörten) Ölfelder von Maikop durch die Heeresgruppe A erobert. Angriff auf die Stadt Stalingrad beginnt (6. Armee unter General Paulus). General Tschuikow ruft den Belagerungszustand aus.
September:
Schwere Kämpfe in Stalingrad
Oktober:
Angriff auf das „Traktorenwerk Dserschinski“ in Stalingrad
8. November:
Hitler im Bürgerbräukeller in München: „Wir haben Stalingrad schon.“
17. November:
Befehl Hitlers, Stalingrad vollständig zu erobern. Schwere Häuserkämpfe
19. November:
Beginn der sowjetischen Großoffensive. Stadt Kalatsch (wichtiger Don-Übergang) erobert; die sowjetischen Angriffsspitzen vereinigen sich hier. Dadurch Einkesselung der 6. Armee (23.11.)
November:
Hitler befiehlt: „6. Armee igelt sich ein und wartet Entsatz von außen ab.“ 300 000 Mann eingeschlossen
24. November:
Hitler verspricht den Entsatz der 6. Armee – nach Görings Zusage täglich 300 t Nachschub in den Kessel einzufliegen.
12. Dezember:
Beginn der Befreiungsoffensive (Armeegruppe Hoth)
19. Dezember:
Befehl v. Mansteins zur Vorbereitung auf das Unternehmen „Donnerschlag“ (Ausbruch der 6. Armee)
21. Dezember:
Entsatzarmee Hoth nur noch 48 km von Stalingrad entfernt. Sowjets vereiteln Durchbruch
23. Dezember:
Hitler verweigert Unternehmen „Donnerschlag“ die Zustimmung

1943
8. Januar:
Die 6. Armee wird zur Übergabe aufgefordert. Paulus lehnt Verhandlungen ab.
10. Januar:
Großangriff der Sowjets. Der Kessel schrumpft zusammen
23. Januar:
Letzte Landung eines Versorgungsflugzeugs im Kessel
26. Januar:
Aufspaltung des Kessels in einen Nord- und Südteil
30. Januar:
Paulus zum Generalfeldmarschall befördert
31. Januar:
Der Südkessel kapituliert (Paulus)
2. Februar:
Der Nordkessel (General Strecker) stellt den Kampf ein.“

(Zit. nach: Stalingrad. Mahnmal für den Frieden, 26)

General Paulus als Zeuge im Nürnberger Prozess

Nach Beendigung des 2. Weltkriegs führten die Allierten aufgrund des Londoner Vertrags vom 8. August 1945 in Nürnberg Prozesse zur Aburteilung deutscher Kriegsverbrechen während des nationalsozialistischen Regimes durch. Am 8. Februar 1946 rief der Hauptankläger für die Sowjetunion, Roman Rudenko, Generalfeldmarschall Friedrich Paulus, den früheren Oberbefehlshaber der 6. Armee, in den Zeugenstand. Hier ein Auszug aus dem Protokoll:

Q1 „Rudenko: „Unter welchen Umständen wurde der bewaffnete Überfall auf die UdSSR durchgeführt?“ Paulus: „Der Angriff auf die Sowjetunion erfolgte, wie ich ausgeführt habe, nach einem von langer Hand vorbereiteten und sorgsam getarnten Plan. Ein großes Täuschungsunternehmen, das von Norwegen und von der französischen Küste aus organisiert wurde, sollte die Absicht einer Landung in England im Juni 1941 vortäuschen und die Aufmerksamkeit vom Osten ablenken.“ Rudenko: „Wie würden Sie die Ziele bezeichnen, die Deutschland mit dem Überfall auf die Sowjetunion verfolgte?“ Paulus: „Die Zielsetzung Wolga-Archangelsk, die weit über die deutsche Kraft ging, charakterisiert an sich schon die Maßlosigkeit der Eroberungspolitik Hitlers und der nationalsozialistischen Staatsführung. Strategisch hätte das Erreichen dieser Ziele die Zerschlagung der Streitkräfte der Sowjetunion bedeutet. Wie sehr es Hitler auf die Gewinnung wirtschaftlicher Ziele in diesem Krieg ankam, dafür kann ich ein Beispiel anführen, das ich persönlich erlebt habe. Am 1. Juni 1942, gelegentlich einer Oberbefehlshaber-Besprechung im Bereich der Heeresgruppe Süd in Poltawa, erklärte Hitler: „Wenn ich das Öl von Maikop und Grozny nicht bekomme, dann muss ich diesen Krieg liquidieren.“ Zusammenfassend möchte ich sagen: Die gesamte Zielsetzung bedeutete die Eroberung zwecks Kolonisierung der russischen Gebiete, unter deren Ausnutzung und Ausbeutung und mit deren Hilfsmitteln der Krieg im Westen zu Ende geführt werden sollte, mit dem Ziele der endgültigen Aufrichtung der Herrschaft über Europa.“ ... Rudenko: „Wer von den Angeklagten war aktiver Teilnehmer an der Entwicklung des Angriffskrieges gegen die Sowjetunion?“ Paulus: „Von den Angeklagten, soweit sie in meinem Blickfeld lagen, die ersten militärischen Berater Hitlers. Das ist der Chef des Oberkommandos der Wehrmacht, Keitel, der Chef des Wehrmachtsführungsstabes, Jodl, und Göring in seiner Eigenschaft als Reichsmarschall, als Oberbefehlshaber der Luftwaffe und als Bevollmächtigter auf dem rüstungswirtschaftlichen Gebiet.“

(Zit. nach: Prozess gegen die Hauptkriegsverbrecher vor dem Internationalen Militärgerichtshof. Bd. 7. 283–291)

B2 Deutsches Propagandafoto, Juli 1942.

1. Gebt den Inhalt der Aussage des Generals kurz zusammengefasst wieder!

2. General Paulus stand nicht als Angeklagter, sondern als Zeuge vor dem Nürnberger Tribunal. Versucht dies zu erklären und diskutiert über die Richtigkeit dieser Entscheidung der alliierten Ankläger!

Feldpostbriefe

Nach Schätzungen wurden im Zweiten Weltkrieg rund vierzig Milliarden Feldpostbriefe verschickt, ein beträchtlicher Teil davon ist erhalten geblieben. Viele Familien bewahrten Briefe von Frontsoldaten auf, wenn diese vermisst oder getötet wurden. Sie geben ein anschauliches Bild vom alltäglichen Leiden der Soldaten, wurden bisher jedoch nur ansatzweise ausgewertet.

Ein deutscher Soldat schrieb am 31. Dezember 1942 an seine Familie:

Q2 „Meine Lieben. Jetzt ist Silvesterabend und wenn ich an zu Hause denke, dann will mir fast das Herz brechen. Wie ist das alles hier trost- und hoffnungslos. Seit 4 Tagen habe ich schon kein Brot mehr zu essen und lebe nur von dem Schlag Mittagsuppe. Morgens und abends einen Schluck Kaffee und alle 2 Tage 100 gr. Büchsenfleisch oder $^1/_2$ Büchse Ölsardinen oder etwas Tubenkäse. – Hunger, Hunger, Hunger und dann Läuse und Schmutz. Tag und Nacht werden wir von Fliegern angegriffen und das Artillerie-Feuer schweigt fast nie. Wenn nicht in absehbarer Zeit ein Wunder geschieht, gehe ich hier zugrunde. – Schlimm ist nur, dass ich weiß, dass von euch ein 2-kg-Paket mit Kuchen und Marmelade unterwegs ist, und auch von Arsan Hede u. Sindermann sind Pakete mit Kuchen und sonstigen Delikatessen unterwegs. Ich muss nun ständig daran denken und bekomme Wahnvorstellungen, dass diese Sachen mich nie erreichen werden. (..) Manchmal bete ich und manchmal fluche ich über mein Schicksal. Dabei ist alles sinn- und zwecklos."

(Zit. nach: R. Rürup (Hg.): Der Krieg gegen die Sowjetunion 1941–1945. Eine Dokumentation. 1991, 222)

Ein anderer deutscher Soldat schrieb etwa gleichzeitig:

Q3 „Hier kommen jeden Tag Erfrierungen an, und zwar nur Erfrierungen dritten Grades, die schon Blasen an den Füßen oder Fingern haben und schon schwarz werden. Die Truppen hier müssten alle ersetzt werden, aber es kommen ja keine neuen rein, alles wartet darauf, dass der Kessel gesprengt wird, was immer nur noch Tage dauern soll, aber keiner glaubt daran."

(Zit. nach: H. Boberach (Hg.): Meldungen aus dem Reich, 1984, 4699)

Ein sowjetischer Offizier notierte am 20. Januar 1943:

Q4 „Seit dem 11. Januar bin ich an der vordersten Linie, wir jagen die deutschen Unholde. Dreimal haben wir angegriffen. Vorläufig ist die ganze Besatzung am Leben. Lediglich die Maschinen sind beschädigt und werden gerade repariert. Nach der Reparatur werden wir wieder angreifen. Die Deutschen fliehen nur so, lassen alles zurück. Es ist nur noch ein kleiner Kessel geblieben, der vernichtet werden muss, etwa 20 km, und die deutschen Unholde sind in den Stalingrader Steppen kaputt. Das Wetter hier ist sehr kalt, Fröste. Zwei Tage und Nächte haben wir uns ausgeruht, wir haben im Unterstand geschlafen, vorher hatten wir keine Zeit dazu. Vorläufig wäre das alles von mir. Ich wünsche euch alles Gute." (Der Kommandeur eines Panzergeschützes, N. M. Norizyn, an die Familie)

Ein anderer sowjetischer Offizier schrieb am 12. Februar 1943:

Q5 „Ja, Tanjuscha, es ist angenehm und erfreulich zu sehen, dass das von uns reichlich vergossene Blut nicht umsonst war. Stalingrad ist von nun an für immer frei von den deutschen Räubern. Wir kamen hier während der erbittertsten Kämpfe an, bereits 60 km weit sahen wir den Rauch der brennenden Stadt. Die Stadt brannte wie eine mächtige Fackel, brannte und kämpfte. Der Feind tat alles, um Stalingrad um jeden Preis einzunehmen. Es wurde Tag und Nacht gekämpft, Tag und Nacht hörte man den betäubenden Donner von Geschützen und Minen. Jetzt herrscht in Stalingrad die Stille der Etappe. Die Front wurde hunderte von Kilometern nach Westen verlegt. An die unlängst geführten Kämpfe erinnern nur Ruinen. Jetzt kann man mit dem Gefühl gerechten Stolzes sagen, dass wir, die Verteidiger Stalingrads, das Schicksal unserer Heimat gewendet und unser Volk vor der faschistischen Knechtschaft gerettet haben." (Ein Offizier der 284. Schützendivision, I. M. Keberow, an seine Braut).

(Beide zit. nach: N. B. Krylowa: Feldpostbriefe von Rotarmisten – den Verteidigern Stalingrads. In: Stalingrad, Mythos und Wirklichkeit einer Stadt. Hg. v. W. Wette u. G. R. Überschär. 1992, 103–106)

1. Erörtert die Unterschiede in den Sichtweisen der politisch und militärisch Verantwortlichen und der Soldaten!
2. Nennt die Gemeinsamkeiten und Unterschiede in den Erfahrungen und Folgerungen der deutschen und der sowjetischen Soldaten! Diskutiert, wie diese trennenden Erfahrungen weiterwirken und welchen Beitrag ihr selbst heute zu deren Überwindung leisten könnt!
3. In vielen Familien gibt es ganz persönliche Erfahrungen mit Soldatenschicksalen. Sucht und sammelt Informationen hierzu und wertet sie aus!

B3 Deutsche Soldaten auf dem Weg in die Kriegsgefangenschaft, Februar 1943.

3 Nicht Hitlers willfährige Vollstrecker: „Die Weiße Rose“

Unter der Nazi-Dikatur war jeder Widerstand mit tödlicher Gefahr verbunden. Gleichwohl schätzt man, dass sich 20000 bis 40000 Menschen dazu entschlossen. Welche Motive sie hatten, wie sie vorgingen, wollen wir hier am Beispiel einer der bekanntesten Widerstandsgruppen, der „Weißen Rose“, aufzeigen.

Was ging in München vor?

Ruth Andreas-Friedrich, Mitglied eines kleinen Berliner Widerstandskreises, der bis zuletzt unentdeckt blieb, schrieb am 10. März 1943 in ihr Tagebuch:

Q1 „In München soll irgendetwas geschehen sein. Etwas Illegales, Rebellisches. Die Studenten hätten sich erhoben, erzählt man. Viele tausend Flugblätter seien verteilt worden. Anschriften stünden an den Mauern: „Nieder mit Hitler. Es lebe die Freiheit.“ Wir horchen herum. Wir brennen, Genaueres zu erfahren. Geht der Sturm weiter? Hat man ihn schon erstickt? Es wird davon gesprochen, dass Freisler ... vor kurzem in „Sondermission“ nach München gefahren sei. Die Wahrheit. Die Wahrheit wollen wir wissen.“

(R. Andreas-Friedrich: Der Schattenmann. 1983, 104f.)

B1 Willi Graf (1918–1943).

B2 Professor Kurt Huber (1893–1943).

B3 Christoph Probst (1919–1943).

B4 Sophie Scholl (1921–1943).

B5 Alexander Schmorell (1917–1943).

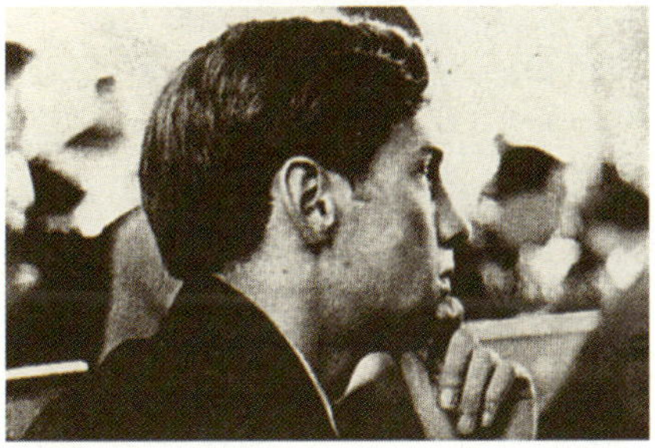

B6 Hans Scholl (1918–1943).

Aus einem Polizeibericht:

Q2 „Die Zahl der hier aus der Streuaktion vom 28./29.1.43 erfassten Flugblätter beläuft sich nunmehr auf rund 1300 Stück. Um einen Überblick über die gebietsmäßige Ausdehnung innerhalb des Stadtgebietes zu gewinnen, wurde ein Übersichtsplan erstellt. Daraus ergibt sich, dass sich der Hauptbahnhof München ziemlich genau im Mittelpunkt der Aktion befindet bzw. dass sich die Streuaktion von hier etwa in gleicher Ausdehnung in nördlicher und südlicher Richtung erstreckt. Aus dieser Tatsache könnte gefolgert werden, dass der oder die Täter mit der Eisenbahn von auswärts kamen und hier vom Bahnhofe aus mit der Verbreitung der Flugblätter begannen."

(Zit. nach: U. Chaussy (Hg.): Die Weiße Rose. CD-ROM, 928/1132)

1. Rekonstruiert das Geschehen anhand der Quellen!
2. Erörtert die Informationslage der Bevölkerung insgesamt!

Persönliche Freiheit ist das kostbarste Gut

Aus dem letzten, bekanntesten Flugblatt:

Q3 „Erschüttert steht unser Volk vor dem Untergang der Männer von Stalingrad. Dreihundertdreißigtausend deutsche Männer hat die geniale Strategie des Weltkriegsgefreiten sinn- und verantwortungslos in Tod und Verderben gehetzt. Führer, wir danken dir. Es gärt im deutschen Volk: Wollen wir weiter einem Dilettanten das Schicksal unserer Armeen anvertrauen? Wollen wir den niedrigen Machtinstinkten einer Parteiclique den Rest der deutschen Jugend opfern? Nimmermehr. Der Tag der Abrechnung ist gekommen, der Abrechnung unserer deutschen Jugend mit der verabscheuungswürdigsten Tyrannis, die unser Volk je erduldet hat. Im Namen der ganzen deutschen Jugend fordern wir von dem Staat Adolf Hitlers die persönliche Freiheit, das kostbarste Gut des Deutschen, zurück, um das er uns in der erbärmlichsten Weise betrogen hat.

In einem Staat rücksichtsloser Knebelung jeder freien Meinungsäußerung sind wir aufgewachsen. HJ, SA, SS haben uns in den fruchtbarsten Bildungsjahren unseres Lebens zu uniformieren, zu revolutionieren, zu narkotisieren versucht. „Weltanschauliche Schulung" hieß die verächtliche Methode, das aufkeimende Selbstdenken und Selbstwerden in einem Nebel leerer Phrasen zu ersticken. Eine Führerauslese, wie sie teuflischer und bornierter zugleich nicht gedacht werden kann, zieht ihre künftigen Parteibonzen auf Ordensburgen zu gottlosen, schamlosen und gewissenlosen Ausbeutern und Mordbuben heran, zur blinden, stupiden Führergefolgschaft. Wir „Arbeiter des Geistes" wären gerade recht dieser neuen Herrenschicht den Knüppel zu machen. Frontkämpfer werden von Studentenführern und Gauleiteraspiranten wie Schuljungen gemaßregelt, Gauleiter greifen mit geilen Späßen den Studentinnen an die Ehre. Deutsche Studentinnen haben an der Münchner Hochschule auf die Besudelung ihrer Ehre eine würdige Antwort gegeben, deutsche Studenten haben sich für ihre Kameradinnen eingesetzt und standgehalten. Das ist ein Anfang zur Erkämpfung unserer freien Selbstbestimmung ohne die geistige Werte nicht geschaffen werden können. Unser Dank gilt den tapferen Kameradinnen und Kameraden, die mit leuchtendem Beispiel vorangegangen sind.

Es gibt für uns nur eine Parole: Kampf gegen die Partei. Heraus aus den Parteigliederungen, in denen man uns politisch weiter mundtot halten will. Heraus aus den Hörsälen der SS, Unter- oder Oberführer und Parteikriecher. Es geht uns um die wahre Wissenschaft und echte Geistesfreiheit. Kein Drohmittel kann uns schrecken, auch nicht die Schließung unserer Hochschulen. Es gilt den Kampf jedes Einzelnen von uns um unsere Zukunft, unsere Freiheit und Ehre in einem seiner sittlichen Verantwortung bewussten Staatswesen.

B7 Klaus H. Zürner: Geschwister Scholl. 1986. Gemälde im Auftrag der CDU der DDR.

Freiheit und Ehre. Zehn lange Jahre haben Hitler und seine Genossen die beiden herrlichen deutschen Worte bis zum Ekel ausgequetscht, abgedroschen, verdreht, wie es nur Dilettanten vermögen, die die höchsten Werte einer Nation vor die Säue werfen. Was ihnen Freiheit und Ehre gilt, haben sie in zehn Jahren der Zerstörung aller materiellen und geistigen Freiheit, aller sittlichen Substanz im deutschen Volk genugsam gezeigt. Auch dem dümmsten Deutschen hat das furchtbare Blutbad die Augen geöffnet, das sie im Namen von Freiheit und Ehre der deutschen Nation in ganz Europa angerichtet haben und täglich neu anrichten. Der deutsche Name bleibt für immer geschändet, wenn nicht die deutsche Jugend endlich aufsteht, rächt und sühnt zugleich, seine Peiniger zerschmettert und ein neues, geistiges Europa aufrichtet. Studentinnen, Studenten! Auf uns sieht das deutsche Volk. Von uns erwartet es, wie 1813 die Brechung des napoleonischen, so 1943 die Brechung des nationalsozialistischen Terrors aus der Macht des Geistes. Beresina und Stalingrad flammen im Osten auf, die Toten von Stalingrad beschwören uns. „Frisch auf, mein Volk, die Flammenzeichen rauchen." Unser Volk steht im Aufbruch gegen die Verknechtung Europas durch den Nationalsozialismus, im neuen gläubigen Durchbruch von Freiheit und Ehre."

(Institut für Zeitgeschichte München, FA 215/1)

1. Gliedert den Text des Flugblattes und analysiert seinen Inhalt: An wen ist der Text gerichtet? Welche Argumente werden besonders hervorgehoben? Welche Wirkung sollte erreicht werden?
2. Der Text enthält eine Bewertung der Realität: Zeigt sie auf!
3. Bei B7 handelt es sich um ein Auftragswerk für die CDU der DDR. Diskutiert Komposition und Aussage!

Die Prozesse

T4 „Erster Prozess. Am Donnerstag, den 18. Februar 1943, werden Hans und Sophie Scholl in der Münchner Universität beim Verteilen des 6. Flugblattes festgenommen. (...) Vier Tage pausenloser Verhöre im Wittelsbacher Palais folgen. Hier, im bayerischen Gestapo-Hauptquartier, sind sie bis zum Prozess eingesperrt. Nach der Verhaftung von Christoph Probst, der verheiratet ist und drei kleine Kinder hat, bekennen sich Hans und Sophie Scholl zu den Widerstandsaktionen der Weißen Rose. Die Geschwister versuchen Christoph Probst zu entlasten und nehmen alle Schuld auf sich. Am Montag, den 22. Februar, beginnt um 10.00 Uhr die Gerichtsverhandlung gegen Hans und Sophie Scholl und Christoph Probst im holzgetäfelten Saal 216 des Münchner Justizpalastes. Roland Freisler, der aus Berlin herbeigeeilte Präsident des Volksgerichtshofes, wünschte einen „würdigen Saal" für das von ihm geleitete Tribunal. „Tobend, schreiend, bis zum Stimmüberschlag brüllend, immer wieder explosiv aufspringend", schildert der Augenzeuge Leo Samberger die Verhandlungsführung Freislers, „der sich in der ganzen Verhandlung nur als Ankläger aufspielte und nicht als Richter zeigte". Die Anklage lautet „landesverräterische Feindbegünstigung, Vorbereitung zum Hochverrat und Wehrkraftzersetzung". Die Pflichtverteidiger setzen sich während der Verhandlung nicht für ihre Mandanten ein. Sophie bekennt sich zu den Flugblattaktionen und sagt: „Was wir sagten und schrieben, denken ja so viele, nur wagen sie es nicht, es auszusprechen."
Um 13.30 Uhr verkündet Freisler die Todesurteile gegen die Geschwister Scholl und Christoph Probst.
Um 17.00 Uhr werden die drei Freunde im Gefängnis Stadelheim enthauptet. „Freiheit" hat Sophie auf die Rückseite ihrer Anklageschrift notiert. „Freiheit", ruft Hans Scholl, als er vor der Guillotine steht."

(Ausstellungskatalog „Die Weiße Rose". 1994. CD-ROM 492f./1132)

1. Zeigt auf, warum es sich bei den Prozessen um keine ordentlichen Gerichtsverfahren handelte!
2. Erörtert, warum die Nazis die Mitglieder der „Weißen Rose" nicht ohne Prozess hingerichtet haben!

Der Kommilitonen zu gedenken

Professor Dr. Karl Voßler in seiner Gedenkrede am 2.11.1946:

Q5 „Die Gedenktafel, die wir nun enthüllen wollen, soll uns eine bleibende Erinnerung sein, ein Zeichen der Ehre und Dankbarkeit, die wir den toten Kommilitonen schulden, eine Mahnung für jeden, der hier studieren will. Denn vergessen wir es nicht: Freiheit und Echtheit der Wissenschaft ist keine Einrichtung und kein Vorrecht, das man ererbt – und das sich etwa durch den Opfertod heldenmütiger Märtyrer für die Zukunft sichern lässt. Niemals. Wir selbst müssen, jeder, mit persönlichem Einsatz, jedesmal neu diese Freiheit erkämpfen, hüten und verteidigen."

(Zit. nach: H. Steffahn, Die Weiße Rose. 1992)

1. Sucht und sammelt Informationen zu anderen Widerstandsgruppen! Fertigt dazu Referate an oder/und macht eine Ausstellung!

Der Weg in den Zweiten Weltkrieg

Die Ziele der nationalsozialistischen Außenpolitik standen bereits früh fest: Krieg für den „Lebensraum im Osten" und Vernichtung der „rassisch Minderwertigen", allen voran der Juden. Dennoch darf man nicht glauben, dass Hitler diese Ziele gradlinig und unaufhaltsam umsetzte. Die genaue Betrachtung der nationalsozialistischen Außenpolitik verdeutlicht vielmehr, dass Hitler oft improvisierte oder kurzfristig Entscheidungen umwarf, wenn die Bedingungen es notwendig erscheinen ließen. Umgekehrt bedeutet dies, dass sich Krieg und Völkermord nicht gegen den Willen der gesamten deutschen Bevölkerung durchsetzen ließen. Erst die Zustimmung und Teilnahme eines Teils der Deutschen – bewirkt auch durch die geschickte Propaganda – schuf die Voraussetzungen für die Umsetzung des nationalsozialistischen Programms.

Die Anfangserfolge

Sowohl die wirtschaftliche Lage wie auch Umfang und Ausrüstung der Reichswehr ließen eine Verwirklichung der kriegerischen Ziele der Nationalsozialisten in den ersten Jahren ihrer Herrschaft nicht zu. Zunächst musste das neue Reich aufrüsten und dabei seine Armee von 100.000 Mann auf 4,5 Millionen Soldaten aufstocken. Dies war nicht nur ein wirtschaftliches und soziales Problem, sondern auch ein außenpolitisches. Ausrüstung und Stärke der Reichswehr waren nämlich durch internationale Abkommen wie den Versailler Friedensvertrag festgelegt. Daher musste die neue Regierung ihr Aufrüstungsprogramm außenpolitisch absichern. Hitler verstieß dabei mehrfach gegen internationale Verträge. Er war sich dessen bewusst und erkannte auch die Risiken seiner für die europäischen Nachbarn überraschenden Politik: Wenn Frankreich wirkliche Staatsmänner habe, so äußerte er bereits am 3. Februar 1933 vor Befehlshabern des Heeres und der Marine, so würden sie die Ziele seiner Politik schnell durchschauen. Sie würden Deutschland dann für die Aufrüstung nicht „Zeit lassen, sondern über uns herfallen".

Nicht zuletzt wegen dieser Gefahr waren Hitlers erste außenpolitischen Schritte stets von wortgewaltigen Friedensbeteuerungen begleitet. Ihm gehe es nicht um Krieg, sondern um die Wiederherstellung eines Mächtegleichgewichts; Deutschland müsse im Konzert der großen Mächte wieder gleichberechtigt sein, dann werde auch der Frieden dauerhaft gesichert sein. Solche sich ständig wiederholenden Phrasen dienten nicht nur der Ablenkung der europäischen Nachbarn. Sie sollten auch die deutsche Bevölkerung zunächst beruhigen. Denn die Deutschen waren in ihrer Mehrheit keineswegs kriegswillig – und das wusste die nationalsozialistische Führung sehr genau.

B1 Amerikanische Karikatur zu einer „Friedensrede" Hitlers vom 17. Mai 1933.

1. *Erläutert Hitlers außenpolitische Strategie!*
2. *Interpretiert vor diesem Hintergrund B1!*

Abkommen mit dem Vatikan. Das erste zwischenstaatliche Abkommen schloss Hitler im Juli 1933 mit dem Vatikan. Papst Pius XI. kommt damit das fragwürdige Verdienst zu, Adolf Hitler international salonfähig gemacht und Deutschland aus seiner außenpolitischen Isolation herausgeholfen zu haben.

Austritt aus dem Völkerbund. Noch im selben Jahr, im Oktober 1933, trat Deutschland aus dem Völkerbund und der in Genf tagenden internationalen Abrüstungskonferenz aus. Dies war die erste wichtige außenpolitische Voraussetzung für die Aufrüstung.

Nichtangriffsvertrag mit Polen. Eng damit verbunden war der nächste Überraschungsschlag: England und Frankreich hatten verärgert auf den Austritt Deutschlands aus dem Völkerbund reagiert und versuchten das Dritte Reich durch Bündnisse zu isolieren. Mit dem Nichtangriffs- und Freundschaftspakt zwischen Deutschland und Polen gelang es Hitler, diese Strategie zu durchbrechen.

Der Anschluss des Saarlandes. Der darauf folgende außenpolitische Erfolg fiel den Nationalsozialisten gewissermaßen in den Schoß: Im Versailler Vertrag war vorgesehen, dass die saarländische Bevölkerung 1935 entscheiden sollte, ob sie zu Frankreich oder zu Deutschland gehören wollte. Das Votum der Volksabstimmung vom 13. Januar 1935 fiel eindeutig aus: 90% der Saarländer stimmten für die „Heimkehr" ins Reich.

Die Wiedereinführung der allgemeinen Wehrpflicht. Hitler nutzte die durch den Saaranschluss ausgelöste Welle nationaler Begeisterung sofort aus und führte am 16. März 1935 die allgemeine Wehrpflicht wieder ein. Die Armee umfasste bereits 300000 Mann, also dreimal so viel wie im Versailler Vertrag festgelegt. Der Schritt vom 16. März nun war der offene Vertragsbruch. Er konnte nur mühsam propagandistisch verschleiert werden: Das saarländische Abstimmungsergebnis sei, so behauptete Hitler, eine Zustimmung zu seiner Politik der Beseitigung des Versailler Vertrages gewesen.

Der Einmarsch im Rheinland. Im März 1936 schließlich marschierte die Reichswehr in die entmilitarisierte Zone des Rheinlandes ein. Zugleich kündigte Hitler den Vertrag von Locarno (vgl. S. 26). Damit war die Friedensordnung von 1919 endgültig zerstört.

Im Laufe des Jahres 1936 sicherten zwei weitere außenpolitische Schritte die neue Position Deutschlands als Großmacht ab: Zum einen ein im Juni 1936 abgeschlossener Freundschaftsvertrag mit Österreich. Zum anderen der Antikominternpakt mit Japan vom November 1936. Mit diesem deutlich gegen die Sowjetunion gerichteten Vertrag begann die Zusammenarbeit zwischen Deutschland und Japan. Ihr schloss sich 1937 Italien an.

Deutschland und Italien hatten sich bereits 1936 angenähert. Deutschland half zum einen Italien wirtschaftlich bei dessen Überfall auf Abessinien. Zum anderen unterstützen beide den faschistischen Putsch in Spanien. Dort hatte General Franco von Marokko aus die spanische Republik angegriffen und sie in einem zweijährigen Bürgerkrieg vernichtet. Während auf Seiten der Republik Sozialdemokraten, Kommunisten und Anarchisten aus ganz Europa kämpften, halfen die faschistischen Regierungen in Deutschland und Italien den Aufständischen mit Truppen und Waffen. Erstmals in der Geschichte wurde dabei 1937 eine Stadt, das baskische Guernica, von Flugzeugen aus bombardiert. Ein erster Test für den Zweiten Weltkrieg...

In nur vier Jahren hatte Deutschland alle Beschränkungen des Versailler Vertrages abgeschüttelt, war eine Großmacht geworden und beteiligte sich außerhalb der Grenzen an einem Krieg. Wie konnte das passieren?

Zum einen sind diese „Erfolge" sicherlich auf die skrupellose Art Hitlers zurückzuführen, sich über alle diplomatischen Gepflogenheiten hinwegzusetzen. Ein ums andere Mal verblüffte er damit Verhandlungspartner wie Gegner. Andererseits waren sich insbesondere Frankreich und England uneins über geeignete Gegenmaßnahmen. Sie scheuten – so beim Einmarsch deutscher Truppen im Rheinland – eine kriegerische Auseinandersetzung. Zudem gelang es Deutschland sogar 1935 – kurz nach der Einführung der allgemeinen Wehrpflicht – mit England einen Flottenvertrag zu schließen. Die überraschenden außenpolitischen Erfolge der Anfangsjahre hatten zwei fatale Folgen: Sie machten Hitler Mut, sein riskantes Spiel mit höherem Einsatz fortzusetzen.

Sie vergrößerten die Zustimmung zu den Nationalsozialisten in der Bevölkerung. Die wirtschaftliche Erholung und die allmähliche Verbesserung der sozialen Lage verstärkten diese Zustimmung noch. Doch auch diese Entwicklung diente der Kriegsvorbereitung: Die Nationalsozialisten befürchteten nämlich, dass es ohne soziale Sicherheit in einem zukünftigen Weltkrieg wie bereits im Ersten zu Unruhen kommen könnte.

1. *Fasst die Ziele der Außenpolitik Hitlers zusammen!*
2. *Vergleicht Hitlers Außenpolitik hinsichtlich der Ziele und Methoden mit der von Stresemann (vgl. S. 26)!*
3. *Welche Folgen hatten die Anfangserfolge Hitlers?*

Der Vorkrieg

Am 5. November 1937 fand in der Reichskanzlei eine „Führerbesprechung" statt. Neben Hitler waren die Oberbefehlshaber von Heer, Marine und Luftwaffe sowie der Außen- und Kriegsminister anwesend. In aller Deutlichkeit nannte Hitler seine Kriegsziele: Es müsse

neuer „Lebensraum" für Deutschland im Osten Europas erobert werden. Dort gäbe es ausreichend landwirtschaftlich nutzbare Fläche und dringend benötigte Rohstoffe. Der Weg dorthin führe über einen europäischen Krieg, der spätestens 1943 geführt werden müsse. Zuvor seien aber Österreich und die Tschechoslowakei niederzuwerfen. Der General und Wehrmachtsadjutant Hitlers, Friedrich Hoßbach, hat diese Besprechung protokolliert, sodass Hitlers Ausführungen der Nachwelt erhalten blieben. Die sogenannten Hoßbach-Protokolle sind für die Geschichtsschreibung von hohem Stellenwert: Aus ihnen geht zweifelsfrei hervor, dass Hitler auch als Regierungschef an seinen in „Mein Kampf" formulierten Zielen festhielt. Hitler wollte den Zweiten Weltkrieg. Er wurde ihm weder aufgezwungen noch brach er aus, weil er sich bei der Wahl seiner politischen Mittel verkalkuliert hatte.
Ab 1936 liefen die wirtschaftlichen Vorbereitungen auf Hochtouren und nun wurden die wichtigen Entscheidungsträger des Reiches in das Vorgehen eingeweiht. Im Frühjahr 1938 wechselte Hitler zudem die Spitze der Wehrmacht aus. Er wollte an den Schaltstellen der Macht ihm ergebene Leute haben, um seine Ziele reibungslos durchsetzen zu können. Daher übernahm er selbst das neu geschaffene Amt des Oberkommandeurs der Wehrmacht; General Keitel leitete das Amt in der Praxis; ferner ersetzte er den Oberbefehlshaber Fritsch durch von Brauchitsch. Gleichzeitig tauschte Hitler den konservativen Außenminister von Neurath, der das Amt seit Juni 1932 innehatte, durch Joachim von Ribbentrop aus.

Der „Anschluss" Österreichs

Das erste Opfer der neuen Expansionspolitik war wie geplant Österreich. Versuche Österreich dem Dritten Reich einzugliedern hatte es bereits zu Beginn der nationalsozialistischen Herrschaft gegeben. Doch sowohl die Bestimmungen des Versailler Vertrages als vor allem der italienische Widerstand standen dagegen. 1938 hatte sich die internationale Lage grundlegend gewandelt: Der Versailler Vertrag war praktisch ungültig und Mussolini gab Hitler freie Hand; schließlich hatte Deutschland auch Italien im abessinischen Krieg geholfen.
Am 11. März 1938, nicht ganz 20 Jahre nach dem Ende des Ersten Weltkriegs, marschierten wieder deutsche Soldaten.
Dem Einmarsch nach Österreich vorausgegangen war ein taktisches Manöver, das sich kurze Zeit später bei der Zerschlagung der Tschechoslowakei wiederholen sollte: Hitler hatte die österreichischen Nationalsozialisten angewiesen für Unruhe im eigenen Land zu sorgen. Diese Unruhe benutzte er dann, um sich als Retter aufspielen zu können. Er bestellte den österreichischen Kanzler Schuschnigg im Februar 1938 nach Deutschland und drohte ihm offen mit Krieg, falls er nicht Herr der Lage werde. Dazu müsse er die Nationalsozialisten an der Regierung beteiligen. Wieder in Wien, suchte Schuschnigg sein Heil in einer Volksabstimmung über die Unabhängigkeit Österreichs. Die fand jedoch nicht mehr statt. Hitler gab zuvor den Befehl zum Einmarsch.

B2 Einzug deutscher Truppen in Salzburg, 1938.

1. Beschreibt anhand von B2 die Stimmung der österreichischen Bevölkerung beim Einmarsch der deutschen Truppen 1938!

Das Münchener Abkommen und die Zerschlagung der Tschechoslowakei

Das nächste Ziel der Aggressionspolitik war die Tschechoslowakei. In diesem nach dem Ersten Weltkrieg gegründeten Staat lebte eine große deutschsprachige Minderheit, die sogenannten Sudetendeutschen. Sie machten etwa 23% der Bevölkerung (3,1 Millionen) aus. Wie in Österreich gab es auch in der Tschechoslowakei einen Ableger der NSDAP, die „Sudetendeutsche Partei". Am 28. März, also 17 Tage nach dem Einmarsch in Österreich, bestellte Hitler den Führer der Sudetendeutschen Partei, Konrad Henlein, nach München und setzte ihm seine Strategie auseinander. Henlein solle an die Prager Regierung so weitgehende Forderungen stellen, dass diese sie auf gar keinen Fall annehmen könne. Daraufhin sollte seine Partei den Anschluss an Deutschland fordern. Obwohl sich Henlein an die Anweisungen hielt, ging der Plan diesmal nicht auf. Großbritannien und Frankreich waren nämlich vertraglich verpflichtet, die Tschechoslowakei bei einem militärischen Eingreifen Deutschlands zu unterstützen. Vor allem der englische Premierminister Chamberlain wollte nichts unversucht lassen, um einen Krieg zu verhindern. So trafen sich Chamberlain, Daladier, Mussolini und Hitler am 29. September 1938 in München, um ein Abkommen über die „sudetendeutsche Frage" zu treffen. Man einigte sich darauf, dass die Tschechoslowakei die sudetendeutschen Gebiete an Deutschland abtreten und der slowakische Landesteil im Osten mehr Autonomie erhalten sollte.

Das Münchener Abkommen ließ Enttäuschte und Getäuschte zurück. Enttäuscht waren natürlich die Tschechen, über deren Köpfe hinweg die Entscheidungen getroffen worden waren. Sie waren weder an der Konferenz beteiligt gewesen noch gefragt worden. Enttäuscht, ja wütend war auch Hitler: Er wollte – und daraus machte er im kleinen Kreise keinen Hehl – die militärische Auseinandersetzung. Getäuscht hatte sich Chamberlain: Seine Hoffnung, dass Deutschland nun territorial befriedigt sei, währte nicht einmal ein halbes Jahr. Dann musste er erkennen, dass seine Appeasement-Politik, der Versuch den Frieden zu retten, gescheitert war. Getäuscht hatte sich auch die deutsche Bevölkerung: Sie atmete nach dem Münchener Abkommen erleichtert auf, weil es wieder nicht zum Krieg gekommen war. Hitler erschien ihnen mehr und mehr als der große Politiker, der ein ums andere Mal die anderen Mächte an der Nase herumführte.

Nach dem Münchener Abkommen wurden die sudetendeutschen Gebiete ins Reich eingegliedert. Am 15. März 1939 besetzten deutsche Truppen die „Resttschechei", nachdem Hitler einen Tag zuvor dem tschechischen Ministerpräsidenten Hacha offen mit der Bombardierung Prags gedroht hatte. Wieder hatte Hitler internationales Recht einfach gebrochen und wieder hielten England und Frankreich still – zum letzten Mal. (vgl. Karte S. 81)

1. Schildert das taktische Vorgehen Hitlers beim „Anschluss" Österreichs und der Besetzung Tschechiens!
2. Erklärt die Haltung Großbritanniens und Frankreichs!
3. Erläutert die Reaktion der tschechischen Bevölkerung! Vergleicht mit B2 und diskutiert die Unterschiede!

B3 Einmarsch der deutschen Truppen in Prag am 15. März 1938.

Der Hitler-Stalin-Pakt

Auf den Weg in den Zweiten Weltkrieg liegt noch ein weiteres Abkommen, eines, das zu den am meisten diskutierten und umstrittensten der deutschen, ja der Weltgeschichte gehört: das Abkommen zwischen Deutschland und der Sowjetunion vom 23. August 1939. Worum ging es in dem Abkommen?

Deutschland und die Sowjetunion verpflichteten sich, einander nicht anzugreifen. In einem geheimen Zusatzabkommen wurden die „Interessensphären" in Europa zwischen beiden neu abgesteckt: Polen wurde aufgeteilt, Litauen dem deutschen, Finnland, Estland und Lettland dem russischen Einflussbereich zugeschlagen. Das hieß nichts anderes, als dass die jeweiligen Länder militärisch besetzt werden sollten.

Im Vorfeld dieses Abkommens war Polen in den Brennpunkt der deutschen Politik gerückt. Außenminister von Ribbentrop hatte gefordert, dass erstens das unter Verwaltung des Völkerbundes stehende Danzig in das deutsche Reich eingegliedert werde; zweitens sollte eine Verbindung durch Polen nach Ostpreußen geschaffen werden. Doch diese Forderungen dienten lediglich als Aufhänger. Hitler hatte am 23. Mai 1939 vor führenden Generälen unmissverständlich klargemacht, dass es um „die Erweiterung des Lebensraums im Osten und Sicherstellung der Ernährung sowie (um) die Lösung des Baltikum-Problems" gehe.

Die polnische Regierung lehnte Ribbentrops Forderungen ab. Sie vertraute darauf, dass Großbritannien aus dem tschechischen Lehrstück die richtigen Schlüsse gezogen hatte und die Unabhängigkeit Polens garantieren würde. In dieser Situation schlug das Abkommen

der beiden Diktatoren – auch ohne Kenntnis der geheimen Zusätze – ein wie ein Bombe.
Ein Zusammengehen der beiden „Todfeinde“ hatte niemand für möglich gehalten. Dabei war Hitlers Rechnung denkbar einfach: Bei dem fest geplanten Angriff auf Polen standen nun England und Frankreich allein gegen Deutschland. Da er mit einem schnellen Sieg über Polen rechnete, würde es daher keinen Zweifrontenkrieg geben. Aber welche Motive bewegten Stalin? Darüber ist in der Geschichtsschreibung bis heute viel gerätselt worden. Ging es ihm nur darum, den Machtbereich der Sowjetunion auszudehnen? Oder wollte er Russland aus dem Krieg heraus halten, um die weitere Entwicklung erst einmal abzuwarten oder um für den erwarteten Angriff Deutschlands aufrüsten zu können? War es kalte Machtpolitik, in der das Schicksal fremder Völker nicht zählte, oder die russische Antwort auf die englische Appeasement-Politik? Zweifelsfrei wird sich das wohl nicht mehr klären lassen.

1. Viele Kommunisten wurden von den Nationalsozialisten verfolgt. Nur wenige konnten fliehen. Gestaltet ein Rollenspiel zu einem Gespräch über den Hitler-Stalin-Pakt zwischen kommunistischen Flüchtlingen! Notiert Beurteilungen und Argumente! Bezieht evtl. geflüchtete Sozialdemokraten mit ein!
2. Sucht die Abgrenzungslinie auf der Karte S. 81 und vergleicht sie mit der politischen Situation im Sommer 1940!

B4 Rekonstruktion der dem Geheimprotokoll zum deutsch-sowjetischen Nichtangriffspakt, von Stalin und Ribbentrop abgezeichneten Karte, die die Abgrenzung der Interessensphären zeigt.

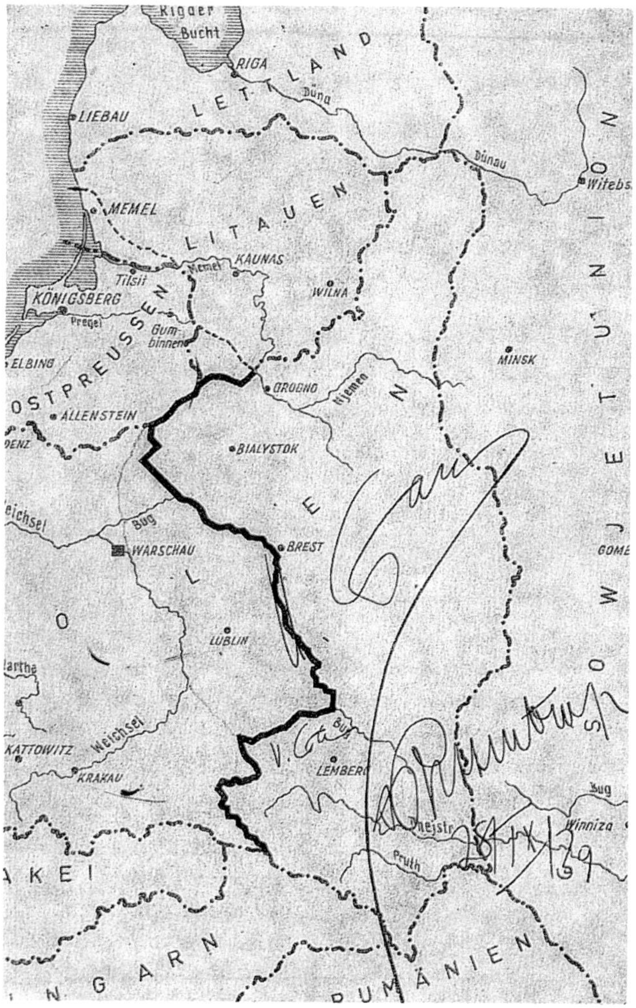

B5 Der deutsche Außenminister von Rippentrop unterzeichnet den Nichtangriffspakt. Hinter ihm Stalin (re.) und Molotow.

„Über Europa gehen die Lichter aus“: der Zweite Weltkrieg

Die Blitzkriege

In den frühen Morgenstunden des 1. September 1939 überfiel das nationalsozialistische Deutschland Polen; damit begann der Zweite Weltkrieg. Frankreich und Großbritannien ließen sich nicht durch den Hitler-Stalin-Pakt abschrecken und erklärten Deutschland am 3. September den Krieg. Anders als zu Beginn des Ersten Weltkriegs reagierte die deutsche Bevölkerung betreten; zu lebhaft waren noch die Erinnerungen an die Schrecken und Entbehrungen des vorangegangenen Krieges. Und bis zuletzt hatten viele gehofft, dass sich wie bisher der Krieg vermeiden lasse. War im Ersten Weltkrieg die Begeisterung schnell der Ernüchterung gewichen, so verflog nun genau umgekehrt die Furcht und machte einer neuen Euphorie Platz. Nach den ersten Kriegsmonaten erreichte Hitlers Popularität einen neuen Höhepunkt: Gesteuert durch die geschickte Propaganda wurde er im Sommer 1940 als strategisches Genie gefeiert.

Tatsächlich unterschied sich der Verlauf der ersten Monate grundlegend von dem des Ersten Weltkriegs: Polen wurde in nur drei Wochen vernichtend geschlagen und zwischen Deutschland und der Sowjetunion aufgeteilt. Das lag vor allem daran, dass die Westmächte die militärische Stärke Deutschlands unterschätzt hatten und nicht zu Entlastungsangriffen im Westen in der Lage waren. Im April 1940 überfielen deutsche Truppen dann völlig überraschend die neutralen Länder Dänemark und Norwegen. Deutschland sicherte damit seine Nordflanke sowie den Zugang zu den skandinavischen Rohstoffen. Im Mai erfolgte der Angriff auf Belgien und Frankreich, die trotz britischer Unterstützung Ende Juni bereits besiegt waren. Zu den Blitzkriegen zählen schließlich noch die Kriege gegen Jugoslawien und Griechenland im Frühjahr 1941.

K6 Die „Blitzkriege“ Deutschlands und der Überfall auf die Sowjetunion.

Was war das Geheimnis dieser militärischen Erfolge? Deutschland gelang es, die Kriege einzeln, nacheinander zu führen und dadurch seine militärischen Kräfte jeweils zu bündeln. Hitlers Vorgehen war äußerst skrupellos und dadurch für seine Gegner überraschend: Die militärischen Strategien waren sehr riskant und hätten bei einem Scheitern zu hohen Verlusten geführt. Hitlers Erfolgsbilanz hatte allerdings einen Makel: Ein Sieg über England gelang der deutschen Wehrmacht nicht. Großbritannien ging auch nicht auf ein Friedensangebot Hitlers ein, nachdem sein Bündnispartner Frankreich besiegt war. Der darauf im Sommer 1940 folgende deutsche Luftangriff zur Vorbereitung einer Landung scheiterte.

Die besiegten Länder wurden nach ihrer Niederlage sehr unterschiedlich behandelt: Alle Länder wurden wirtschaftlich ausgebeutet. Dänemark blieb politisch unabhängig und wurde lediglich diplomatisch kontrolliert. In Norwegen und den Niederlanden wurde eine deutsche Zivilverwaltung errichtet. Belgien blieb unter Militärverwaltung, ebenso ein Jahr später Griechenland und Serbien. Frankreich zerfiel in vier Zuständigkeitsbereiche: Elsass-Lothringen wurde annektiert, der industrielle Norden der deutschen Militärverwaltung Belgiens zugeschlagen; die Mitte und die Atlantikküste unterstanden ebenfalls einer Militärverwaltung, während der Süden unbesetzt blieb. Hier wurde eine autoritäre französische Regierung unter General Pétain eingesetzt. Ihr Sitz war in Vichy. Offiziell war sie unabhängig, inoffiziell musste sie aber mit den Deutschen kollaborieren, also zusammenarbeiten, um ihre Existenz nicht zu gefährden.

Entsprechend der nationalsozialistischen Rassenlehre traf es die Polen am schlimmsten. Die westpolnischen Gebiete kamen zum „Großdeutschen Reich". Sie wurden „germanisiert"; d.h. in etwa vier Monaten wurden eine Millionen Polen zwangsvertrieben und Deutsche aus dem Baltikum angesiedelt. Der Rest Polens wurde als Generalgouvernement Hans Frank unterstellt. Frank hatte die Aufgabe das zu vollenden, was Hitler bereits im August 1939 als Ziel der „Vernichtung Polens" genannt hatte: „Die Beseitigung der lebendigen Kräfte". „In dem Lande soll ein niederer Lebensstandard bleiben; wir wollen dort nur Arbeitskräfte schöpfen."

1. *Erläutert, wie die deutsche Bevölkerung auf den Kriegsverlauf reagierte!*
2. *Erklärt die deutsche Besatzungspolitik!*

B7 Angehörige des Wehrmachtsregiments Großdeutschland erschießen und erhängen am 22. April 1941 in Pančevo, Serbien, 36 unbeteiligte Zivilisten als Sühne für 2 erschossene SS-Männer.

3. *Es wird behauptet, die Wehrmacht habe sich nicht an den Verbrechen der Nationalsozialisten beteiligt. Diskutiert diese These! Vgl. B7 unten und Text S. 101!*

Der globale Krieg

Trotz des Abkommens mit Stalin hatte Hitler sein ideologisches Ziel, den Krieg gegen die kommunistische Sowjetunion, nicht aus den Augen verloren. Wann genau die Entscheidung zum Angriff fiel, lässt sich nicht zweifelsfrei feststellen, vermutlich aber bereits im August 1940. Am 18. Dezember 1940 ergingen dann Hitlers Weisungen an die Wehrmachtsführung zum „Fall Barbarossa", wie der Tarnname für den Überfall lautete. Wenig später, am 3. März 1941, wurde Hitler deutlicher: Der kommende Feldzug, so führte er vor Generälen der Wehrmacht aus, sei „mehr als nur ein Kampf der Waffen"; es gehe um die „Auseinandersetzung zweier Weltanschauungen"; die UdSSR müsse in ihre Bestandteile zerlegt werden, die „Lebenskraft Russlands" vernichtet und die „jüdisch-bolschewistische Intelligenz (...) beseitigt" werden. Als Hitler am 22. Juni 1941 den Überfall auf die Sowjetunion befahl, wussten die Generäle der Wehrmacht also sehr wohl, dass dieser Krieg die Ausbeutung Russlands und die Vernichtung und Ausrottung großer Teile seiner Bevölkerung zum Ziel hatte.

Die deutsche Armee stieß zunächst auf wenig Widerstand, zu überraschend kam wohl der Angriff. Die sowjetischen Truppen hatten hohe Verluste, ganze Einheiten wurden in den ersten Wochen aufgerieben. Auch hinter der Front spielte sich eine unfassbare menschliche Tragödie ab: Millionen russischer Soldaten verhungerten in Gefangenschaft der deutschen Wehrmacht, bis

B8 Kind mit seiner toten Mutter, 1941 in Russland.

zum Februar 1942 allein 2 von 3,35 Millionen. Und hinter der Wehrmacht rollte eine zweite Welle des Terrors über das Land: die von der SS aufgestellten „Einsatzgruppen". Unter dem Vorwand der Partisanenbekämpfung erschossen sie hunderttausende Zivilisten willkürlich, löschten ganze Dörfer und Kleinstädte aus.

Im Spätherbst 1941 erlahmte die Vorwärtsbewegung deutscher Truppen kurz vor Moskau und Leningrad. Der Widerstand wurde heftiger, auch von der Zivilbevölkerung, die diesen Krieg als nationalen Überlebenskampf auffasste. Nun rächte sich auch, dass die deutschen Soldaten nur für einen weiteren Blitzkrieg ausgerüstet waren. Zudem waren die wirtschaftlichen Ressourcen Deutschlands durch die vorangegangenen Kriege erschöpft. Im Herbst 1941 vollzog sich die Wende des Krieges, weil die erschöpften Kräfte im Verlauf des Winters nicht mehr ergänzt werden konnten. Hier erlag der angeblich so geniale Stratege Hitler seinem eigenen Größenwahn. Die Zeitgenossen haben die Wende erst im Winter 1942/43 während der Schlacht von Stalingrad wahrgenommen. Doch Stalingrad ist mehr das Symbol für die blutige Borniertheit des deutschen Diktators, der aus Prestigegründen eine ganze Armee opferte.

K9 Zusammenbruch des Deutschen Reiches.

Und noch ein Grund spricht dafür, die Wende des Krieges bereits im Herbst 1941 zu sehen: Der Kriegseintritt der USA. Die Japaner strebten in Ostasien nach Vorherrschaft. Dazu hatten sie am 7. Dezember die amerikanische Pazifikflotte in Pearl Harbor auf Hawaii angegriffen. In völliger Verkennung der Lage hatte Hitler daraufhin den USA am 11. Dezember den Krieg erklärt. Nun kam es doch zu einem Zweifrontenkrieg.

Im Sommer 1943 übernahm an der Ostfront die Sowjetunion die militärische Initiative. Ihre Überlegenheit wurde immer erdrückender, sodass Ende des Jahres die deutschen Einheiten bis zur Westgrenze des Landes zurückgedrängt wurden. Im Mai 1943 waren die deutschen und italienischen Truppen in Afrika besiegt, wenig später besetzten die alliierten Truppen Sizilien. Mussolini wurde gestürzt, Italien schloss mit den Alliierten einen Waffenstillstand und erklärte sogar Deutschland den Krieg, worauf es zunächst von deutschen Truppen besetzt wurde. Am 6. Juni 1944 gelang es den Alliierten, in der Normandie zu landen.

Der totale Krieg

Spätestens zur Jahreswende 1942/43 war erkennbar, dass Deutschland den Krieg verloren hatte. Daher forderten die USA und Großbritannien auf der Konferenz von Casablanca im Januar 1943 von Deutschland die bedingungslose Kapitulation. Doch die nationalsozialistische Führung dachte gar nicht daran, dem Blutvergießen ein Ende zu bereiten; sie antwortete mit Durchhalteparolen. Das bekannteste Beispiel dafür ist die Propagandarede von Goebbels im Berliner Sportpalast im

Februar 1943: Die Veranstaltung war bis ins kleinste Detail durchorganisiert, das Publikum war sorgfältig ausgesucht worden; alles wurde im Rundfunk übertragen. Am der Ende der emotional aufgeladenen Rede fragte Goebbels: „Wollt ihr den totalen Krieg? Wollt ihr ihn, wenn nötig totaler und radikaler, als wir ihn uns heute überhaupt vorstellen können?" Die aufgeputschten Massen jubelten wie geplant ein ohrenbetäubendes „Ja".

Was bedeutete der totale Krieg für Deutschland? Für die Produktion von Waffen wurden alle verfügbaren Kräfte eingesetzt. Die Anlagen waren dazu vielfach in entlegene Gebiete unterirdisch aufgebaut worden. Dort mussten KZ-Häftlinge (ca. 500000), verschleppte Fremdarbeiter und Kriegsgefangene (zusammen ca. 7,5 Millionen) unter teilweise unmenschlichen Bedingungen arbeiten. Aber auch Frauen und Schüler mussten die Männer an der „Heimatfront" ersetzen.

Alle „waffenfähigen" Männer zwischen 16 und 60 wurden als „Volkssturm", als letztes Aufgebot, an die Front geschickt: Kaum ausgebildet und schlecht bewaffnet hatten sie nur geringe Überlebenschancen.

Amerikanische und britische Bombenflugzeuge griffen ab 1942 immer häufiger deutsche Städte an. Die deutsche Luftabwehr hatte den Angriffen kaum noch etwas entgegenzusetzen. Ziel der Angriffe war es, durch den allgegenwärtigen Bombenterror die deutsche Bevölkerung zu zermürben. Die meisten deutschen Großstädte wurden dabei fast völlig zerstört, etwa 700000 Zivilisten fanden dabei den Tod. Mindestens 35000 starben allein bei dem Angriff auf Dresden am 13./14. Februar 1945, dem Höhepunkt der Luftangriffe (vgl. S. 128ff.). Aus dem Osten flohen Millionen Menschen aus Angst vor der Rache der Roten Armee. Städte wie Breslau, die zur Festung erklärt wurden, wurden zwangsweise geräumt. Insgesamt 7,5 Millionen Deutsche versuchten, allein aus den Gebieten östlich von Oder und Neiße zu entkommen. Verzweifelt, mit nur wenigen Habseligkeiten machten sie sich zu Fuß oder mit Pferdekarren auf den Weg durch den bitterkalten Winter.

1. Beschreibt B10 und B11 und erläutert die Rolle der Bevölkerung im „totalen Krieg" (vgl. B12, S. 99)!

B10 und B11 Der totale Krieg: links: Begeisterte Zuhörer der Goebbels-Rede im Berliner Sportpalast am 18.2.1943. Rechts: Überlebende eines Luftangriffes auf Mannheim.

Der 20. Juli 1944. Um Deutschland vor der sicheren völligen Vernichtung zu bewahren und als Großmacht zu erhalten, entschlossen sich einige Offiziere, ein Attentat auf Hitler auszuüben. Anschließend wollten sie in einem Staatsstreich die Macht an sich reißen. Sie hatten dazu Kontakte zu anderen, überwiegend konservativen Oppositionellen aufgenommen. Am 20. Juli 1944 platzierte der Offizier Graf Schenk von Stauffenberg während einer Lagebesprechung mit Hitler eine Bombe im ostpreußischen Führerhauptquartier. Die Bombe explodierte, doch Hitler wurde nur leicht verletzt. Die SS, Gestapo und der Volksgerichtshof reagierten mit einer neuen Terrorwelle. 7000 Verhaftungen und Hunderte von Hinrichtungen löschten das Verschwörungsnetz aus.

Das Ende. Am 25. April 1945 trafen die amerikanischen und russischen Truppen an der Elbe zusammen. Sieben Tage später eroberte die Rote Armee die Reichshauptstadt Berlin. Am 8. Mai unterzeichneten die Oberbefehlshaber der Wehrmacht die bedingungslose Kapitulation. Der Krieg in Europa war damit beendet. Ein Teil der nationalsozialistischen Führung entzog sich der Verantwortung durch Selbstmord: Hitler am 30. April 1945, Goebbels einen Tag später, Himmler am 23. Mai.
In Südostasien dauerte der Krieg noch bis zum 2. September 1945. Erst nach dem Abwurf zweier Atombomben auf Hiroshima und Nagasaki am 6. und 9. August kapitulierte Japan. (siehe Band 3, S. 261f.)

Länder	Getötete Soldaten	Getötete Zivilisten
Frankreich	340.000	470.000
Deutschland	3.750.000	3.000.000
Italien	330.000	80.000
Japan	1.200.000	600.000
Großbritannien	440.000	62.000
Polen	320.000	über 5.000.000
Jugoslawien	41.000	1.280.000
USA	300.000	-
UdSSR	13.600.000	über 7.000.000

B12 Opfer des Zweiten Weltkriegs (Schätzungen).

1. Fertigt eine Übersicht an, aus der hervorgeht, wer – und mit welchen Motiven – das Kriegsende als Katastrophe und wer es als Befreiung empfand!

Der Holocaust: Der Völkermord an den europäischen Juden

Im Zweiten Weltkrieg schuf die nationalsozialistische Regierung die Voraussetzungen für ihr fürchterlichstes Verbrechen: Die staatlich geplante und organisierte systematische Ermordung der in Europa lebenden Juden. Für die ca. 520 000 in Deutschland lebenden Juden begann die lange Kette des Leidens bereits 1933.

Der „innere Krieg“: Die Entrechtung und Verfolgung der Juden bis 1939

Wie in Hitlers „Mein Kampf“ angekündigt wurde die jüdische Bevölkerung nach und nach beruflich geächtet, sozial ausgegrenzt und körperlich misshandelt. Vor der physischen Vernichtung stand also der lange Weg in den „gesellschaftlichen Tod“ (vgl. S. 63ff.). Der Ausschluss der Juden aus der Gesellschaft lässt sich in drei Phasen unterteilen:

1. Am 1. April 1933, rief die NSDAP zum Boykott jüdischer Geschäfte auf. Nur acht Tage später schloss das „Gesetz zur Wiederherstellung des Berufsbeamtentums“ jüdische Bürger vom Staatsdienst aus. Obwohl das Vorgehen in Einklang mit der nationalsozialistischen Rassenlehre stand, war es zu einem so frühen Zeitpunkt nicht geplant. Hitler und Goebbels reagierten damit auf spontane antisemitische Ausschreitungen der SA und der NSDAP-Mitglieder. Da die Gewalttaten nach ihrer Ansicht die Festigung der Macht bedrohten, sollten sie durch den Boykott und das Gesetz „von oben“ gewissermaßen überflüssig gemacht werden.

B13 Boykott jüdischer Geschäfte am 1. 4. 1933.

2. Im September 1935 wurde der jüdischen Bevölkerung durch die sogenannten „Nürnberger Gesetze" die politischen Rechte genommen. Sie galten fortan nicht mehr als Staatsbürger. In den Ausführungsverordnungen wurde festgelegt, wer als Jude galt. Nicht die Glaubenszugehörigkeit entschied, sondern das „Blut" – gemeint war die angeblich „rassische" Abstammung. Im November wurden dann alle Juden aus dem öffentlichen Dienst ausgeschlossen. Ferner wurden Eheschließungen sowie außerehelicher Geschlechtsverkehr mit Juden unter Strafe gestellt. Es lässt sich nachweisen, dass diese Gesetze keineswegs ein Alleingang der Nazispitze war. Vielmehr wurden solche Regelungen öffentlich gefördert, z. B. von einigen Juristen und Ärzten.
3. Während der Olympischen Spiele 1936 in Berlin hatten die Nationalsozialisten auf weitere Maßnahmen verzichtet, um keine internationalen Proteste zu provozieren. Doch 1937 begann eine neue Verfolgungswelle. Ihr Höhepunkt war das Pogrom (= gewaltsame Ausschreitung) in der Nacht vom 9. auf den 10. November 1938 (= Reichspogromnacht [vgl. S. 64]). In ganz Deutschland wurden jüdische Gotteshäuser, Synagogen, in Brand gesetzt, Geschäfte der Juden zerstört, ihre Wohnungen und Häuser geplündert und ihre Friedhöfe geschändet. Juden wurden geschlagen, gefoltert und ermordet. Dem Pogrom vorangegangen war ein Attentat eines 17-jährigen polnisch-deutschen Juden in Paris auf einen deutschen Diplomaten. Die Nazis behaupteten, dass sich in dieser Nacht der „gesunde Volkszorn" darüber entladen habe. In Wirklichkeit waren die Ausschreitungen von der NSDAP organisiert worden; doch fanden sich überall Menschen, die diese Verbrechen ausübten. In der Nacht wurde nicht nur jüdisches Eigentum vernichtet. Obendrein mussten die bereits Geschädigten und Gepeinigten noch eine „Entschädigung" von einer Milliarde Reichsmark zahlen. Dazu wurden viele Wertgegenstände als „Pfand" eingezogen. Zugleich wurden jüdische Geschäfte „arisiert", d. h. die Besitzer wurden enteignet und die Geschäfte Deutschen überschrieben. Erstmals wurden auch Juden in Konzentrationslager verschleppt, im November 1938 26000.

Schließlich gab es weitere Bestimmungen, die die öffentliche Existenz der Juden beendeten: So wurde jüdischen Kindern verboten, in „nicht-jüdische" Schulen zu gehen oder es wurde der Besitz eines Radios untersagt. Viele Juden hatten erkannt, dass ein (Über-)Leben in Deutschland nicht mehr möglich war. Bis zum Oktober 1941 wanderten ca. 360000 aus. Dann wurde die Auswanderung verboten und der „Judenstern" eingeführt. Für die, die nicht mehr entkommen konnten, blieb nun nur noch der Weg in den Holocaust.

1. Stellt dar, welche Rolle die deutsche Bevölkerung bei der Judenverfolgung spielte!

Der Völkermord

Mit Beginn des Zweiten Weltkriegs begann der Massenmord an den Juden aus ganz Europa. In Polen durchkämmten Einsatzgruppen der Polizei und der SS systematisch das ganze Land nach jüdischen Bewohnern. Ein Teil von ihnen wurde sofort erschossen, andere wurden in Gettos eingepfercht. Dort lebten sie ohne ausreichende Ernährung, Heizung und Kleidung, bedroht durch Krankheiten und Seuchen, entkräftet von harter Zwangsarbeit. Allein im Warschauer Getto waren 500000 Menschen eingesperrt.

B14 Abtransport aus dem Warschauer Getto.

Während des Russlandfeldzuges verschärfte sich die Verfolgung der Juden noch einmal. Zu welchem Zeitpunkt genau die endgültige Entscheidung für den Völkermord fiel, lässt sich nicht mehr feststellen, ein schriftlicher Beleg fehlt. Mehrere Beteiligte haben aber später davon gesprochen, dass Hitler den Befehl zur systematischen Vernichtung aller europäischen Juden im August 1941 gegeben habe. Im Januar 1942, als die Mordmaschinerie bereits lief, trafen sich in Berlin SS-Offiziere, Parteifunktionäre und hohe Beamte in einer Villa in Berlin zur sogenannten „Wannsee-Konferenz". Hier wurden die organisatorischen Details des Völkermords besprochen und festgelegt. Da Erschießungen angesichts des Umfangs der Vernichtungsmaßnahmen als zu umständlich und zu langsam erschienen, hatte die SS

bereits andere Tötungsmethoden „ausprobiert". So wurden die Opfer z. B. in geschlossenen LKW durch Abgase erstickt. Auf der „Wannsee-Konferenz" fiel die Entscheidung für die Massentötung durch das Giftgas „Zyklon B". Die Leichen der Opfer wurden anschließend verbrannt. Dies geschah in besonderen Vernichtungslagern, die bereits 1941 errichtet worden waren: Auschwitz, Majdanek, Belzek, Sobibor, Chelmno-Kulmhof und Treblinka.
Aus ganz Europa wurden nun die Juden in die Lager geschickt. Adolf Eichmann organisierte den Transport. Lediglich in Dänemark, Finnland, Italien und Bulgarien gab es erfolgreichen Widerstand gegen diese Deportationen. Bei der Ankunft in den Lagern wurden die Menschen „selektiert" (= ausgesondert). D. h. alte, kranke und schwache Menschen sowie Kinder wurden zumeist direkt ermordet; die anderen sollten „durch Arbeit vernichtet" werden. Sie wurden in der Rüstungsindustrie eingesetzt, z. B. bei den IG-Farben, die ein eigenes Werk im Konzentrationslager Auschwitz aufgebaut hatten. Die Arbeitsbedingungen waren so brutal, die Kleidung und Ernährung so miserabel, dass die meisten Opfer nach wenigen Wochen starben.
Wie barbarisch die Juden behandelt wurden, soll ein Beispiel deutlich machen: In den Lagern gab es u. a. „medizinische Experimente" an lebenden Menschen. Ärzte, deren Aufgabe es ist, Leben zu schützen und zu erhalten, probierten Medikamente aus oder nahmen Operationen zu Forschungszwecken vor. Fast niemand überlebte die grauenvollen Prozeduren.
Insgesamt starben mindestens 5,5 Millionen Juden, 3 Millionen davon wurden vergast. Selbst als Himmler im November 1944 die Einstellung der Vergasungen und die Spurenbeseitigung befahl, ging das Morden weiter.

B15 Selektion an der Verladerampe der direkt ins Vernichtungslager Auschwitz führenden Bahnlinie. Ein Offizier entscheidet über Arbeitseinsatz oder sofortigen Tod der Neuankömmlinge.

Die Lager wurden geräumt und die Insassen mussten nun auf sogenannten „Todesmärschen" so lange kreuz und quer von einem Ort zum anderen ziehen, bis sie vor Entkräftung starben, verhungerten oder erfroren.
Die Verbrechen waren staatlich organisiert und befohlen worden. An ihrer Ausführung aber waren nicht nur fanatische Nationalsozialisten beteiligt. Hunderttausende waren in den Ablauf eingebunden, Millionen hatten davon zumindest ungefähre Kenntnis. Der Wehrmachtsführung waren die Massenmorde bekannt, sie leistete sogar Unterstützung. Darüber hinaus mussten die Lager gebaut und dann bewacht werden; sie mussten mit Lebensmitteln versorgt werden, Transporte dorthin durch ganz Europa durchgeführt werden. Warum haben sich daran so viele Deutsche beteiligt? Hatten sie Angst vor Strafen, wenn sie die Befehle verweigerten? Oder saß der rassistische Antisemitismus so tief, dass viele in ihren Opfern keine Menschen mehr sahen?

1. Diskutiert in der Klasse die aufgeworfenen Fragen! Inwieweit kann man von einer kollektiven Verantwortung aller Deutschen sprechen?
2. Informiert euch über das Schicksal der Menschen eurer Umgebung während der Kriegsjahre!

B16 Verbrennungsöfen des Konzentrationslagers Majdanek mit Skeletten der Ermordeten nach der Befreiung durch die Rote Armee

Wir recherchieren Geschichte im Internet: „H-Net Humanities OnLine“ und andere

Immer mehr Schüler und Lehrer haben heute Gelegenheit privat oder in der Schule im Internet zu surfen. Dabei können auch für das Fach Geschichte ganz neue Erkenntnisse erworben werden.

Debatte über Goldhagen im Internet: http://h.net.msu.edu/~german/discuss/goldhagen

Uns interessierte, was das Internet zu dem 1996 erschienenen Buch des amerikanischen Historikers Daniel Goldhagen „Hitlers willige Vollstrecker“ an neuen Erkenntnissen bieten konnte. Über verschiedene Suchmaschinen haben wir Informationen zum Stichwort „Goldhagen“ eingeholt.

B1 Titelbilder Suchmaschinen.

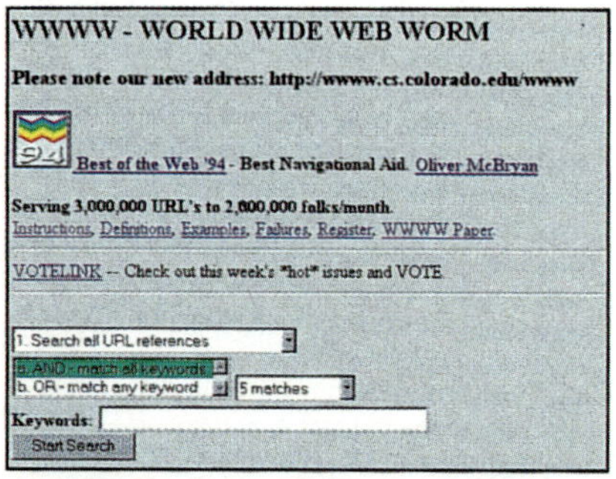

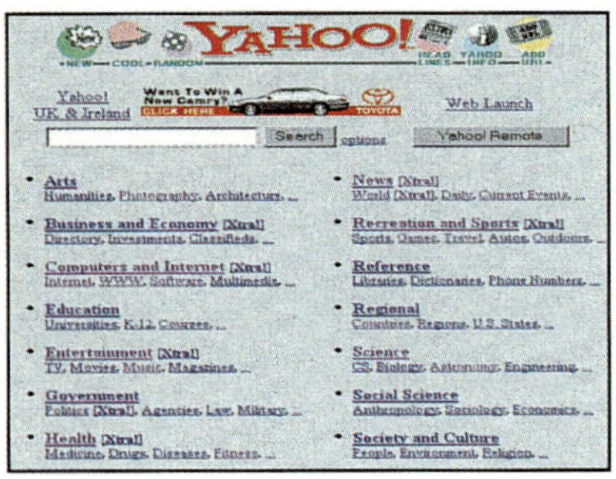

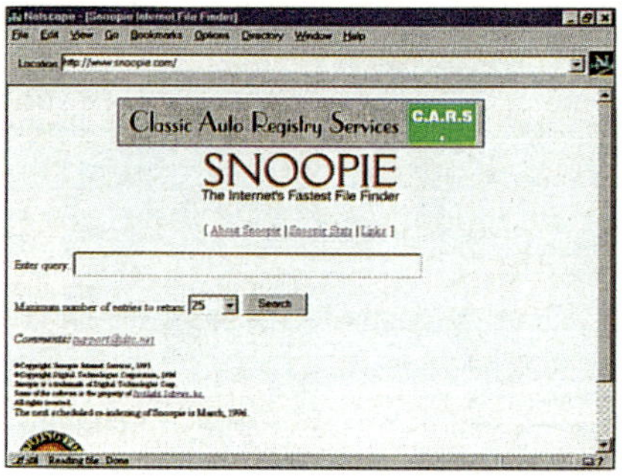

Zunächst erhielten wir dann eine Liste mit Internet-Adressen, unter denen wir Informationen zu dem gesuchten Stichwort finden konnten. Es waren erstaunlich viele. Hier ein Beispiel:

T1 „Das Buch „Hitler's Willing Executioners“ des amerikanischen Wissenschaftlers Daniel Goldhagen hat bekanntlich einen Sturm von Begeisterung wie Entrüstung hervorgerufen. Die deutsche Fassung wird im August (1996) unter dem Titel „Hitlers willige Vollstrecker: Ganz normale Deutsche und der Holocaust“ erscheinen. Nehmen wir uns also dieses Sturmes an. Dabei soll nicht das Geschehen in den herkömmlichen Medien, sondern im Cyberspace im Mittelpunkt stehen. Als Kontrast zur Internet-Diskussion dient die Rezeption des Buches in der mächtigsten amerikanischen Zeitung, der New York Times. Dort begann das mediale Ereignis schon vor Erscheinen des Buches. In einer Woche erschienen fünf Artikel, einer von Goldhagen selbst, ein Interview mit ihm, zwei Buchbesprechungen und eine Kolumne. Die sich schon anbahnende, kontroverse Aufnahme der Thesen Goldhagens in der Fachwelt verschwieg man dabei nicht. Dennoch wäre das Wort „wohlwollend“ für die Aufnahme Goldhagens in jenem Blatt eine maßlose Untertreibung. Der Grundton glich reinster Freude; endlich, so schrieb A. M. Rosenthal, hat einer das Wesentliche erfasst und durch eingehende Forschung untermauert. Nicht nur ein Häuflein SS-Schergen, sondern hunderttausende „normale und willige Deutsche“, von „eliminatorischem Antisemitismus“ beseelt und von „fast allen der über 50 Millionen anderen Deutschen“ direkt unterstützt oder durch Wegsehen toleriert, hätten die Shoah (Vernichtung des jüdischen Volks) ausgeführt. Dies weiterhin zu leugnen könne „nur eine Maske für Befürwortung oder Feigheit“ sein. In dieses Deutungsmuster passte der bald darauf folgende Bericht im selben Blatt über die deutschen Reaktionen auf die Thesen Goldhagens. Die von äußerster Schärfe geprägte Kritik deutscher Wissenschaftler und die – in der Tat unseriöse – Polemik des Spiegel-Redakteurs Augstein wurden unter derselben Rubrik zusammengefasst: Die deutschen Intellektuellen setzen sich nur ungern und unter Schmerzen mit ihrer Vergangenheit auseinander. Zur Begeisterung der New York Times für die Arbeit Goldhagens gab und gibt die Diskussion im Internet ein bezeichnendes Gegenbild ab. Entsprechend des dezentralen Charakters des neuen Mediums findet diese in mehreren Netzwerken statt. Ich beschränke mich hier auf „H-German“, eine von der amerikanischen Regierungsstiftung für geisteswissenschaftliche Forschung unterstützte Anlaufstelle für deutschlandbezogene Themen. Besonders hilfreich war dabei die Moderation der Netzwerkleiter. Bald nach Einlauf der ersten spontanen Internet-Reaktionen schritten sie ein um darum zu bitten die Diskussion auf Beiträge zu beschränken, die auf einer Lektüre des Buches basierten. So konnten sie eine Ausuferung des Austausches in eine allgemeine Aussprache über die Shoah verhindern. Interessanterweise fiel die Kritik der am H-German-Netzwerk Beteiligten an Goldhagen fast noch schärfer aus als die der deutschen Wissenschaftler in den Printmedien. Zentraler Kritikpunkt vieler Beiträge war Goldhagens maßlose Vergröberung der Geschichte des Antisemitismus in Deutschland. So bemängelte der Historiker Richard S. Levy die axiomatische (Axiom = grundlegender Lehrsatz, der nicht weiter bewiesen werden muss) Wiederholung unbelegter Verallgemeinerungen, beispielsweise die Behauptung, dass „konservative und völkische Nationalisten ... die überwiegende Mehrheit der deutschen Bevölkerung" bildeten. Wichtiger noch, so Levy, unterscheidet Goldhagen nicht zwischen den in Deutschland zweifellos verbreiteten antisemitischen Einstellungen und der Bereitschaft zu gewalttätigen antisemitischen Handlungen. Viele Internet-Diskutanten unterstützten auch die ausführliche Rezension des Historikers Omar Bartow in der amerikanischen Zeitschrift The New Republic. Ein derart kompliziertes Ereignis wie die Shoah verlangt einen multikausalen Ansatz, eine Fixierung auf eine vage nationale Tradition hilft nicht weiter. Das Einzige, was zugunsten Goldhagens im Internet vernommen wurde, war, dass das von ihm zutage geförderte Material über das Verhalten der einfachen Täter in der Ordnungspolizei, bei den Todesmärschen und in den Zwangsarbeiterlagern durchaus wertvoll und die Diskussion insgesamt nützlich sei. Vor allem seien pragmatische Motive der Täter in der bisherigen Forschung zu sehr betont worden, obwohl viele Untersuchungen einen weitgehenden Konsens und keinen Protest gegen den Mord an den Juden festgestellt hätten. So wäre darauf zu hoffen, „dass wir die Fragen Goldhagens nicht abtun, auch wenn wir seine Antworten diskreditieren". Nach alledem ist deutlich, dass eine stereotype (formelhafte) Nationalisierung dahingehend, dass „die Deutschen" allen Thesen Goldhagens ablehnend gegenüberstünden, während „die Amerikaner" einen anderen Standpunkt einnehmen würden (...) unhaltbar ist. Die Fachdiskussion verläuft durchaus international, die Kritikpunkte sind auf beiden Seiten des Ozeans weitgehend dieselben: Ohne Vergleiche kann Einzigartiges nicht erklärt werden; und extreme Taten müssen nicht die Folgen extremer Ideologien sein. Der wunde Punkt in der Internet-Diskussion lag an einer anderen Stelle, an der Kluft zwischen Fachleuten und Laien. So beschrieb ein amerikanischer Doktorand, wie sich seine nichtfachlichen Kollegen darüber wunderten, dass man an den Thesen Goldhagens etwas auszusetzen habe. Offensichtlich, so meinte er, sei die Fachdiskussion der letzten zwanzig Jahre, deren Befunde gegen eine solch einfache Kollektivschuldthese spricht, an der amerikanischen Leserschaft schlicht vorbeigegangen. Die bekanntesten Historiker der NS-Zeit seien, so der Doktorand, nun Daniel Goldhagen und der britische Rechtsaußen-Revisionist David Irving. Im Dialog mit einem größeren Publikum hätten die Fachhistoriker somit kläglich versagt. Die ausführliche Wiedergabe einer Debatte zwischen Goldhagen und vier anderen Forschern im Holocaust-Museum in Washington, D.C. – ebenfalls im Internet – bestätigt diese Annahme auf beklemmende Weise. Dort zogen die Fachvertreter, darunter einer der bedeutendsten Historiker der Shoah, Yehudah Bauer aus Tel Aviv, und der Goldhagen-Rivale Christopher Browning, mit wissenschaftlichen Argumenten über Goldhagen her. Diese fundierte Fachkritik wurde von den Zuhörern mit eisernem Schweigen, die leidenschaftlichen Antworten Goldhagens hingegen mit brausendem Applaus begrüßt. An dieser Stelle griff ich selbst in die Internet-Diskussion ein um die Sorge um eine Moralisierung der Diskussion zum Ausdruck zu bringen. Ginge es so weiter, so bestünde die Gefahr einer gesinnungsethischen Aufteilung der Standpunkte. Dann würde die Befürwortung der Thesen Goldhagens als politisch korrekter Standpunkt gelten, während alle Versuche zu differenzieren in eine Ecke mit Verharmlosern oder gar Leugnern der Shoah gestellt würden. Dies würde alle bisherigen Versuche zunichte machen, neben den spezifisch deutschen Wurzeln der Shoah auch ihrem Ursprung in bestimmten Entwicklungen der Moderne Rechnung zu tragen. Daraus wären schließlich nicht nur für die Deutschen, sondern für uns alle Folgerungen abzuleiten. Insgesamt verlief die Auseinandersetzung im Internet mit unglaublicher Geschwindigkeit und mit internationaler Beteiligung. Auch informierte Nichtfachleute kamen zu Wort. Anders als bei Podiumsdiskussionen konnten die Gelehrten nicht von oben herab dozieren. Das sind alles große Vorteile gegenüber der Gemächlichkeit des normalen akademischen Rezensionsbetriebes und der Selbstgenügsamkeit vornehmer Blätter."

(TAZ Nr. 4975 vom 16.07.1996 S. 12. TAZ-Bericht: Mitchell G. Ash))

1. Welche Thesen vertritt Goldhagen, welche zustimmenden oder ablehnenden Aussagen anderer werden genannt?
2. Vergleicht die Diskussion im Internet mit anderen Debatten über historische Inhalte! Was ist neu?
4. Erprobt das Internet auch für andere historische Themen!

5 Kalter Krieg der Supermächte: Ein eiserner Vorhang teilt die Welt

Zur Auftaktseite

Das Bild wurde 1995 aufgenommen und zeigt die Erde aus dem Weltraum. In der Epoche des Kalten Krieges wurde zum ersten Mal die Erde zum Objekt der menschlichen Geschichte. Und das in einem vierfachen Sinn:

- Während frühere Imperien immer nur eine Region der Erde beherrschten, umspannten die beiden Lager des Kalten Krieges den ganzen Globus.
- Das Wettrüsten der beiden Militärblöcke sammelte durch die neuen Atomwaffen ein gigantisches Vernichtungspotential an, das zum ersten Mal alles Leben auf der Erde mehrfach vernichten konnte und kann.
- Im Zusammenhang mit dem Wettrüsten haben die Supermächte Raketen entwickelt, durch die zum ersten Mal Weltraumfahrt möglich wurde. Die Bilder und Daten, die sie zur Erde zurückfunkten, haben bisher gezeigt, dass es menschliches Leben nur auf der Erde gibt.
  Diese elektronischen Bilder haben auch die Erde aus dem Weltall gesehen abgebildet.
- Dieselbe Technik aber, die diese Bilder der Erde produziert, könnte auch das Leben auf der Erde vernichten.

Zur Einführung

Am Ende des Zweiten Weltkrieges, der 55 Millionen Menschen das Leben gekostet und viele mehr verletzt und vereinsamt, vertrieben und enteignet hat, träumte die Welt von Frieden. Die Aggressoren Deutschland und Japan sollten entmachtet und demokratisiert werden und eine Weltfriedensordnung mit Hilfe der ***Vereinten Nationen*** entstehen.

Im Krieg waren Großbritannien und Frankreich zwar auf der siegreichen Seite, aber der Krieg hatte sie so geschwächt, dass sie auf US-Hilfe angewiesen waren und in der Folge ihre Kolonialreiche verloren. Die gescheiterten neuen Weltreiche Deutschlands und Japans waren auf ein elementares Niveau bloßen Überlebens gesunken und dem Willen der Sieger unterworfen. Die ehemals von ihnen besetzten Gebiete von Polen und dem Balkan bis Korea und Vietnam waren schwer geschädigt und instabil. Nur die Sowjetunion und die USA gingen aus dem Krieg gestärkt als Weltmächte hervor. Die Sowjetunion, obwohl sie die größten Kriegsverluste hatte ertragen müssen, vor allem aufgrund der größten Armee der Welt und ihrer enormen Territorialgewinne, die USA besonders wegen ihrer im Krieg wieder gewachsenen Wirtschaftskraft und ihrer technischen Überlegenheit, die sie mit dem Abwurf der ersten Atombombe auf Hiroshima bewiesen. Sie hatten damit das Atomzeitalter eingeleitet.

In diesem Kapitel beleuchten wir, warum sich die Partner des Kampfs gegen das Dritte Reich binnen drei Jahren in Deutschland und anderen Teilen der Welt als Feinde gegenüberstanden, wie Deutschland, Europa und schließlich ein Großteil der Welt für über 40 Jahre gespalten wurde und wie das Wettrüsten zwischen ihnen die Welt auf Dauer in die Gefahr der Selbstvernichtung gebracht, zugleich aber Krieg zwischen den Industrienationen verhindert hat.

Der Begriff ***„Kalter Krieg“***, der 1946 von Bernard Baruch, dem Atomberater des US-Präsidenten geprägt wurde und in den 50er und 60er Jahren für die bi-polare Welt der Hochrüstung und Systemkonkurrenz sehr verbreitet war, wird unterschiedlich verwendet. Sicher ist, dass das Ende der Sowjetunion auch ihn beendet hat und dass er zwischen 1947 und 1953 und dann noch einmal während der Berlin- und Kuba-Krisen 1961/62 seine brisantesten Phasen hatte.

Diese Kenntnisse sind auch wichtig für Kapitel 8 dieses Buches und in Klasse 10, wenn es um die Entwicklung Russlands seit dem Zarenreich und Osteuropas nach 1945 gehen wird.

Zur Orientierung

Die Bündnissysteme des Kalten Kriegs

Wichtige Daten

1945	Ende des II. Weltkriegs, UNO-Gründung, US-Atombomben auf Japan
1947	Blockbildung in Europa: Marshall-Plan, Kominform, Sowjetisierung Osteuropas
1948–49	Konfrontation in Deutschland: Berlin-Blockade, Bildung von BRD und DDR Gründung des Staates Israel, der Indischen Föderation, Pakistans und der VR China
1950–53	Korea-Krieg. Montan-Union
17.6.1953	Volksaufstand in der DDR
1954	Niederlage Frankreichs in Indochina
1955	Aufnahme BRD in die NATO, der DDR in den Warschauer Pakt
1956	Aufstand in Ungarn, Suezkrise
1957	EWG und Euratom
1960	Konflikt Moskau–Peking beginnt
1961	Berlin-Krise. Bau der Mauer
1962	Kuba-Krise
seit 1963	Entspannung. Atomteststopp-, Weltraumabkommen, 1969 Kernwaffensperrvertrag
1965–72	Vietnam-Krieg
1968	Prager Frühling
seit 1969	Neue Ostpolitik
seit 1975	Helsinki-Prozess (KSZE)
1979–88	Afghanistan-Krieg
1981–83	NATO-Nachrüstungsdebatte
seit 1985	Perestroika in der Sowjetunion
1989–91	Zusammenbruch des Ostblocks

Grundbegriffe

Bi-polare Welt, „Eindämmung", Entspannung, „Gleichgewicht des Schreckens", „Marshall-Plan", „Politik der Stärke", Rüstung, Satellitenstaat, Supermacht, „Volksdemokratie"

1 Der Höhepunkt der Antihitlerkoalition

Die Potsdamer Konferenz – Beschlüsse für ein friedliches Deutschland in Europa?

Die Gegner Deutschlands im II. Weltkrieg fanden sich seit August 1941 verstärkt zu gemeinsamen Erklärungen und zeitweiligen Aktionen zusammen. Besondere Bedeutung für die Nachkriegsentwicklung kommt den Gipfeltreffen der „Großen Drei" – Churchill, Roosevelt und Stalin – in Teheran, Jalta und Potsdam zu, die mit gemeinsamen Erklärungen und Beschlüssen endeten. In den nachfolgenden Quellentexten werden jene Festlegungen umrissen, die für die Entwicklung Deutschlands nach Kriegsende maßgebend sein sollten.

1. Informiert euch über die „Großen Drei"!
2. Warum kam es zu gemeinsamen Erklärungen der „Großen Drei"?

Aus der Erklärung von Jalta vom Februar 1945 zur Besetzung und Kontrolle Deutschlands nach der bedingungslosen Kapitulation:

Q1 „Gemäß dem ... Plan werden die Streitkräfte der drei Mächte je eine Zone Deutschlands besetzen. (...) Es ist unser unbeugsamer Wille, den deutschen Militarismus und Nationalismus zu zerstören und dafür Sorge zu tragen, dass Deutschland nie wieder im Stande ist, den Weltfrieden zu zerstören. Wir sind entschlossen, alle deutschen Streitkräfte zu entwaffnen, (...) alle Kriegsverbrecher vor Gericht zu bringen und einer schnellen Bestrafung zuzuführen, (...) die Nationalsozialistische Partei, die nationalsozialistischen Gesetze, Organisationen und Einrichtungen zu beseitigen, (...) solche Maßnahmen in Deutschland zu ergreifen, die für den zukünftigen Frieden und die Sicherheit der Welt notwendig sind.
Es ist nicht unsere Absicht, das deutsche Volk zu vernichten ..."

(Zit. nach: Potsdamer Abkommen und andere Dokumente. 1951, 8/9)

1. Welche Ziele stellten die „Großen Drei" für ihre Politik nach Kriegsende ins Zentrum ihrer Deutschlandpolitik in Jalta?
2. Wie wollten sie diese Ziele realisieren?

Vom 17. Juli bis 2. August 1945 fand die Berliner Konferenz wegen der starken Zerstörungen der Stadt in Potsdam statt. Die hier während 13 Sitzungen gefassten Beschlüsse, Vereinbarungen und Absichtserklärungen sind im „Potsdamer Abkommen" vom 2. August 1945 niedergelegt. Die Ziele von Jalta wurden dabei untermauert und in den Teilen III und VII weitere politische und wirtschaftliche Grundsätze der Deutschlandpolitik dargelegt:

Q2 „III/A. Politische Grundsätze
„1. Entsprechend der Übereinkunft über das Kontrollsystem in Deutschland wird die höchste Regierungsgewalt in Deutschland durch die Oberbefehlshaber der Streitkräfte (...), nach den Weisungen ihrer entsprechenden Regierungen ausgeübt, und zwar von jedem in seiner Besatzungszone, sowie gemeinsam in ihrer Eigenschaft als Mitglieder des Kontrollrates in den Deutschland als Ganzes betreffenden Fragen.
2. So weit dieses praktisch durchführbar ist, muss die Behandlung der deutschen Bevölkerung in ganz Deutschland gleich sein.
3. Die Ziele der Besetzung Deutschlands, sind:
(I) Völlige Abrüstung und Entmilitarisierung Deutschlands und die Ausschaltung der gesamten deutschen Industrie, welche für eine Kriegsproduktion benutzt werden kann, oder deren Überwachung. (...)
(II) Das deutsche Volk muss überzeugt werden, dass es eine totale militärische Niederlage erlitten hat. (...)
(III) Die Nationalsozialistische Partei ist zu vernichten (...)
(IV) Die endgültige Umgestaltung des deutschen politischen Lebens auf demokratischer Grundlage und eine eventuelle friedliche Mitarbeit Deutschlands am internationalen Leben ist vorzubereiten. (...)
5. Kriegsverbrecher und alle diejenigen, die in der Planung oder Verwirklichung nazistischer Maßnahmen, die Gräuel oder Kriegsverbrechen nach sich zogen oder als Ergebnis hatten, teilgenommen haben, sind zu verhaften und dem Gericht zu übergeben. Nazistische Parteiführer, einflussreiche Nazianhänger und die Leiter der nazistischen Ämter und Organisationen und alle Personen, die für die Besetzung und ihre Ziele gefährlich sind, sind zu verhaften und zu internieren. (...)
9. (IV) Bis auf weiteres wird keine zentrale deutsche Regierung errichtet werden. (...)"

(Zit. nach: Potsdamer Abkommen und andere Dokumente. 1951, 17–19)

1. Wer übte entsprechend der Potsdamer Beschlüsse die oberste Regierungsgewalt in Deutschland aus?
2. Welche grundlegenden politischen Grundsätze vereinbarten die Alliierten?

Q3 „Wirtschaftliche Grundsätze"
12. In praktisch kürzester Frist ist das deutsche Wirtschaftsleben zu dezentralisieren mit dem Ziel der Vernichtung der bestehenden über-

mäßigen Konzentration der Wirtschaftskraft, dargestellt insbesondere durch Kartelle, Syndikate, Trusts und andere Monopolvereinigungen.
13. Bei der Organisation des deutschen Wirtschaftslebens ist das Hauptgewicht auf die Entwicklung der Landwirtschaft und der Friedensindustrie für den inneren Bedarf zu legen.
14. Während der Besatzungszeit ist Deutschland als eine wirtschaftliche Einheit zu betrachten. (...)
19. Die Bezahlung der Reparationen soll dem deutschen Volk genügend Mittel belassen, um ohne eine Hilfe von außen zu existieren. Bei der Aufstellung des Haushaltsplanes Deutschlands sind die nötigen Mittel für die Einfuhr bereitzustellen, die durch den Kontrollrat in Deutschland genehmigt worden ist. (...)"

(Zit. nach Potsdamer Abkommen und anderen Dokumente. 1951, 19–21)

1. Analysiert die wirtschaftlichen Grundsätze hinsichtlich ihrer möglichen Auswirkungen auf die deutsche Wirtschaft!
2. Überprüft, ob die in Q1 bis Q3 getroffenen Regelungen eine eindeutige Interpretation für alle Besatzungsmächte garantierten oder schon den Keim unterschiedlicher Wege enthielten!

Im Konferenzdokument sind in den folgenden Abschnitten weitere für die europäische Nachkriegsentwicklung entscheidende Festlegungen getroffen

Q4 1. Die Reparationsansprüche der UdSSR sollen durch Entnahme aus der von der UdSSR besetzten Zone in Deutschland und durch angemessene deutsche Auslandsguthaben befriedigt werden.
2. Die UdSSR wird die Reparationsansprüche Polens aus ihrem Anteil an den Reparationen befriedigen. (...)
3. Die Reparationsansprüche der Vereinigten Staaten, des Vereinigten Königreichs und der anderen Länder werden aus den westlichen Zonen und entsprechenden deutschen Auslandsguthaben befriedigt werden.
6. Die Entnahme der industriellen Ausrüstung soll innerhalb von zwei Jahren abgeschlossen sein."

(Zit. nach: Potsdamer Abkommen, a.a.O., S. 21/22)

B1 Plenarsitzung der Potsdamer Konferenz am Runden Tisch in Schloss Cecilienhof, Juli 1945.

Q5 „Bezüglich der Westgrenze Polens: Die Häupter der drei Regierungen bekräftigen ihre Auffassung, dass die endgültige Festlegung der Westgrenze Polens bis zu der Friedenskonferenz zurückgestellt werden soll. (Sie) stimmen darin überein, dass bis zur endgültigen Festlegung der Westgrenze Polens, die früher deutschen Gebiete östlich der Linie, die von der Ostsee unmittelbar westlich von Swinemünde und von dort die Oder entlang bis zur Einmündung der westlichen Neiße und die westliche Neiße entlang bis zur tschechoslowakischen Grenze verläuft, einschließlich des Teils Ostpreußens, der nicht unter die Verwaltung der Union der Sozialistischen Sowjetrepubliken (...) gestellt wird, und einschließlich des Gebietes der früheren Freien Stadt Danzig, unter die Verwaltung des polnischen Staates kommen und in dieser Hinsicht nicht als Teil der sowjetischen Besatzungszone in Deutschland betrachtet werden soll."

(Zit. nach: Potsdamer Abkommen, a.a.O., 25.)

1. Nennt die Beschlüsse bezüglich der Reparationen!
2. Diskutiert die in Q5 genannten Gebietsveränderungen !
3. Erläutert den Begriff „Westverschiebung" Polens! (Vgl. K3 S.116!)
4. Wertet die Vertagung einer endgültigen Grenzziehung bis zu Friedensverhandlungen!

2 Der Marshall-Plan

1944/45	Befreiung von deutscher Herrschaft und Besetzung durch die Sowjetarmee	
1945	Bildung von Koalitionsregierungen unter Führung der jeweiligen Landes-KP (Kampfbündnis der Antifaschisten)	
1945/46	politische Entwicklung „gelenkte“ Wahlen (Einheitsliste) Unterdrückung der Opposition, Zensur	wirtschaftliche Entwicklung Bodenreform (Enteignung der Großgrundbesitzer) (außer in Polen) Verstaatlichung der Großindustrie, der Banken und des Außenhandels „Planwirtschaft“, Kollektivierung der Landwirtschaft (außer in Polen)
1946/47	Sozialistische Verfassung	

B1 Der Weg zur Volksdemokratie/„neuen Demokratie“

K2 Ausweitung des sowjetischen Machtbereiches.

Der amerikanische Präsident Harry S. Truman in einer Ansprache an den Kongress am 12.3.1947:

Q1 „In einer Anzahl von Ländern sind den Völkern kürzlich gegen ihren Willen totalitäre Regime aufgezwungen worden. Im gegenwärtigen Abschnitt der Weltgeschichte muss fast jede Nation ihre Wahl in Bezug auf ihre Lebensweise treffen. Nur allzu oft ist es keine freie Wahl. Die eine Lebensweise gründet sich auf den Willen der Mehrheit und zeichnet sich durch freie Einrichtungen, freie Wahlen, Garantie der individuellen Freiheit, Rede- und Religionsfreiheit und Freiheit vor politischer Unterdrückung aus. Die zweite Lebensweise gründet sich auf den Willen einer Minderheit, der der Mehrheit aufgezwungen wird. Terror und Unterdrückung, kontrollierte Presse und Rundfunk, fingierte Wahlen und Unterdrückung der persönlichen Freiheiten sind ihr Kennzeichen. Ich bin der Ansicht, dass es die Politik der Vereinigten Staaten sein muss, die freien Völker zu unterstützen, die sich der Unterwerfung durch bewaffnete Minderheiten oder Druck von außen widersetzen.“

(Zit. nach: Europa-Archiv 1947, 819f.)

1. Erläutert mithilfe von K1 Methoden der sowjetischen Expansion!
2. Erläutert worauf Truman anspielt!
3. Nehmt zu den Zielen und Folgen dieser Politik Stellung! Beachtet Q2!

US-Außenminister George C. Marshall am 5.6.1947:

Q2 „Es ist nur logisch, dass die Vereinigten Staaten alles tun, was in ihrer Macht steht, um die Wiederherstellung gesunder wirtschaftlicher Verhältnisse in der Welt zu fördern, ohne die es keine politische Stabilität und keinen sicheren Frieden geben kann. Unsere Politik richtet sich nicht gegen irgend ein Land oder irgend eine Doktrin, sondern gegen Hunger, Armut, Verzweiflung und Chaos. Ihr Zweck ist die Wiederbelebung einer funktionierenden Weltwirtschaft. (...) Bevor die USA zum Gesundungsprozess der europäischen Welt beitragen können, müssen die Länder Europas untereinander zu einer Einigung darüber kommen, (...) inwieweit sie selbst dazu beitragen können, eine volle Auswertung der Maßnahmen unserer Regierung zu erzielen. (...) Unsere Rolle sollte darin bestehen, den Entwurf eines europäischen Programms freundschaftlich zu fördern und später dieses Programm zu unterstützen, soweit das für uns praktisch ist."

Zit. nach: Archiv der Gegenwart, 1946/1947, 1106f.

Von 1948 bis 1952 erhielten:	
Großbritannien	3,6 Mrd. Dollar
Frankreich	3,1 Mrd. Dollar
Italien	1,6 Mrd. Dollar
Deutschland (West)	1,5 Mrd. Dollar
Niederlande	1,0 Mrd. Dollar
Belgien/Luxemburg	0,6 Mrd. Dollar
Verschiedene	1,8 Mrd. Dollar
Österreich	0,7 Mrd. Dollar
Griechenland	0,8 Mrd. Dollar

B2 Empfänger von Marshall-Plan-Geldern.

B3 Plakat der ERP (Europäische Reform Partei) von 1947

B4 Plakat aus der ČSSR zum Marshallplan von 1947. Auf den Rettungsringen steht: für Italien, für England, für BeNeLux, für Frankreich, für Deutschland. Die Figur zeigt US-Außenminister Marshall.

1. Untersucht, wer tatsächlich unterstützt wurde und wer unterstützt werden sollte!
2. Vergleicht die Plakate und erklärt die Bildsymbole!

Antrag der sowjetischen Delegation auf der Pariser Marshallplan-Konferenz vom 30.7.1947:

Q3 „Die Beratung ist der Meinung, dass es nicht zu ihrer Aufgabe gehört, ein umfassendes Wirtschaftsprogramm für die europäischen Länder auszuarbeiten, da die Aufstellung eines solchen Wirtschaftsprogramms für ganz Europa durch die drei Großmächte, und sei es auch unter Teilnahme einiger anderer Länder, unweigerlich dazu führen würde, dass starke europäische Mächte anderen europäischen Ländern ihren Willen aufzwingen und eine Einmischung in die inneren Angelegenheiten dieser Staaten sowie die Verletzung ihrer Souveränität bedeuten würde. (...) Die Frage Deutschland unterliegt der Behandlung der vier Mächte."

(M. M. Molotow: Fragen der Außenpolitik. 1949, 657ff.)

1. Überlegt, warum die Sowjetunion den Marshall-Plan ablehnte!
2. Erläutert, welche Folgerungen die UdSSR zog (Q4)!

Deklaration über die Gründung des Kominform vom 30.9.1947:

Q4 „Da die UdSSR und die Länder der neuen Demokratie ein Hindernis bei der Durchführung der imperialistischen Pläne des Kampfes um die Weltherrschaft und die Zerschlagung der demokratischen Bewegung sind, wurde ein Kreuzzug gegen die UdSSR und die Länder der neuen Demokratie proklamiert, der auch durch Drohungen mit einem neuen Krieg ... bestärkt wird. Auf diese Weise entstanden zwei Lager: Das imperialistische, antidemokratische Lager, dessen Hauptziel die Weltherrschaft des amerikanischen Imperialismus und die Zerschlagung der Demokratie ist und das antiimperialistische und demokratische Lager, dessen Hauptziel die Untergrabung des Imperialismus, die Festigung der Demokratie und die Liquidierung der Überreste des Faschismus ist. (...) Unter diesen Umständen muss sich das antiimperialistische, demokratische Lager zusammenschließen (...) gegen den amerikanischen Imperialismus, gegen dessen britische und französische Verbündete und gegen die rechtsgerichteten Sozialisten..."

(Zit. Nach: Kessings Archiv der Gegenwart. 1947, 1207f.)

1. Vergleicht Q1 und Q4!
2. Erörtert, wie und wann es zum „Kalten Krieg" gekommen ist! Beachtet den Darstellungsteil!

3 Der Kalte Krieg als Propagandakrieg

Auch der Kalte Krieg war wie die meisten „heißen" Kriege mit einer Hysterie über innere und äußere Feinde verbunden. Plakate und Dokumente aus West- und Ostdeutschland beweisen das.

B1 Wahlplakat der CDU für die erste Bundestagswahl 1949.

B2 Plakat der Gesellschaft für Deutsch-Sowjetische Freundschaft der DDR von 1951.

1. Untersucht die Gestaltung der Plakate und die Vorwürfe, die sie erheben!

B3 FDP-Plakat von 1954: Westdeutschen Persönlichkeiten (unter dem Helm) werden auf Zetteln folgende Argumente gegen die Westintegration unterstellt: Helene Wessel fordere „Neutralität"; Dr. Schumacher: „Wer den Bonner Verträgen zustimmt, ist kein guter Deutscher"; Pfarrer Martin Niemöller: „Widerstand gegen Bonn"; Gustav Heinemann: „Kriegsdienstverweigerung".

B4 Plakat der SED von 1952.

2. Vergleicht die Aussage der Plakate aus Ost- und Westdeutschland mit den Aussagen der Reden von Truman (Q1, S. 110) und Marshall (Q2, S. 110f.)!

„Ein erbitterter Kampf um die Jugend in Deutschland" (aus dem Protokoll der Tagung des Parteivorstandes der SED, 14.4.1948).

Q1 „Die politische Linie und die Arbeitsmethoden der Jugendpolitik der reaktionären Kräfte im Westen werden entscheidend bestimmt durch die anglo-amerikanische Militärregierung, durch die Händler in Kaugummi, in Atombomben und in Amerikanismen, die immer stärker in die deutsche Jugend eingeführt werden. Das sogenannte German YOUTH ACTIVITY-Programm, (...) das die Amerikaner selbst als Coca-Cola-Programm bezeichnen, dient vor allem der Einführung der Amerikanismen in das Leben der deutschen Jugend und ihrer Entpolitisierung.
(...) Da es unmöglich ist, im Westen und Süden Deutschlands der Jugend eine klare Perspektive über ihre Zukunft zu entwickeln, vertröstet man sie – neben der uns bekannten Hetze gegen alles was fortschrittlich ist und dem Kriegsgeschrei – auf eine Hilfe aus Amerika und predigt ihr einen Nihilismus, eine Ausweglosigkeit, die frivol und außerordentlich verderbbringend ist. (...) Dem reaktionären Gedankengut müssen wir stärker als bisher das neue, das bessere und erstrebenswertere Ideal gegenüberstellen, ... das kann nur unsere sozialistische Weltanschauung ... sein."

(Zit. nach: U. Mählert/G.-R. Stephan: Blaue Hemden, Rote Fahnen. 1996, 62)

1. Untersucht Sprache und Inhalt dieses Textes!
2. Ordnet ihn in den „Kalten Krieg" ein!

3 Der Schatten von Hiroshima – Leben mit Atomwaffen

Aus der Rundfunkansprache Bundeskanzler Adenauers vom 18.9.1951:

Q2 „(...), ich wiederhole: Sowjetrussland rechnet damit, dass die Vereinigten Staaten an einem schwachen Europa kein Interesse mehr haben und sich aus Europa zurückziehen würden. Sowjetrussland würde dann nicht nur die Bundesrepublik, sondern auch die übrigen westeuropäischen Länder ohne Krieg in seine Einflusssphäre ziehen und schließlich Herr von ganz Europa werden. Was dann unser Los sein würde, wissen wir. Wir brauchen nur an die Tschechoslowakei, an Ungarn, an Polen und die übrigen Satellitenstaaten zu denken. Der Untergang Deutschlands würde dann sicher sein. Ganz Europa wäre politisch ein Anhängsel desjenigen Teils von Asien, der von Sowjetrussland beherrscht wird. Wir würden den Kommunismus in seiner asiatischen Form mit all seinen Schrecken bekommen. Was uns heilig und teuer ist, würde vernichtet werden. Für niemanden gäbe es mehr Freiheit. Die abendländisch-christliche Kultur, das Christentum selbst, würden vernichtet werden. Wenn Deutschland Niemandsland bleibt und wenn es schließlich doch zu einer kriegerischen Auseinandersetzung in Europa käme, würde Deutschland Kampffeld für die aufeinander prallenden Mächte werden. Das Schicksal des unglücklichen Koreas würde dann unser Schicksal sein, über Korea ist bisher siebenmal der Kampf hin- und hergegangen.“

(Zit. nach: H. Krieger (Hg.): Die Welt seit 1945. Teil 1, 237)

1. Arbeitet heraus, wie der erste Bundeskanzler die Sowjetunion einschätzte!
2. Informiert euch im Darstellungsteil über den Korea-Krieg!

B1 Die japanische Stadt Hiroshima nach dem Abwurf der ersten Atombombe.

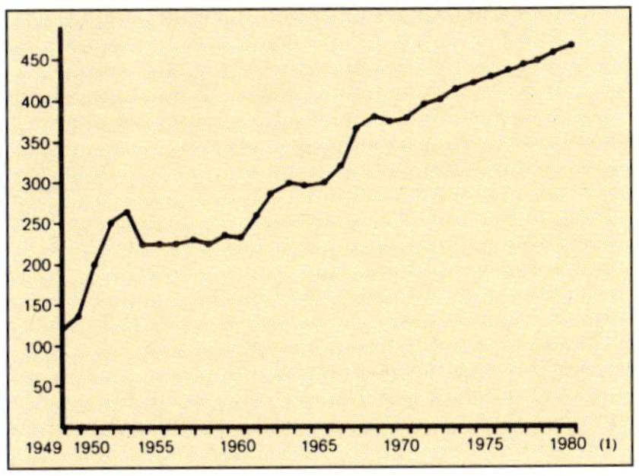

B2 Weltweite Steigerung der Rüstungsausgaben seit 1949 (in Mrd. Dollar).

1. Untersucht den Aussagewert von B3! Worauf ist die Steigerung der Rüstungsausgaben (B2) zurückzuführen? (Beachtet B11, S. 122)

Aus der Abschiedsrede des amerikanischen Präsidenten Jimmy Carter am 14.1.1981:

Q1 „Es ist nun 35 Jahre her, seit die erste Atombombe auf Hiroshima fiel. Die große Mehrheit der Bevölkerung der Welt kann sich an keine Zeit erinnern, da der nukleare Schatten nicht auf unsere Erde fiel. Wir haben uns in unseren Gedanken daran gewöhnt, wie unsere Augen sich nach einiger Zeit an die Dunkelheit gewöhnen.

Und doch hat sich die Gefahr einer nuklearen Feuersbrunst nicht vermindert. Sie ist bisher nicht aufgetreten, aber das kann uns nur wenig Trost bereiten, denn so etwas passiert nur einmal. Die Gefahr wird immer größer, da die Arsenale der Supermächte immer mehr an Umfang und Raffinesse zunehmen. Und da andere Regierungen diese Waffen erwerben, ist es vielleicht nur noch eine Frage der Zeit, bevor Verrücktheit, Verzweiflung, Habgier oder Fehlkalkulation diese schreckliche Kraft freisetzen.

In einem weltweiten Nuklearkrieg würde mehr Zerstörungskraft als im gesamten Zweiten Weltkrieg freigesetzt werden, und zwar in jeder Sekunde des langen Nachmittages, den man für den Abschuss und Abwurf aller Raketen und Bomben benötigen

B3 Wichtige rüstungstechnologische Neuerungen der USA und UdSSR seit 1945.

Waffensysteme	Jahr USA	UdSSR
Atombombe (erste Zündung)	1945	1949
Wasserstoffbombe (erste Reaktion)	1951	1953
Langstreckenbomber	1948/53/55	1956
Interkontinentalraketen (ICBM) (Testflug)	1958	1957
Atom-U-Boote	1955/56	1962
Anti-Raketen-Raketen (erster Abschuss)	1960	1961
ICBM mit Feststoffantrieb	1962	1969
Raketen mit Mehrfachsprengköpfen (MRV)	1964	1968/72
Raketen mit mehrfachen einzeln programmierbaren Sprengköpfen (MIRV)	1970	1973/75
Neutronenwaffe (ER/RB)	1981	—
Marschflugkörper, neue Generation (Cruise Missile)	1983	—
Raketen mit mehrfachen, nachträglich noch einzeln steuerbaren Sprengköpfen (MARV)	1985	—
Mehrfachzielpunktsystem (MAP)	1986	—

würde: Jede Sekunde würde ein Zweiter Weltkrieg stattfinden, und in den ersten Stunden würden mehr Menschen getötet als in allen Kriegen der Geschichte zusammen. Die Überlebenden – wenn es überhaupt welche geben würde – würden in Verzweiflung leben inmitten der vergifteten Ruinen einer Zivilisation, die Selbstmord begangen hätte.
Nationale Schwäche – real oder nur so gesehen – kann zu Aggressionen verleiten und damit einen Krieg auslösen. Deshalb können die Vereinigten Staaten ihre militärische Stärke nicht vernachlässigen. Wir müssen stark bleiben, und wir sind es auch. Aber mit gleicher Entschlossenheit müssen die Vereinigten Staaten und alle Länder Mittel und Wege finden, um die schreckliche Gefahr zu kontrollieren und zu reduzieren, die durch die nuklearen Waffenlager der Welt gegeben ist."

(Zit. nach: H. Krieger: a.a.O., 491)

1. Beschreibt die Gefahren, die durch Atomwaffen heraufbeschworen werden!
2. Erläutert, welche Politik die USA angesichts der Atomgefahr verfolgten!

B4 Friedenskundgebung in Bonn 1983.

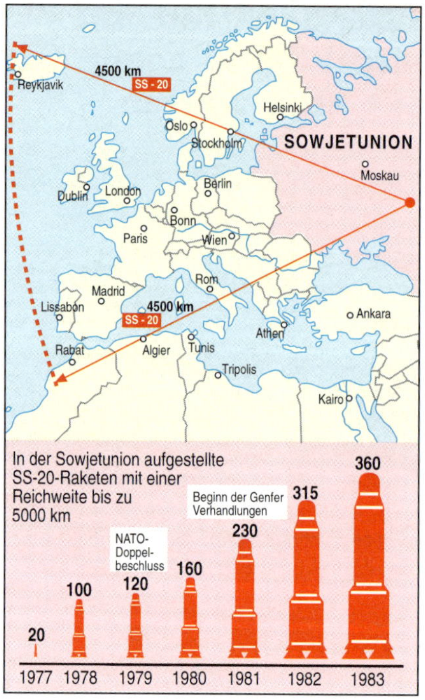

B5 Rüstung der Sowjetunion 1977–83.

Warum Nachrüstung?

Q2 „Durch ihre SS-20-Rüstung hat die Sowjetunion das Gleichgewicht der Kräfte in einem für die NATO unerträglichen Maße verändert. Die NATO kann deshalb die Sicherheit ihrer Mitgliedstaaten künftig nur garantieren, wenn sie eine abschreckungswirksame Gegendrohung zur SS-20 aufbaut. Zum Zwecke der Abschreckung muss diese Gegendrohung von Waffensystemen ausgehen (Pershing II-Raketen und Marschflugkörper), die sowjetisches Territorium erreichen können. Die Sowjetunion muss wissen, dass ein Angriff gegen Westeuropa – auch in einer Zeit nuklearstrategischer Parität – auf sie selbst zurückschlagen würde."

(H. Rühle; Warum Nachrüstung? in: apz vom 23.9.1983, 24)

Der SPD-Vorsitzende Willy Brandt auf der Bonner Kundgebung:

Q3 „Zu Hunderttausenden stehen wir hier, in strikter Gewaltfreiheit, um über sonst Trennendes hinweg zu bekunden: Wir brauchen in Deutschland und in Europa, solange es steht, nicht mehr Mittel der Massenvernichtung, wir brauchen weniger. Deshalb sagen wir nein zu immer neuen Atomraketen.
(...) Die neuen Waffen mit den ganz kurzen Vorwarnzeiten führen zusätzliche Gefahren mit sich. Und wir dürfen nicht zu Gefangenen der Erwartung werden, dass es keinen Fehler gibt, bei Menschen und Computern. Der mir gewiss vertraute Satz, von deutschem Boden dürfe nie mehr Krieg ausgehen, droht zur inhaltsleeren Phrase zu verkommen. Wer will, dass dieser gute Satz gilt, der darf sich nicht damit abfinden, dass beide deutsche Staaten gegen jedes vernünftige Interesse zu Abschussrampen für neue Atomraketen der Weltmächte gemacht werden. Nicht nur der unmittelbaren Gefährdung wegen ist es Zeit zur Umkehr. Auch die unanständige Verschwendung von Mitteln kann nicht ungestraft fortgesetzt werden. ... In dieser Minute sterben anderswo 30 Kinder an Hunger und unheilbarer Krankheit. Und in dieser selben Minute werden weltweit dreieinhalb Millionen Mark für Rüstung ausgegeben. Das ist gegen alle Menschlichkeit. So wird zudem die Weltwirtschaft ruiniert. Dazu kann man nicht schweigen, dazu muss man nein sagen. Ein sehr nachhaltiges Ja jedoch zu dem, was zusammengehört: Frieden und Arbeit, Arbeit und Frieden."

(Zit. nach: Süddt. Zeitung vom 24.10.1983)

1. Stellt Motive zusammen, die die Menschen zu den Friedenskundgebungen veranlasst haben könnten!
2. Diskutiert die Kritik Willy Brandts (vgl. Q2 und B5)!

Der Kalte Krieg der Supermächte

Was war der Kalte Krieg?

Auf dem Gipfeltreffen mit dem amerikanischen Präsidenten Bush 1990 in Malta sprach der damalige Staatschef der Sowjetunion, Gorbatschow, vom Ende des Kalten Krieges. Nach Jahrzehnten der Konfrontation und des Wettrüstens hoffte er auf ein friedliches Nebeneinander und auf wirtschaftliche Zusammenarbeit der beiden „Supermächte" USA und UdSSR. Aber schon ein Jahr später existierte die Sowjetunion nicht mehr (vgl. S. 196ff). Die USA blieben als einzige Weltmacht übrig und gingen aus dem jahrzehntelangen Konflikt zwischen dem sozialistischen und kapitalistischen Wirtschafts- und Gesellschaftssystem als Sieger hervor. Dieser Konflikt, der im Grunde schon 1917 begonnen hatte und nur durch die Anti-Hitler-Koalition im Zweiten Weltkrieg verdeckt worden war, beherrschte die Weltpolitik nach 1945. Es ging um Interessenzonen und Einflusssphären, um gegenseitige Bedrohung und Abschreckung mit immer gefährlicheren Waffen.

Innerhalb dieses Dauerkonflikts wird die Zeit zwischen dem Koreakrieg (1950) und der Kubakrise (1961) als eigentliche Phase des Kalten Kriegs bezeichnet. Häufig wird aber auch die gesamte Nachkriegszeit bis 1990 als Epoche des Kalten Krieges bezeichnet. Manche Forscher setzen mit dem Jahr 1961 eine Wende im Kalten Krieg, weil danach die jeweiligen Einflusssphären konsequenter respektiert wurden und die Einsicht zunahm, im Interesse des Weltfriedens zu einem „Miteinander" (sog. „Politik der friedlichen Koexistenz") kommen zu müssen. Andere datieren das Ende des Kalten Kriegs auf die Jahre 1968/70, weil mit dem Ende des Vietnamkrieges und dem Einmarsch der Truppen des Warschauer Pakts in Prag beide Supermächte moralisch so viel an Ansehen verloren hatten, dass sie langfristig zu einer anderen Politik gezwungen wurden.

Eindeutiger als das Ende lässt sich der Anfang des Kalten Kriegs bestimmen. Er entstand aus den ungelösten Problemen der Anti-Hitler-Koalition und ihrem Sieg im Zweiten Weltkrieg und aus dem wachsenden Misstrauen zwischen den Siegermächten und ihren führenden Politikern.

Beschlüsse der Anti-Hitler-Koalition

Im Mai 1945 endete der Zweite Weltkrieg in Europa mit der bedingungslosen Kapitulation Deutschlands. Die

K1 Die Besatzungszonen in Deutschland und Österreich.

„Anti-Hitler-Koalition" – Großbritannien, USA, Sowjetunion und die mit ihnen verbündeten Nationen – sah in ihrem Sieg die Grundlage einer Weltfriedensordnung. Sie gründete 1945 die Vereinten Nationen (UNO). Fast alle Staaten der Welt sind seither in der UN-Vollversammlung vertreten und haben die Satzung der UN anerkannt.

Das zweite Hauptziel der Anti-Hitler-Koalition war es die sog. „Aggressorstaaten" – Deutschland, Japan, Italien zu besetzen und umzugestalten, damit sie die internationale Ordnung nicht mehr gefährden konnten. Zur

B2 Februar 1945 Gipfelkonferenz der „Großen Drei" in Jalta. Churchill, Roosevelt, Stalin.

K3 Die „Westverschiebung" Polens.

inneren Umgestaltung Deutschlands einigten sich die „Großen Drei" 1945 auf den Gipfelkonferenzen in Jalta und Potsdam auf folgende Grundsätze: Deutschland sollte entwaffnet (Demilitarisierung), seine Wirtschaft entflochten (Dezentralisation), die Gesellschaft demokratisiert und umerzogen (Denazifizierung) werden (die sog. 4 „D"s). Zugleich sollte Deutschland Reparationen für Kriegsschäden, vor allem an die Sowjetunion, Frankreich und andere Länder leisten.

K4 Deportation, Vertreibung und Flucht von Deutschen und Polen.

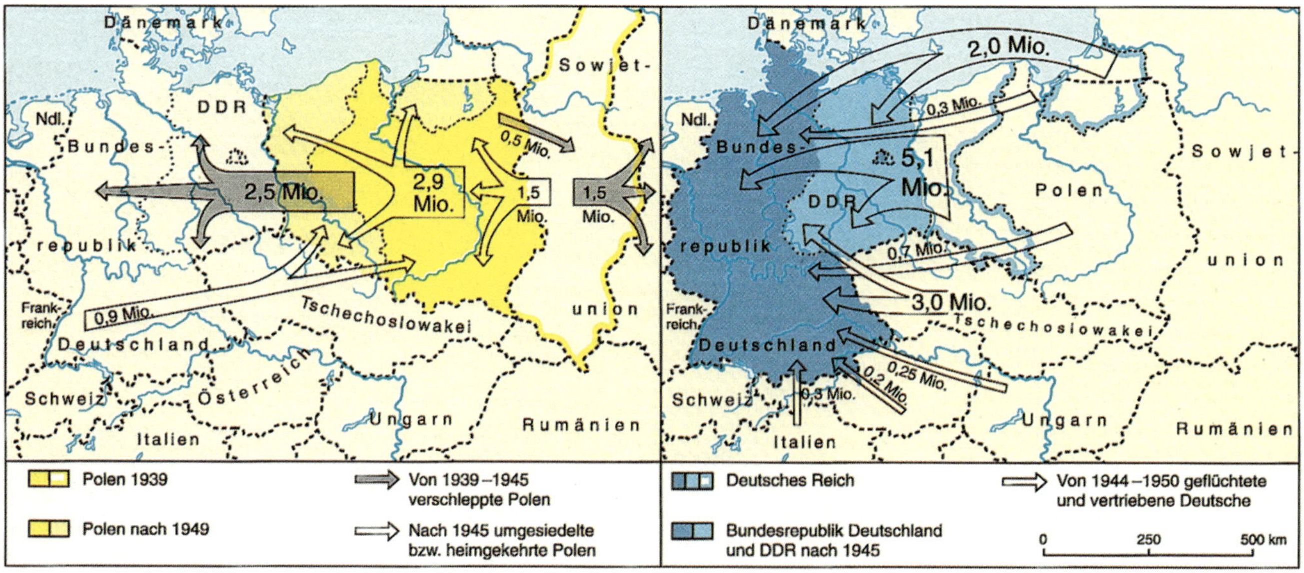

Was die Grenzfrage betraf, so beschlossen die Siegermächte Deutschland in den Grenzen von 1937 in drei Besatzungszonen aufzuteilen. Außerdem sollte Polen nach Westen verschoben werden. Es musste seine östlichen Provinzen an die Sowjetunion abtreten, die sich auch die baltischen Staaten einverleibte. Dafür wurden die deutschen Ostprovinzen bis zur Oder und Neiße polnischer Verwaltung unterstellt. Die dort beheimateten Deutschen (wie auch die übrigen Deutschen Ostmitteleuropas) sollten in das restliche Deutschland „ausgesiedelt" werden – tatsächlich wurden sie aber unter großen Verlusten gewaltsam vertrieben.

Ob in Jalta durch die Siegermächte auch eine Aufteilung Europas in Einflusszonen festgelegt wurde, ist umstritten. Eine vage Absprache sah vor, dass Deutschland, Österreich (und in anderer Form Teile des Balkans) ihrem gemeinsamen Einfluss unterlägen; westlich davon sollte der anglo-amerikanische Einfluss dominieren, östlich der sowjetische. Die Sowjetunion betrachtete dies als einen Freibrief für die Schaffung eines Sicherheitsgürtels osteuropäischer ***Satellitenstaaten***. Andererseits versuchte Stalin, die im Widerstandskampf gegen Hitler gewachsenen kommunistischen Parteien Westeuropas zu verpflichten, auf eine revolutionäre Politik zu verzichten.

1. Erläutert anhand von K3, S. 116 den Begriff „Westverschiebung" Polens und zeigt auf, wie sie vollzogen wurde!

2. Zeigt anhand von K3, S. 116 und K4, S. 116 welche Auswirkungen dieser Vorgang auf das deutsch-polnische Verhältnis hatte!

3. Erklärt das sowjetische Streben nach einem Gürtel von Satellitenstaaten an seiner Grenze!

Die Spaltung Europas

Wichtiger als Konferenzbeschlüsse waren am Ende des Krieges die militärischen Machtverhältnisse. Die militärische Besetzung und Anwesenheit der Roten Armee in den Ländern Ostmitteleuropas und dem Balkanraum führte zur Errichtung sowjetfreundlicher ***„Volksdemokratien"***. Unter maßgeblicher Mitwirkung der jeweiligen Kommunistischen Partei wurden eine Bodenreform eingeleitet, Handel und Industrie verstaatlicht und ein am sowjetischen Vorbild orientiertes Wirtschafts- und Gesellschaftssystem eingerichtet (vgl. S. 110f.).

Schon im Frühjahr 1945 hatte Stalin gegenüber einer Delegation jugoslawischer Kommunisten geäußert:

„Dieser Krieg ist nicht wie in der Vergangenheit; wer immer ein Gebiet besetzt, erlegt ihm auch sein eigenes gesellschaftliches System auf. Jeder führt sein eigenes System ein, soweit seine Armee vordringen kann. Es kann gar nicht anders sein."

Begünstigt wurde das sowjetische Vorgehen durch die weitgehende Zerstörung dieser Staaten im Zweiten Weltkrieg und die politische Lähmung ihrer Gesellschaften. Es fehlte an Kapital zum Wiederaufbau. Die Sowjetunion als Siegermacht war ökonomisch schwach, aber gerade deshalb (und aus Sicherheitsgründen) an einem Kranz abhängiger Staaten an ihrer Westgrenze interessiert.

Und so stellte der britische Premierminister Churchill im Frühjahr 1946 fest:

„Von Stettin an der Ostsee bis hinunter nach Triest an der Adria ist ein ‚Eiserner Vorhang' über den Kontinent gezogen. Hinter jener Linie liegen alle Hauptstädte der alten Staaten Zentral- und Osteuropas ... und alle sind sie in dieser oder jener Form nicht nur dem sowjetrussischen Einfluß ausgesetzt, sondern auch in ständig zunehmendem Maße der Moskauer Kontrolle unterworfen."

Im Westen und Süden Europas waren die Kriegsschäden weniger sichtbar, aber der Krieg (bzw. die deutsche Besatzungsherrschaft) hatte auch hier den Reichtum ehemaliger Großmächte ausgezehrt. Außerdem schwächten die Selbstständigkeitsbestrebungen in den Kolonien Frankreich und Großbritannien zusätzlich. Die frühere internationale Arbeitsteilung der Wirtschaft funktionierte nicht mehr. Selbst England und Frankreich waren nun von materieller Hilfe der USA abhängig und mussten sich an deren Führung orientieren.

In den USA gewährte man solche Übergangshilfen zunächst pragmatisch, ohne sie in einen weltpolitischen Entwurf einzuordnen. Seit Anfang 1947 jedoch sah man im ökonomischen Chaos Europas den Nährboden für ein Fortschreiten der Weltrevolution und damit des sowjetischen Einflusses. Amerikas Strategie zielte deshalb auf eine weltweite ***Eindämmung*** (containment) der Sowjetunion und des Kommunismus. Am 12.3.1947 verkündete US-Präsident Truman, dass alle Länder in ihrem Kampf gegen kommunistische Umsturzversuche auf amerikanische Militärhilfe rechnen könnten („Truman-Doktrin") (vgl. S. 110f.). Zur Bekämpfung revolutionärer Tendenzen wurden in der Folge militärische Paktsysteme gebildet, die OAS für Lateinamerika, die SEATO für den pazifischen Raum und der CENTO-Pakt für den mittleren Osten. In Westeuropa wurde Anfang 1948 der Brüsseler Pakt (formell gegen die Gefahr eines deut-

B5 Die „Tarantel", ein westliches Satireblatt zum illegalen Vertrieb in der DDR, zeigt 1951 den Gegenwind in der Großwetterlage als absurdes Bild.

schen Angriffs) gegründet, der ein Jahr später unter Führung der USA zum wichtigsten dieser Militärbündnisse im Kalten Krieg, dem Nordatlantikpakt (NATO), ausgebaut wurde.

Am 5.6.1947 verkündete der US-Außenminister den ***Marshall-Plan***, wonach alle europäischen Länder von den USA Wiederaufbauhilfe erhalten konnten, die bereit waren, ihre ökonomischen Probleme offen zu legen und in einer Organisation für europäische wirtschaftliche Zusammenarbeit (OEEC) unter amerikanischer Anleitung zusammenzuarbeiten. Auch die Sowjetunion hatte Kredite von den USA erbeten; angesichts dieser Bedingung verzichtete sie aber darauf und zwang auch Länder wie die Tschechoslowakei und Polen zum Verzicht. Die Phase der Kooperation mit den westlichen Demokratien war damit beendet, der Kalte Krieg hatte begonnen.

Die westeuropäischen Staaten und die Militärgouverneure der deutschen Westzonen nahmen den Marshallplan an und gründeten damit den wirtschaftlichen Wiederaufbau Westeuropas auf die Hilfe und Führung der USA. 1950 zog die Sowjetunion nach und rief für ihren Bereich den Rat für gegenseitige Wirtschaftshilfe (RGW) ins Leben.

In einer Stellungnahme des Parteivorstands der SED (vgl. S.182) zum Marshallplan vom Juli 1947 hieß es:

„Der industrielle Westen Deutschlands wird in einen den Frieden bedrohenden Westblock eingegliedert. Die Macht der deutschen Konzernherren bleibt erhalten. Statt einer deutschen Friedenswirtschaft entsteht ein neues Herrschaftszentrum reaktionärer und kriegslüsterner Elemente. An die Stelle des Mitbestimmungsrechts der Arbeiterschaft am Aufbau der Wirtschaft tritt die Lohnsklaverei zugunsten ausländischer und deutscher Monopolkapitalisten."

1. Beschreibt, wie die Spaltung Europas zustande kam! Erläutert dabei die Rolle der Sowjetunion und den USA!

Auswirkungen des Kalten Kriegs auf Deutschland

Die vier Siegermächte (Frankreich war auf westliches Drängen eine Besatzungszone zugestanden und in den alliierten Kontrollrat aufgenommen worden) hatten für die Behandlung Nachkriegsdeutschlands gemeinsame Grundsätze aufgestellt, ihre Durchführung aber den jeweiligen Militärbefehlshabern in ihrer Zone überlassen. Alle Fragen, die Deutschland als Ganzes betrafen, sollten im Kontrollrat einstimmig entschieden werden. Wenn eine Einigung nicht zustande kam, sollte jeder Oberbefehlshaber in seiner Zone freie Hand haben. Diese Regelung hatte für Deutschland verhängnisvolle Folgen und begünstigte die Auseinanderentwicklung der Zonen. Für die Siegermächte aber und ihre jeweiligen Interessen war es ein relativ bequemes Verfahren. Gemeinsam führten die Siegermächte beispielsweise die Nürnberger Kriegsverbrecherprozesse durch (vgl. S. 138f.). Auch die Regelungen des Berlin-Verkehrs wurden respektiert. Konflikte gab es in der Reparationsfrage. Zunächst beabsichtigte die Sowjetunion, Nazis und andere Deutsche in großer Zahl zur Arbeitsleistung in die Sowjetunion zu verschicken. Dies wurde in den Ostgebieten zunächst realisiert, dann aber zurückgestellt, als der Roten Armee zwei Millionen deutsche Kriegsgefangene in die Hand fielen. 1945 war die Sowjetunion schon deshalb an der Zusammenarbeit mit den Westmächten interessiert, weil ihre Reparationsforderungen vor allem auch durch Demontagen und Leistungen aus dem Ruhrgebiet befriedigt werden sollten. Sie weigerte sich jedoch Deutschland auch bei den Nahrungsmitteln als wirtschaftliche Einheit zu behandeln. Die USA mussten daher befürchten, dass sie das, was an Reparationen in den Osten ging, als Hilfslieferungen für die Ernährung der Zivilbevölkerung in den Westzonen zuschießen und damit indirekt die deutschen Reparationen bezahlen mussten. Anfang 1946 stoppte daher der US-Militärgouverneur die Reparationen an die Sowjetunion aus Westdeutschland. Damit entfiel ein wesentliches Interesse Moskaus an der deutschen Einheit und sie war auf ihre Zone zur Befriedigung ihrer Reparationsforderungen verwiesen. Dazu beschlagnahmte sie wichtige Industriezweige und betrieb eine rücksichtslose Demontagepolitik (vgl. S. 182f.). Weil die Sowjetunion im Zweiten Weltkrieg große Verluste und Zerstörungen hatte erdulden müssen, war sie auf Reparationsleistungen aus Deutschland angewiesen. Die Amerikaner dagegen, die aus dem Krieg wirtschaftlich gestärkt hervorgingen, konnten sich ökonomische Weitsicht leisten und betrachteten Deutschland als künftigen Markt für ihre Erzeugnisse.

Schon seit Anfang 1947 hatten Briten und Amerikaner ihre Besatzungszonen unter einer gemeinsamen Wirtschaftsverwaltung („Bizone“) zusammengeschlossen (vgl. S. 124f.). Am 20.3.1948 zog der Vertreter der Sowjetunion aus dem Kontrollrat aus und beendete damit die alliierte Zusammenarbeit in Deutschland. Am 20.6. wurde in den Westzonen eine Währungsreform verkündet, worauf die Sowjets mit einer eigenen Währung für die Ostzone und am 24.6. mit der Blockade der Zugangswege nach Berlin antworteten. Dem begegneten die Westmächte mit einer Luftbrücke zur Versorgung Westberlins. Am 1.7. übergaben sie den Ministerpräsidenten der Westzonen die „Frankfurter Dokumente“, in denen die Bildung eines Weststaats empfohlen und die Prinzipien seiner Verfassung vorgezeichnet wurden. Damit war die deutsche Teilung eingeleitet. Die deutschen Politiker zögerten, diese zu vollziehen. Sie wurden aber angesichts der Zuspitzung der Verhältnisse in Berlin, wo am Jahresende die bis dahin einheitliche Verwaltung auseinanderbrach, bewogen, durch einen von den Landtagen beschickten Parlamentarischen Rat ein vorläufiges Grundgesetz ausarbeiten zu lassen.

Parallel dazu wurde in der Sowjetischen Besatzungszone (SBZ) von einem deutschen Volkskongress und seinem Volksrat eine der Weimarer Republik nachgeformte, aber innerlich ausgehöhlte Verfassung für eine

B6 Nach der sowjetischen Blockade West-Berlins verfolgen Berliner Kinder den unablässigen Einflug von „Rosinenbombern“ der westalliierten Luftbrücke auf den Flughafen Tempelhof.

„Deutsche Demokratische Republik“ ausgearbeitet. Sie trat kurz nach der Konstituierung der ersten Bundesregierung der „Bundesrepublik Deutschland“ (1. Bundestagswahlen 14.8.1949) in Kraft. Beide Verfassungen be-

B7 Die Entstehung des Grundgesetzes

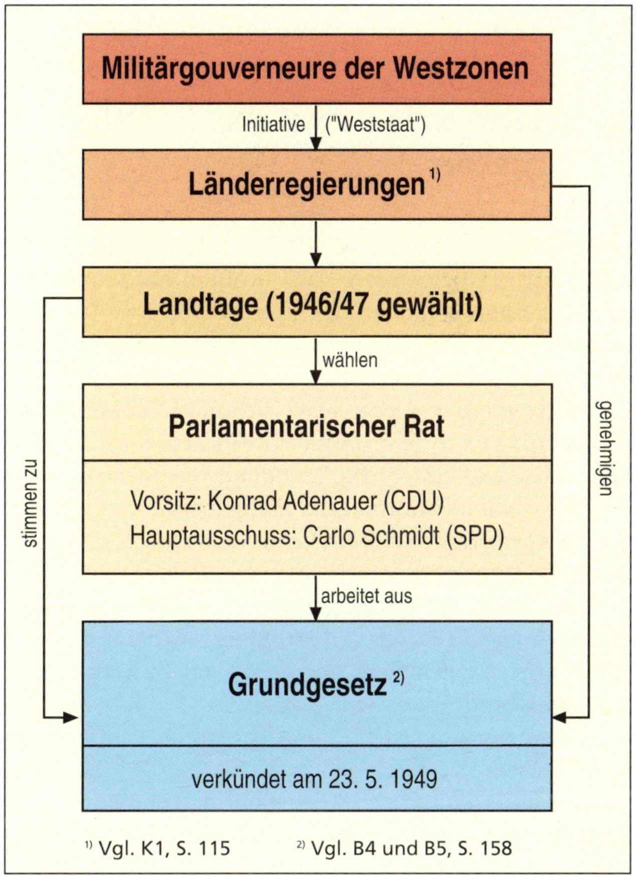

anspruchten Gültigkeit für ganz Deutschland, wurden aber nur in den jeweiligen Besatzungszonen wirksam. Die doppelte Staatsgründung 1949 war Folge und Ergebnis des Kalten Kriegs. Andererseits stellte die Teilung Deutschlands auch eine Lösung der „Deutschen Frage" dar, um die seit 1945 gerungen wurde. Die Angst der europäischen Nachbarstaaten vor einem wiedererstarkten Deutschland wurde zusätzlich dadurch begrenzt, dass beide Teilstaaten in die sich bildenden westlichen bzw. östlichen Bündnissysteme eingegliedert wurden. Der Koreakrieg begünstigte die Wiederbewaffnung der Bundesrepublik. Die Westmächte glaubten, den Feind von gestern (Deutschland) zu brauchen, um gegen den Feind von heute (die Sowjetunion) bestehen zu können. 1955 trat die Bundesrepublik der NATO bei – neun Tage später gründete die Sowjetunion den Warschauer Pakt, mit der DDR als Gründungsmitglied.

1. Erläutert, wie der Kalte Krieg die „doppelte Staatsgründung" auf deutschem Boden beeinflusste!
2. Diskutiert die Frage der deutschen Wiederbewaffnung 1955 und stellt sie in den weltpolitischen Zusammenhang!

Der Kalte Krieg und das Wettrüsten

Ende der 40er Jahre hatte sich die politische Weltkarte grundsätzlich gewandelt. Die größten und bevölkerungsreichsten Regionen der Erde, der indische Subkontinent und China, waren revolutioniert worden. Indien übernahm in der Folge die Führung der Dritten Welt. Die Volksrepublik China löste sich nach anfänglicher Annäherung vom Führungsanspruch Moskaus. Im Nahen Osten war durch die Gründung des Staates Israel und die Teilung Palästinas die arabische Welt in Gärung geraten. Von dort stammte das Erdöl, das in Europa und in den USA benötigt wurde. Auf dem Balkan widersetzte sich Jugoslawien als einziges durch Partisanen selbstbefreites Land Europas dem Blockführungsanspruch Moskaus. Die Zuspitzung des Kalten Krieges ergab sich aus dem Korea-Krieg, der militärische Konflikte auch in anderen zwischen Ost und West geteilten Ländern befürchten ließ.
Korea war in seiner Geschichte mehrfach den Einflüssen Chinas, Japans und Russlands unterlegen und seit 1910 ein japanisches Generalgouvernement. 1945 war der Norden von der Sowjetunion, der doppelt so große Süden von den USA besetzt worden. Nach dem Scheitern einer Gesamtstaatsbildung und dem Abzug der Besatzungsarmeen fiel das kommunistische Nordkorea am 25.6.1950 im Süden ein. Daraufhin kamen die USA im Auftrag der UNO der Republik Südkorea, die Volksrepublik China durch Freiwilligenverbände dem Norden militärisch zu Hilfe. Aber in einem dreijährigen Krieg konnten sie im wesentlichen nur die Waffenstillstandslinie am 38. Breitengrad stabilisieren. Eine Friedensregelung scheiterte 1954. Korea ist bis heute in zwei Staaten geteilt.
Im Jahr 1957 wurde die Europäische Wirtschaftsgemeinschaft (EWG) gegründet, der zunächst 6 Gründungsmitglieder angehörten. („Europa der Sechs": Belgien, Bundesrepublik Deutschland, Frankreich, Italien, Luxemburg, Niederlande). Im Schatten des Kalten Krieges entwickelte sie sich bald zu einem dynamischen Wirtschaftsraum; durch den Beitritt weiterer europäischer Länder wuchs die Gemeinschaft in den folgenden Jahrzehnten. Aber die Hoffnung trog, dass sich aus der wirtschaftlichen Integration notwendigerweise auch eine politische und militärische ergeben würde. Im Kalten Krieg gab es in Westeuropa keinen Ersatz für das unter der Führung der USA stehende Militärbündnis der ***NATO.***
Insgesamt waren die fünfziger Jahre nicht nur der Beginn einer langen Wohlstandsphase der Industriegesellschaften des Nordens und der Befreiung der Dritten

B8 Das militärische Kräfteverhältnis von Nato und Warschauer Pakt Mitte der 80er Jahre. Solche Schaubilder wurden in den 70er und 80er Jahren in vielen Schulbüchern abgedruckt.

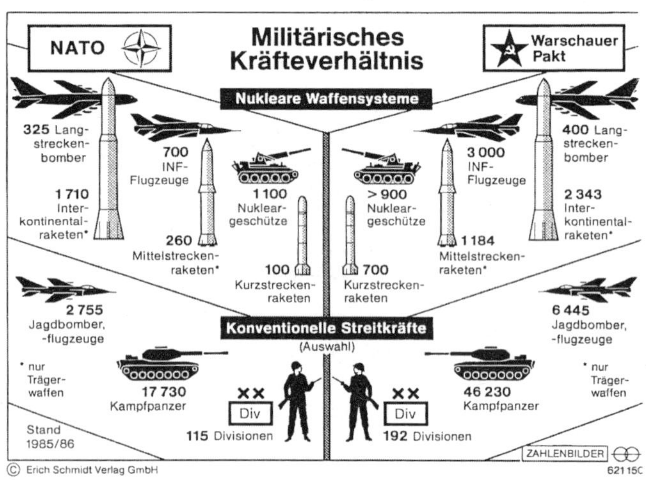

Welt von seiner Kolonialherrschaft, sondern ein Jahrzehnt nuklearer Rüstungseskalation zwischen West und Ost (vgl. S. 113f. und 122).

Auch die Raumfahrt wurde durch den Kalten Krieg beflügelt. Während hier zunächst die Sowjetunion mit dem ersten Weltraumsatelliten Sputnik 1957 das Rennen machte, konnten die USA 1969 als erste ihre Fahne auf dem Mond aufpflanzen; die Bilder, die von dort zur Erde zurückgefunkt wurden, kühlten allerdings die Phantasien über außerirdische Kolonien deutlich ab. Insgesamt standen sich die USA und die UdSSR z.B. 1965 mit 625 zu 200 Lang- und 400 zu 1250 Mittelstreckenbombern, 62 zu 40 Atom- und 185 zu 416 anderen U-Booten und mit 850 zu 270 Interkontinentalraketen gegenüber, wozu im sowjetischen Fall aber noch 750 Mittelstreckenraketen hinzukamen.

Auf der Ebene der konventionellen Landstreitkräfte mit 49 gegenüber 58 Millionen Mann war hingegen keine militärische Entscheidung mehr zu erwarten. Die Experten waren sich einig, dass das Militär sich mit gigantischen Investitionen selbst matt gesetzt hatte und ein Krieg zwischen den Großen unführbar geworden war. Aber sie zogen diametral entgegengesetzte Schlussfolgerungen aus diesem Befund. Die prominentesten Kernphysiker – im Westen auf den sog. Pugwash-Konferenzen, im Osten Sacharow – wurden nun nicht müde auf den verhängnisvollen Wahnsinnn ihrer eigenen Entwicklungen hinzuweisen und von der Politik nukleare Abrüstung zu verlangen. Die politischen und militärischen Strategen hingegen zerbrachen sich überwiegend ihre Köpfe, wie ein Krieg wieder führbar gemacht werden könnte.

B9 „...Einverstanden, Herr Präsident, wir wollen verhandeln". Englische Karikatur zur Kubakrise.

1. Ordnet den Korea-Krieg in den Zusammenhang des Kalten Kriegs ein!
2. Interpretiert B8: Welche Absicht wurde mit einer solchen Grafik verfolgt? Welchen Aussagewert besitzen solche „Kräftevergleiche"? Was wird verschwiegen?
3. Rüstungspatt und Rüstungswettlauf: Welche Probleme aber auch Chancen wurden aufgeworfen?

Die Kubakrise

1962 versuchte die Sowjetunion, den status quo zwischen den Supermächten zu verändern und diesmal sowjetische Raketen vor der Haustür der Amerikaner zu stationieren. Die Florida vorgelagerte Karibik-Insel Kuba war 1959 durch linke Guerilleros unter Fidel Castro von einer korrupten Diktatur befreit worden. Das Revolutionsregime war angesichts der Feindschaft der benachbarten USA immer stärker unter sowjetischen Einfluss geraten. Als Kennedy eine Blockade Kubas verhängte und an der Entschlossenheit der USA, um ihr Sicherheitsvorfeld zu kämpfen, keinen Zweifel ließ und alle Welt den Dritten Weltkrieg näher denn je wähnte, zog Chrustchow die sowjetischen Raketen wieder ab. Damit war der Poker um Einflusszonen der Supermächte jedenfalls im Norden ausgereizt, die Entspannung konnte beginnen.

1. Interpretiert die Karikaturen B9 und B10 im Zusammenhang der Kuba-Krise!
2. Erläutert, wie die Krise zustande kam und warum sie nicht zu einem „heißen" Krieg eskalierte!

B10 „Was für eine Unverschämtheit, mir Raketen vor die Haustür zu stellen!" Karikatur aus dem Jahr 1963.

Entspannung im Kalten Krieg

Entspannung hieß nicht notwendig Abrüstung der Supermächte. Der neue Gedanke war vielmehr, durch Rüstungsbegrenzung das Wettrüsten zu bremsen und den Hinzutritt weiterer Nuklearmächte zu verhindern (vgl. B11 unten und B12, S. 123). Dem Kernwaffensperrvertrag traten im Sommer 1969 59 Nationen bei (außer Frankreich und China).

Eine Voraussetzung für diese Entwicklung war, dass prominente Kernphysiker seit Jahren eindrücklich auf den Wahnsinn des Wettrüstens hingewiesen und eine nukleare Abrüstung verlangt hatten. Ihnen schloss sich der bekannteste sowjetische Kernphysiker, Andrej Sacharow, an. In einem Offenen Brief schrieb er 1983:

„Solange es nukleare Waffen auf der Welt gibt, ist eine strategische Parität der nuklearen Kräfte notwendig, damit keine Seite einen begrenzten oder regionalen Atomschlag wagt. Wirkliche Sicherheit ist nur erreichbar, wenn sie auf einer Stabilisierung der internationalen Beziehungen basiert, wenn eine Politik der Expansion geächtet und das internationale Vertrauen gestärkt werden, wenn in den sozialistischen Ländern Offenheit und Meinungsvielfalt herrschen, wenn weltweit die Menschenrechte geachtet werden und eine Annäherung zwischen dem sozialistischen und kapitalistischen System stattfindet, um die globalen Probleme in gemeinsamen Anstrengungen zu lösen."

(Andrej Sacharow in einem Offenen Brief in „DIE ZEIT" vom 24.6.1983)

Zwei Ereignisse beeinflussten die Entwicklung im Kalten Krieg stärker als alle Verhandlungen der Supermächte:

Das erste war der Vietnamkrieg. In Vietnam hatten die USA nach dem Scheitern Frankreichs seit 1965 den Süden des geteilten Landes gegen den stärkeren kommunistischen Norden mit einem wachsenden militärischen Engagement unterstützt. Vergeblich entlaubten sie den Urwald, um ihre überlegene Technologie zur Anwendung bringen zu können. Ihre – und nur ihre – Kriegsverbrechen gingen um die Welt und stellten die „First New Nation" als Erbe gewalttätiger Kolonialisten dar. Und im Ergebnis verloren sie einfach, die Soldaten der Weltmacht, gegen die Härte und Popularität der nordvietnamesischen Soldaten. Die Vormacht des Westens erlitt im Dschungel Vietnams eine schwere moralische Niederlage. Dagegen schien der Osten, der Nordvietnam nur mit Militärhilfe unterstützt hatte, an diesem spektakulären Fall seine Solidarität mit der Dritten Welt bewiesen zu haben.

Das zweite Ereignis war der „Prager Frühling" mit seinen Folgen in der Tschechoslowakei (ČSSR). Unter dem Druck von liberalen Ideen, die immer häufiger im ganzen Land geäußert wurden, fasste die Führung der kommunistischen Partei der ČSSR Ende 1967 und Anfang 1968 eine Reihe von Beschlüssen, die eine weitgehende Loslösung von Moskau und seinen Satellitenstaaten bedeuteten. In den folgenden Monaten steuerte die Partei unter dem slowakischen Parteisekretär Alexander Dubček einen konsequenten wirtschaftlichen Reform-

B11 Die „Fieberkurve" des Kalten Kriegs 1945–1976

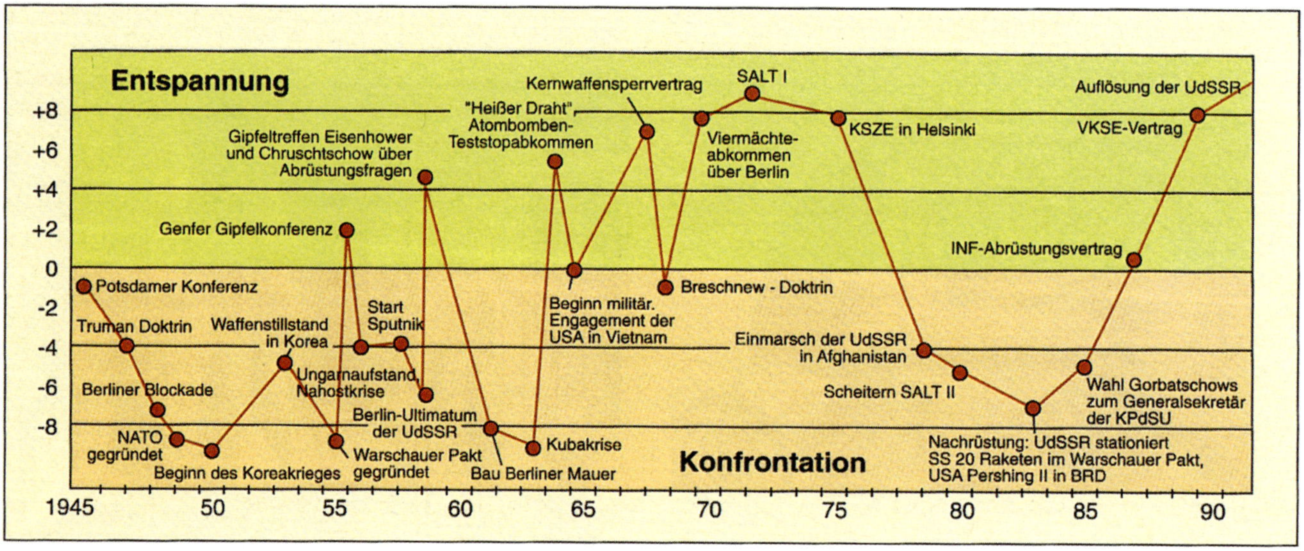

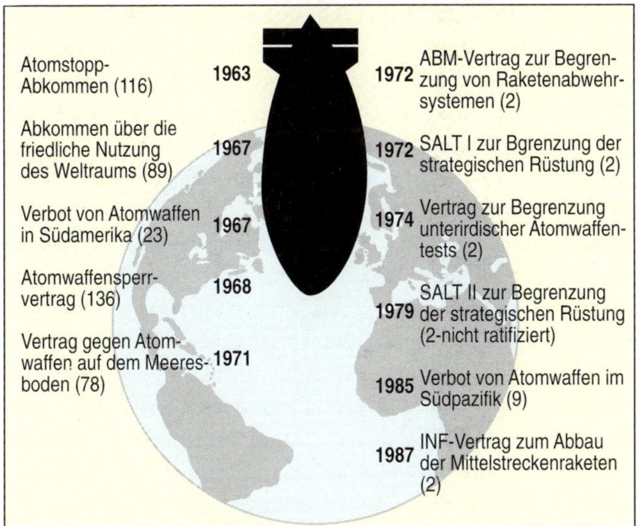

Anzahl der Unterzeichnerstaaten in Klammern. Bei (2) handelt es sich immer um die USA + UdSSR.

B12 Die Schritte der Abrüstung.

kurs („Prager Frühling") und entwarf das Programm eines „Sozialismus mit menschlichem Antlitz". Sie fand damit begeisterte Unterstützung in der Bevölkerung. Ein „Dritter Weg" zwischen Kapitalismus und Sozialismus schien möglich. Unbeugsame Gegner dieser Ideen waren die konservativen Parteiführungen anderer Ostblockstaaten, vor allem in der Sowjetunion und der DDR. Sie trieben ihre Staatsführungen in Richtung auf eine Intervention in der ČSSR, die dann im August 1968 stattfand. Sowjetische Panzer erstickten in Prag die Ansätze zu einer Liberalisierung des Systems; sie beendeten den „Prager Frühling".
Beide Ereignisse, der Vietnamkrieg und der Prager Frühling, zeigten, dass der Kalte Krieg zwischen den großen Blöcken am Ende der sechziger Jahre nicht mehr in jedem Fall für Einigkeit innerhalb der Blöcke zu sorgen vermochte – ein erstes Hoffnungszeichen für sein Ende.

1. Zeigt die Bedeutung des Vietnamkriegs und des „Prager Frühlings" für die jeweilige Führungsmacht auf!

Das Ende des Kalten Krieges

Mit der neuen Ostpolitik in Europa, dem Ende des Vietnam-Krieges in Asien und der Institutionalisierung von Abrüstungskonferenzen zwischen den Blöcken trat der Kalte Krieg aus dem Zentrum der öffentlichen Wahrnehmung. Die Masse der Zeitgenossen begann in den Blöcken eine Art Naturgegebenheit zu sehen, deren Überwindung zwar wünschenswert, aber unabsehbar war. Und ebenso richtete man sich mit den nuklearen Vernichtungsarsenalen und der Unwirksamkeit der Abrüstung ein, weil sie die längste Friedensperiode Europas in diesem Jahrhundert nicht gestört oder sogar bewirkt hatten. Ins Zentrum der Politik traten Ökonomie und Ökologie. Wenn jetzt der Slogan „Atomkraft – nein danke!", erklang, demonstrierte man in der Regel gegen die Risiken der „friedlichen Nutzung der Atomenergie" im eigenen Land – jene große Hoffnung der Industriegesellschaften der 50er Jahre in West und Ost, Wohlstand für alle auf Dauer sichern zu können.
Ähnlich wie die USA ließ sich 1979 die Sowjetunion von einem Machtvakuum an ihrer Grenze zu einer direkten Intervention hinreißen. Wie die USA in Vietnam musste sie im Afghanistankrieg erhebliche Verluste hinnehmen, ohne den Raum befrieden zu können. Erst 1988 zog sie sich zurück, nachdem sie ihr antikoloniales Image verspielt und sich den Funken des Aufruhrs in die eigenen islamischen Republiken geholt hatte.
Darüber hinaus verschuldete sich der Osten, dessen schwerfällige Planwirtschaft immer mehr ins Hintertreffen geriet, nun im Westen. Nur so konnte er seine umfassenden sozialen Subventionen und seine aufgeblähten Sicherheits- und Militärapparate finanzieren. Konkurrenzfähig war er nur noch im Rüstungsbereich. Hier entwickelte die Sowjetunion eine neue Generation von Kurz- und Mittelstreckenraketen, der der westliche Verteidigungsaufbau nichts Gleichwertiges entgegen zu setzen hatte. Der Westen antwortete 1983 mit dem NATO-Nachrüstungsbeschluss, um diese Lücke zu schließen (vgl. S. 114). Gegen ihn demonstrierte die breiteste Friedensbewegung in Mitteleuropa, die es je gegeben hatte. Aber die USA erhöhten unter Ronald Reagan den Einsatz, u.a. mit einer Neutronenbombe, die keine Sachwerte mehr vernichten sollte, sondern nur noch Menschen. So kam es kurz vor Ende des Kalten Krieges nochmals zu einem Rüstungswettlauf zwischen den Supermächten. Erst die mutige und entschlossene Politik Gorbatschows führte zu einer Wende (vgl. S. 196ff.).

1. Erläutert die Bedeutung der Wirtschaft für den Verlauf des Kalten Kriegs!
2. Fasst den Verlauf der Konfrontation jeweils aus der Sicht der Sowjetunion oder der USA zusammen! Diskutiert die Ergebnisse!
3. Sucht nach Auswirkungen und Spuren des Kalten Kriegs im heutigen Europa! Sammelt Material dazu und veranschaulicht eure Ergebnisse durch eine Wandzeitung!

Vom Umgang mit Quellen

Modell zur Quelleninterpretation

Frage und Quelle sind die beiden Grundlagen historischer Erkenntnis: Wenn die Fragen fehlen, kann man nichts erkennen, wenn die Quellen fehlen, kann man nichts beweisen. Deshalb ist euer Geschichtsbuch voll von Fragen und Quellen aller Art. Im Laufe der Zeit habt ihr gelernt, wie man Quellen „zum Sprechen" bringt. Üblicherweise wird das W-Raster zugrundegelegt: wer? was? wann? wie? an wen? warum und wozu? welche Folgen? Natürlich sind nicht alle Fragen bei jeder Quelle sinnvoll – eine Auswahl je nach Quellenart und Erkenntnisinteresse versteht sich von selbst. Für den selbstständigen Umgang mit Quellen ist folgendes Kommunikationsmodell hilfreich, weil es den Rahmen absteckt, der ein fruchtbare Quelleninterpretation ermöglicht.

Nach der Erfassung des Inhalts (meist als Zusammenfassung in eigenen Worten) ist die Erschließung der Intention der erste Schritt zur Interpretation. Sie wird nämlich meist ‚zwischen den Zeilen' ausgesprochen oder muß aus dem historischen Hintergrund erschlossen werden. Dazu ist (als zweiter Schritt) die Einordnung der Quelle in den historischen Zusammenhang erforderlich, es müssen Anspielungen und Verweise (z.B. auf Ereignisse oder Personen) geklärt werden. Jede Quelleninterpretation erfordert also Vorwissen, führt aber gleichzeitig darüber hinaus zu neuen Fragen. Bei der Beurteilung der Folgen und Wirkung (dem dritten Schritt) kommen subjektive Momente hinzu, weil die Bewertung vom gewählten Standort abhängt und weil der spätere Leser über mehr und andere Informationen verfügt als der Verfasser und ursprüngliche Adressatenkreis.

Byrnes-Rede als Beispiel

Besonders lohnend sind mehrdimensionale Quellen. Eine solche Schlüsselquelle für die Nachkriegsgeschichte ist die Rede, die der amerikanische Außenminister Byrnes am 6. September 1946 in Stuttgart gehalten hat:

„Ich bin nach Deutschland gekommen um ... die Ansichten der Regierung der Vereinigten Staaten über einige der vor uns liegenden Probleme mit unseren Vertretern in Deutschland zu besprechen. Wir Amerikaner haben diesen Problemen beträchtliche Zeit und Aufmerksamkeit gewidmet, weil von ihrer erfolgreichen Lösung nicht nur das künftige Wohlergehen Deutschlands, sondern auch das Europas abhängt... Die Durchführung der Potsdamer Beschlüsse ist ... dadurch behindert worden, dass der Alliierte Kontrollrat nicht die notwendigen Maßnahmen getroffen hat um es der deutschen Wirtschaft zu ermöglichen, als Wirtschaftseinheit zu arbeiten. Die notwendigen deutschen Zentralverwaltungskörper sind nicht geschaffen worden, obgleich die Potsdamer Beschlüsse sie ausdrücklich verlangten. Die gerechte Verteilung der lebenswichtigen Güter zwischen den einzelnen Zonen mit dem Ziel eine ausgeglichene Wirtschaft in ganz Deutschland herbeizuführen und den Einfuhrbedarf zu verringern, ist nicht in die Wege geleitet worden, obgleich die Potsdamer Beschlüsse auch dies ausdrücklich verlangten. Die Vorbereitung einer ausgeglichenen Wirtschaft in ganz Deutschland zur Beschaffung der für die Bezahlung der genehmigten Einfuhr erforderlichen Mittel ist nicht erfolgt, obgleich auch dies die Potsdamer Beschlüsse ausdrücklich verlangten... Wir treten für die wirtschaftliche Vereinigung Deutschlands ein. Wenn eine völlige Vereinigung nicht erreicht werden kann, werden wir alles tun, was

Leser heute und ihr Erfahrungshorizont

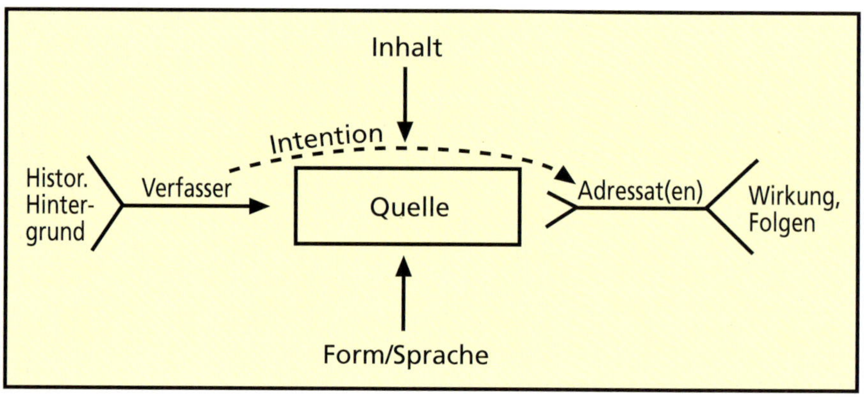

in unseren Kräften steht um eine größtmögliche Vereinigung zu sichern... Deutschland muss die Möglichkeit haben Waren auszuführen um dadurch so viel einführen zu können, dass es sich wirtschaftlich selbst erhalten kann. Deutschland ist ein Teil Europas. Die Gesundung in Europa und besonders in den Nachbarstaaten Deutschlands wird nur langsam voranschreiten, wenn Deutschland mit seinen großen Bodenschätzen an Eisen und Kohle in ein Armenhaus verwandelt wird...

Es war ... niemals die Absicht der amerikanischen Regierung dem deutschen Volk das Recht zu versagen seine eigenen inneren Angelegenheiten wahrzunehmen, sobald es in der Lage sein würde, dies auf demokratische Art und unter aufrichtiger Achtung der Menschenrechte und grundsätzlichen Freiheiten zu tun... Die Potsdamer Beschlüsse sahen nicht vor, dass Deutschland niemals eine zentrale Regierung haben sollte. Sie bestimmt lediglich, dass einstweilen noch keine zentrale deutsche Regierung gebildet werden sollte, ehe eine gewisse Form von Demokratie in Deutschland Wurzeln gefasst und sich ein örtliches Verantwortungsbewußtsein entwickelt hätte... Die amerikanische Regierung steht auf dem Standpunkt, dass jetzt dem deutschen Volk innerhalb ganz Deutschlands die Hauptverantwortung für die Behandlung seiner eigenen Angelegenheiten bei geeigneten Sicherungen übertragen werden sollte... Die Vereinigten Staaten treten für die baldige Bildung einer vorläufigen deutschen Regierung ein. Fortschritte in der Entwicklung der örtlichen Selbstverwaltung und der Landesselbstverwaltung sind in der amerikanischen Zone in Deutschlands erzielt worden, und die amerikanische Regierung glaubt, dass ein ähnlicher Fortschritt in allen Zonen möglich ist. Die amerikanische Regierung steht auf dem Standpunkt, dass die vorläufige Regierung nicht von anderen Regierungen ausgesucht werden soll, sondern dass sie aus einem deutschen Nationalrat bestehen soll, der sich aus den nach demokratischen Prinzipien verantwortlichen Ministerpräsidenten oder anderen leitenden Beamten der verschiedenen Länder zusammensetzt, die in jeder der vier Zonen gebildet worden sind... Während wir darauf bestehen werden, dass Deutschland die Grundsätze des Friedens, der gutnachbarlichen Beziehungen und der Menschlichkeit befolgt, wollen wir nicht, dass es der Vasall irgendeiner Macht oder irgendwelcher Mächte wird oder unter einer in- oder ausländischen Diktatur lebt. Das amerikanische Volk hofft ein friedliches und demokratisches Deutschland zu sehen, das seine Freiheit und Unabhängigkeit erlangt und behält."

(Zit. nach: Ursachen und Folgen, XXV, 31–37)

Byrnes verkündet eine Wende der amerikanischen Außen- und Deutschlandpolitik. Er wendet sich zunächst an die Mitglieder des Alliierten Kontrollrats. Als Ziel der amerikanischen Politik wird zum ersten Mal die Einrichtung der Bizone angedeutet: ***„Wir treten für die wirtschaftliche Vereinigung Deutschlands ein. Wenn eine völlige Vereinigung nicht erreicht werden kann, werden wir alles tun, was in unseren Kräften steht, um eine größtmögliche Vereinigung zu sichern."***

Der zweite Adressatenkreis ist das deutsche Volk, dem das amerikanische Volk durch seinen Außenminister helfen will, ***„seinen Weg zurückzufinden zu einem ehrenvollen Platz unter den freien und friedliebenden Nationen der Welt."***

Nicht zuletzt richtet sich die Rede auch an das amerikanische Volk selbst. Die Öffentlichkeit in Europa und Amerika fasste die Rede nicht nur als Kampfansage an die Sowjetunion auf, sondern als Ankündigung eines längerdauernden Engagements der USA in Europa:

„... wollen wir nicht, dass (Deutschland) Vasall irgendeiner Macht oder irgendwelcher Mächte wird oder unter einer in- oder ausländischen Diktatur lebt. (...) Wir haben wohl oder übel lernen müssen, dass wir alle in einer Welt leben, von der wir uns nicht isolieren können."

1. *Berichtet (als britischer – französischer – sowjetischer) Journalist für eure Zeitung über die Rede!*
2. *Ein Rundfunkhörer aus Thüringen fragt den Außenminister, wer zu der „größtmöglichen Vereinigung" gehört. Beantwortet diese Frage!*
3. *Entwerft eine Antwortnote der sowjetischen Regierung auf die Rede von Byrnes!*
4. *Interviewt den Außenminister nach seiner Ansprache!*

6 Die Stunde Null: Kriegsende und Neubeginn in Sachsen

Zur Auftaktseite

Trümmerfrauen ziehen und schieben mit Muskelkraft eine mit Trümmern und Schutt vollbeladene Feldbahnlore. Die Aufnahme entstand 1947 in Dresden am Königsufer mit Blick auf die Silhouette der Altstadt. Dresden war wie kaum eine andere Stadt in Deutschland vom Bombenkrieg der Alliierten gegen Hitlerdeutschland betroffen. Es kann als Symbol für all die schwer und schwerst zerstörten Städte weltweit stehen, in denen bei Kriegsende ein Überleben unmöglich schien. Der größte konventionelle Bombenangriff der Menschheitsgeschichte hatte vom 13.–15. Februar 1945 eines der Kleinodien der deutschen Barockgeschichte getroffen. Dresden war in diesen Tagen nach dem Zusammenbruch der Ostfront von Flüchtlingen, Vertriebenen und Evakuierten und zurückflutenden, meist verwundeten Soldaten überfüllt. Ein militärisch bedeutsames Ziel war es nicht. Mehr als 1.300 Flugzeuge bombardierten in vier Angriffswellen die Stadt. Dresden brannte 5 Tage lang. Die Angriffe kosteten mindestens 35.000 Menschen das Leben. In der Innenstadt hatten lediglich 800 Wohnungen die Angriffe überstanden, im Stadtgebiet von 228.000 gerade 55.000. Jedes kulturhistorisch wertvolle Gebäude war zerstört. Dresden schien ausgelöscht. Doch wider Erwarten ging das Leben weiter, wurde die Stadt mühevoll wieder aufgebaut. Den Großteil der Wiederaufbauarbeit in Deutschland trugen die Frauen. Auch hierin kann unser Auftaktbild als Beispiel für ganz Deutschland dienen.

Zur Einführung

„So viel Anfang war nie". So lautete der Titel einer Ausstellung des Deutschen Städtetags 1989 über deutsche Städte 1945–1949. Angesichts der katastrophalen Zerstörungen, des Grauens des Zweiten Weltkriegs und der Naziherrschaft mag ein solcher Titel wie ein schlechter Scherz klingen. Doch das Motto war mit Bedacht gewählt, lenkt es doch den Blick auf den grundlegenden Zusammenhang dieser Jahre: Auch dieser Zusammenbruch, so unvorstellbar und endgültig er erscheinen musste, barg doch die Chance des Neubeginns. Gleichzeitig wurden in den „Jahren Null" unmittelbar nach Kriegsende die Weichen für Entwicklungen gestellt, mit denen wir uns noch heute auseinander zu setzen haben. Diesem Gedanken widmet sich das Kapitel und daraus resultieren die grundsätzlichen Fragestellungen: Wie sah die Situation in Sachsen zu Kriegsende aus? Welche Probleme, welche Chancen stellten sich? Wie lebten die Menschen in der „Stunde Null"? Was ging in ihren Köpfen vor? Welche Träume und Ziel hatten sie? Die beiden ersten Arbeitsteile beschäftigen sich unmittelbar mit der Lebensituation in Sachsen bei Kriegsende. Der dritte Arbeitsteil setzt sich mit den Zerstörungen in den Köpfen der Menschen auseinander und in welche Richtung der Neuanfang im Bildungswesen die Weichen für die Zukunft stellte.

Der Darstellungsteil gibt einen Überblick über die ersten Jahre Deutschlands unter dem Besatzungsrecht der Sieger. Er behandelt Flucht und Vertreibung der Deutschen aus den Ostgebieten, ein Kapitel europäischer Geschichte, das noch immer die Verständigung mit unseren östlichen Nachbarn belastet. Auch in der Betrachtung des Nürnberger Prozesses der Alliierten gegen die Hauptkriegsverbrecher und des Versuchs der Entnazifizierung des deutschen Volkes scheinen grundlegende Probleme, die uns bis heute beschäftigen, durch: Der Umgang mit Verbrechern, für deren Taten es in der Menschheitsgeschichte kein Beispiel gibt, ohne Menschenrecht zu beugen; die Problematik einem Heer von Mitläufern, Mittätern, von mehr oder weniger willigen Gehilfen dieser Verbrecher gerecht zu werden; der Versuch, mit den Trümmern unheilvoller Ideologien in den Köpfen der Menschen umzugehen, ohne sie erneut zu manipulieren. Fragestellungen, die uns angesichts immer neuer Verbrechen die Menschen gegen Menschen begehen, auch heute Tag für Tag beschäftigen.

Die Werkzeugkiste beschäftigt sich mit Denkmälern als Zeugen der Geschichte.

Zur Orientierung

Kriegszerstörungen in deutschen Städten

Wichtige Daten

12. 1. 1945	Sowjetische Großoffensive gegen die deutsche Ostfront, Zusammenbruch der Frontlinie, Flucht der deutschen Bevölkerung aus den Ostgebieten
13.–15. 2. 1945	Alliierte Luftangriffe auf Dresden
5. 3. 1945	Alliierter Luftangriff auf Leipzig
16. 4. 1945	Sowjetischer Großangriff auf Berlin
7./9. 5. 1945	Bedingungslose deutsche Gesamtkapitulation
5. 6. 1945	Übernahme der obersten Regierungsgewalt in Deutschland durch die Alliierten
17. 7.–2. 8.1945	Potsdamer Konferenz
8. 8. 1945	Statut über die Bildung eines Internationalen Militärgerichtshofs in Nürnberg

Grundbegriffe

Entnazifizierung, Nürnberger Gerichtshof, Vertreibung

1 Zerstörung, Enttrümmerung, Wiederaufbau

Gerhart Hauptmann, 1945
„Wer das Weinen verlernt hat, der lernt es wieder beim Untergang Dresdens."

Erich Kästner, 1947
„Zwischen zerbrochenen, verstaubten Ziegelsteinen lag ein Straßenschild. 'Prager Straße' entzifferte ich mühsam. Ich stand auf der Prager Straße? Auf der weltberühmten Prager Straße? Auf der prächtigsten Straße meiner Kindheit? Auf der Straße mit den schönsten Schaufenstern? Auf der herrlichsten Straße der Weihnachtszeit? Ich stand in einer kilometerlangen, kilometerbreiten Leere. ..."

So wie Dresden mussten zahlreiche große und kleine Städte in Sachsen wie in ganz Deutschland leidvoll erfahren, dass der von den Nationalsozialisten begonnene Krieg mit aller Wucht auf die deutsche Bevölkerung zurückschlug.
Etwa 1300 englische und amerikanische Flugzeuge verwandelten in vier Angriffswellen vom 13. bis 15. Februar 1945 die Kunststadt an der Elbe in ein brennendes Trümmerfeld, in dem mindestens 35.000 Menschen starben. Nur etwa 20 Prozent der vor dem Bombardement vorhandenen 220.000 Wohnungen blieben unbeschädigt; 25.000 waren total zerstört, 18.500 schwer und 81.000 leicht beschädigt worden.

Zerstörtes Eisenbahnnetz
Q1 „Das Ausmaß der Zerstörungen im Transportsystem lässt sich am Beispiel der Reichsbahn im britisch-amerikanischen Zonengebiet 1945 hinreichend beschreiben: 3 428 km Gleisanlagen, 2 395 Eisenbahnbrücken, 14 Tunnels, 10 111 Lokomotiven, 112 281 Güterwagen, 12 828 Weichen und Kreuzungen waren zerstört. Ende 1945 waren von 15 700 noch erhaltenen Dampflokomotiven 38,6% betriebsbereit, 31% des übrigen rollenden Materials schadhaft. Allein in der britischen Zone waren im Mai 1945 von 13 000 Streckenkilometern nur 1000 befahrbar."

(Zit. nach: U. Uffelmann: Der Weg zur Bundesrepublik. 1988, 21)

T2 „In der sowjetischen Besatzungszone gingen zwei Drittel aller Lokomotiven, 60 Prozent aller Personenzugwagen verloren. 970 Eisenbahnbrücken wurden zerstört."

(Zit. nach: Geschichte der deutschen Arbeiterbewegung. Bd. 6. 1966, 15)

B1 Enttrümmerung der Innenstadt (Dresden, 1946). Allein in den Jahren 1951 bis 1956 bargen die Dresdner Trümmerfrauen 112 Millionen Ziegel...

2 Leben nach dem Krieg

Die folgenden Bild- und Text-Dokumente ermöglichen es, eine Vorstellung davon zu bekommen, unter welchen Umständen die Menschen unmittelbar nach Kriegsende und in den Jahren danach lebten. Wörter wie „Stunde Null" und Neuanfang, Trümmerfrauen und Kriegsheimkehrer, Hungerwinter und Lebensmittelkarten, Hamsterfahrten und Schwarzmarktpreise, Stromabschaltung und Flüchtlingslager gehörten zum alltäglichen Vokabular. Sie kennzeichneten den Nachkriegsalltag von Millionen Deutschen.

Die wichtigste Aufgabe war zunächst die Sicherstellung der Ernährung. Die bereits während des Krieges eingeführte Zuteilung der Lebensmittel wurde beibehalten. In den Nachkriegsjahren erhielt ein Erwachsener in Deutschland zwischen 900 und 1300 Kalorien täglich. Der Mensch benötigt pro Tag jedoch 2200 Kalorien als Mindestmenge. Der Hunger wurde zum Hauptproblem der Bevölkerung, das sich im äußerst kalten Winter 1946/47 katastrophal zuspitzte.

Lebensmittelrationen für die Dresdner (Aus einem Flugblatt der Stadtverwaltung)

Q1 „An die Bevölkerung von Dresden

Auf Befehl des Sowjetkommandos werden ab 20. Mai 1945 für die Bevölkerung von Dresden pro Kopf täglich folgende Lebensmittelrationen festgesetzt:

Brot	
1. Schwerarbeiter und Arbeiter in gesundheitsschädlichen Betrieben	450 Gramm
2. Arbeiter (außer den oben genannten)	400
3. Angestellte	300
4. Kinder, nichtarbeitende Familienmitglieder u. übrige Bevölkerung	250
Hülsenfrüchte, Graupen etc.	
1. Schwerarbeiter und Arbeiter in gesundheitsschädlichen Betrieben	40 Gramm
2. Arbeiter (außer den oben genannten)	30
3. Angestellte	20
4. Kinder	20
5. Nichtarbeitende Familienmitglieder und übrige Bevölkerung	15
Fleisch	
1. Schwerarbeiter und Arbeiter in gesundheitsschädlichen Betrieben	50 Gramm
2. Arbeiter (außer den oben genannten)	40
3. Angestellte	35
4. Kinder, nichtarbeitende Familienmitglieder u. übrige Bevölkerung	20
Fette	
1. Schwerarbeiter und Arbeiter in gesundheitsschädlichen Betrieben	30 Gramm
2. Arbeiter (außer den oben genannten)	15
3. Angestellte	10
4. Kinder	20
5. Nichtarbeitende Familienmitglieder	7
Zucker	
1. Schwerarbeiter, Arbeiter in gesundheitsschädlichen Betrieben und Kinder	25 Gramm
2. Arbeiter (außer den oben genannten) und Angestellte	20
3. Nichtarbeitende Familienmitglieder und übrige Bevölkerung	15
Kartoffeln	
Die gesamte Bevölkerung pro Kopf	500 Gramm
Kaffee-Ersatz	
Die gesamte Bevölkerung pro Kopf monatlich	100 Gramm
Salz	
Die gesamte Bevölkerung pro Kopf monatlich	400 Gramm

Verdienstvolle Arbeiter der Wissenschaft, Technik, Kultur und Kunst, Ärzte und hohe Geistliche sowie leitende Personen der Stadt- und Bezirksverwaltungen, wichtiger Industrie- und Transportunternehmungen erhalten sämtliche Lebensmittel nach den Schwerarbeiternormen. (...) Das höhere technische Personal aller Unternehmungen und Behörden, Lehrer und Geistliche erhalten sämtliche Lebensmittel nach den für Arbeiter festgesetzten Normen. Kranke (...) in Krankenhäusern (...) erhalten Verpflegung nach den für Arbeiter festgesetzten Normen, Diätbedürftige nach besonderen (...) festgesetzten Normen."

B1 Eine Schafherde weidet auf den Wiesen des Neumarktes vor der Ruine der Frauenkirche (1955)

T2 Offizielle Preise und Schwarzmarktpreise 1946/47

Ware	Offizieller Preis 1947	Schwarzmarkt-Preise 1946/47
1 kg Fleisch	2,20 RM	60–80 RM
1 kg Brot	0,37 RM	20–30 RM
1 kg Kartoffeln	0,12 RM	12 RM
1 kg Zucker	1,07 RM	120–180 RM
20 Zigaretten	2,80 RM	70–100 RM (US.-Zig.)
1 l Speiseöl	2,50 RM	150–180 RM (1946)
1 l Speiseöl		230–360 RM (1947–48)
1 kg Butter	4,00 RM	350–550 RM
1 kg Milchpulver		140–160 RM
1 Flasche Wein	2,00 RM	30–40 RM
1 l Schnaps		300 RM
1 l Benzin		8–12 RM
1 Tasse Kaffee		20 RM
1 Stück Seife	0,35 RM	30–50 RM
1 Messer		35 RM
1 Glühbirne		40 RM
1 Kleid		250–1200 RM
1 Fahrrad		1500 RM
1 Pelzmantel		6000 RM

Wo die offiziellen Preise fehlen, bestand nur ein minimales oder überhaupt kein Warenangebot. Zur Veranschaulichung des Preisniveaus sei der monatliche Lohn eines Arbeiters angeführt: Er bewegte sich 1945–48 zwischen 150,– und 200,– RM.

Das Rezept für die Nachkriegsbratwurst

Q3 „Einen Kopf Weißkohl weich kochen, mit 500 Gramm gekochten Kartoffeln durch den Fleischwolf drehen. Eine Tasse geriebenes Brot zugeben und mit Salz, Pfeffer und etwas Kümmel würzen. Aus der Masse Bratwürste formen und in der Pfanne mit wenig Fett braten.

(Zit. nach: Grolle: Frauen nach dem Krieg, S. 18; In: Südhoff/Töpfer: Als der Krieg verloren war. 1995, 33)

T4 „Ehemann: „Was gibt es heute zu essen?“
Frau: „Kartoffeln!“
Ehemann: „Und was dazu?“
Frau: „Gabeln!“

Fremd in der Familie?

T5 „1948 kehrte mein Vater aus amerikanischer Gefangenschaft zurück. Ein fremder Mann im Tarnanzug, den wir neugierig und verlegen umstanden, als er sich die Stiefel auszog. Was ihn beschäftigte, hat er uns nicht mitgeteilt. Er war wortkarg und in sich gekehrt und hat das Gespräch mit den heranwachsenden Töchtern vermieden. Er glaubte nicht verstanden zu werden, weil seine Erfahrungen nicht unsere waren.“

(Zit. nach: Hoffmann, Jahrgang 1918, In: Steinhoff u.a., Deutsche im Zweiten Weltkrieg, 415. In: Südhoff/Töpfer, a.a.O., S. 42)

1. Begründet, warum gerade auf den Frauen eine besondere Last der Bewältigung alltäglicher Probleme und Aufgaben lag!
2. Überlegt, warum eine Zuteilung von ausgewählten Grundnahrungsmitteln differenziert nach bestimmten Bevölkerungsgruppen erfolgte!
3. Erklärt die Schwarzmarkt-Preise!
4. Beschreibt mithilfe von T5 das Verhältnis der Kinder zum heimgekehrten Vater!

5. Erkundigt euch bei Verwandten oder Bekannten, die selbst noch diese Zeit erlebt haben, was für sie „Nachkriegszeit" bedeutet!

6. Spürt im Museum oder in einem Archiv Materialien zum Thema „Nachkriegsalltag" auf und vergleicht deren Inhalte mit den Aussagen der Zeitzeugen aus eurer Umgebung!

7. Besprecht, wie eine umfassendere Beschäftigung mit diesem Zeitabschnitt z.B. über ein Projekt „Geschichtszeitung 1945–1949" an eurer Schule organisiert werden könnte!

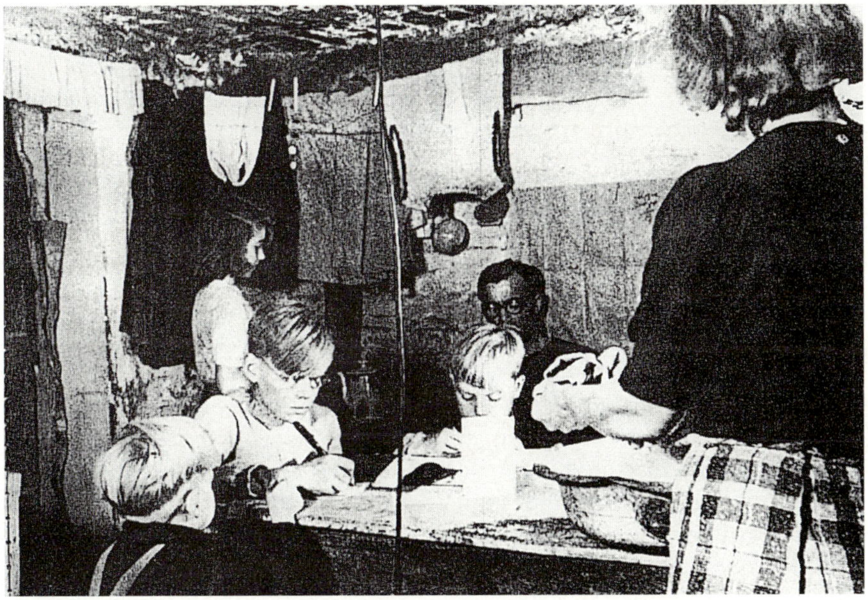

B2 (oben) Auf engstem Raum. Unterkunft für eine sechsköpfige Familie (1948)
B3 (unten) Ankunft eines „Hamsterzugs" im zerstörten Leipziger Hauptbahnhof (1948)

3 Demokratisierung im Bildungswesen

Zur traurigen Hinterlassenschaft des „Dritten Reiches" zählten neben den materiellen Trümmerlandschaften gleichermaßen die Trümmer der Nazi-Ideologie in den Köpfen der meisten Menschen. Ihre Überwindung war von den Siegermächten ausdrücklich bekundet. Der auf Demokratisierung gerichtete Reformprozess des Bildungs- und Erziehungswesens basierte auf den Befehlen der jeweiligen Besatzungsmacht und war von den neuen deutschen Selbstverwaltungsorganen umzusetzen. Dabei ging es um materielle Voraussetzungen für den Wiederbeginn eines Schul- und Studienbetriebes, aber vor allem um personelle Veränderungen.

Aus dem Potsdamer Abkommen

Q1 „A. Politische Grundsätze (...)

6. Alle Mitglieder der nazistischen Partei, welche mehr als nominell an ihrer Tätigkeit teilgenommen haben und alle anderen Personen, die den alliierten Zielen feindlich gegenüberstehen, sind aus den öffentlichen oder halböffentlichen Ämtern (...) zu entfernen. Diese Personen müssen durch Personen ersetzt werden, welche nach ihren politischen und moralischen Eigenschaften fähig erscheinen, an der Entwicklung wahrhaft demokratischer Einrichtungen in Deutschland mitzuwirken.

7. Das Erziehungswesen in Deutschland muss so überwacht werden, dass die nazistischen und militaristischen Lehren völlig entfernt werden und eine erfolgreiche Entwicklung der demokratischen Ideen möglich gemacht wird."

(Zit. nach: Handbuch des Geschichtsunterrichts, Bd VI/1. Hg. v. H. Krieger. 1987, 38)

Befehl Nr. 40 der SMAD vom 25. August 1945 (Auszug)

Q2 „Um die Vorbereitungen der Schulen zum Schulbetrieb im Gebiet der sowjetischen Besatzungszone Deutschlands sicherzustellen, wird hiermit befohlen: (...)

d) Lehrpläne für die Schulen auszuarbeiten und sie der Sowjetischen Militärverwaltung in Deutschland über den Direktor der Deutschen Zentralverwaltung für Volksbildung bis zum 15. September 1945 zur Bestätigung vorzulegen;

e) die Benutzung der Lehrbücher aller Unterrichtsfächer, die zur Zeit des faschistischen Regimes herausgegeben wurden und Propaganda von nazistischen, militaristischen und Rassentheorien enthalten, in den Schulen zu verbieten. ...

g) Empfehlungslisten der vor 1933 erschienenen Schulliteratur herauszugeben und sie der Sowjetischen Militärverwaltung bis zum 15. September d.J. zur Bestätigung vorzulegen;

h) alle Lehrer zu erfassen, die früher in der Schule tätig waren, und diejenigen von ihnen anzustellen, die keinen aktiven Anteil an faschistischen Organisationen und Gesellschaften genommen haben, und die fähig sind, demokratische Grundsätze im Unterricht und in der Erziehung der Kinder durchzuführen und das reaktionäre Wesen des Nazismus, der Rassentheorie und den militaristischen Charakter des früheren deutschen Staates zu entlarven;

i) diejenigen Personen aus demokratischen, antifaschistischen Kreisen der deutschen Intelligenz, die die nötige allgemeine Ausbildung genossen haben und als Lehrer in den Volksschulen und Höheren Schulen tätig sein wollen, zur pädagogischen Arbeit heranzuziehen."

(Zit. nach: Dokumente zur Geschichte des Schulwesens in der Deutschen Demokratischen Republik. 1, 1970, 182)

B1 Mütter hospitieren im Unterricht bei einer Neulehrerin, Leipzig 1948.

Der Schulbeginn erfolgte auch im Land Sachsen am 1. Oktober 1945. Von den verfügbaren 14.000 Lehrern wurden mehr als 70% als für den Schuldienst nicht mehr geeignet eingestuft und entlassen. Kurzfristig mussten neue Lehrer eingestellt werden. Auf der Grundlage des Befehls 162 der SMAD sollten in Sachsen ab November 5.700 Neulehrer im 8-Monate-Lehrgang und 3.560 Lehrer in 2-Monats-Kursen ausgebildet werden, um die fehlenden 9.000 Lehrer möglichst schnell verfügbar zu haben.

Auszug aus dem Brief der Bezirksleitung Sachsen der KPD an alle Kreisleitungen der KPD vom 5. Januar 1946:

Q3 „...Darüber hinaus darf nicht außer Acht gelassen werden, welch weittragende Bedeutung dem Einsatz eines kommunistischen Lehrers auf dem Lande für die Entwicklung unserer Partei zukommt, dass die Verstärkung unseres Lehrerkaders eine Stärkung unserer Parteiarbeit und unseres Parteieinflusses darstellt. Die neue Lehrerschaft muss von echtem demokratischem Geist und einwandfreier antifaschistischer Gesinnung und Haltung sein. Von entscheidender Bedeutung aber ist es, in welcher Zahl die beiden Arbeiterparteien, vor allem wir Kommunisten, in der Lehrerschaft vertreten sind. Im Hinblick auf die beschämende Tatsache, dass wir Kommunisten noch immer außerordentlich schwach in der Lehrerschaft vertreten sind und auch die in den letzten Monaten eingestellten Neulehrer fast durchweg uns fremd und verständnislos gegenüberstehen, hat das Zentralkomitee folgenden Beschluss gefasst: 'Die KPD Sachsen stellt sofort mindestens 1500 Genossen und Genossinnen aus ihren Reihen als Bewerber für die Ausbildung als Neulehrer.' (...)

Voraussetzungen für den Lehrerberuf:

1. Unbedingte politische Zuverlässigkeit.

2. Einwandfreie charakterliche Haltung.

3. Freude an der Arbeit mit Kindern und Jugendlichen.

4. Geistige Beweglichkeit und Wille zur Vertiefung der eigenen Bildung.

5. Der feste Entschluss, die Beschäftigung im Lehrerberuf nicht als eine vorübergehende zu betrachten, sondern das Amt des Erziehers als Lebensberuf zu ergreifen.
Besuch der höheren Schule, bzw. Abitur ist nicht erforderlich. Als vollwertiger Ausgleich gilt die erworbene Reife durch erfolgreiches Selbststudium oder durch die Bewährung in der Schule des Lebens, im Beruf, im politischen Kampf, in der Arbeit, im Jugendausschuss oder im Frauenaktiv, vor allem auch durch die Erfahrungen im illegalen Einsatz oder im Durchstehen der Leiden im Zuchthaus oder im Konzentrationslager."

(Zit. nach: G. Richter: Zu den Anfängen der sächsischen Neulehrerausbildung 1945/46 unter besonderer Berücksichtigung der Chemnitzer Neulehrerschule.– Staatsarchiv Karl-Marx-Stadt (jetzt: Chemnitz). 1987, 49f.)

Demokratische Schulreform in Hoyerswerda

T4 „Am 1. Oktober 1945 begann im Kreis Hoyerswerda der Unterricht an den Schulen. Damals gab es (...) 62 Volksschulen mit 9257 Schülern, 2 Mittelschulen mit 253 Schülern und 1 höhere Schule mit 167 Schülern.
Von den 190 zur Verfügung stehenden Lehrkräften waren nur 37 politisch unbelastet. Am 15. Oktober 1945 wurden alle politisch belasteten Lehrkräfte entlassen. Fortschrittliche Lehrkräfte wurden als Neulehrer eingesetzt. Die Ausbildung und politische Schulung der Neulehrer wurde wöchentlich durch ausgebildete antifaschistische Lehrer in Hoyerswerda und fünf Orten des Kreises durchgeführt. 1946 unterrichteten an den allgemeinbildenden Schulen des Kreises 280 Neulehrer und 64 Altlehrer. Zu Beginn des Jahres 1946 wurde in Schloss Lindenau (...) ein Lehrerbildungsheim eröffnet. Dort erhielten Neulehrer aus den Kreisen Hoyerswerda und Kamenz ihre Ausbildung. Seit 1946 wurden auch Geschichtslehrer aus dem Kreis in Bischofswerda auf einem einjährigen Geschichtslehrerkurs ausgebildet. Am 6. Januar 1946 wurde ... in Radibor (Kreis Bautzen) das Sorbische Institut für Lehrerbildung eröffnet als Ausbildungsstätte für sorbische Neulehrer."

(Zit. nach: Aus entscheidenden Jahren. Dokumente und Materialien zur Geschichte des Kreises Hoyerswerda von 1945 bis 1975, hrsg. v. Pionierhaus „Grete Walter" Hoyerswerda, 1976, 14)

	Stärke	politische Zusammensetzung		
		SED	LDPD	CDUD
5. Internatskursus	97	84	5	5
Externatskursus Loschwitz	211	94	76	9
Externatskursus Junghansstr.	282	218	29	18
Russischkursus Junghansstr.	135	116	8	3
Insgesamt	725	512	118	35

(Nach: Sächs. HStAD LRS MfV Nr. 959)

B2 Teilnehmerstand und politische Zusammensetzung der Kurse an der Heimschule für Lehrerbildung (HfL) Dresden-Wachwitz (17. 08. 1946)

1. Diskutiert die Ziele der Besatzungsmächte bei der Neugestaltung des Bildungs- und Erziehungswesens im Nachkriegs-Deutschland!
2. Kennzeichnet die Situation im Schulwesen nach Kriegsende besonders auch in Sachsen!
3. Erläutert, warum die Neulehrer-Ausbildung für die KPD (und SPD) eine vordringliche politische Aufgabe gewesen ist! Vergleicht zwischen dem Briefauszug und den Angaben in der Tabelle!

B3 (unten) Feier zur Wiedereröffnung der Technischen Hochschule Dresden am 18.9.1946 Als Vertreter der sowjetischen Militäradministration spricht General Dudorow.

Deutschland unter Besatzungsrecht

Mit der bedingungslosen Kapitulation der deutschen Wehrmacht am 8. Mai 1945 erlosch die Eigenstaatlichkeit Deutschlands: die Allierten verfügten jetzt gemeinsam über die gesamte Staatsgewalt.

Am 5. Juni 1945 verkündeten die Regierungen der 4 Siegermächte die Übernahme der obersten Regierungsgewalt in Deutschland durch ihre Militärgouverneure (Oberbefehlshaber der Besatzungsmacht), die Einrichtung der 4 Zonen innerhalb der Grenzen des Deutschen Reiches von 1937 entsprechend den Beschlüssen der Konferenz von Jalta und des Alliierten Kontrollrates. Dessen Beschlüsse sollten die Grundlage der Tätigkeit der Militärregierungen in allen Besatzungszonen sein. Die für die Beschlussfassung des Kontrollrates vorgesehene Einstimmigkeit wurde zunehmend seltener erreicht. Die Folge war eine stärkere Selbstständigkeit der einzelnen Zonenverwaltungen.

Aus der „Erklärung in Anbetracht der Niederlage Deutschlands und der Übernahme der obersten Regierungsgewalt hinsichtlich Deutschlands" vom 5. Juni 1945:

„Die Übernahme der (…) Regierungsgewalt (…) bewirkt nicht die Annektierung Deutschlands. (...)

... werden die Alliierten Regierungen diejenigen Maßnahmen treffen, die sie zum künftigen Frieden und zur künftigen Sicherheit für erforderlich halten, darunter auch die vollständige Abrüstung und Entmilitarisierung Deutschlands.

Die Alliierten Vertreter werden Deutschland zusätzliche politische, verwaltungsmäßige, wirtschaftliche, finanzielle, militärische und sonstige Forderungen auferlegen, die sich aus der vollständigen Niederlage Deutschlands ergeben. Die Alliierten Vertreter ... werden Proklamationen, Befehle, Verordnungen und Anweisungen ergehen lassen..."

Viermächte-Status von Berlin

Das Gebiet der ehemaligen Reichshauptstadt Groß-Berlin erhielt einen Sonderstatus: Als Sitz des Alliierten Kontrollrates wurde es von den Alliierten gemeinsam besetzt und verwaltet (Stadtkommandantur). Entsprechend den Vereinbarungen vom Herbst 1944 räumte die Rote Armee, die Berlin erobert hatte, 12 von 20 Verwaltungsbezirken, in die anschließend die Truppen der 3 Westmächte einrückten. Die amerikanischen und britischen Truppen ihrerseits zogen sich aus den von ihnen eroberten Teilen Mecklenburgs, Thüringens und Sachsens zu Gunsten der sowjetischen Besatzungsmacht zurück. So entstand die Insellage West-Berlins inmitten der sowjetischen Besatzungszone.

1. *Erörtert den politischen Willen der Alliierten zur Neuordnung Deutschlands!*
2. *Verfolgt auf der Deutschlandkarte die territorialen Veränderungen unter den Besatzungsmächten 1945!*

B1 Zerschossener deutscher Flüchtlingstreck Februar 1945

Flucht, Vertreibung, Zwangsumsiedlung

Der Zusammenbruch der deutschen Ostfront Ende 1944/Anfang 1945 und das damit beschleunigte Ende der nationalsozialistischen Herrschaft führten zu einer Massenflucht und für Millionen von Deutschen zum Verlust ihrer angestammten Heimat in Mittel-, Ost- und Südosteuropa. Ein Teil dieser Zivilbevölkerung floh bereits beim Einsetzen der sowjetischen Großoffensive mit den zurückflutenden deutschen Wehrmachtsteilen vor der Roten Armee in Richtung Westen aus Angst vor Repressalien, Übergriffen und Deportationen. Die Strapazen der Flucht im härtesten Winter sowie Tieffliegeroder U-Boot-Angriffe auf Trecks bzw. Flüchtlingsschiffe forderten fast 2 Millionen Tote.

B2 „Sonderbefehl für deutsche Bevölkerung der Stadt Bad Salzbrunn..."

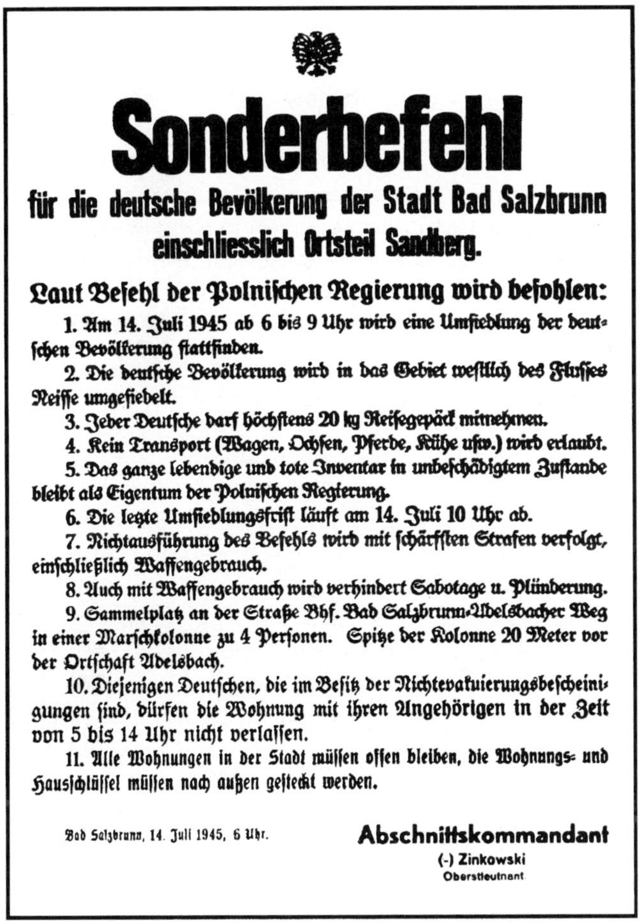

Sonderbefehl

für die deutsche Bevölkerung der Stadt Bad Salzbrunn einschliesslich Ortsteil Sandberg.

Laut Befehl der Polnischen Regierung wird befohlen:

1. Am 14. Juli 1945 ab 6 bis 9 Uhr wird eine Umsiedlung der deutschen Bevölkerung stattfinden.
2. Die deutsche Bevölkerung wird in das Gebiet westlich des Flusses Neisse umgesiedelt.
3. Jeder Deutsche darf höchstens 20 kg Reisegepäck mitnehmen.
4. Kein Transport (Wagen, Ochsen, Pferde, Kühe usw.) wird erlaubt.
5. Das ganze lebendige und tote Inventar in unbeschädigtem Zustande bleibt als Eigentum der Polnischen Regierung.
6. Die letzte Umsiedlungsfrist läuft am 14. Juli 10 Uhr ab.
7. Nichtausführung des Befehls wird mit schärfsten Strafen verfolgt, einschließlich Waffengebrauch.
8. Auch mit Waffengebrauch wird verhindert Sabotage u. Plünderung.
9. Sammelplatz an der Straße Bhf. Bad Salzbrunn-Adelsbacher Weg in einer Marschkolonne zu 4 Personen. Spitze der Kolonne 20 Meter vor der Ortschaft Adelsbach.
10. Diejenigen Deutschen, die im Besitz der Nichtevakuierungsbescheinigungen sind, dürfen die Wohnung mit ihren Angehörigen in der Zeit von 5 bis 14 Uhr nicht verlassen.
11. Alle Wohnungen in der Stadt müssen offen bleiben, die Wohnungs- und Hausschlüssel müssen nach außen gesteckt werden.

Bad Salzbrunn, 14. Juli 1945, 6 Uhr.

Abschnittskommandant
(-) Zinkowski
Oberstleutnant

Ein weiterer Teil floh nach dem Kriegsende bzw. wurde in oft unorganisierten und „wilden" Aktionen vor allem aus Polen und der Tschechoslowakei vertrieben.

Ein Beispiel ist der am 31. Mai 1945 begonnene „Brünner Todesmarsch" von geschätzten 30.000 Deutschen. Tschechische Arbeiter des Rüstungsbetriebes „Zbrojovka" hatten die Vertreibung erzwungen. Auf dem Weg von Brünn (Brno) bis zur österreichischen Grenze fanden mindestens 900 Menschen den Tod.

Was Deutsche unter nationalsozialistischer Führung anderen Völkern zugefügt hatten, widerfuhr während der letzten Kriegsmonate und nach der Kapitulation jenen Deutschen, die im Machtbereich der vorher unterdrückten Völker lebten.

Auf ihrer Potsdamer Konferenz im Sommer 1945 setzten die alliierten Siegermächte durch, dass durch „nationale Entmischung" in Mittel-, Ost- und Südosteuropa, d.h. durch Bevölkerungstransfer, Frieden und Sicherheit in Europa zu erreichen sei. Sie beschlossen,

„... dass die Überführung der deutschen Bevölkerung oder Bestandteile derselben, die in Polen, Tschechoslowakei und Ungarn zurückgeblieben sind, nach Deutschland durchgeführt werden muss", jedoch „in ordnungsgemäßer und humaner Weise erfolgen soll ...".

Diese Zwangsum- bzw. -aussiedlungen aus den Gebieten östlich von Oder und Neiße, aus Ungarn und der Tschechoslowakei begannen planmäßig ab 1946.

Heinrich Christ und seine Frau wurden am 24. Januar 1946 im oberschlesischen Kreis Neiße vom Ausweisungsbefehl getroffen:

„Raus! In zehn Minuten raus!" Auf der Straße wurden die Deutschen in Marsch gesetzt zu einem etwa 15 Kilometer entfernten Bahnhof. Es war eisig kalt. „Wer nicht mitkam", berichtete Heinrich Christ, „wurde von den nebenherreitenden Polen barbarisch geschlagen. Abends ging es in den Zug. Der Zug war riesenlang, mehr als 60 Wagen mit über 4000 Menschen. In meinem Wagen waren 68 Menschen und drei Kinderwagen. Liegen konnte nur ein kleiner Teil von uns; durch die Risse im Dach lief das Wasser auf uns. Dann blieb der Zug drei Wochen lang auf freier Strecke stehen. ... Die wenige Reisekost war bald aufgebraucht. Aus Ziegeln bauten wir auf dem Felde Öfen, darauf kochten wir uns die paar Kartoffeln, die wir uns erbettelten. Hunger und Kälte, Tag um Tag, Nacht um Nacht, wochenlang, Hände und Füße vom Frost geschwollen. Jeden Morgen gab es Tote – erfroren, verhungert."

(Zit. nach: Geschichte mit Pfiff 4/95, S. 26)

Insgesamt wurden ca. 12 Millionen Deutsche aus Ost-, Mittel- und Südosteuropa in die besetzten Länder vertrieben, etwa 7,7 Millionen in die Westzonen, knapp 4 Millionen in die sowjetisch besetzte Zone (SBZ) und ca. 400.000 nach Österreich. Von der allgemeinen wirtschaftlichen Not waren die Flüchtlinge und Vertriebenen besonders betroffen, denn sie hatten nicht nur ihre Heimat, ihren Besitz und oft auch Angehörige verloren - sie waren im zerstörten Restdeutschland nicht willkommen, weil Wohnraum, Nahrung und Arbeitsplätze ohnehin knapp oder gar nicht vorhanden waren. Ihre Ansiedlung musste daher verstärkt auf dem Lande bzw. in Gebieten mit geringer oder mittlerer Besiedlungsdichte organisiert und durchgeführt werden. 1949 betrug ihr Anteil an der Gesamtbevölkerung Sachsens 17,2, in Schleswig-Holstein sogar 33 Prozent. Erlasse der Besatzungsmächte und ihre Umsetzung durch die örtlichen Verwaltungsorgane sicherten langfristig ihre soziale Integration.

B3 (unten) Vertriebene und Flüchtlinge auf dem Bahnhof Dresden-Neustadt, 1947.
B4 (ganz unten) Vertriebene im Lager Wilschdorf, 1947.

1. Führt Gründe an, warum die Vertreibung der Deutschen im Zusammenhang mit der Rassen- und Kriegspolitik der Nazis zu betrachten ist!
2. Erkundigt euch in eurer Umgebung nach Flüchtlings- oder Vertriebenen-Familien! Wie haben sie diese schwere Zeit erlebt und überlebt?
3. Überlegt, warum in der SBZ ab 2.10.1945 und später in der DDR die Bezeichnungen „Flüchtlinge" oder „Vertriebene" nicht mehr gebraucht werden durften und durch „Umsiedler" ersetzt wurden!
4.Überlegt, warum „Flucht und Vertreibung" immer noch ein schwieriges Einzelthema bei der Gestaltung der bilateralen Beziehungen Deutschlands zu seinen östlichen Nachbarstaaten ist!

Nürnberg – Recht oder Rache?

Am 8. August 1945, wenige Tage nach der Potsdamer Konferenz, nahmen die alliierten Siegermächte das Statut über die Bildung eines Internationalen Militärgerichtshofes an. Seinen Sitz hatte er in Nürnberg, der Stadt der Reichsparteitage der NSDAP; seine wichtigste Aufgabe war die Aburteilung der deutschen Hauptkriegsverbrecher. Die Nazi-Führungsriege mit Hitler, Himmler und Goebbels hatte sich durch Selbstmord allerdings lange vor Eröffnung des Tribunals am 20. November 1945 der internationalen Gerichtsbarkeit und der Verantwortung vor den Menschen entzogen. Die wichtigsten Mächte der Antihitlerkoalition hatten mehrfach ihre Entschlossenheit bekundet, die Hauptverantwortlichen für die Kriegsverbrechen zur Rechenschaft zu ziehen. Das geschah insbesondere in ihrer Moskauer Erklärung vom 30.10.1943, die u. a. die Vereinbarung enthielt, dass jene Hauptkriegsverbrecher, deren Vergehen nicht mit einem geografisch bestimmbaren Tatort verbunden sind, durch gemeinsames Urteil der alliierten Regierungen bestraft werden sollten. Die Anklage lautete auf:

- Verschwörung, die darauf abzielte oder mit sich brachte die Begehung von Verbrechen gegen den Frieden, gegen das Kriegsrecht und gegen die Humanität;
- Kriegsverbrechen, d.h. Verstöße gegen die Haager Konvention (z.B. Tötung von Kriegsgefangenen oder Geißeln, Misshandlung der Zivilbevölkerung, Beschießung nicht verteidigter Orte);
- Verbrechen gegen die Menschlichkeit, d.h. Verstöße gegen die Strafgesetze im Zusammenhang mit Judenverfolgung und -vernichtung, Euthanasie;

– Verbrechen gegen den Frieden. (Eine neu geschaffene Form der Alliierten, abgeleitet aus dem Verzicht auf den Angriffskrieg im Briand-Kellogg-Pakt von 1928. Ein internationales Verbot des Angriffskrieges gab es indes bis dato nicht).

An 218 Verhandlungstagen wurde trotz der von den Verteidigern vorgelegten 2.700 Entlastungsdokumente eine erdrückende Beweislast für die Schuld der Angeklagten erbracht.

Das Gericht verurteilte die Hauptkriegsverbrecher aus der Regierung, der NSDAP, SS, Gestapo, militärischen Führung u.a. Organisationen in 12 Fällen zum Tode durch den Strang, 3 Angeklagte erhielten lebenslängliche Haft (Heß, Funk, Raeder) und 4 langjährige Gefängnisstrafen (Schirach, Speer, Neurath, Dönitz). 3 Angeklagte wurden freigesprochen (Fritzsche, Papen, Schacht). Ein Angeklagter beging Selbstmord (Ley), und ein Verfahren wurde vertagt (Krupp).

„Das Gericht erklärte das Korps der Politischen Leiter der NSDAP, die Geheime Staatspolizei, den Sicherheitsdienst und die SS (mit Waffen-SS) zu verbrecherischen Organisationen. Dagegen wurden das OKW, der Generalstab, die Reichsregierung und die SA nicht als verbrecherisch eingestuft. Gegen diese Entscheidung wie auch gegen die 3 Freisprüche und das Strafmaß in einem Fall legte das sowjetische Mitglied des Militärtribunals begründeten Protest ein."

(Zit. nach: Wörterbuch zur deutschen Militärgeschichte, Berlin 1985, S. 713)

An die Verhandlungen von Nürnberg schlossen sich Verfahren vor Militärgerichten der einzelnen Besatzungsmächte an.

1. Überlegt, warum die Beurteilung der Nürnberger Prozesse in der deutschen Öffentlichkeit uneinheitlich war!

2. Diskutiert, worin das Problematische bei diesem Prozess liegt! Bezieht dazu auch die Fakten von den Atombombenabwürfen auf japanische Städte 1945 mit ein!

Entnazifizierung „hüben und drüben"

In den Besatzungsgebieten wurde die Entnazifizierung von den Besatzungsmächten anfangs ähnlich praktiziert: rigoroses Entfernen von Funktionsträgern des NS-Regimes aus den Ämtern, Verhaftungen, Internierungen. Doch bald waren Art und Weise ihrer Durchführung unterschiedlich, geprägt von Auffassungen über „Demokratisierung" der Gesellschaft im Sinne des Systems der Besatzungsmächte.

B5 Der Nürnberger Hauptprozeß. In der Anklagebank stehend: Göring, daneben Ribbentrop, Keitel (Chef des Oberkommandos der Wehrmacht), Kaltenbrunner (Chef des „Reichssicherheitshauptamtes" der SS), Rosenberg (Reichsminister für die besetzten Ostgebiete), Frank (Generalgouverneur in Polen), Frick, Streicher, Funk, Schacht. Zweite Reihe von links nach rechts: Dönitz, Raeder, von Schirach, Sauckel (Generalbevollmächtigter für den Arbeitseinsatz), Jodl, von Papen, Seyß-Inquart, Speer, von Neurath, Fritzsche. Die Angeklagten Funk, Dönitz, Raeder, Speer, v. Neurath und v. Schirach erhielten hohe Gefängnisstrafen. R. Heß, an diesem Verhandlungstag nicht anwesend, erhielt eine lebenslängliche Freiheitsstrafe; Schacht, v. Papen und Fritzsche wurden für nicht schuldig erklärt, die anderen „zum Tode durch den Strang" verurteilt.

Zur Problematik der Entnazifizierung 1945/46 in den westlichen Zonen äußerte sich rückblickend General Lucius D. Clay, stellvertretender Oberbefehlshaber der amerikanischen Besatzungstruppen in Deutschland und Militärgouverneur in der amerikanischen Besatzungszone 1947–49:
„Mir scheint, dass unser Hauptverwaltungsproblem im Herbst 1945 und im Frühjahr 1946, als wir die örtlichen deutschen Verwaltungsstellen bilden und die wichtigsten deutschen Beamten ernennen mussten, darin bestand, leidlich fähige Deutsche zu finden, die nicht auf irgendeine Weise mit dem Naziregime verbunden oder ihm angegliedert gewesen waren. Einerseits stand fest, dass zwölf Millionen oder mehr Deutsche, die in unterschiedlichen Ausmaßen Nazi gewesen sind, nicht auf ewig vom politischen und wirtschaftlichen Leben ausgeschlossen bleiben konnten. Auf der andern Seite war für die Entstehung eines demokratischen Deutschland unbedingt wesentlich, dass die echten Nationalsozialisten identifiziert wurden ..."

(Zit. nach: Michaelis/E. Schraepler (Hg.): Ursachen und Folgen. Bd. 24. o.J., 52)

In der amerikanischen Zone mussten alle Bürger über 18 Jahre einen Meldebogen zur politischen Überprüfung mit 132 Rubriken ausfüllen und einreichen. Verweigerung hätte Beschäftigungsverlust und Entzug der Lebensmittelkarten bedeutet. Spruchkammern mit deutschen (Laien-) Richtern – die Amerikaner hatten im Frühjahr 1946 die Entnazifizierungspraxis an die Deutschen übertragen – erteilten die Bescheide, ob die betreffende Person als Hauptschuldiger, Belasteter oder Minderbelasteter ein Verfahren zu erwarten hatte bzw. als Mitläufer oder Entlasteter eingestuft wurde. Der Strafenkatalog für die Beklagten reichte von Freiheitsentzug über Vermögensverlust und Ausschluss von öffentlichen Ämtern bis zu Geldbußen. Symbolisch wurde der „Persilschein", ein schriftlicher Entlastungsbeweis gefälliger Mitbürger, um die Vergangenheit des Angeklagten rein zu waschen. Da zunächst die Masse der Bagatellfälle verhandelt wurden, verschoben die Spruchkammern die Verfahren gegen die wirklich Belasteten und wurden häufig eingestellt – begünstigt vom sich verschärfenden Kalten Krieg.

1. Deutet Mimik und Gestik der Personen auf B6!
2. Diskutiert die Problematik der Entnazifizierung!
3. Erörtert die These, aus der „Säuberung" des öffentlichen Lebens in den Westzonen sei eher eine Rehabilitierung der Betroffenen geworden!

B6 Vor einer Spruchkammer der Alliierten

Über das Ende der Entnazifizierung in der sowjetischen Besatzungszone schreibt „Neues Deutschland", Zentralorgan der SED, in seiner Ausgabe vom 21. April 1948:
„Berlin, 20. April (ADN). Wie nunmehr bekannt wird, sind bis zur Auflösung der Entnazifizierungskommissionen in der sowjetischen Besatzungszone am 10. März 1948 zusammen mit 455.000 Entscheidungen vor Erlass des SMAD-Befehls 201 rund 520.000 Naziaktivisten aus allen führenden Stellen entfernt worden.
Damit hat die sowjetische Besatzungszone den Punkt II der Moskauer Beschlüsse vom April 1947, der eine gründliche und schnelle Entnazifizierung Deutschlands innerhalb einer gesetzten Frist verlangt, als einzige der vier Besatzungszonen realisiert. Die wichtigsten Gebiete der Volksbildung, Justiz und Polizei sind von Faschisten gesäubert und durch fortschrittlich-demokratische Kräfte ersetzt worden, die sich in ihren Stellungen bereits voll bewährt haben. Durch weitere konsequente demokratische Maßnahmen wurde dem Faschismus jede wirtschaftliche Basis entzogen. ...
Unter die Vergangenheit ist ein Schlussstrich gezogen, die wirklichen Naziverbrecher sind bestraft und ausgeschaltet, und den so genannten nominellen Pgs ist die Möglichkeit gegeben, mit allen fortschrittlichen Kräften gemeinsam an den großen Zielen der Einheit Deutschlands, dem Wiederaufbau und der Verständigung der Völker untereinander mitzuarbeiten."

(Zit. nach: W. Ripper(Hg.): Weltgeschichte im Aufriss. 3/2. 1993, 24f.

1. Prüft, was für ein Demokratieverständnis der Entnazifizierung in der sowjetischen Besatzungszone zugrundelag!

Schwarzenberg – ein Sonderfall

Nach der bedingungslosen Kapitulation der deutschen Wehrmacht wurden in den folgenden Stunden und Tagen Militärkommandanturen der Alliierten in den Städten und Landkreisen des Deutschen Reiches errichtet. Nur der etwa 520 km^2 große Landkreis Schwarzenberg blieb unbesetzt. In Annaberg nahm eine sowjetische und in Auerbach eine amerikanische Militärkommandantur die Arbeit auf. Das unbesetzte Gebiet wurde im Süden von der tschechischen Grenze und im Norden von der Lössnitz begrenzt (vgl. K7 unten).

Was war in den Wochen seit dem 9. Mai bis zur Besetzung geschehen? Der bisherige Bürgermeister Dr. Rietschel begann am 11. Mai mit der Aufstellung einer bewaffneten Bürgerwehr aus Mitgliedern der NSDAP und versuchte somit die alten Machtverhältnisse aufrechtzuerhalten. Am 12. Mai 1945 bildeten Sozialdemokraten und Kommunisten, die die Gefahr der Erhaltung alter Machtverhältnisse und die Chance des Neubeginns erkannt hatten, einen antifaschistischen „Bezirks-Aktions-Ausschuss". Dieser übernahm die öffentlich-rechtlichen und verwaltungsmäßigen Aufgaben im Gebiet. Zu den ersten Aufgaben dieses Ausschusses gehörten die Absetzung des bisherigen Bürgermeisters und die Entwaffnung und Auflösung der Bürgerwehr. Bereits am 13. Mai befreiten Mitglieder des antifaschistischen Ausschusses die Zwangsarbeiter aus dem Lager „Rote Mühle" bei Schwarzenberg und bemühten sich um deren Versorgung mit Lebensmitteln und den Abtransport in ihre Heimatländer. Die gleichfalls gebildete bewaffnete Arbeiterwehr mit Polizeigewalt hatte besonders für die Entwaffnung und Verhaftung der im Gebiet verbliebenen Trupps der Wehrmacht, der SS und der Werwölfe zu sorgen. So konnte am 17. Mai 1945 der ehemalige NS-Gauleiter von Sachsen Mutschmann festgenommen und der sowjetischen Kommandantur übergeben werden. Sowohl mit der amerikanischen als auch mit der sowjetischen Kommandantur der angrenzenden Gebiete bemühte sich der Aktionsausschuss zusammenzuarbeiten. Die Beschaffung von Lebensmitteln für die Bevölkerung des Gebietes stand vorrangig auf den Gesprächsprogrammen mit den Kommandanturen. Am 18. Mai wurden eigene Briefmarken und Notgeldscheine herausgegeben. Seit dem 26. Mai erschien die „Schwarzenberger Zeitung: Gegen Faschismus und Militarismus – für Wiederaufbau und soziale Gerechtigkeit".

Erst nach den Beschlüssen der Aliierten vom 5. Juni 1945 zur Bildung der Besatzungszonen erfolgte die Besetzung des Schwarzenberger Gebiets durch sowjetische Truppen.

K7 Das Schwarzenberger Gebiet vom 9.5.–25.6. 1945

1. Beschreibt die Situation, die die Sowjets bei Einnahme des Schwarzenberger Gebiets vorfanden!

2. Erklärt die Bedeutung der ersten Maßnahmen des Aktionsausschusses!

Werkzeugkiste: Denk-Mal

Wie die einzelnen Menschen mit ihrer Geschichte umgehen, kann man nur durch eingehende Gespräche mit ihnen herausfinden. Aber an manchen Stellen zeigen sich Geschichtsauffassungen in der Öffentlichkeit. Ein Mittel dazu sind Denkmale. Das Wort kommt eigentlich von „gedenken“ – sich erinnern. Auf diesen Seiten sollt ihr es jedoch auch auf „denken“ beziehen.

Fast in jedem Ort könnt ihr Denkmale finden. Viele von ihnen erinnern an Personen, die bei geschichtlichen Ereignissen eine Rolle gespielt oder kulturelle Leistungen vollbracht haben. Die meisten Denkmale, die keiner Person gewidmet sind, erinnern an Kriege.

Jede dieser Bauten, Skulpturen und Inschriften verrät etwas über die Zeit ihrer Entstehung. Sie zeigt, was der Künstler über das geschichtliche Ereignis gedacht hat, die Menschen, die Geld für das Denkmal gesammelt haben oder die Regierung, die es aufstellen ließ. Aber nicht nur das Denkmal selbst ist dafür bedeutsam. Wichtig ist auch sein Ort. Steht es auf einem großen Platz, wo jeder es sieht, wo Aufmärsche stattfinden und feierliche Reden gehalten werden? Oder in der Ecke eines Parks, wo der Betrachter ganz allein mit ihm ist und Zwiesprache hält? Finden sich an ihm Spuren der Menschen, die rundherum leben?

Weil die Denkmale Meinungen widerspiegeln, werden sie manchmal einige Zeit nach ihrer Aufstellung zum Ärgernis. 1918, 1933, 1945 und 1989 verschwanden besonders viele Denkmale aus den sächsischen Orten. Manche wurden später wieder aufgestellt.

Auch im Gedenken an den Zweiten Weltkrieg entstanden viele Denkmale. Schon in den ersten Nachkriegsjahren versuchten die Menschen auch auf diese Weise, sich mit ihrer Geschichte auseinanderzusetzen. Die Beispiele in dieser Werkzeugkiste stammen aus Dresden.

1. Überlegt, warum es so viele Kriegsdenkmale gibt! Notiert andere Anlässe, denen ihr ein Denkmal setzen würdet!
2. Erkundigt euch, welche Denkmale in eurer Umgebung irgendwann beseitigt wurden! Vermutet, warum das geschah!
3. Sprecht über eure Gefühle beim Betrachten der Fotos! Wählt das Denkmal, das euch am meisten anspricht! Begründet eine Auswahl!
4. Gestaltet eine Ausstellung von Fotos oder Zeichnungen mit Denkmalen eurer Umgebung!
5. Entwerft ein Denkmal für ein historisches Ereignis in eurem Ort! Erläutert die Auswahl des Ereignisses und Gestaltung des Denkmals!

B1 zeigt das Siegesdenkmal der Roten Armee. Es stand seit dem 25. November 1945 auf dem Albertplatz mitten im Großstadtverkehr. Die Inschrift auf dem Sockel lautet in deutscher Übersetzung: „Ewiger Ruhm den Kämpfern der Roten Armee, die in den Kämpfen gegen die deutschen faschistischen Eroberer für Freiheit und Unabhängigkeit der sowjetischen Heimat gefallen sind. Fünfte Gardearmee“. Jedes Jahr wurden Kränze an ihm niedergelegt und offizielle Gedenkveranstaltungen abgehalten. 1992 wurde es an den Rand der Stadt in den Park des Militärhistorischen Museums versetzt.

B2 Auf diesem Foto seht ihr das Denkmal für die in Dresden während der Zeit des Nationalsozialismus umgekommenen Zwangsarbeiter. Es befindet sich auf dem Heidefriedhof, von Bäumen umgeben, abseits der großen Gedenkstätte.

B3 *Das Denkmal der Trümmerfrau vor dem Dresdner Rathaus wurde 1968 aufgestellt. Es erinnert an den Beitrag der Frauen, die 1945 bis 1953 aus der Innenstadt Schutt und Ruinen beseitigten. (vgl. S. 126ff.)*

B4 *1977 wurde in der Lennéstraße, in der Nähe des Hygienemuseums, das Denkmal für Dr. Richard Sorge aufgestellt. Gleichzeitig benannte man auch die Straße nach ihm. Auf den Betonbändern hinter der Büste standen die Worte „Dr. Richard Sorge – Kommunist – Internationalist – Kundschafter – Held der Sowjetunion.“ Dr. Richard Sorge lebte von 1895 bis 1944. Seit 1919 war er Mitglied der KPD und Parteifunktionär, seit 1929 Spion für die Sowjetunion in China und Japan. Nachdem er Informationen über Deutschlands und Japans Pläne zur Auslösung des Zweiten Weltkriegs übermittelt hatte, ließen seine Auftraggeber ihn im Stich, sodass er 1941 von der japanischen Geheimpolizei verhaftet und 1944 hingerichtet wurde. Das Bild zeigt, wie dieses Denkmal 1990 aussah. Bald danach wurde es entfernt.*

B5 *Ein besonderes Denkmal an den Zweiten Weltkrieg und die Zerstörung Dresdens war und ist die Frauenkirche. 1727 bis 1743 wurde sie erbaut und ihre Kuppel prägte das Dresdner Stadtbild bis zum 15. Februar 1945, als der völlig ausgebrannte Bau zusammenstürzte. 1949 entstanden erste Pläne zum Wiederaufbau, der aber 1966 auf unbestimmte Zeit verschoben wurde. Gleichzeitig erklärte der Rat der Stadt die Ruine zum Mahnmal für den Frieden. Seit 1982 trafen sich jedes Jahr am 13. Februar hier Mitglieder der Friedensgruppen der Stadt, die zum Teil auch in Opposition zur DDR standen. 1990 fand sich eine Bürgerinitiative zum Wiederaufbau der Frauenkirche zusammen, die bald von Politikern, Künstlern und vielen Einwohnern unterstützt wurde. Es gab jedoch auch Gegenstimmen, die die Ruine als Denkmal erhalten wollten.*
Am 4. Januar 1993 begann die Beseitigung der Trümmer, am 27. Mai 1994 wurde der erste Stein für den Neuaufbau gelegt. Auf dem Foto sind Kreuze zu sehen, die anlässlich einer Demonstration gegen den Golfkrieg aufgestellt wurden.

Liebesfilm 1950: In „Schwarzwaldmädel" kommen Rudolf Prack und Sonja Ziemann sich so nahe, wie es die Konvention der Zeit erlaubt.

Filmliebe 1982: In „Atemlos" lassen Richard Gere und Valerie Kaprisky der Phantasie des Betrachters nur wenig Spielraum.

7 Die Bundesrepublik Deutschland: Vom Provisorium zur Erfolgsgeschichte?

Zur Auftaktseite

Fast 50 Jahre Bundesrepublik Deutschland, wirtschaftliche und politische Stabilität wie noch nie, internationale Anerkennung, die Teilung der Nation überwunden – eine einzige Erfolgsgeschichte?

Die Bilder der Collage der Auftaktseite wollen in vielen Aspekten die Schwierigkeiten ansprechen, die die Beantwortung dieser Frage aufwirft; in manchen Blickwinkeln zeigen sie aber auch scheinbar vordergründig nur die Fortschritte der letzten 50 Jahre.

Links oben der Schauspieler Gert Fröbe: 1946 als magerer und desillusionierter „Otto Normalverbraucher" in dem Film „Berliner Balladen". 1964 als Mr. Goldfinger im gleichnamigen James-Bond-Film. Der skeptische Blick ist ihm erhalten geblieben, auch wenn er einige Kilo zugenommen hat.

Die überfüllten Hamsterzüge der Nachkriegszeit wurden abgelöst durch ICE-Schnellzüge.

Zwei deutsche Armeen, die sich feindlich gegenüberstanden, sah Nachkriegsdeutschland auf seinem Boden. Bis eine friedliche Revolution den einen Staat hinwegfegte.

Von der kargen Wassersuppe wechselte der Deutsche über die Fresswelle zu Diäten, Fitness und gesunder Kost. Dennoch ist falsche Ernährung immer noch einer der Hauptfeinde der Volksgesundheit.

Im Juni – mitten in der Hauptreisezeit – konnte 1950 noch die Autobahn gefegt werden. Heute undenkbar, angesichts der Überfüllung unserer Straßen.

Überhaupt sind die Deutschen zu Reiseweltmeistern geworden. 1995 wurden 106 Millionen Reisen unternommen, davon 65,9% ins Ausland. Jeder Zweite verreist mehrmals im Jahr, jeder Deutsche gibt statistisch 1410 DM für seinen Urlaub aus.

Auch unsere Lebensstile haben sich radikal verändert. Symbolisch mag dafür der Vergleich der Filmplakate stehen: Während 1950 Sonja Ziemann im Film „Das Schwarzwaldmädel" ihren Rudolf Prack aus sicherer Entfernung anhimmelt – so wie es die strengen Konventionen wollten – zeigen 1982 Richard Gere und Valerie Kaprisky schon auf dem Werbeplakat zu „Atemlos" reichlich nackte Haut, ohne dass dies jemanden störte.

Zur Einführung

Bundesrepublik und DDR sind als Produkte des Kalten Kriegs (vgl. Kapitel 5) entstanden und waren stark von den Erfahrungen der Weimarer Republik und der NS-Zeit geprägt. In ihrer vierzigjährigen Geschichte hat die Bundesrepublik dank ihrer Wirtschaftskraft und ihrer politischen Stabilität so viel Ansehen bei der Bevölkerung im In- und Ausland gewonnen, dass sie ihr Selbstverständnis nicht mehr aus der Abgrenzung gegenüber der Weimarer Republik oder dem anderen deutschen Staat herleiten musste. Die Bevölkerung identifizierte sich zunehmend mit diesem Staat, der vielen als der beste in der deutschen Geschichte erschien und dessen politisches und wirtschaftliches System nach dem Beitritt der fünf neuen Länder von diesen fast unverändert übernommen wurde. In der Bundestagsdebatte um den endgültigen Sitz von Parlament und Regierung im Juni 1991 kann man nachlesen, welchen Symbolwert das einstige Provisorium 'Bonn' inzwischen gewonnen hat (Arbeitsteil 1).

Im Bewusstsein der älteren Generation ist die Bundesrepublik eng mit dem Wirtschaftswunder verbunden. Die Geschichte der Bundesrepublik ist im wesentlichen ihre Wirtschaftsgeschichte. Deshalb fragt der zweite Arbeitsteil nach den Anzeichen und Voraussetzungen des Wirtschaftswunders und stellt die Grundzüge der sozialen Marktwirtschaft vor. Kultur und Gesellschaft der Bundesrepublik wurden maßgeblich von westlichen Vorbildern beeinflusst. Dieser oft als „Amerikanisierung" beklagten Modernisierung der Bundesrepublik wendet sich der dritte Arbeitsteil am Beispiel der Frauen zu.

Der Darstellungsteil stellt die wirtschaftlichen Grundlagen (Währungsreform und Wirtschaftsverfassung) sowie die politischen Rahmenbedingungen der Bundesrepublik (Kanzlerdemokratie und Parteienfeld) vor. Außerdem werden Aspekte der Alltags- und Lebenswelt behandelt, die in vielem geschichtsmächtiger gewesen sind als manche politische Ereignisse.

Die Werkzeugkiste lädt ein zu einem Besuch ins „Haus der Geschichte der Bundesrepublik Deutschland" in Bonn, dem meistbesuchten Museum Deutschlands.

Zur Orientierung

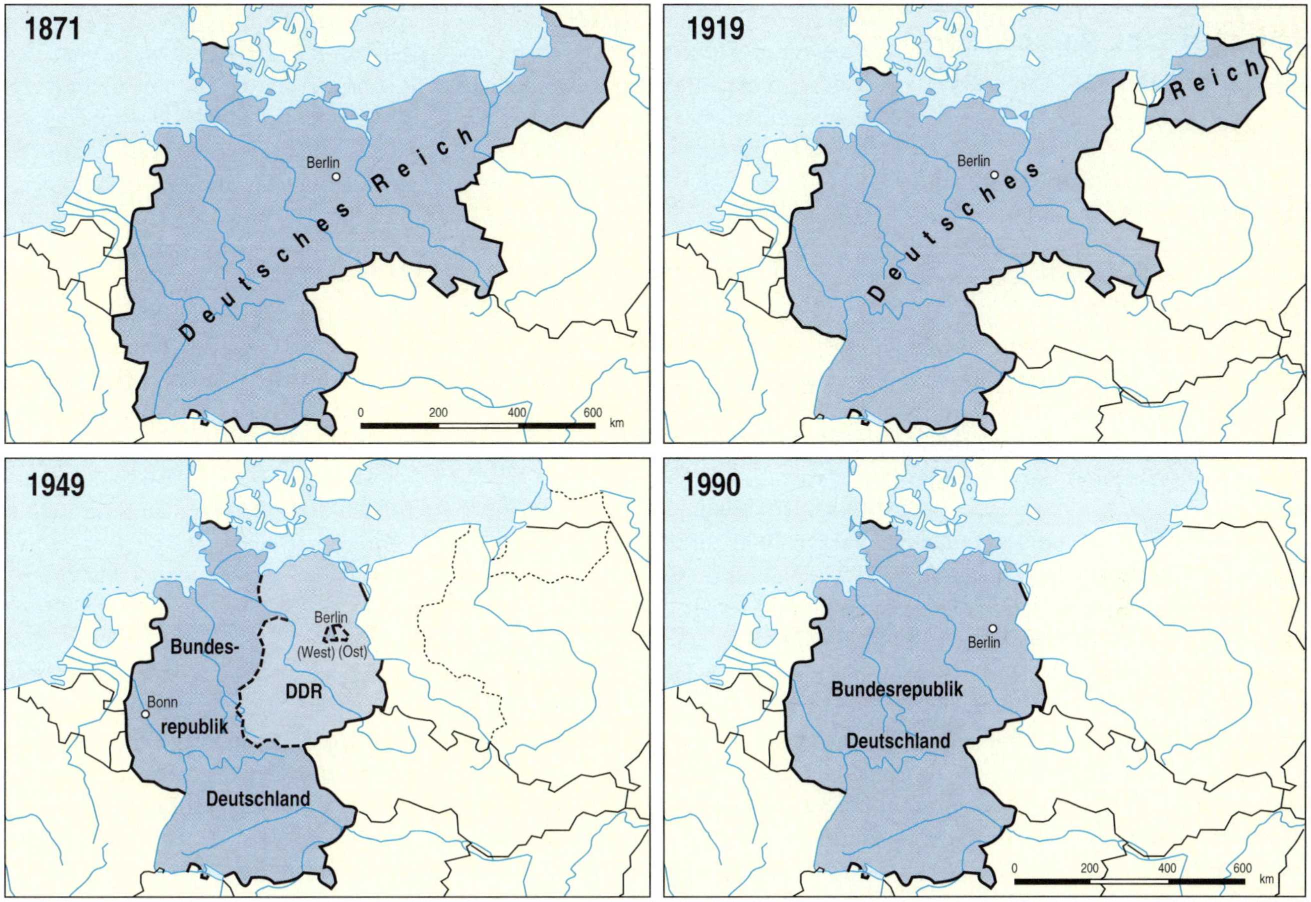

Deutschland seit 1871

Wichtige Daten

1948	Währungsreform
23. 5. 1949	Verabschiedung des Grundgesetzes
1952	Montanunion
1954	Deutschland wird Fußballweltmeister
1955	Nato-Beitritt Wiederbewaffnung
1957	absolute Mehrheit der CDU
1961	Bau der Berliner Mauer
1966–69	Große Koalition (CDU-SPD)
1969	Regierungswechsel (sozial-liberale Koalition, SPD-FDP)
1982	Konstruktives Misstrauensvotum gegen Bundeskanzler Helmut Schmidt Helmut Kohl wird Bundeskanzler
1990	Staatsverträge zur deutschen Einheit

Grundbegriffe

Bewältigung der Vergangenheit, Einigungsvertrag, Friedensvertrag, Kanzlerdemokratie, Westintegration

1 Vom Provisorium zur Hauptstadt – Bonn als Spiegel der Geschichte der Bundesrepublik Deutschland

Kaum eine westdeutsche Stadt spiegelt die Geschichte der alten Bundesrepublik Deutschland besser als Bonn, das 1949 zur „provisorischen" Hauptstadt wurde.
Heinrich Bölls Romanfigur Hans Schnier (Ansichten eines Clowns), ein eingefleischter Bonner, vermittelt 1963 einen Eindruck vom spezifischen Bonner Klima der fünfziger Jahre:

Q1 „Es ist mir immer unverständlich gewesen, warum jedermann, der für intelligent gehalten werden möchte, sich bemüht, diesen Pflichthass auf Bonn auszudrücken. Bonn verträgt natürlich keine Übertreibung, und man hat diese Stadt übertrieben. Es weiß ja auch jedes Kind, dass das Bonner Klima ein Rentnerklima ist, es bestehen Beziehungen zwischen Luft- und Blutdruck. Was Bonn überhaupt nicht steht, ist diese defensive Gereiztheit: Ich hatte zu Haus reichlich Gelegenheit mit Ministerialbeamten, Abgeordneten, Generalen zu sprechen – meine Mutter ist eine Partytante –, und sie alle befinden sich im Zustand gereizter, manchmal fast weinerlicher Verteidigung. Sie lächeln alle so verquält ironisch über Bonn. Ich verstehe dies Getue nicht."

(H. Böll, Ansichten eines Clowns (1963), Sonderausgabe 1966, S. 82f.)

1. Überlegt, was unter „Bonner Klima" und „Pflichthass auf Bonn" zu verstehen ist!
2. Erkundigt euch nach der Lage und Geschichte Bonns!

Der Historiker Michael Stürmer blickte 1990 zurück:

T2 „Während Berlin weltpolitisch umkämpft blieb, die Berliner eingezäunt und später eingemauert, hat Bonn lange gezögert das Definitivum auch so zu nennen... Die Demokratie hat lange Zeit die Erklärung ihres Unvermögens als Bauherr darin gesucht, dass nichts auf Dauer sein dürfe in Bonn, um Berlin nicht allein zu lassen und die Präambel des Grundgesetzes nicht durchzustreichen... Aus der Not, dass man kein Konzept hatte, machte man die Tugend, dass man, um die Zukunft offen zu halten, keines haben dürfe. Erst nach 25 Jahren hat man in Bonn begonnen, ein Regierungsviertel zu bauen und ein Bürohochhaus für die Abgeordneten. Beides bleibt merkwürdig abgesetzt von den beiden anderen Bonns, dem der Bürger und dem der Wissenschaft. Bonn wird niemals so wie London oder Paris die Regierungsgeschäfte wie nebenbei erledigen und im übrigen über die Börse, Handel und Industrie, Hafen, Messen und praktische Geschäfte reden. Die Politik wird immer Hauptsache sein, fast Selbstzweck – was dem politischen Teil der Stadt den Namen Raumschiff Bonn eingetragen hat."

(M. Stürmer: Der Glanz Berlins ist von Bonn finanziert worden. In: A. Rummel (Hg.): Bonn – Sinnbild der Demokratie. 1990, 57f.)

1. Benennt die Elemente, die Bonn zunächst zu einer „provisorischen" Hauptstadt haben werden lassen!
2. Lest die Präambel des Grundgesetzes und überlegt, inwiefern sich das Bonner „Provisorium" von dort her erklären lässt!
3. Erläutert, was M. Stürmer mit den „Drei Bonns" meint!

B1 Die Pädagogische Akademie, Tagungsort des Parlamentarischen Rats, dem Vorläufer des Bundestags, im Jahr 1949.

Rudolf W. Leonhardt, Journalist, schrieb 1972:

T3 „Am 3. November 1949 wurde Bonn nach dem Willen Konrad Adenauers Hauptstadt der Bundesrepublik Deutschland. Bis dahin war es eine kleine Residenz- und seit 1818 Universitätsstadt gewesen. Der Kurfürst und Erzbischof von Köln hatte sich dorthin zurückgezogen... In der Gronau, wo jetzt das Regierungsviertel liegt, waren Parks, Grünanlagen, Sportplätze, Felder. Von dort aus schwammen die Studenten noch 1948 gerne durch den Rhein, hinüber nach Beuel oder sie ließen sich von Schleppkähnen bis über Mehlem hinauf mitnehmen und dann mit der Strömung wieder abwärtstreiben. Am Rande der Gronau war gerade eine Pädagogische Akademie gebaut worden – aus ihr wurde das Bundeshaus. Aus alten Villen am Rheinufer nebenan machte man die Residenzen des Bundespräsidenten und des Bundeskanzlers. Dann hieß es: Ende des Provisoriums. Ein neues Bundeskanzleramt wurde errichtet und ein Hochhaus für die Abgeordneten, ... dazu Ministerien, Botschaften, Parteizentralen, Hotels. So wurde die ganze Gronau zugebaut, bis nach Bad Godesberg hin, dem inzwischen eingemeindeten Pensionärsstädtchen. Durch Eingemeindungen ist Bonn die drittgrößte Stadt am Rhein geworden, nach Köln und Düsseldorf. Die Scherze vom „Bundeshauptdorf", wo man in der „Verbonnung" lebt, leuchten nicht mehr ein!"

(R. W. Leonhardt: Deutschland. 1981, 41.)

1. Beschreibt den Prozess des Wandels vom Provisorium zum Definitirum, den Bonn durchlaufen hat!

Konrad Adenauer 1946:

Q4 „Wir im Westen lehnen vieles ab, was gemeinhin preußischer Geist genannt wird. Ich glaube, dass die deutsche Hauptstadt eher im Südwesten liegen soll als im östlich gelegenen Berlin. In der Gegend des Mains, dort, wo die Fenster Deutschlands auch nach dem Westen weit geöffnet sind, sollte die neue Hauptstadt liegen .... Sobald aber Berlin wieder Hauptstadt würde, wird das Misstrauen im Ausland unauslöschbar werden. Wer Berlin zur neuen Hauptstadt macht, schafft geistig ein neues Preußen."

(Die Welt, 30. 11. 1946)

Der Politologe W. v. Bredow 1982:

T5 „Zunächst ging es darum den Hauptstadtanspruch Berlins für ein wiedervereinigtes Deutschland nicht anzutasten. Diesem politischen Ziel galt in West-Berlin der aufwendige Wiederaufbau des Reichstags. In Bonn entsprach dieser Entscheidung der Verzicht auf die Betonung der Hauptstadtfunktionen. Als sich nach und nach herausstellte, dass die Wiedervereinigung noch lange auf sich warten lassen würde, hatte sich in Bonn bereits notgedrungen ein Gewucher von Ämtern und Behörden etabliert, eine Entwicklung, die sich nicht mehr ohne weiteres rückgängig machen ließ... Wenn es richtig ist, dass der westeuropäische Integrationsprozess trotz aller Verzögerungen und Schwierigkeiten voranschreitet, dann könnte den Bürgern der zweiten und bis jetzt bemerkenswert stabilen deutschen parlamentarischen Demokratie die Identifizierung mit dem neu entstehenden politischen Gebilde Westeuropa leichter fallen als vielen ihrer Nachbarn, die den langsam abbröckelnden Glanz vergangener politischer Weltgeltung in nationalstaatlichem Rahmen noch in ihren Metropolen vor Augen haben."

(F. Seibt u.a.: Deutschland. 1982, 234.)

1. Überlegt, warum es nach 1990 zu einer Debatte über die deutsche Hauptstadt kam!
2. Die Entwicklung und der spezifische Charakter Bonns stehen auch für die Entwicklung und den Charakter der Bundesrepublik bis 1989. Erläutert diese Aussage und belegt sie!

B2 Der Marktplatz von Bonn, 1996

B3 Der neue Plenarsaal des Bundestags in Bonn.

2 „Jetzt kommt das Wirtschaftswunder"

B1 Ludwig Erhard (1897–1977), Hochschullehrer, bayerischer Minister, 1948–49 Direktor des Wirtschaftsrates, 1949–1963 Bundesminister für Wirtschaft, 1963–1966 Bundeskanzler.

B2 VW-Käfer, das erfolgreichste Auto der Welt. Der VW-Käfer wurde zum Symbol des deutschen Aufschwungs. Schon am 6. August 1955 lief der einmillionste Käfer vom Band. Mit ihm wurden die Deutschen mobil. Am 17. 2. 1972 lief dann das 15.007.634. Auto vom Band. Damit hatte der Käfer das bisher meistgebaute Auto der Welt, das Ford-Modell „T" überholt. Er wurde bis 1978 20 Millionen mal gebaut.

Bruttosozial: produkt (BSP) in Mrd. DM	BSP-Index in Preisen von 1950	BSP-Index in Preisen 1950	Preisindex für Lebenshaltungskosten	Erwerbstätige in 1.000	Reallohnindex der Industriearbeiter	Arbeitslosigkeit in %	Ausgabenquote* in %
1950 97,9	100	100	100	19.997	100	8,2	12,7
1951 119,5	122	111	108	20.520	107	7,7	15,1
1952 136,6	140	121	110	20.910	113	6,4	14,9
1953 147,1	150	130	108	21.425	120	5,5	15,3
1954 157,9	161	140	108	21.995	123	4,7	14,7
1955 180,4	184	157	110	22.830	129	2,7	12,3
1956 198,8	203	168	113	23.435	139	2,2	13,7
1957 216,3	221	177	115	23.940	148	1,9	14,3
1958 231,5	236	183	118	24.124	154	1,7	14,1
1959 250,9	256	196	119	24.381	161	1,1	14,5
1960 296,8	303	226	121	24.792	174	0,6	——

**Anteil der Ausgaben des Bundes am Bruttosozialprodukt. (Aus: Bundesministerium für Wirtschaft (Hg.): Leistung in Zahlen 1967. 1968)*

B3 Wirtschaftsindikatoren der 50er Jahre.

1. Charakterisiert die Wirtschaftsentwicklung in den 50er Jahren!

Ludwig Erhard schrieb dazu in seinem Buch „Wohlstand für alle" 1957:

Q1 „Weil ich alle Erfolge, die mittels meiner Wirtschaftspolitik errungen wurden, auf das Tun und Lassen der beteiligten Menschen zurückführe, bin ich übrigens auch nicht geneigt, den Begriff des „deutschen Wunders" gelten zu lassen. Das, was sich in Deutschland in den letzten neun Jahren vollzogen hat war alles andere als ein Wunder. Es war nur die Konsequenz der ehrlichen Anstrengungen eines ganzen Volkes, das nach freiheitlichen Prinzipien die Möglichkeit eingeräumt erhalten hat menschliche Initiative, menschliche Energien wieder anwenden zu dürfen. Wenn darum dieses Beispiel über das eigene Land hinaus Sinn haben soll, dann kann es nur der sein, aller Welt den Segen der menschlichen Freiheit und der ökonomischen Freizügigkeit deutlich werden zu lassen.

(L. Erhard, Wohlstand für alle, 1990, 157f.)

1. Überlegt, inwieweit Ludwig Erhards Erklärung für das Wirtschaftswunder ausreicht!
2. Informiert euch über die Prinzipien seiner Wirtschaftspolitik (Q2)!

Wesen und Funktionen der Sozialen Marktwirtschaft

Müller-Armack, Theoretiker der sozialen Marktwirtschaft, die er 1946 eine „auf freie Preisbildung, Leistungswettbewerb und soziale Gerechtigkeit gegründete Marktwirtschaft" nannte, schrieb:

Q2 „Die angestrebte moderne Marktwirtschaft soll betont sozial ausgerichtet und gebunden sein. Ihr sozialer Charakter liegt bereits in der Tatsache begründet, dass sie in der Lage ist eine größere und mannigfaltigere Gütermenge zu Preisen anzubieten, die der Konsument durch seine Nachfrage entscheidend mitbestimmt und die durch niedrige Preise den Realwert des Lohnes erhöht und dadurch eine größere und breitere Befriedigung der menschlichen Bedürfnisse erlaubt. Durch die freie Konsumwahl wird der Produzent gezwungen, hinsichtlich Qualität, Sortiment und Preis seiner Produkte auf die Wünsche des Konsumenten einzugehen, die damit eine echte Marktdemokratie ausüben. (...) Um den Umkreis der Sozialen Marktwirtschaft ungefähr zu umreißen, sei folgendes Betätigungsfeld künftiger sozialer Gestaltung genannt:
1. Schaffung einer sozialen Betriebsordnung, die den Arbeitnehmer als Mensch und Mitarbeiter wertet, ihm ein soziales Mitgestaltungsrecht einräumt ohne die betriebliche Initiative und Verantwortung des Unternehmers einzuengen.
2. Verwirklichung einer als öffentliche Aufgabe begriffenen Wettbewerbsordnung...
3. Befolgung einer Anti-Monopolpolitik zur Bekämpfung möglichen Machtmissbrauches in der Wirtschaft
4. Durchführung einer konjunkturpolitischen Beschäftigungspolitik...
5. Marktwirtschaftlicher Einkommensausgleich zur Beseitigung ungesunder Einkommens- und Besitzverschiedenheiten, und zwar durch Besteuerung und durch Familienzuschüsse, Kinder- und Mietbeihilfen an sozial Bedürftige.
6. Siedlungspolitik und sozialer Wohnungsbau (...)
9. Ausbau der Sozialversicherung
11. Minimallöhne und Sicherung der Einzellöhne durch Tarifvereinbarungen auf freier Grundlage"

(Zit. nach: J. Weber: Entscheidungsjahr 1948. 1979, 258)

1. Erläutert, wodurch sich die soziale von der freien Marktwirtschaft und der Lenkungs- (oder Plan-) wirtschaft unterscheidet!
2. Zeigt auf, worin das „Soziale" dieser Wirtschaftsordnung liegt und welche Rolle Staat und Politik spielen! Zieht aktuelle Beispiele heran!

Nach der ersten Wirtschaftskrise 1967 (vgl. B4) wurde das Stabilitätsgesetz verabschiedet:

Q3 „§ 1 Bund und Länder haben bei ihren wirtschafts- und finanzpolitischen Maßnahmen die Erfordernisse des gesamtwirtschaftlichen Gleichgewichts zu beachten. Die Maßnahmen sind so zu treffen, dass sie im Rahmen der marktwirtschaftlichen Ordnung gleichzeitig zur Stabilität des Preisniveaus, zu einem hohen Beschäftigungsstand und außenwirtschaftlichem Gleichgewicht bei stetigem und angemessenem Wirtschaftswachstum beitragen."

1. Welche Ziele wurden vorgeschrieben, welche erreicht?

T4 „Die Besitz- und Einkommensverteilung ist zu keinem Zeitpunkt nicht einmal tendenziell eingeebnet

B4 Arbeitslosenquote, Ausländerquote, Entwicklung des Bruttosozialprodukts 1950–90.

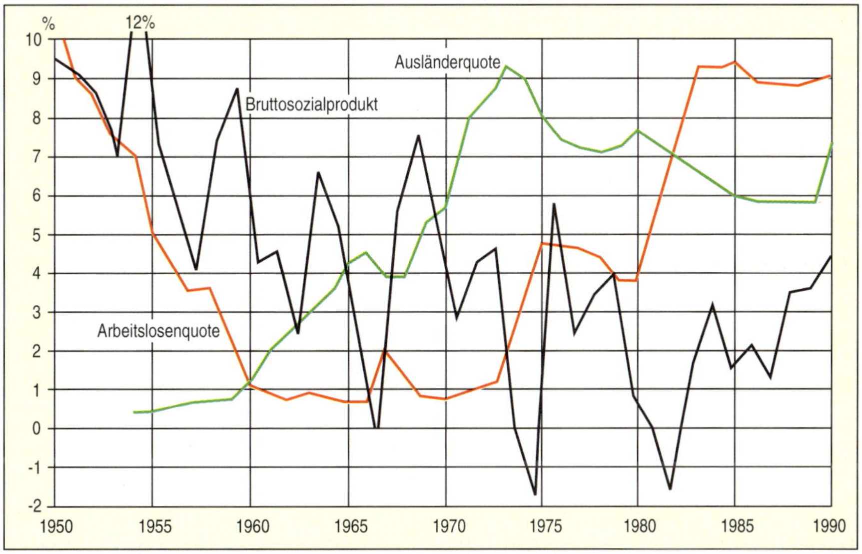

worden, aber der wachsende Massenwohlstand als Folge des in den 50er Jahren einsetzenden ‚Wirtschaftswunders' entschärfte die sozialen Spannungen, so dass ein auf Harmonie gegründetes Gesellschaftsbild dem Lebensgefühl selbst der Unterschichten eher entsprach als klassenkämpferische Konzepte. (...)
Viele Probleme haben sich allerdings auch verschoben. Durch die massenhafte Anwerbung von ausländischen ‚Gastarbeitern' seit den 60er Jahren und durch den rapiden technologischen Wandel in den 70er und 80er Jahren entstanden neue soziale Trennlinien. Das Schlagwort von der ‚Zweidrittelgesellschaft' verweist auf die Modernisierungsopfer und die enormen Schwierigkeiten, einen seit der tiefen Rezession von 1975/1976 konstant hohen Sockel von Dauerarbeitslosigkeit mit ihren einschneidenden materiellen und mentalen Folgen abzubauen."

(C. Kleßmann: Teilung und Wiederherstellung der nationalen Einheit (1945–1990), in: Kleine deutsche Geschichte, 1995, S. 432f.)

1. Teilt anhand von T3, T4 und B4 die wirtschaftliche Entwicklung der BRD in Phasen ein! Nennt die Kehrseite des Wirtschaftswunders! (Beachtet B5!)

B5 Die Staatsverschuldung der BRD 1950–95.

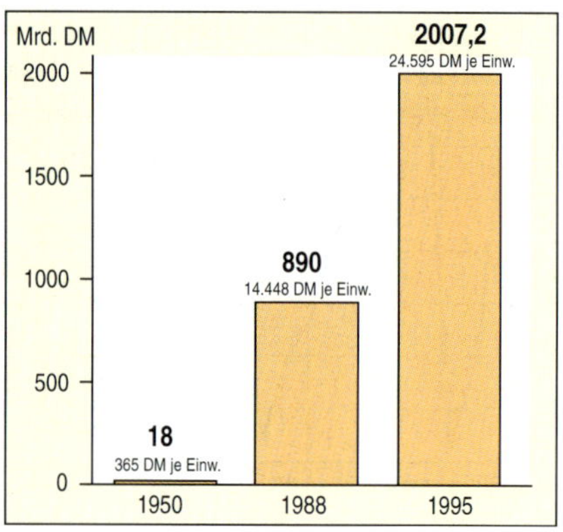

3 Gleichberechtigung, Emanzipation, Gleichstellung

Die Diskussion um die gesellschaftliche Gleichstellung von Frauen zieht sich wie ein roter Faden durch die Geschichte der BRD. Wir zeigen hier einige Gelenkstellen.

Gleichberechtigung 1949

Die Politikerin Anke Martiny (SPD) berichtet über den schwierigen Weg der verfassungsrechtlichen Gleichstellung von Männern und Frauen im Grundgesetz 1949:

T1 „Der Zentralsatz unserer Grundrechte im Artikel 3 Absatz 2: „Männer und Frauen sind gleichberechtigt" erscheint uns heute fast wie selbstverständlich. Hätte es jedoch nur Verfassungsväter und keine Verfassungsmütter gegeben, stünde selbst dieser Artikel wohl nicht in unserem Grundgesetz. Die Juristin und Sozialdemokratin Elisabeth Selbert, eine der vier Frauen im 70 Mitglieder zählenden Parlamentarischen Rat, der der Bundesrepublik die Verfassung geben sollte, hat für diesen Artikel gekämpft. „Männer und Frauen sind gleichberechtigt" – Elisabeth Selbert stellte im November und Dezember 1948 dreimal vergeblich den Antrag, diesen Satz in den Grundrechtskatalog der Verfassung aufzunehmen. Dreimal wurde ihr Antrag abgelehnt, auch aus den eigenen Reihen. CDU, FDP und Teile der SPD betonten, dass es Aufgabe der Gesetzgebung sei, „im Streben nach Gerechtigkeit und im Dienste des Gemeinwohls Gleiches gleich, Ungleiches ungleich zu behandeln". Sie befürchteten, „unübersehbare rechtliche Konsequenzen" zum Beispiel beim Namensrecht. Mit diesen Befürchtungen hatten sie aus ihrer Sicht recht. Denn seit 1900 verkündete § 1354 des bürgerlichen Gesetzbuches: „Dem Manne steht die Entscheidung in allen das gemeinschaftlich eheliche Leben betreffenden Angelegenheiten zu; er bestimmt insbesondere Wohnung und Wohnort." Dieser Paragraph und ähnliche Paragraphen wurden durch den Artikel 3 Absatz 2 völlig aus den Angeln gehoben, da die rechtliche Stellung der Frau grundlegend verändert und die Vorherrschaft verfassungswidrig erklärt war. Als sie zum dritten Mal niedergestimmt wurde, machte Elisabeth Selbert ernst und mobilisierte die Öffentlichkeit. Die Zeitungen stürzten sich mit Begeisterung auf dieses Thema, und die Mitglieder des Parlamentarischen Rates wurden mit Eingaben, Protestbriefen und Appellen der deutschen Frauen überschüttet. Ein großer Erfolg: Am 18.1.1949 wurde Artikel 3 des Grundgesetzes einstimmig im Sinne des Antrages von Elisabeth Selbert angenommen.

(A. Martiny, Politik von und für Frauen. In: Feminin-Maskulin 7/1989, 66)

Der damalige FDP-Justizminister Thomas Dehler in der Sitzung des Bundestags am 12.2.1954:

Q2 „Es ist ja nicht wahr, dass im Leben das Patriarchat gilt. Jeder von uns ist bestimmt durch die Erfahrungen seiner Jugend, durch das Bild, das seine Mutter gab. Die Ehe meiner Eltern war das Musterbeispiel eines Matriarchats. Es war in einer kleinen Stadt, wir hatten Landwirtschaft, Brauerei, Gastwirtschaft und Metzgerei. Da musste geherrscht werden und alle Entscheidungen hat doch meine kluge Mutter getroffen, doch selbstverständlich. Natürlich war sie so gescheit am frühen Morgen zu sagen: Ich habe heute nacht mit dem Vater gesprochen...."

(2. Deutscher Bundestag, 15. Sitzung, 483f.)

1. Erörtert das Pro und Contra der Festschreibung der Gleichberechtigung von Männern und Frauen in der Verfassung! Berücksichtigt dabei, dass es nach dem Weltkrieg rund 7 Millionen weniger Männer als Frauen gab!
2. Informiert euch über die Geschichte der Frauenbewegung vor Gründung der Bundesrepublik und erstellt dazu eine Synopse!
3. Diskutiert über die Gesichtspunkte, die Thomas Dehler in die Diskussion bringt!

Neue Frauenbewegung 1968

In einem Handbuch heißt es dazu:

T3 „Als Frauen aus dem Sozialistischen Deutschen Studentenbund (SDS), dessen „Hochburg" neben Frankfurt/M. Berlin war, im Januar 1968 den „Aktionsrat zur Befreiung der Frauen" gründeten, legten sie einen Grundstein für diese Bewegung (die Frauenbewegung). Anlass war der von Frauen im Umgang mit linken Männern erlebte Widerspruch, dass diese die gesellschaftliche Unterdrückung der Frau zwar anprangerten, sie jedoch im Privaten aufrechterhielten. V. a. Mütter im „Aktionsrat" gründeten in Berlin die ersten Kinderläden der Bundesrepublik und brachten eine emanzipatorische Erziehungsdiskussion in Gang. (...) Der eigentliche Beginn der Neuen Frauenbewegung war die Gründung eines autonomen Frauenzentrums im Januar 1972 in Berlin. Die heute nicht mehr bestehende Einrichtung war zunächst Ausgangspunkt aller Initiativen und Projekte. Das Prinzip der Autonomie in der Neuen Frauenbewegung besagt, dass jede Bevormundung durch Männerorganisationen sowie deren hierarchische Organisationsformen abgelehnt wurden. Ausgehend von der Maxime (Grundsatz) „Das Private ist politisch" entwickelte sich das Konzept von Selbsterfahrung und Selbsthilfe zur politischen Strategie der autonomen Frauenbewegung."

(Berlin Handbuch 1992. Stichwort „Frauenbewegung", 421f.)

Flugblatt, das unter dem Namen »Weiberrat« bei der 24. Delegiertenkonferenz des SDS im November 1968 verteilt wurde:

Q4 „Wir machen das maul nicht auf! wenn wir es doch aufmachen, kommt nichts raus! wenn wir es auflassen, wird es uns gestopft: mit (...) sozialistischen kindern, liebe, sozialistischer geworfenheit, schwulst, sozialistischer potenter geilheit, sozialistischem intellektuellem pathos, sozialistischen lebenshilfen, revolutionärem gefummel, sexualrevolutionären argumenten (...) sozialistischem emanzipationsgeseich, GELABER! wenn's uns mal hochkommt, folgt: sozialistisches schulterklopfen, väterliche betulichkeit; dann werden wir ernst genommen, dann sind wir wundersam, erstaunlich, wir werden gelobt, dann dürfen wir an den stammtisch, dann sind wir identisch; dann tippen wir, verteilen flugblätter, malen wandzeitungen, lecken briefmarken: wir werden theoretisch angeturnt!"

(Zit. nach: Feminin/Maskulin, 7/1989, 74)

1. Listet auf, was Anfang der siebziger Jahre zur Gründung der neuen Frauenbewegung führte! Befragt dazu auch eure Mütter und Väter! Worin unterscheiden sich deren Erfahrungen?
2. Analysiert den Flugblatttext, achtet dabei auf die Wirkung und die sprachlichen Mittel!

Frauenbewegung am Ende des 20. Jahrhunderts

Der SPD-Fraktionsvorsitzende Rudolf Scharping in seinem Gratulationsbrief zum zwanzigjährigen Bestehen der Frauenzeitschrift „Emma":

B1 Frauenkneipe 1978 in Hamburg: Kein Zutritt für Männer

Q5 „Frauen müssen heute immer noch um die Anerkennung ihrer Rechte kämpfen. Die Debatten um den § 218 oder um eine angemessene Bestrafung der Vergewaltigung in der Ehe sind traurige Zeugen. Ob Arbeitnehmerinnen, Arbeitslose, Mütter oder Rentnerinnen, der Kampf um die Sanierung der Staatsfinanzen wird zum größten Teil auf ihrem Rücken ausgetragen. Deshalb brauchen Frauen mehr denn je ein vernehmbares Sprachrohr.“

(20 Jahre Emma, 1997)

Die damalige Bundesministerin für Jugend, Familie und Gesundheit, Rita Süssmuth, berichtet 1987 über die Tücken ihres Amtes:

Q6 „Als ich, noch nicht sehr lange im Amt, die Verordnung zum „Arzt im Praktikum“ unterschreiben sollte, sagte ich: „Das unterschreibe ich nicht; das ist für Frauen und Männer nicht differenziert. Da hieß es: Sie setzen ihre ganze Reputation aufs Spiel, wenn Sie sich an solchen Kleinigkeiten aufhalten. Dann frage ich mich: „Wie kriege ich die bloß?“ und suchte mir jene Stelle heraus, an der es heißt: Wenn der Arzt im Praktikum schwanger wird, hat er Urlaub nach den Regelungen des Mutterschutzgesetzes, nach Inanspruchnahme des Erziehungsurlaubs kann er seine Ausbildung fortführen. Ich fragte, ob ich das wirklich unterschreiben sollte. Man sagte mir: „Arzt im Praktikum“ ist eine geschlechtsneutrale Bezeichnung; das ist eine Institution. Ich antwortete: Aber Institutionen werden aller Erfahrung nach nicht schwanger.“

(In: Susanne Asche/Anne Huschens, Frauen, 1990, 24)

1. Gebt wieder, wie Q5 und Q6 auf euch wirken! Stellt Mutmaßungen an, welche Wirkung die Verfasser jeweils erzielen wollten!

2. Diskutiert über die Erfolge der Bemühungen um eine Gleichstellung der Frauen in der BRD! Zieht eigene Erfahrungen heran und überlegt, welche gesellschaftlichen und wirtschaftlichen Zusammenhänge ihnen jeweils zugrundeliegen!

3. Überprüft auch eure Geschichtsbücher: Werden sie dem Anspruch einer gesellschaftlichen Gleichstellung gerecht? Wo findet ihr Defizite?

B2 Titelseite des Stern vom 6. Juni 1971. 374 Frauen bezichtigten sich öffentlich der durch den Paragraphen 218 unter Strafe gestellten Abtreibung: 3.000 Frauen erklärten sich solidarisch. Sie forderten: „Ich habe abgetrieben. Ich bin gegen den Paragraphen 218 und für Wunschkinder. Wir Frauen wollen keine Almosen vom Gesetzgeber und keine Reform auf Raten! Wir fordern umfassende sexuelle Aufklärung für alle und freien Zugang zu Verhütungsmitteln! Wir fordern das Recht auf die von den Krankenkassen getragene Schwangerschaftsunterbrechung!“

4 Mehr als nur Fußball-Weltmeister?

Das ‚Wunder' von Bern 1954

Aus einer Meldung der Deutschen Presseagentur vom 28. 3. 1997:

T1 „Ein später Ritterschlag: Kohl adelt Herberger. Festakt zum 100. Geburtstag des Urvaters der Bundestrainer. Mannheim (dpa) – Über das Verhältnis von Helmut Kohl und Berti Vogts gibt es nicht viel Neues zu sagen. Man schätzt sich, gelegentlich telefoniert man miteinander. Und wenn es sich ergibt, wie beim Europameisterschaftssieg im vergangenen Jahr in London, geben Kanzler und Bundestrainer vor dem Fernsehen auch gemeinsame Überzeugungen preis. Am Freitag im Rittersaal des Mannheimer Schlosses hat Kohl nun auch den Urvater der Bundestrainer, Sepp Herberger, in sein öffentliches Lob mit einbezogen und ihn sozusagen posthum geadelt. (...) Kohl rühmte das soziale Engagement des Fußballs und seine staatstragenden Wirkungen, besonders die des ersten Weltmeisterschaftsgewinns unter Herberger 1954. „Das ‚Wunder von Bern' war mehr als ein sportlicher Erfolg", sagt Kohl, „unsere Mannschaft hat damals nicht nur Fußball-Geschichte geschrieben. Sie hat auch viel für das Ansehen Deutschlands in der Welt getan."

(htpp//wiesbaden-online.de)

Jürgen Leinemann schreibt über die Wirkung des Weltmeisterschaftssiegs der deutschen Nationalmannschaft 1954:

T2 „Die Deutschen – in ihrem Selbstverständnis keineswegs schon auferstanden aus den Ruinen des von ihnen angezettelten Zweiten Weltkrieges – waren plötzlich wieder wer, wie die meistbenutzte Formel hieß. Wer auch immer und was auch immer – auf jeden Fall mehr, als nur Fußballweltmeister. (...) Es scheint das Kennzeichen einer historischen Stunde zu sein, dass noch Jahrzehnte später jeder genau erzählen kann, was er in diesem Augenblick getan hat, wo er war und mit wem zusammen. Ob beim Fall der Mauer oder bei der Ermordung John F. Kennedys – nahezu jeder erinnert sich an den Augenblick, als er davon erfuhr. Und so ein Moment war auch der Sonntag nachmittag zwischen 17.00 und 19.00 Uhr am 4. Juli 1954, als der Spielbericht aus dem Wankdorf-Stadion von Bern Millionen Deutsche im Fußballfieber vereinte. Überall das gleiche Bild in den westdeutschen Städten, die Straßen und Plätze verödet, nur vor den Radio- und Fernsehgeschäften drängten sich die Menschen zu Hunderten, um ein Bild aus Bern zu erhaschen, oder wenigsten den Ton. Die Fangemeinde der Herberger-Mannschaft hatte sich auf die Gesamtbevölkerung im Alter zwischen 5 und 100 Jahren erweitert. Nur sein Vater – gerade aus Ungarn eingewandert – habe geweint, erinnert sich Joschka Fischer. Nach Schätzungen haben etwa 60 Millionen Deutsche vor dem Radio gesessen und der Reportage Herbert Zimmermanns zugehört."

(J. Leinemann: Sepp Herberger – Ein Leben, eine Legende, Berlin 1997)

1. Beschreibt die Wirkung des „Wunders von Bern" auf die deutsche Gesellschaft!

B1 Nach dem Schlusspfiff 1954: (v. l.) Werner Liebrich, Bundestrainer Sepp Herberger, Karl Mai, Fritz Walter, Horst Eckel

B2 Vor einem Radiogeschäft in Kaiserslautern, 4. Juli 1954

2. Erörtert, welche Bedeutung der Fußball hier in der Erinnerung und im aktuellen politischen Handeln einnimmt! Diskutiert darüber in der Klasse, berücksichtigt dabei, welche Rolle der Fußball für euch selbst, eure Freunde und Verwandten spielt!
3. Erkundet in eurer Umgebung, welche Erinnerungen dort zu den genannten Ereignissen vorhanden sind!

B3 Stefan Effenberg bei der WM 1994 gegenüber den deutschen Fans.

Sport und Kommerz

T3 „Deutsche Kommerzialhymne:
adidas und Zeiss und Pfanni
für das deutsche Fußballspiel.
Daimler läßt uns alle strahlen.
Beck's Bier macht das Hirn mobil.
Adidas und Zeiss und Pfanni
Und Lacostes Krokodil:
Müller-Milch, Dual und Grundig
– Blühe deutsches Fußballspiel!"

(Klaus Hansen: fussBALLfasziNATION, in: A. Frenz/A. Sandmann (Hg): Satanische Fersen, Kassel 1994, 9f.)

1. Interpretiert dieses Gedicht und diskutiert seine Aussage!

Ausländer im Fußball der Nation

T4 „Spätestens am 28. Oktober 1989 wußte Fußball-Deutschland um die Qualitäten des Anthony Baffoe. Der Mann war witzig und schlagfertig, sprach laut eigener Einschätzung „besser Deutsch als mancher Deutsche" und wollte „in ein, zwei Jahren gut genug für die deutsche Nationalmannschaft sein! (...) Aber: auch wenn eine spielerische Glanzzeit des Anthony Baffoe weitgehend ausblieb, angesichts solcher Tribünensprüche wie „Husch, husch, Neger in den Busch" und dem ewigen Gerede von den „schwarzen Perlen" hat er so manches Vorurteil in deutschen Lande zurechtgestutzt. Dass er irgendwann mit seinen PR-Talenten kokettierte und frech daherkommenden Rheinländern im besten Kölsch einen „Arbeitsplatz auf meiner Plantage" anbot – das muß hierzulande als Notwehr durchgehen."

(S. Zowisko: einer sprach Kölsch, in: H. Jenrich (Hg.): Radi, Buffy und ein Sputnik. Ausländer in der Fußball-Bundesliga 1963–1995, Essen, 142ff.)

1. Erörtert, in welcher Weise eine Integration von Ausländern über den Sport gelingt und welche Probleme sie mit sich bringt!
2. Nennt andere Bereiche des Alltags, in denen Ausländer eine wichtige Rolle spielen!

Arbeitszeit – Freizeit

Aus einer wissenschaftlichen Darstellung über die Geschichte der Bundesrepublik:

T5 „Freizeit als Massenphänomen steht in der industriellen Gesellschaft in einem direkten Wechselverhältnis zur Verkürzung der Arbeitszeit. 1956 wurde die 48-Stunden-Woche durch eine fünftägige Arbeitswoche mit neun Stunden Arbeitszeit ersetzt. 1967 gelang der Einstieg in die 40-Stunden-Woche, und weitere zwanzig Jahre später wurde die wöchentliche Arbeitszeit in den Leitsektoren Metallindustrie und öffentlicher Dienst auf 38,5 Stunden begrenzt. Parallel dazu setzten die Gewerkschaften den bezahlten Jahresurlaub allgemein durch, der schrittweise von drei auf fünf Wochen erweitert wurde."

(Kleßmann/Wagner: Das gespaltete Land, 1993, 319)

1. Bezieht die Aussagen des Textes auf die Beispiele in T1–4 und überprüft sie!
2. Diskutiert abschließend noch einmal über die politische und gesellschaftliche Bedeutung des Fußball! Vergleicht dabei auch mit anderen Ländern und deren nationalen Sportarten!

Die Bundesrepublik: Eine Erfolgsgeschichte?

Die Einführung der DM

„Abenteuer Bundesrepublik" hieß 1983 eine Fernsehsendung. Der Titel drückte Stolz und offene Fragen aus: War die Bundesrepublik nach 35 Jahren „erwachsen" und politisch stabil, war sie ein funktionierender demokratischer Staat geworden? Wirtschaftlich gesehen stand am Anfang der Bundesrepublik tatsächlich für viele ein Abenteuer: die Währungsreform 1948. Am 18. Juni 1948 konnten die Deutschen im Rundfunk hören: „Das erste Gesetz zur Neuordnung des deutschen Geldwesens ist von den Militärgouverneuren Großbritanniens, der USA und Frankreichs verkündet worden und tritt am 20. Juni in Kraft. Das neue Geld heißt Deutsche Mark." Mit einem Schlag wurden ca. 40 Milliarden Reichsmark vernichtet, wertloses Papiergeld, dem keine Sachwerte gegenüberstanden. Wegen der verantwortungslosen Schuldenpolitik und Kriegsfinanzierung der Nationalsozialisten war eine Währungsreform überfällig geworden. Am 20. Juni 1948 erhielt jeder Westdeutsche zunächst 40 DM, später nochmals 20 DM. Bankguthaben wurden 10:1, später 10:0,65 abgewertet. Unternehmer erhielten als Investitionskredit einen Übergangsbetrag von 60 DM je Arbeitnehmer. Sachwerte, Produktionsvermögen, Haus- und Grundbesitz blieben unangetastet.

B1 Ausgabe des „Kopfgelds" von DM 40,– in einer Münchner Schule

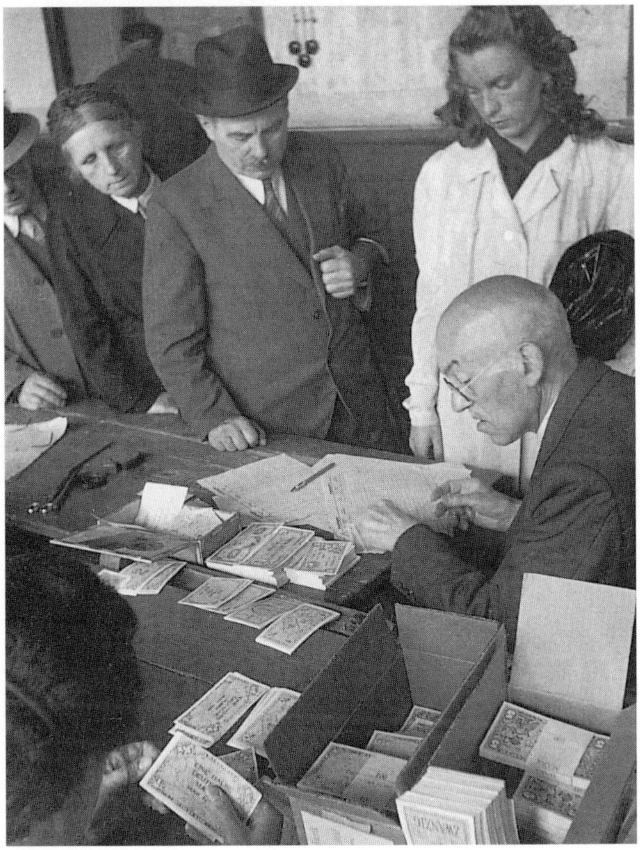

Ludwig Erhard, damals Wirtschaftsdirektor des vereinigten Wirtschaftsgebietes, kündigte am Abend des 20. Juni eigenmächtig über den Rundfunk auch ein baldiges Ende des Bewirtschaftungssystems an. Es durfte nach seiner Meinung nur noch einen Bezugsschein geben, das Geld. Er war überzeugt, dass Währungsreform und Marktwirtschaft zusammengehörten und sich danach die Produktion automatisch erhöhen werde.
Tatsächlich füllten sich am Tag nach der Währungsreform blitzartig die Schaufenster – offensichtlich waren viele Waren zurückgehalten worden.
CDU/CSU und FDP gewannen bei der ersten Bundestagswahl im August 1949 eine knappe Mehrheit, die SPD musste in die Opposition gehen. Begünstigt wurde dieser Wahlerfolg auch durch die von der Berlinkrise ausgelöste Kommunistenfurcht. Weil sich die Sowjetunion einer gemeinsamen Währungsreform verweigerte, führten die Westmächte die DM auch in den Westsektoren Berlins ein. Die Sowjets antworteten darauf mit einer Blockade der Zufahrtswege nach Berlin, die bis Mai 1949 dauerte. Durch die Währungsreform wurde Deutschland für alle sichtbar in zwei Währungsgebiete gespalten. In den Westzonen begann der Siegeszug der

B2 Vor einem Kaufhaus in Berlin unmittelbar nach der Währungsreform

DM, die zum Markenzeichen der Bundesrepublik geworden ist. Die Einführung der DM in der DDR (Währungsunion 1990) nahm die staatliche Einigung vorweg und bewies die Anziehungs- und Symbolkraft der DM.

1. Fasst Vor- und Nachteile der Währungsunion zusammen!

Die Gründung der Bundesrepublik

Am 3. Juli 1948 gaben die drei alliierten Militärgouverneure den westdeutschen Ministerpräsidenten den Auftrag, eine verfassunggebende Versammlung einzuberufen. Durften sich die Ministerpräsidenten darauf ein-

Bonner Bilanz!

Dr. Adenauer regiert seit über 20 Monaten!

RESULTAT
Hunderttausende von Jugendlichen ohne Aussicht auf Lehrstellen
1400 000 Arbeitslose
10 Millionen Menschen mit weniger als 100 DM Einkommen im Monat
Sinkendes Real-Einkommen für die Mehrheit der Bevölkerung
Noch immer kein Lastenausgleich für die Geschädigten

ABER
200 neue Millionare
Kohlenkarten und beginnende Zwangswirtschaft
800 Millionen DM Devisenschiebungen
Steigende Preise auf allen Gebieten
Steigerung der Industriegewinne gegenüber 1936 um 330 Prozent

Abtreten, Herr Bundeskanzler!

Helft uns eine bessere Bundesregierung schaffen!
Wir versprechen keine Wunder – – –
aber wir halten unser Wort!

SPD

B3 Flugblatt der SPD 1951

B5 Die „Mütter des Grundgesetzes" (v. l.: Elisabeth Selbert (SPD), Friederike Nadig (SPD), Helene Weber (CDU), Helene Wessel (Zentrum)

B4 Das politische System der Bundesrepublik Deutschland

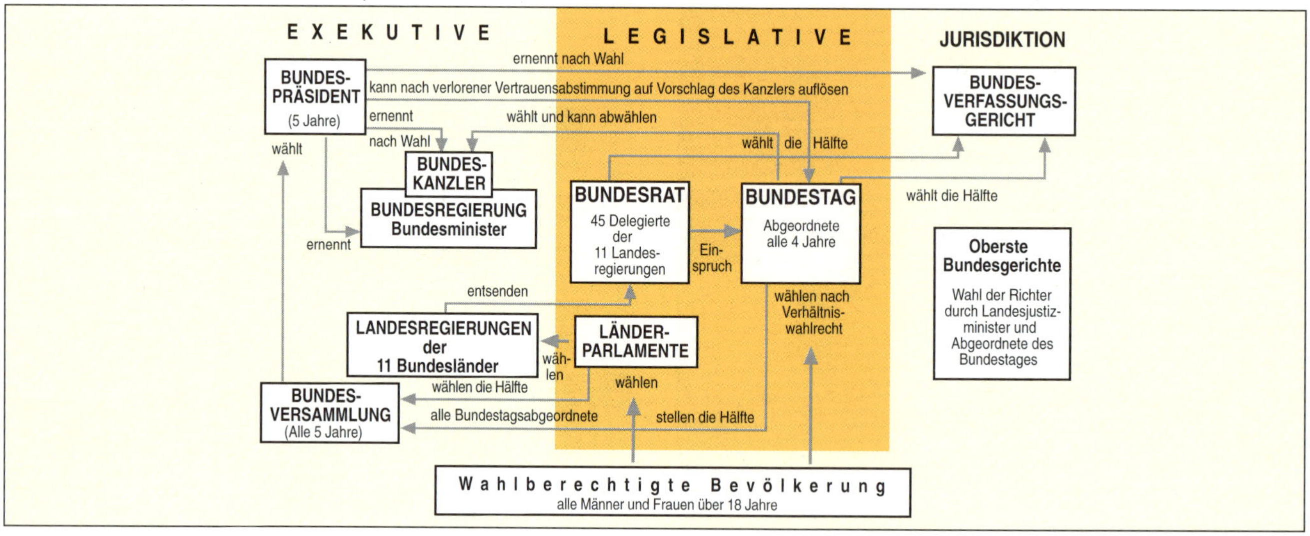

lassen – angesichts der Gefahr, dass durch eine Weststaatgründung die Teilung Deutschlands vertieft und aus der SBZ ein zweiter deutscher Staat entstehen würde? Den meisten schien diese Entwicklung angesichts des Vorgehens der Sowjets in ihrer Zone unvermeidlich. Konnte – nur drei Jahre nach der bedingungslosen Kapitulation und dem Ende des NS-Regimes – eine funktionierende parlamentarische Demokratie aufgebaut werden?
Wie sollte die Machtverteilung zwischen Bund und Ländern geregelt werden? Die Antwort gab das Grundgesetz, das am 23. Mai 1949 in Kraft trat. Der Name deutet darauf hin, dass der parlamentarische Rat zunächst nur ein „Notdach", aber keine Verfassung ausarbeiten wollte. In der damaligen Präambel hieß es: „...um dem staatlichen Leben für eine Übergangszeit eine neue Ordnung zu geben ... das gesamte deutsche Volk bleibt aufgefordert, in freier Selbstbestimmung die Einheit und Freiheit Deutschlands zu vollenden." Herausragende Merkmale des Grundgesetzes sind die Grundrechte (Art. 1–19), die als verbindliche Leitlinie die gesamte politische Ordnung prägen, ferner das Bundesverfassungsgericht und die Vorschriften für die Wahl des Bundeskanzlers (vgl. B4).

Westintegration, Wiederbewaffnung, Wiedervereinigung

Die Folgen des Zweiten Weltkrieges wie auch der Kalte Krieg haben die außen- und innenpolitische Situation der Bundesrepublik zunächst bestimmt. Erst 1955 kehrten die letzten Kriegsgefangenen aus Russland nach Deutschland zurück. Bis heute ist das Schicksal von 1,3 Mio. Vermissten ungeklärt. Zahlreiche Deutsche wurden „entnazifiziert", sie mussten Rechenschaft über ihre Tätigkeit im „Dritten Reich" ablegen (vgl. S. 138ff.). Die politische Orientierung der frühen Bundesrepublik wurde weitgehend von einem Mann geprägt: Konrad Adenauer. Der erste Kanzler regierte 14 Jahre (1949 – 1963). Er stellte eine klare Rang- und Reihenfolge für die westdeutsche Nachkriegspolitik auf und hielt daran konsequent fest: zuerst Freiheit und Sicherheit im Westen, dann Einheit und Überwindung der Teilung. Die griffige Kurzformel „Westintegration – Wiederbewaffnung – Wiedervereinigung" verwendete er selbst mehrfach. Westintegration bedeutete für ihn Anschluss der Bundesrepublik an eine westliche Wirtschafts- und Verteidigungsgemeinschaft. Sichtbarster Erfolg dieser Politik waren der „Deutschlandvertrag" von 1954 und der Beitritt der Bundesrepublik zur NATO 1955 (vgl. B6).

B6 Vom alliierten Besatzungsstatut zur Souveränität der Bundesrepublik. Stationen der Außenpolitik der Bundesrepublik

Der Bundesrepublik wurde 1955 die „volle Macht eines souveränen Staats" zugesprochen. Die Westmächte Frankreich, Großbritannien und USA verpflichteten sich auf das Ziel eines wieder vereinigten Deutschland, „das eine freiheitlich-demokratische Verfassung" besitzen und „in die europäische Gemeinschaft integriert" werden sollte. Der Preis für diese Politik bestand in der Wiederbewaffnung der Bundesrepublik und der militärischen Konfrontation mit dem östlichen Deutschland. Hiergegen erhoben sich zwar immer wieder Proteste, die vorgeschlagenen Alternativen konnten sich aber politisch nicht durchsetzen.
Adenauer fand mit seiner Politik die Zustimmung der Mehrheit der westdeutschen Bevölkerung, die sich durch die Westbindung Sicherheit und durch die soziale Marktwirtschaft Aufstiegschancen versprach. Bei den

B7 Schumacher (re.): „Das dürfen wir aber auch nicht vergessen!" Karikatur 1951.

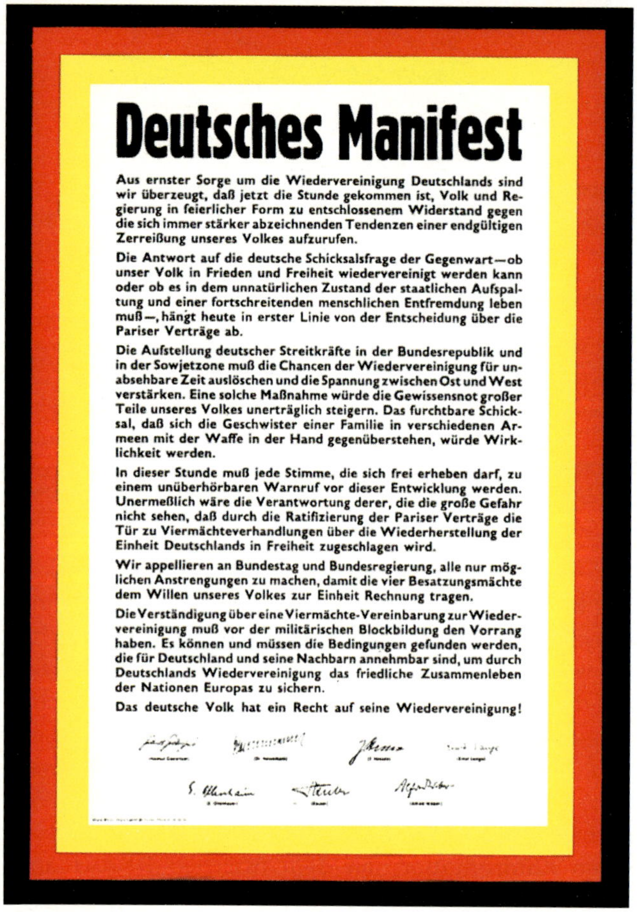

Deutsches Manifest

Aus ernster Sorge um die Wiedervereinigung Deutschlands sind wir überzeugt, daß jetzt die Stunde gekommen ist, Volk und Regierung in feierlicher Form zu entschlossenem Widerstand gegen die sich immer stärker abzeichnenden Tendenzen einer endgültigen Zerreißung unseres Volkes aufzurufen.

Die Antwort auf die deutsche Schicksalsfrage der Gegenwart—ob unser Volk in Frieden und Freiheit wiedervereinigt werden kann oder ob es in dem unnatürlichen Zustand der staatlichen Aufspaltung und einer fortschreitenden menschlichen Entfremdung leben muß—, hängt heute in erster Linie von der Entscheidung über die Pariser Verträge ab.

Die Aufstellung deutscher Streitkräfte in der Bundesrepublik und in der Sowjetzone muß die Chancen der Wiedervereinigung für unabsehbare Zeit auslöschen und die Spannung zwischen Ost und West verstärken. Eine solche Maßnahme würde die Gewissensnot großer Teile unseres Volkes unerträglich steigern. Das furchtbare Schicksal, daß sich die Geschwister einer Familie in verschiedenen Armeen mit der Waffe in der Hand gegenüberstehen, würde Wirklichkeit werden.

In dieser Stunde muß jede Stimme, die sich frei erheben darf, zu einem unüberhörbaren Warnruf vor dieser Entwicklung werden. Unermeßlich wäre die Verantwortung derer, die die große Gefahr nicht sehen, daß durch die Ratifizierung der Pariser Verträge die Tür zu Viermächteverhandlungen über die Wiederherstellung der Einheit Deutschlands in Freiheit zugeschlagen wird.

Wir appellieren an Bundestag und Bundesregierung, alle nur möglichen Anstrengungen zu machen, damit die vier Besatzungsmächte dem Willen unseres Volkes zur Einheit Rechnung tragen.

Die Verständigung über eine Viermächte-Vereinbarung zur Wiedervereinigung muß vor der militärischen Blockbildung den Vorrang haben. Es können und müssen die Bedingungen gefunden werden, die für Deutschland und seine Nachbarn annehmbar sind, um durch Deutschlands Wiedervereinigung das friedliche Zusammenleben der Nationen Europas zu sichern.

Das deutsche Volk hat ein Recht auf seine Wiedervereinigung!

B8 Das Deutsche Manifest. Es war im Januar 1955 in der Frankfurter Paulskirche von namhaften Gegnern der Wiederbewaffnung verabschiedet worden.

B9 Kanzler der Bundesrepublik auf Wahlplakaten: o.li.: Konrad Adenauer (1949–1963); o. re.: Willy Brandt (1969–1974); u. re.: Helmut Schmidt (1974–1982); u. li.: Helmut Kohl (seit 1982)

Bundestagswahlen 1957 gewann die CDU/CSU zum ersten und einzigen Mal in der Geschichte der Bundesrepublik die absolute Mehrheit.

1. *Erläutert die Aussage von B7, S. 159!*
2. *Fasst die Entwicklung der Bundesrepublik 1945 – 1963 zusammen und erklärt sie aus der Politik Adenauers!*
3. *Stellt die Position der damaligen Opposition (B7, S. 159 und B8, oben) dar und nehmt Stellung!*

Wirtschaftliche und soziale Entwicklung

Auch im Inneren der Republik gab es sichtbare Erfolge. Die Arbeitslosigkeit mehrerer Millionen Menschen wich bald einem Arbeitskräftemangel. Nahezu jede gesellschaftliche Gruppe konnte von sozialen Einrichtungen profitieren, die international ihresgleichen suchten. Ein Gesetz vom Oktober 1951 räumte den Arbeitnehmern bestimmter Berufssparten eine paritätische Mitbestimmung in ihrem Betrieb ein (d.h. die gleichberechtigte Vertretung der Aktionäre und Arbeitnehmer in der Betriebsführung). Seit 1957 wurden die Renten dem jeweiligen Lohnniveau angeglichen (dynamische Rente). Entscheidenden Anteil an diesem sozialen Fortschritt hatten die Gewerkschaften, vor allem die Einheitsgewerkschaft des DGB, der deutsche Beamtenbund und die Angestelltengewerkschaft (DAG). Insgesamt hatten sie mehr als 10 Millionen Mitglieder. Die Gewerkschaften erreichten bei Tarifabschlüssen höhere Löhne, kürzere Arbeitszeiten, mehr Urlaub und verbesserten Arbeitsschutz.

Oft werden diese Erfolge einseitig und verkürzt auf das Wirken des Kanzlers Adenauer zurückgeführt, weil die Art des Regierens ganz auf seine Person zugeschnitten war. Man hat deshalb von einer ***Kanzlerdemokratie*** gesprochen: „Adenauers konservativer, katholischer Lebenszuschnitt, sein anti-preußisches, dem Nationalstaat skeptisch gegenüberstehendes Geschichtsverständnis, seine patriarchalisch bzw. paternalistisch geprägten Sozial- und Gesellschaftsvorstellung, machten ihn zur Leitfigur einer Mehrheit der Bevölkerung, die mehr an wirtschaftlichem Aufstieg denn an kultureller Vielfalt interessiert war". (Hermann Glaser)
Schriftsteller und Künstler übten Kritik an vielen Entscheidungen dieser konservativen Regierung. Der erste sozialdemokratische Bundespräsident Gustav Heinemann, einer der schärfsten Kritiker Adenauers, beurteilte dessen Deutschlandpolitik 1966 als eine „Politik der eingebildeten Stärke".

„Bonn ist nicht Weimar"

Die Mehrheit der deutschen Bevölkerung konzentrierte sich zunächst ganz auf den wirtschaftlichen Wiederaufbau und privaten Wohlstand. Wohl auch deswegen war es die Alltagskultur, die sich in der Bundesrepublik am stärksten wandelte. Die Art und Weise, wie die Mehrheit der Westdeutschen ihre Arbeit und Freizeit gestaltete, spiegelte die stabile Grundlegung einer demokratischen Gesellschaft. Damit nahm die Geschichte der Bundesrepublik einen deutlich anderen Verlauf als die der Weimarer Republik. 1956 erschien ein Buch des Schweizer Journalisten Fritz René Allemann, dessen Titel „Bonn ist nicht Weimar" allgemeine Zustimmung fand. Er führte vor allem vier Punkte als Begründung an:
1. Die Niederlage werde vom deutschen Volk akzeptiert. 2. Es gebe eine staatstreue Opposition. 3. Die Ökonomie sei erfolgreich statt gebeutelt. 4. Die gesellschaftlichen und politischen Wandlungen seien tiefgehend.

Bewältigung der Vergangenheit

Der erfolgreiche Neubeginn der Bundesrepublik mit einem parlamentarischen System nach dem Vorbild westlicher Demokratien ließ die zwölf Jahre des „Dritten Reichs" nun fast als eine Abweichung in der deutschen Geschichte erscheinen. Zwar wurde seit 1954 in jedem Jahr der 20. Juli – in Erinnerung an die antifaschistische Verschwörung im Jahre 1944 – als offizieller Gedenktag der Bundesrepublik gefeiert. Dennoch verlief die Auseinandersetzung mit dem Nationalsozialismus in den 50er Jahren eher ruhig. Nach dem Ende der Entnazifizierung bekam fast jeder ehemalige Nationalsozialist eine zweite Chance, sich in die Gesellschaft der Bundesrepublik zu integrieren. Der Philosoph Hermann Lübbe erntete 1983 viel Widerspruch als er davon sprach, dass diese „Stille" im Umgang mit der nationalsozialistischen Vergangenheit „das sozialpsychologisch und politisch nötige Medium der Verwandlung unserer Nachkriegsbevölkerung in die Bürgerschaft der Bundesrepublik Deutschland" gewesen sei. Der Schriftsteller Ralph Giordano bezeichnete 1987 die Verdrängung der Schuld und die mangelnde Auseinandersetzung um die Frage der Mitverantwortung als „zweite Schuld" der Deutschen.
Schriftsteller wie Heinrich Böll, Rolf Hochhuth oder Günter Grass jedoch erinnerten in ihren Romanen und Erzählungen immer wieder an die jüngere Vergangenheit. Stärkeres Gehör fanden sie erst, als 1959 jüdische Synagogen und Friedhöfe mit einer Serie von Hakenkreuz-Schmierereien geschändet wurden. In Jerusalem wurde etwas später dem Organisator der Judendeportation, Adolf Eichmann, unter großer internationaler Anteilnahme der Prozess gemacht. In Deutschland sorgte dann von Dezember 1963 bis August 1965 der Auschwitz-Prozess für Aufsehen. Auch er verdeutlichte, dass es sich bei den Tätern der grausamen Judenverfolgung im „Dritten Reich" oft um einfache Menschen und Familienväter gehandelt hatte.
Seit den 60er Jahren sollte diese Debatte um eine ***Bewältigung der deutschen Vergangenheit*** nicht mehr verstummen. In immer neuen Schüben wurden mal die Motive der Täter, mal die Schicksale der Opfer in den Vordergrund der Betrachtung gerückt. Bis heute zeigt sich, dass Deutschland von seiner jüngeren Vergangenheit immer wieder eingeholt wird und als eines der modernsten Länder der Erde zugleich in vielfacher Weise verwurzelt ist in seiner wechselvollen Geschichte.

1. „Vergangenheitsbewältigung" gab es nach 1945 und 1989. Findet und wertet Gemeinsamkeiten und Unterschiede!

Die Regierungen der Bundesrepublik

Die Weimar Republik hatte in 14 Jahren 21 Regierungswechsel und 13 Kanzler (einschließlich Adolf Hitler) erlebt. Die Bundesrepublik kam in den 40 Jahren mit sechs Kanzlern aus. Man hat sich angewöhnt, die Geschichte der Bundesrepublik nach den jeweils regierenden Koalitionen einzuteilen. Danach bedeutete das Jahr 1969 einen Machtwechsel, der zur sozialliberalen Koalition führte. Dieser wurde durch die Wahl Gustav Heinemanns zum Bundespräsidenten eingeleitet, eines für

B10 Bundeskanzler Willy Brandt kniet 1970 vor dem Mahnmal für die Opfer des Aufstandes im Warschauer Getto 1943. In Anerkennung seiner Verdienste um die Ost-West-Entspannung erhielt er 1971 den Friedensnobelpreis.

B11 Ergebnisse der Bundestagswahlen 1949–1990

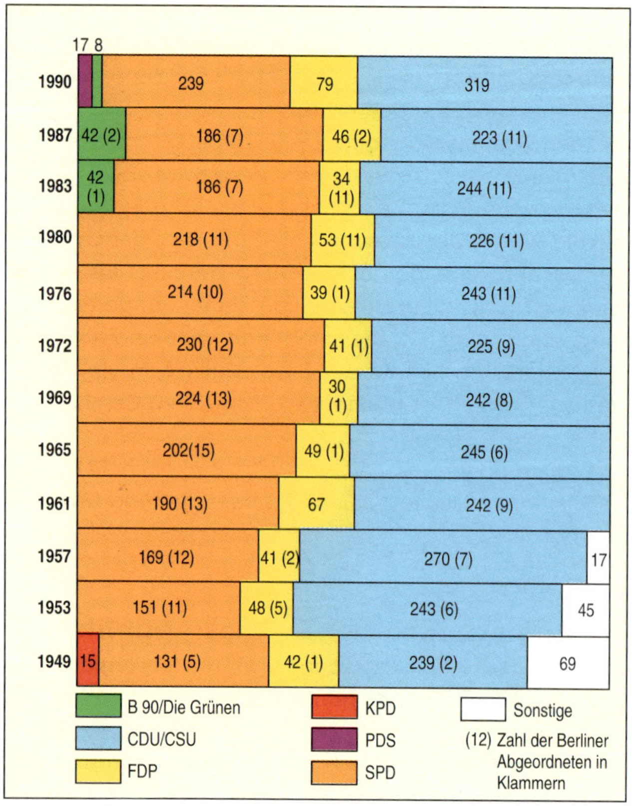

manche „unbequemen Präsidenten". Gleichwohl galt: „Das Befremdliche an Gustav Heinemann ist, dass er immer meint, was er sagt." (so Hermann Schreiber in einem Kandidatenporträt).

Wenig später wurde Willy Brandt als erster sozialdemokratischer Bundeskanzler gewählt. Der programmatische Satz seiner Regierungserklärung: „Wir wollen mehr Demokratie wagen" wirkte auf viele Zeitgenossen als Signal für einen politischen Neubeginn, als ein „Durchbruch der Modernität" (Ch. Kleßmann).

In seiner Regierungserklärung vom 28.10.1969 kündigte Bundeskanzler Brandt eine neue ***Ost- und Deutschlandpolitik*** an: „Aufgabe der praktischen Politik (...) ist es, die Einheit der Nation zu wahren. 20 Jahre nach der Gründung der Bundesrepublik Deutschland und der DDR müssen wir ein weiteres Auseinanderleben der Nation verhindern (...). Das deutsche Volk braucht den Frieden auch mit den Völkern der Sowjetunion und allen Völkern des europäischen Ostens."

Im Frühjahr 1970 kam es zu den aufsehenerregenden Begegnungen von Brandt und dem damaligen Ministerpräsidenten der DDR Stoph in Erfurt und Kassel. Bis 1973 wurden in rascher Folge Verträge mit Moskau und Warschau ausgehandelt (Gewaltverzicht und Unverletzlichkeit der Grenzen), die vier Siegermächte einigten sich auf eine Berlinregelung, und es wurde der Grundlagenvertrag mit der DDR abgeschlossen. Darin war „von normalen Beziehungen auf der Grundlage der Gleichberechtigung" die Rede; Zusatzvereinbarungen regelten später Handelsfragen, Reiseerleichterungen, die UN-Mitgliedschaft beider deutschen Staaten sowie die Arbeitsmöglichkeiten von Journalisten. Damit wurde die jahrzehntelange Politik der Nichtanerkennung und des Alleinvertretungsanspruchs aufgegeben. Im Rückblick läßt sich feststellen, dass diese Entspannungspolitik der sozialliberalen Koalition nicht nur die Lage in Berlin verbessert und die Helsinkivereinbarungen ermöglicht hat. Sie hat auch wesentlich zur Lösung der deutschen Frage 1989/90 beigetragen.

1982 wurde der damalige Oppositionsführer Helmut Kohl durch ein konstruktives Misstrauensvotum Kanzler. Entscheidend hierfür war der Wechsel der FDP vom Koalitionspartner SPD zur CDU.

1. Diskutiert die Auswirkungen der Ost- und Deutschlandpolitik der sozial-liberalen Koalition!
2. Beschreibt die Entwicklung des Parteiensystems in der Bundesrepublik!

Widerstände und Herausforderung

Man könnte die Geschichte der Bundesrepublik als eine Erfolgsgeschichte ihrer jeweiligen politischen Repräsentanten darstellen, die durch den Untergang der DDR und die Vereinigung Deutschlands 1989/90 bestätigt wurde. Eine solche Betrachtung lässt aber die zahlreichen Widerstände und Protestbewegungen außer Acht, die auch zur Geschichte der Bundesrepublik gehören. Dazu gehören der Generalstreik gegen die Wirtschaftspolitik Erhards 1948 sowie die Proteste und Demonstrationen gegen die Wiederbewaffnung der Bundesrepublik (vgl. B8, S. 160) und die beabsichtigte Atombewaffnung. In zahlreichen Bürgerinitiativen und Umweltbewegungen engagierten sich die Menschen. Eine besonders spektakuläre Bewegung waren die Studentenproteste am Ende der 60er Jahre.

Der Konflikt zwischen den Generationen bekam dabei eine solche politische Dynamik, dass manche von einer „Kultur-Revolution" sprachen. In den 70er Jahren wurde die deutsche Öffentlichkeit mit immer neuen Anschlägen gegen die „Repräsentanten des Systems" in Atem gehalten. Entführungen und Mordaktionen erschütterten die Gesellschaft. Eine der brutalsten Aktionen war die Entführung und Ermordung des Arbeitgeberpräsidenten Schleyer 1977. Verantwortlich war die RAF, die „Rote Armee Fraktion", wie sie sich selbst nannte. Die Aktionen der Terroristen und die Reaktion des Staats (verfassungsändernde Gesetze zur Terrorbekämpfung) veränderten das politische Klima der BRD.

Die Rolle der Medien

Als Vermittler von Informationen haben Journalisten eine wichtige moralische Kontrollfunktion übernommen. Im Spannungsfeld zwischen „öffentlichem Gewissen" und der Suche nach Sensationen wurden Missstände immer wieder zu Skandalen. Einer der großen Skandale war die Spiegel-Affäre. Das Nachrichtenmagazin hatte im Oktober 1962 einen kritischen Artikel über die angeblich mangelhafte Fähigkeit der Bundeswehr zur Verteidigung abgedruckt. Daraufhin wurden der Herausgeber und der Chefredakteur des Blattes unter dem Vorwurf des „Landesverrats" verhaftet. Veranlasst hatte diese Aktion der damalige Verteidigungsminister Franz-Josef Strauß. Nach vielen Protesten und Demonstrationen gegen dieses eigenmächtige Vorgehen und für die Pressefreiheit musste Strauß schließlich zurücktreten. Die Spiegel-Affäre wurde später als „Sieg der schon totgesagten kritischen Öffentlichkeit" bezeichnet.

Als ein weiterer Nachweis für die wachsende demokratische Aufmerksamkeit einer informierten Öffentlichkeit galt die Debatte um die Einführung der sog. Notstandsgesetze. Diese sollten die Kompetenzen der Bundesregierung sowie die Aufrechterhaltung von Sicherheit und Ordnung für den Fall eines kriegerischen Ausnahmezustandes regeln. Die Besatzungsmächte hatten Sicherheitsgarantien für ihre Truppen in Deutschland eingefordert. Als zu Beginn der 60er Jahre erste Einzelheiten der vorgesehenen Regelung an die Öffentlichkeit drangen, regte sich heftige Kritik an den geplanten Einschränkungen der Grundrechte im Ernstfall. Dennoch wurde die Notstandsverfassung am 30. Mai 1968 von der Großen Koalition (CDU/CSU, SPD) verabschiedet, die vornehmlich dafür gebildet worden war. Die Sorge, hier werde ein Gesetz ohne wirksame parlamentarische Opposition durchgesetzt, schärfte fortan das Bewusstsein vieler Bürger für eine stärkere Kontrolle der politischen Willensbildung.

Information und Konsum

Seit den 50er Jahren traten viele damals neue Medien ihren Siegeszug an: Das Telefon, das Radio, Tonbänder, Cassettenrecorder, Plattenspieler und, vielleicht am beeindruckendsten, das Fernsehen. Nachrichten und Live-Übertragungen von wichtigen Ereignissen des Tages schufen einen nahezu identischen Informationsstand aller deutschen Staatsbürger. Selbst in der DDR wurde überwiegend die „Tagesschau" gesehen.

Medien vermittelten zwischen Politikern und „dem Volk", und sie wurden das wichtigste Bindeglied zwischen der Wirtschaft und dem Konsumenten. Besonders über die Werbung nahmen sie Einfluss auf das Verhalten der Verbraucher, sie beförderten Mode-Wellen und beeinflussten damit auch die Hierarchie sozialer Werte. Damit fügte sich die Bundesrepublik ein in den rapiden Wandel zu einer westlichen „Konsumgesellschaft".

1. *Diskutiert die These die Medien seien die „vierte Gewalt" im Staat!*
2. *Überlegt, welche Elemente der Jugendkultur ihren Ausgang in den USA genommen haben!*

Jugendprotest und neue Lebensformen

Wie in anderen Ländern auch haben die Jugendlichen der Bundesrepublik die Erwachsenen immer wieder durch lange Haare, „ungehobeltes" oder „halbstarkes"

Benehmen, ausgefallene Mode oder schräge Musik zu provozieren versucht. Neu war, dass sich die „Jugendkultur" seit den 50er Jahren immer stärker durch äußere Symbole und einem gemeinsamen Lebensstil ausdrückte: Kleidung und andere Mode-Accessoires, bestimmte Idole und Vorbilder aus der Medien-Welt, ein gemeinsames Freizeit- und Konsumverhalten in Cliquen.
Neue Verhütungsmethoden wie die seit 1961 erhältliche Anti-Baby-Pille, aber auch die bald danach einsetzende „Aufklärungs-Welle" hoben das lange Zeit tabuisierte Thema Sexualität in die Öffentlichkeit. Der offene Umgang mit allen Fragen menschlicher Partnerschaft wurde von vielen als Befreiung empfunden. Vermeintlich „repressive" Beschränkungen wie das Verbot der Abtreibung (§218 des Strafgesetzbuches) oder das für Frauen unvorteilhafte Ehe-, Familien- und Scheidungsrecht (Reformen 1976/77) wurden zum Ausgangspunkt für die neue Frauenbewegung. Sie drängte darauf, die von der Verfassung garantierte Gleichberechtigung von Mann und Frau endlich in die Praxis umzusetzen. Indem sie eine Gegen-Öffentlichkeit zum „Patriarchat" organisierte (Frauenhäuser, Frauen-Zeitschriften etc.) prägte die Frauenbewegung zugleich ein Muster. Auch andere soziale Bewegungen wurden dadurch ermutigt auf ihre Benachteiligung aufmerksam zu machen.

B13 Vor der Intimberatungsstelle für Studenten der FU Berlin, 1965

Soziale Ungleichheit ist freilich nicht verschwunden. Und nicht immer ist das Zusammenleben harmonisch verlaufen, gerade zwischen Deutschen und Ausländern. Besonders gegen Asylsuchende richtete sich immer wieder der Hass derjenigen, die um ihre Arbeitsplätze bangten oder die fürchteten, Deutschland könnte „überfremdet" werden. Dennoch hat sich die Toleranz für unterschiedliche Lebensweisen in der westdeutschen Gesellschaft erstaunlich verbreitert.

Neue soziale Bewegungen

Mit den gesellschaftlichen Veränderungen einher gingen neue Ausdrucksformen politischer Beteiligung. Die aus der Anti-Atombewegung der 50er Jahre stammenden Formen des Protestes wurden seit den 60er Jahren erweitert. Neben Streiks und Kundgebungen gab es nun Akte des „zivilen Ungehorsams" (Sitzblockaden, Nichterfüllung von Vorschriften etc.), aber auch gewaltsamere Arten des Engagements. Massendemonstrationen und Bürgerbewegungen waren internationale Phänomene. Anlässe dazu gab es auch in Deutschland genug: Leerstehender Wohnraum, eine unsoziale und umweltschädliche Raum- und Verkehrsplanung. Mängel in der sozialen Versorgung der Bevölkerung oder wachsende Sorgen um den Schutz persönlicher Daten. Besonders die Bürgerinitiativen (1972/73 gab es davon etwa 3000 bis 4000 mit 60.000 bis 120.000 aktiven Mitgliedern) konnten als ein Ausdruck von demokratischem Bewußtsein und als Verbreiterung von politischer Anteilnahme verstanden werden.
Drei Themen waren es, die in den 70er und frühen 80er Jahren viele Menschen mobilisierten: der weitere Ausbau von Kernkraftwerken, die zunehmende Umweltverschmutzung und die Nachrüstung der NATO. Voller Idealismus wurde oft für alternative Formen der Energiegewinnung und für Energieeinsparung geworben. Doch konnten sich auch irrationale Ängste in den Protest mischen, und vor den Baustellen einiger Atomkraftwerke kam es zu bürgerkriegsähnlichen Auseinandersetzungen zwischen Demonstranten und der Polizei. Wie im Falle des Terrorismus fürchteten nun viele, der Staat werde sein Gewaltmonopol verlieren und drängten auf ein unnachgiebiges Verhalten der Polizei. Auf der anderen Seite meinten viele der Demonstranten, die Politiker hätten sich bei diesen drei großen Problemen als überfordert erwiesen oder seien zu abhängig von den vermeintlich übergeordneten Interessen der großen Wirtschaftskonzerne.

Wir erkunden das Haus der Geschichte der Bundesrepublik

„Erlebnis Geschichte“ – dieses Motto deutet an, wie in diesem Museum Geschichte verstanden und vorgestellt wird. Das Museum soll Spass machen, zu einer Art Schaufensterbummel durch die Geschichte der Bundesrepublik einladen. Nicht Darstellungen und Quellen stehen im Zentrum, das Museum will kein „begehbares Geschichtsbuch“ sein. Geschichte wird vielmehr inszeniert, für Alltagsbesucher attraktiv und verständlich aufbereitet. So kann man erkennen, wie Geschichte in einem wörtlichen Sinn „gemacht“, ausgewählt und damit zugleich interpretiert wird.

So anschaulich und anregend ein solch „anheimelnder Gang durch die Historie“ (DER SPIEGEL) auch sein mag – das Haus der Geschichte will auch die aktive Auseinandersetzung mit der Geschichte fördern. Schon die Entstehung (von Bundeskanzler Kohl 1982 als „Geschichte unseres Staates und der geteilten Nation“ angekündigt) und die Lage des Museums mitten im Regierungsviertel geben wichtige Hinweise. Die zahlreichen Bonnbesucher sollten vor oder nach dem Besuch des Bundestags über die Geschichte der Bundesrepublik informiert werden. Dass dabei an eine „Erfolgsgeschichte“ gedacht war, hängt mit der damaligen Konkurrenzsituation zur DDR und ihrem Museum für deutsche Geschichte in Ostberlin zusammen.

Welche politischen Kräfte und gesellschaftlichen Strömungen finden sich im Haus der Geschichte, welche sind über-, welche unterrepräsentiert? Welche Politiker werden in aufwendigen Inszenierungen vorgestellt, welche eher beiläufig erwähnt? Aus welcher Perspektive wird der „andere deutsche Staat“ dargestellt, anhand welcher Objekte? Das sind einige Fragen, denen man bei einem gründlichen Besuch nachgehen kann.

Die Kritik soll euch aber nicht vom Museumsbesuch abhalten. Im Gegenteil: Bildet euch selbst eine Meinung!

Hier die Adresse:

Haus der Geschichte der Bundesrepublik Deutschland, Adenauer-Allee 250, 53113 Bonn, Tel. 0228-9165-0

Verfassungsrichterin Erna Scheffler markiert 1951 in ihrer Ausgabe des Bürgerlichen Gesetzbuchs Paragraphen, die im Widerspruch zum Gleichheitsgrundsatz des Grundgesetzes stehen, eines der Exponate im Haus der Geschichte in Bonn.

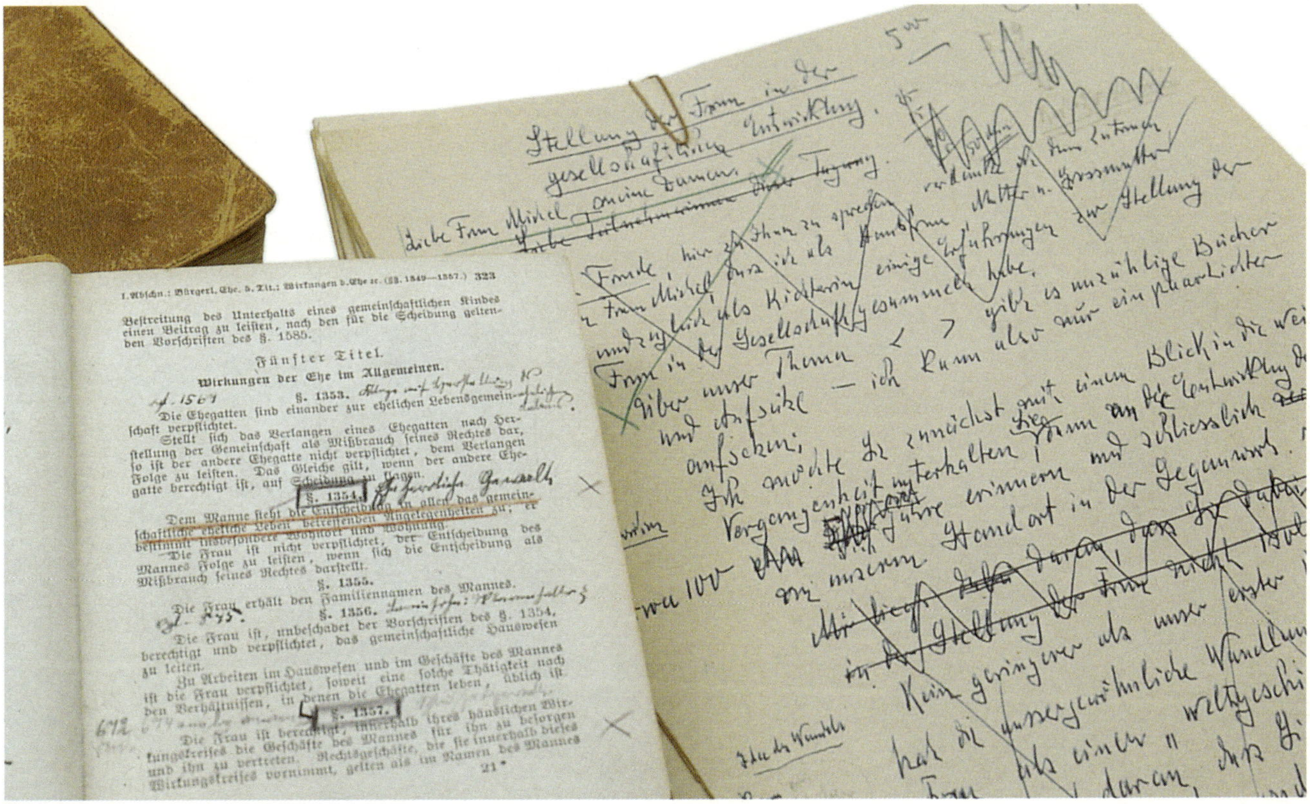

8 Die DDR: Anspruch – Wirklichkeit – Niedergang

Zur Auftaktseite

Im Jahr 1952 schuf der Maler Max Lingner das riesige Wandbild (3 x 24 m, aus Meißner Fliesen), das den langen Titel trägt: „Die Bedeutung des Friedens für die kulturelle Entwicklung der Menschheit und die Notwendigkeit des kämpferischen Einsatzes für ihn." Das Bild wurde von der Sozialistischen Einheitspartei Deutschlands (SED) als Fassadengestaltung für ein Berliner Gebäude „mit Vergangenheit" in Auftrag gegeben: Bis 1945 war in diesem Haus Hermann Görings Reichsluftwaffenministerium untergebracht. Seit 1949 beherbergte das „Haus der Ministerien" die Regierung der DDR. Dort sammelten sich die Demonstranten am 17. Juni 1953. Nach der Wende 1990 sollte es Sitz der Treuhandanstalt werden.
Der Künstler war gezwungen das Wandbild insgesamt sechs Mal umzuarbeiten, bis es in der vorliegenden Version die Zustimmung der Parteiführung fand. In einer früheren Fassung wurde zum Beispiel kritisiert, dass im Zentrum des Bildes die Figur des Intellektuellen den Zusammenschluss von Arbeitern und Bauern stiftete. In der Endfassung war es schließlich der Bauer, der im Arbeiter- und Bauernstaat den Händedruck zwischen der Arbeiterklasse und der Intelligenz bezeugte.

Zur Einführung

Der DDR-Journalist Christoph Dieckmann schrieb im August 1990 über einen Staat, der fast schon verschwunden war: „Die DDR war keine Absurdität, sondern ein Kind der Nachkriegsgeschichte, ein logischer kleiner Bruder der sowjetischen Siegermacht. Auch ihr Finale war konsequent, nachdem 1985 Gorbatschow antrat und man hier nichts ändern wollte. Inmitten einer Geschichte glaubt man nicht an das Ende. Inmitten der nächsten Geschichte glaubt man der vorigen nicht mehr. Wie ist es gewesen?"
Was war die DDR? Seit ihrem Zusammenbruch werden viele Fragen gestellt. Und es gibt noch nicht auf alle Fragen fertige Antworten. Welchen Umständen und politischen Konstellationen verdankte die DDR ihre Existenz? Wie konnte sie 40 Jahre lang funktionieren – politisch, wirtschaftlich, sozial und kulturell? Und was ließ den zweiten deutschen Staat so schnell zusammenbrechen?
Aber in diesem Kapitel soll es nicht nur um Ideologie, „hohe Politik", Diplomatie, Geheimdienst und Wirtschaft, sondern auch um den Alltag gehen. Merkwürdigerweise sind viele Einzelheiten des alltäglichen Lebens mit dem Ende des Staates sehr schnell in Vergessenheit geraten, sogar bei denen, die in der DDR aufgewachsen sind.
Wer ein wenig von der Fremdheit, die uns heute befällt, wenn wir die vergangene DDR betrachten, überwindet und etwas von der Geschichte des anderen deutschen Staates weiß, blickt nicht einfach nur in die deutsche Vergangenheit zurück. Man könnte auch sagen, er oder sie beschäftigt sich mit der Vorgeschichte der Gegenwart und der Zukunft. Denn einige Jahre nach dem Beitritt der DDR zur Bundesrepublik sind die wirtschaftlichen und sozialen Schwierigkeiten im Prozess der Vereinigung noch immer zahlreich. Die Mentalitäten (Denkweisen) zwischen West und Ost sind unterschiedlich und die gegenseitigen Vorurteile zwischen „Wessis" und „Ossis" manchmal groß. Der Blick auf die Geschichte der DDR könnte auch dazu beitragen die Verluste und die Chancen der Vereinigung für die Menschen in der früheren DDR genauer zu beschreiben.

Zur Orientierung

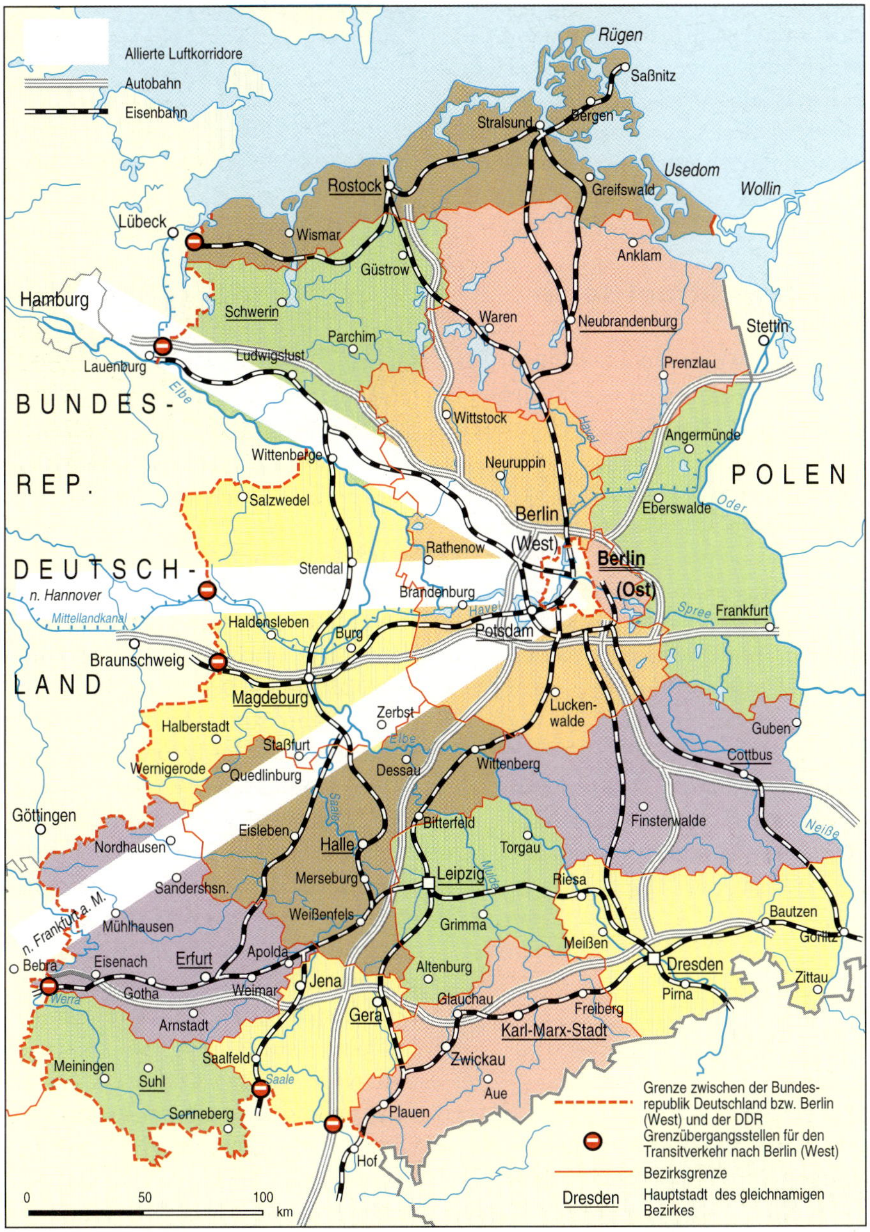

Die DDR in ihren Länder- und Bezirksgrenzen

Wichtige Daten

7.10.1949	Staatsgründung der DDR
1950	Gründung des Ministeriums für Staatssicherheit, Walter Ulbricht Generalsekretär der SED
1952	Sperrzonen entlang der Grenze zur BRD
17.6.1953	Streik und Volksaufstand in der DDR
1955	Gründung des Warschauer Pakts
1956	Nationale Volksarmee gegründet
1958	Einweihung der Nationalen Mahn- und Gedenkstätte Buchenwald
13.8.1961	Bau der Berliner Mauer
1971	Sturz Walter Ulbrichts, Erich Honecker tritt seine Nachfolge an
1972	Grundlagenvertrag zwischen BRD und DDR
1973	DDR und BRD in die UNO aufgenommen
1974	Einrichtung ständiger Vertretungen
1975	KSZE-Schlussakte in Helsinki
1983	Milliardenkredit für die DDR, Abbau der Selbstschussanlagen
1989	Sturz Erich Honeckers, Nachfolger: Egon Krenz, friedliche Revolution
9.11.1989	Fall der Mauer, Zusammenbruch des SED-Regimes
1990	Freie Wahlen zur Volkskammer, Währungsunion, Beitritt der DDR zur Bundesrepublik

Grundbegriffe

Antifaschismus, „demokratischer Zentralismus", Einigungsvertrag, friedliche Koexistenz, Grundlagenvertrag, Planwirtschaft, sozialistische Nation

1 Das KZ Buchenwald im Selbstverständnis der DDR

KZ und Gedenkstätte

T1 „Das im Sommer entstandene Konzentrationslager Buchenwald gehörte zu den größten Lagern im Deutschen Reich. Dort wurden von den Nationalsozialisten bis 1945 insgesamt mehr als 240.000 Menschen inhaftiert, von denen über 57.000 ermordet wurden. Am 11. April 1945 befreite die amerikanische Armee die im Lager verbliebenen Häftlinge. Amerikanische Besatzungssoldaten führten im Mai und Juni 1945 Einwohner von Weimar durch das Lager. Nach Übernahme der Besatzungshoheit durch die Sowjetunion wurde im August ähnlich wie in Sachsenhausen ein Speziallager in den vorhandenen Baracken eingerichtet.
Bereits 1949 legte man am Standort von zwei Massengräbern einen Ehrenhain an. Von 1951 bis 1958 wurde die „Nationale Mahn- und Gedenkstätte Buchenwald“ mit einer monumentalen, zur Stadt Weimar ausgerichteten Denkmalsanlage installiert. 1958 wurde auch das erste Lagermuseum eröffnet, 1965 eine Bibliothek, 1971 das Buchenwald-Archiv und die Ernst-Thälmann-Gedenkstätte eingerichtet. Ein Holzkreuz erinnert seit 1990 an die Ermordeten des Speziallagers. 1991 wurde ein jüdischer Gedenkstein enthüllt.“

(J. Spielmann: Gedenkstätte Buchenwald. In: R. Matz: Die unsichtbaren Lager. 188)

Russland öffnet seine Archive

T2 „Eine Woche suchten Historiker der Gedenkstätte Buchenwald in Moskauer Archiven nach Hinweisen auf die Internierungslager in der sowjetischen Besatzungszone. Den jetzt vorliegenden Unterlagen zufolge waren in Buchenwald 24.050 Personen registriert, 4.405 Personen starben vor der Aufnahme in die Kartei. Gestorben sind insgesamt 6.000 bis 8.000 Menschen.“

(Thüringer Allgemeine, 24.9.1992)

1. Arbeitet heraus, wie mit der Geschichte Buchenwalds zu DDR-Zeiten umgegangen wurde!

B1 Buchenwald, Wachturm mit Bretterzaun, 1951

B2 „Der versteinerte Sieg“

Buchenwald als Vorgeschichte der DDR

Die Einweihung der Mahn- und Gedenkstätte Buchenwald wurde von der DDR am 14. 9. 1958 in ihrem bisher größten Staatsakt begangen. Es sprach der Ministerpräsident der DDR, Otto Grotewohl:

Q3 „Vor der Welt stehen heute zwei deutsche Staaten. Der eine hat aus den Fehlern der deutschen Geschichte gelernt. Er hat gute und richtige Lehren gezogen. Es ist die DDR ein Staat des Friedens und des Sozialismus. Der westdeutsche Staat aber ist ein Hort der Reaktion, in dem Militaristen und Faschisten wieder zur Macht gelangt sind und dessen aggressiver Charakter sich in seinen reaktionären Taten zeigt. (...)
Heute übergeben wir dem deutschen Volke und den Menschen guten Willens in allen Ländern diese nationale Mahn- und Gedenkstätte auf dem Ettersberg, der mitten im Herzen Deutschlands liegt. Weit ins Land weisen Turm und Mauern. Die Flammen aus den Opferschalen zeugen von unserer Liebe und Verehrung für die Toten. Die Glocke des Turmes

B3 Blick vom Glockenturm auf den Aufgang, Platz, Denkmal, Grab 1 und Straße der Nationen

aber soll weit über das Land hallen. Ihr Klang soll in die Herzen der Menschen sinken und ihnen Kunde bringen von unserer unabänderlichen Entschlossenheit das Vermächtnis der toten Helden zu erfüllen und nicht eher zu ruhen, bis in der ganzen Welt Frieden und Freiheit walten und Wohlstand der Völker blüht."

(M. Overesch: Buchenwald und die DDR oder Die Suche nach Selbstlegitimation. 326)

1. Zeichnet die Traditionslinien nach, die Grotewohl für die beiden deutschen Staaten konstruiert!
2. Stellt die Rede Grotewohls in den Zusammenhang des Kalten Krieges!
3. Der zweite Teil der Rede unterscheidet sich in seiner Aussage vom ersten. Arbeitet den Unterschied heraus!

B4 Luftaufnahme der Mahnmalsanlage, 1958

Der Blick auf die nationalsozialistische Vergangenheit: Antifaschismus

T4 „Der Antifaschismus gehörte zum Gründungsmythos der DDR, die sich in Abgrenzung zur Bundesrepublik als das neue, das bessere Deutschland verstand. Zu Zeiten des Kalten Krieges beanspruchte die SED mit dem Pathos des „Siegers der Geschichte", in der DDR seien vor allem antifaschistische Widerstandskämpfer in führenden Positionen im Partei- und Staatsapparat tätig.
Buchenwald wurde aus verschiedenen Gründen zum Kernstück dieses Gründungsmythos und zum Ort der Verpflichtung für die nachwachsenden Generationen. Im KZ Buchenwald war im August 1944 der Kommunist Ernst Thälmann ermordet worden. Im Vergleich zu anderen Lagern konnte dort die bei weitem stärkste illegale kommunistische Organisation aufgebaut werden, der es gelang zahlreiche Positionen innerhalb der sogenannten Häftlingsselbstverwaltung zu besetzen. Der passive Widerstand der Kapos gegen die Evakuierung des Lagers durch Todesmärsche rettete in den letzten Tagen vor der Befreiung vielen Häftlingen das Leben.
Die Erstürmung des Lagertors durch bewaffnete Häftlinge, zu einem Zeitpunkt, als die SS schon weitgehend geflüchtet war und die amerikanischen Truppen sich in Sichtweite des Lagers befanden, eignete sich im Rückblick besonders gut zur kommunistischen Legende von der Selbstbefreiung ohne fremde Hilfe. Und schließlich ist der bekannte Schwur der befreiten Häftlinge überliefert, der die „Ausrottung des Faschismus" zum Vermächtnis der Überlebenden macht."

(K. Hartewig: Wolf unter Wölfen? In: R. Streibel, H. Schafranek (Hg.): Strategie des Überlebens. 1996, 125f.)

Die doppelte Geschichte Buchenwalds

Der Spanier Jorge Semprun, Schriftsteller, ehemaliger Häftling in Buchenwald und Ex-Kommunist in seiner Rede anlässlich des 50. Jahrestages der Befreiung des Konzentrationslagers am 9. April 1995:

Q5 „Deutschland ist seit seiner Wiedervereinigung das einzige Volk Europas, das sich mit beiden totalitären Erfahrungen des 20. Jahrhunderts auseinander setzen kann und muss: dem Nazismus und dem Stalinismus. In seinem Kopf und Körper hat es diese Erfahrungen erlebt und kann sie nur überwinden, indem es beide kritisch übernimmt und aufhebt, um so die demokratische Zukunft Deutschlands zu bereichern.

Buchenwald, besser gesagt, das Binom (Doppelname) Weimar-Buchenwald, ist der historische Platz, der diese doppelte Aufgabe am besten symbolisiert: die der Trauerarbeit um der Vergangenheit kritisch Herr zu werden; die der Ausarbeitung von Grundsätzen für eine europäische Zukunft, damit die Irrtümer der Vergangenheit vermieden werden können."

(M. Overesch: Buchenwald und die DDR, a.a.O., S. 330)

1. Erläutert, in welcher Weise die Mahn- und Gedenkstätte Buchenwald zu Zeiten der DDR genutzt wurde!
2. Überlegt, inwieweit es Entsprechungen in westdeutschen Gedenkstätten der Opfer des Nationalsozialismus gibt!
3. Arbeitet heraus, worin Semprun die besonderen historischen Erfahrungen der (Ost-)Deutschen sieht!
4. Überlegt, warum das ehemalige KZ Buchenwald ein geeigneter Ort sein könnte, diese Erfahrungen öffentlich zu diskutieren!

2 VEB und HO: Voll beschäftigt – halb versorgt

Die Planwirtschaft der DDR

T1 „In der DDR entscheiden in erster Linie die politische Führung und die nach ihren Weisungen arbeitenden Wirtschaftsbehörden über die Produktionsziele, über den Einsatz von Arbeitskräften und Produktionsmitteln, über Schwerpunkte bei Investitionen und über die Verteilung der hergestellten Güter. Sie bestimmen die Planziele auf der Basis kurz- und mittelfristiger Strategien im Außenhandel (Importnotwendigkeiten und Exportmöglichkeiten), in der Investitionspolitik (Erhaltung der Leistungs- und Wettbewerbsfähigkeit) und in der Verbrauchspolitik (Erhöhung des Versorgungsniveaus und Anpassung an veränderte Verbrauchsgewohnheiten). (...) Die Preise werden zentral festgesetzt. Dabei wird versucht, die Wirtschaftsaktivitäten der Betriebe und Verbraucher durch gezielte Preisvorgaben so zu steuern, dass sich diese zur Erfüllung ihrer eigenen ökonomischen Interessen zugleich auch für die Verwirklichung der staatlichen Wirtschaftspläne einsetzen. Auch Kosten und Gewinne werden vorgegeben (normiert): Sie sind für die Betriebe verbindlich, (...) Die zentral bestimmten Wirtschaftsziele (werden) in Wirtschaftsplänen über ein oder mehrere Jahre im Einzelnen festgelegt (Jahresvolkswirtschaftspläne und Fünfjahrpläne). Die Koordinierung zwischen Güterbedarf und Güterproduktion wird bei den volkswirtschaftlich wichtigsten Erzeugnissen mithilfe von Bilanzen vorgenommen, die von den Wirtschaftsbehörden und Kombinaten aufgestellt werden. Die Betriebe regeln ihre Kooperationsbeziehungen mit den vor- und nachgelagerten Produktionsstufen durch Wirtschaftsverträge. Die Jahres- und Fünfjahrpläne werden von der Volkskammer der DDR in Form eines Gesetzes verabschiedet. Den Betrieben werden die jeweils für sie geltenden Planziele als verbindliche Planaufgaben (Kennziffern) übergeben: Sie haben dann die Pläne umzusetzen und zu erfüllen."

(Zit. nach: Zahlenspiegel. Hg. v. Bundesministerium für innerdeutsche Beziehungen. Bonn 1988, 46)

1. Beschreibt die Planwirtschaft!
2. Diskutiert ihre Vor- und Nachteile!

B1 VEB Chemiekombinat Bitterfeld 1965

T2 „Tatsächlich hat die DDR in den 25 Jahren ihres Bestehens einen wirtschaftlichen Aufschwung genommen, der in manchem mit dem vielgerühmten Wirtschaftswunder in der Bundesrepublik zu vergleichen ist. Obwohl sie außer Braunkohle und Kali über keine nennenswerten Rohstoffe verfügt und an den Reparationsverpflichtungen der Nachkriegszeit schwerer zu tragen hatte als der Westen Deutschlands, hat es die DDR trotz ihres schwerfälligen Wirtschaftssystems geschafft, zu den zehn führenden Industrieländern der Welt aufzurücken. Legt man Zahlenangaben der DDR zu Grunde, bedeutet das: Seit dem Gründungsjahr 1949 hat sich die industrielle Warenproduktion der DDR etwa verzehnfacht. Die Arbeitsproduktivität erhöhte sich auf das Fünffache. Noch deutlicher spiegelt sich das Schaffen der DDR-Bevölkerung in der Steigerung des Nationaleinkommens: 1949 wurden 22 Milliarden Mark erwirtschaftet, 1965 waren es bereits 84 Milliarden Mark und 1974 über 133 Milliarden Mark. Rund zwei Drittel dieses Volkseinkommens erarbeitete die Industrie. Dabei muss man bedenken, dass die Wirtschaft der DDR schlechtere Startbedingungen hatte als die der Bundesrepublik. Durch den Krieg waren 45 Prozent der Produktionskapazitäten in der damaligen sowjetisch besetzten Zone zerstört worden. (…) Den raschen Aufbau der Industrie haben die Arbeiter, Bauern, Angestellten und „Intelligenzler“ der DDR mit einem erheblichen Konsumverzicht bezahlt. Lange Zeit hatten die Investitionen absoluten Vorrang vor den privaten Bedürfnissen. Seit der Mitte der sechziger Jahre, besonders aber seit dem VIII. Parteitag der SED 1971, geht die Staatsführung stärker auf die sozialen Ansprüche und Konsumwünsche der Bürger ein. (…) Natürlich kann unter diesen Umständen die Industrieproduktion nicht mehr so schnell wachsen wie früher. Waren in der Anfangsphase jährliche Zuwachsraten von 12 und 14 Prozent zu verzeichnen, so beträgt diese Rate in jüngster Zeit nur noch etwa 6 Prozent im Jahr. (…) Wie die westlichen Industrieländer ist auch die devisenschwache DDR von den steigenden Rohstoffpreisen auf den Weltmärkten hart getroffen worden. (So sah) sich die Staatsführung gezwungen, die Industriepreise im Lande kräftig anzuheben. Ausgenommen von dieser Preiserhöhung wurden vorerst die Verbraucherpreise und die Tarife öffentlicher Dienstleistungen (Mieten, Bahnfahrten), die mit wachsenden Subventionen gestützt werden. Freilich lässt sich dies nur durchhalten, wenn künftig die Arbeitsproduktivität der Industrie durch Rationalisierung und die Ausnutzung aller Reserven schneller wächst als die Warenproduktion.“

(Zit. nach: Kalender des gesamtdeutschen Instituts, 12/1974)

1. Fasst die Leistungen der DDR-Wirtschaft bis in die Mitte der 70er Jahre zusammen!
2. Diskutiert, zu wessen Lasten der wirtschaftliche Aufschwung ging! Beachtet dabei B2 und B3!

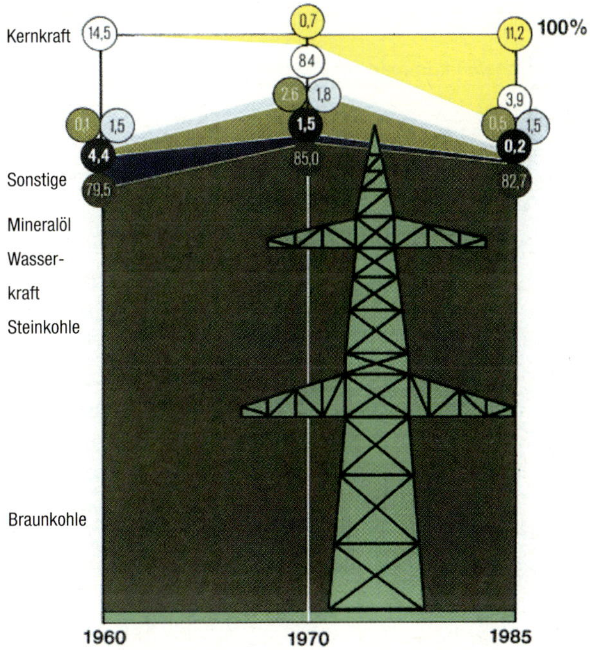

B2 (oben) Träger der Elektroenergieerzeugung in der DDR 1960–1985
B3 (unten) Kraftwerk Jänschwalde, Niederlausitz

Erdgas	100
Schnittholz	100
Baumwolle	88
Erdöl	87
Walzstahl	78
Eisenerz	77
Steinkohle und Buntmetalle	60–70
Diesellokomotiven	56
Traktoren	53
LKW	33

B4 Anteil der UdSSR an der Deckung des Importbedarfs der DDR (in %). Von strategischer Bedeutung sind die Lieferungen der UdSSR an Roh- und Brennstoffen. Ihr Anteil umfaßt 70 % des gesamten Importbedarfs.

B5 Nationaleinkommen der RGW-Länder 1966–80

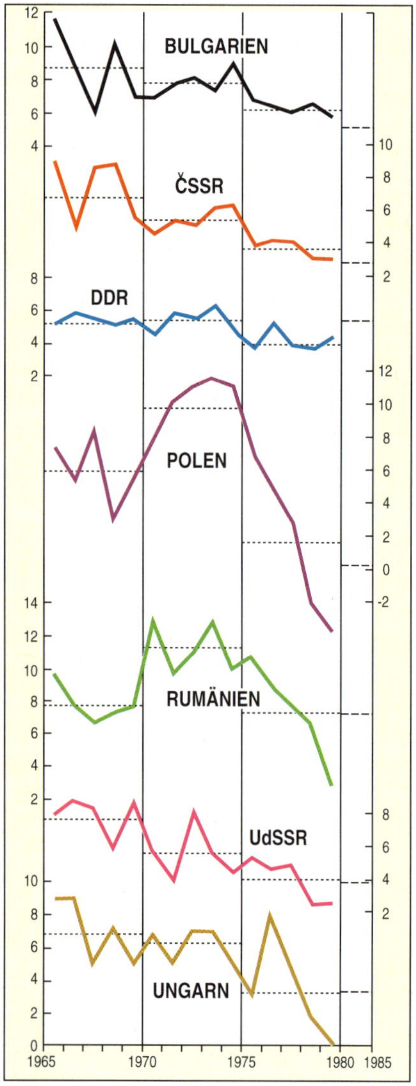

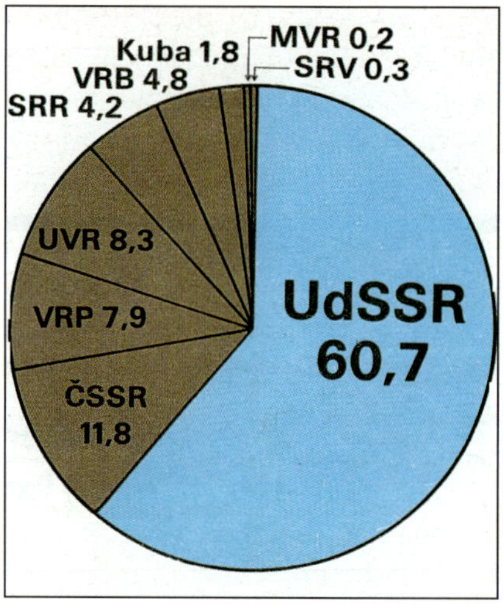

B4 und B6: (Quelle: Unzerstörbarer Bruderbund DDR-UdSSR. Gotha 1985.)

B6 Außenhandelsumsatz der DDR mit den RGW-Ländern 1983 (in%)

1. *Diskutiert mithilfe von B4 und B6 die Situation der DDR-Wirtschaft!*
2. *Erläutert mithilfe von B5 die wirtschaftliche Stellung der DDR im Ostblock!*
3. *Zeigt auf, wie sich die DDR-Wirtschaft in den 80er-Jahren entwickelte! (B7)*

Der sozialistische Großbetrieb

Die Berliner Werkzeugmaschinen-Fabrik in Marzahn (BWF) zählte zuletzt 2.650 Beschäftigte. Sie war für die Beschäftigten viel mehr als nur der Arbeitsplatz:

T3 „Der erste Arbeiter- und Bauern-Staat auf deutschem Boden übernahm sowohl die Vormundschaft über die Werktätigen als auch deren Versorgung und erklärte beides zum Ziel seiner Politik. Das ging so weit, dass der Betrieb eine eigene Arbeiterwohnungsbaugenossenschaft, eine Sportgemeinschaft, eine Poliklinik mit Zahnstation, mehrere Verkaufs- und Reparaturannahmestellen, eine Sparkassenfiliale, eine Kfz-Werkstatt, eine eigene Fahrschule, ein Betriebsferienheim und Kinderferienlager einrichtete und über eigene Kontingente für Wohnungen und für Plätze in Kinderkrippen, Kindergärten und Ferienheimen verfügte.

B7 Die Entwicklung der DDR-Wirtschaft in den 80er-Jahren.

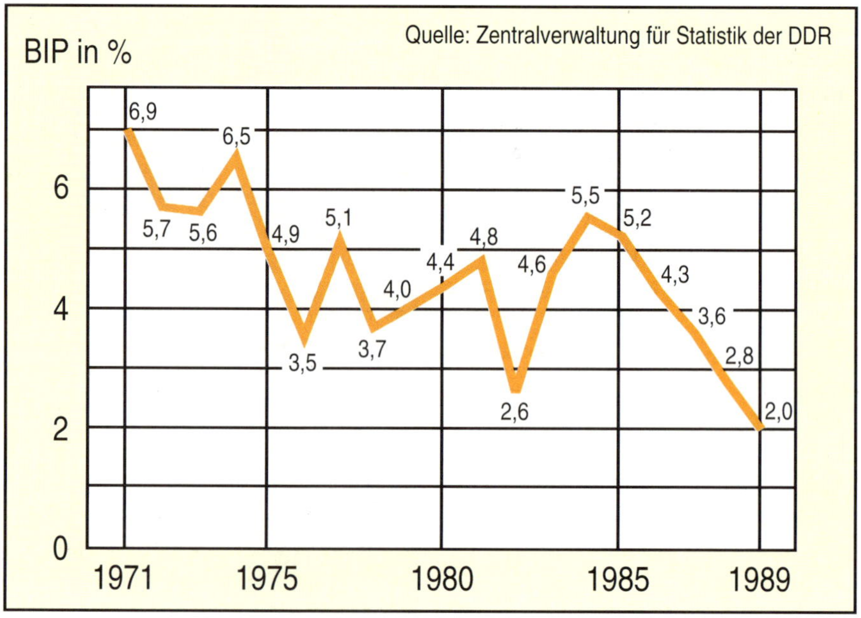

Der Volkseigene Betrieb versorgte, im Auftrage des Staates, die Werktätigen nicht nur so gut es ging, er garantierte ihnen auch die Vollbeschäftigung auf Lebenszeit. Diese Garantie behinderte zwar die gewünschte Erneuerung veralteter Technologien im Betrieb, bot den Beschäftigten aber uneingeschränkte soziale Sicherheit."

(Zit. nach: Voll beschäftigt – halb versorgt. 1996,8)

T4 „ In der DDR spielte der volkseigene Großbetrieb eine ganz eigene Rolle. Er war eine soziale Institution, an der nichts vorbeiging, das zweite Zuhause. Andererseits schickte man den politisch Unbotmäßigen auf Partei- oder Gerichtsbeschluss ‚Zur Bewährung in die Produktion'."

(Zit. nach: Das war die DDR, 102)

1. Beschreibt die Besonderheiten des dargestellten DDR-Industriebetriebs!
2. Überlegt, welchen Zusammenhang es zwischen steigender Berufstätigkeit von Frauen und den vielfältigen sozialen Einrichtungen der Betriebe gegeben hat!

Helden der Arbeit

Nach einer Berufszählung aus dem Jahr 1981 wurden offiziell 54% aller Beschäftigten in der DDR als Arbeiter gezählt.
Den Arbeitern und Bergleuten gehörte die besondere Aufmerksamkeit von Partei und Regierung. Der „klassenbewusste, leistungsbereite und vom technischen Fortschritt begeisterte Arbeiter" war gesellschaftliches Leitbild der DDR. Die DDR hat den Schritt von der industriellen Arbeitsgesellschaft zur modernen Dienstleistungsgesellschaft nie vollzogen.

B8 Adolf Hennecke bei der Arbeit. Der legendäre Bergmann übererfüllte 1948 die Arbeitsnorm mit 387 Prozent. Die Hennecke-Bewegung war der Beginn des „sozialistischen Wettbewerbs".

B9 „Die Arbeiterin", Titelseite der Zeitschrift für die „Interessen der werktätigen Frau", Nr. 1, 1960, hg. v. ZK der SED

Berufstätigkeit von Frauen (% der Gesamtbevölkerung)

1950	49%
1960	70%
1970	82%
1981	91%

in Beschäftigung oder Ausbildung

(Nach: E. Höhler: Im Trabi durch die Zeit. 1992,78)

Der Warenmarkt

B10 „Bedarfserforschung". Karikatur aus dem Eulenspiegel. Über ein „Kundenbuch" sollte der Verbraucher auf den Einzelhandel und seine Verkaufsangebote Einfluss nehmen können

Warten auf das Auto

T5 „Die Autobestellung in der DDR dauert neuerdings nur noch 5 Tage: 1 Tag zum Bestellen, dann 3 Parteitage und am 5. Tag holt man´s ab."

(Zit. nach: R. Reiher (Hg.): Mit sozialistischen und anderen Grüßen. 1995, 174)

Der zweite Markt

T6 „Mit der Einführung der HO (staatliche Handelsorganisation) im Jahre 1948, also von Läden, in denen rationierte Waren frei verkauft wurden – anfangs völlig überteuert – existierte neben der Rationierungswirtschaft ein zweites Verkaufssystem, vor allem für besser verdienende Schichten. Damit befand sich die DDR-Konsumpolitik von Anbeginn im Widerspruch mit den eigenen Idealen, die ja auf gleichmäßige Verteilung des Wohlstandes unter alle Mitglieder der Gesellschaft zielten. Mit der Eröffnung von Exquisitläden

1962 und Delikatläden Ende der 60er Jahre wurde diese Politik fortgesetzt."

(Zit. nach: Wunderwirtschaft. 8)

1. Charakterisiert die Versorgungspolitik der SED!
2. Nennt deren Vor- und Nachteile!

Westware für Westgeld

Die DDR litt chronisch unter Devisenknappheit für den Import von Produkten aus dem westlichen Ausland. Zur Abschöpfung von „harter Währung" von Touristen und DDR-Bürgern, denen seit 1974 der Besitz von Devisen erlaubt war, wurde ein Netz von „Intershop-Läden" geschaffen, in denen der Kunde nur in D-Mark bezahlen konnte.

1. Überlegt, wer in den Intershops einkaufen konnte und sollte!
2. Überlegt, welche Auswirkungen das Intershopsystem auf die Gesellschaft der DDR hatte!

Subventionen als Sozialismus?

In den 70er Jahren wurde der Förderung der Konsumgüterindustrie und der Sozialpolitik mehr Aufmerksamkeit geschenkt. Grundnahrungsmittel, Tarife und Dienstleistungen wurden hoch subventioniert. Diese Politik wurde unter dem Schlagwort „Einheit von Wirtschafts- und Sozialpolitik" bekannt.

T7 „Vieles war selbstverständlich geworden. So die Preise für Waren des Grundbedarfs. Das Brötchen für fünf Pfennige, eine Drei-Raum-Altbauwohnung für 29 Mark Miete. Auch Heizmaterial war lächerlich billig. Undichte Fenster oder fehlende Wärmedämmung stellten keinen Kostenfaktor dar. Viele sagten sich: Wenn ein Bauer so rechnet wie dieser Staat, dann kann er gleich aufhören, denn das macht er höchstens ein halbes Jahr, dann ist er pleite. Aber keiner hat es wirklich bedauert, weil jeder irgendwie davon profitierte."

(Zit. nach: Das war die DDR. a.a.O., 208)

B11 Vergleich des Bestands an langlebigen Konsumgütern in der Bundesrepublik Deutschland und der DDR 1985

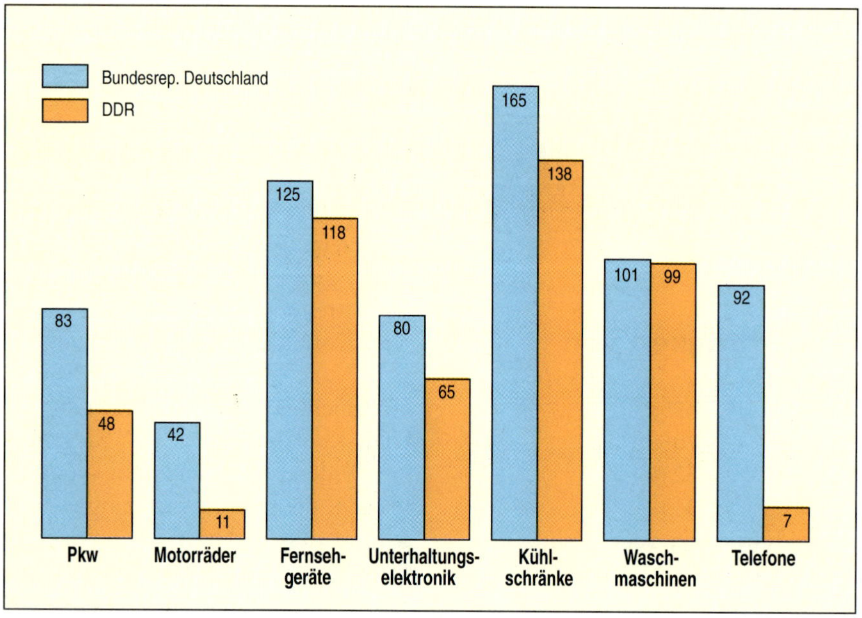

Lebensstandard

SED-Losung der 50er Jahre

„So wie wir heute arbeiten, werden wir morgen leben."

Q8 „Wir wollen, dass alle Werktätigen in Wohlstand leben und besonders die werktätigen Frauen von der zeitraubenden Arbeit im Haushalt weitgehend befreit werden. Wir haben es manchmal aber mit Kunden zu tun, die schon jetzt so leben wollen, wie das erst nach Bändigung des westdeutschen Militarismus, nach der Erfüllung des Siebenjahrplanes, nach dem Sieg des Sozialismus möglich ist. Ihnen sagen wir: Wenn ihr mehr kaufen wollt, müsst ihr vorher mehr produzieren. Wenn ihr Qualitätswaren wünscht, dann leistet selbst Qualitätsarbeit."

(Vorlage für das Politbüro der SED vom 16.9.1961. Zit. nach: Wunderwirtschaft. a.a.O., 10)

1. Wie begründet die SED den Konsumverzicht, den sie den „Werktätigen" abverlangt?
2. Beschreibt die Entwicklung des Ausstattungsgrads der DDR-Haushalte seit 1955!
3. Vergleicht die Ausstattung von Haushalten in der Bundesrepublik und der DDR! Welche Ähnlichkeiten und welche Unterschiede lassen sich feststellen?

Die Kampagne „1000 kleine Dinge"

Aus einem Aufruf der Betriebsgewerkschaftsleitung von 1958:

Q9 „Bekanntlich soll in allen Betrieben über den eigenen VEB-Plan hinaus die Herstellung von Gebrauchsartikeln aus Reserven, Resten oder Abfällen erfolgen. Wir bitten unsere Belegschaft, Vorschläge an unser Büro für Erfindungswesen einzusenden, verwertbare Vorschläge werden je nach Fabrikationsmöglichkeit prämiiert. Kolleginnen und Kollegen, beteiligt euch an dieser Sache, die im Interesse unseres sozialistischen Aufbaus von Bedeutung ist, denn wenn viele Betriebe aus Restmaterialien neue Produkte bringen, so hilft dies uns wieder ein Stück vorwärts!“

Zit. nach: Wunderwirtschaft a. a. O., 12

Die Genex-GmbH

B12 (rechts) Titelseite des Genex-Katalogs von 1985.

1. Erläutert das Vorgehen und die Ziele der Genex-GmbH!
2. Diskutiert, welche Sichtweise der eigenen Währung gegenüber der D-Mark der Preisfestsetzung zu Grunde lag und kontrastiert diese mit offiziellen DDR-Verlautbarungen!
3. Überlegt, welche Gefühle in den DDR-Bürgern bei solchen Transaktionen und ihrer offiziellen Förderung durch den Staat entstehen mussten!

Preisvergleich hochwertiger DDR-Produkte in DDR-Mark und Valutamark (BRD-Mark). Im Januar 1957 war die „Genex-GmbH“ (Geschenkedienst und Kleinexport) gegründet worden. Sie ermöglichte es, dass BRD-Bürger gegen Devisenzahlung hochwertige DDR-Produkte für ihre Verwandten oder Bekannten in der DDR erwarben. Die Produkte wurden dann in der DDR an die DDR-Bürger ausgeliefert. Damit konnten die zum Teil sehr langen Wartezeiten für diese Produkte deutlich verkürzt werden

Ware	Genex-Preis in VM	EVP-DDR in MDN
PKW „Moskwitsch 408“ 1300 ccm	7.800,–	17.300,–
PKW „Wartburg 312“ Lim. de Luxe	7.315,–	17.770,–
Kleinroller „Schwalbe“ 2-sitzig, 50 ccm	638,–	1265,–
Moped „Star“ 1-sitzig, 50 ccm	598,–	1200,–
Fernseher „Station IV“ 59er Bildröhre, Tischgerät	1.115,–	2.250,–
Kühlschrank „Kristall 140“	695,–	1350.–
Nähmaschine „Veritas“ mit Motor und Tasche	402,–	735,–
Schreibmaschine „Erika 14“	295,–	430,–
Handstaubsauger „Omega“, viereckig	97,–	160,–
Transistor Taschenempfänger Mikki T 120/2	84,50	156,–
Herrenarmbanduhr Glashütte Kal. 67,1 „Automatik“ mit Datum, 23 Steine	84,50	197,50

EVP = Einheitlicher Verkaufspreis, staatlich festgelegt
MDN = Mark der Deutschen Notenbank (Bezeichnung für die Währung in der DDR)
VM = Valuta-Mark (frei konvertierbare Währung), hier DM

DDR-Produkte

B13 Das Schaufenster

1. Beschreibt die Dekoration des Schaufensters und vergleicht sie mit Schaufenstern in der BRD! Was fällt euch auf?
2. Benennt Elemente der Gestaltung, die ihr an diesem Ort zumindest überraschend findet!

3 Lebensstile und Mentalitäten

Die DDR-Gesellschaft wurde oft als „Nischengesellschaft" bezeichnet, in der sich der Einzelne in seiner eigenen kleinen „Nische" einrichten konnte. Einige der Aspekte dieser „Nischengesellschaft" zeigen die folgenden Materialien.

„Verreisen kann jeder, Zelten ist Charaktersache"

T1 „Camping als Möglichkeit zum individuellen Reisen erlebte in den sechziger Jahren einen enormen Aufschwung. Dafür wurden nach einer Befragung aus dem Jahr 1970 folgende Gründe angegeben: Erstens der Wegfall der Abhängigkeiten von Gaststätten und festen Essenszeiten in Ferienheimen, zweitens die Möglichkeit den Urlaub mit allen Kindern zu verbringen und drittens war nach der Anschaffung der Camping-Grundausstattung ein Campingurlaub wesentlich günstiger."

(Zit. Nach: Wunderwirtschaft. DDR-Konsumkultur in den 1960er Jahren. 1996, 152)

1. Erläutert, den Stellenwert des Camping-Urlaubs für DDR-Bürger!

Die feinen Unterschiede

Q2 „Ab 1970 waren wir jedes Wochenende auf der Datsche.
Wichtig war nie das Häuschen, wichtig war das Draußen-Sein und möglichst nutzlose Sträucher und Bäume zu pflanzen. Nutzlosigkeit, also in der Freizeit nicht dieses oder jenes zu tauschen, bauen, pflanzen oder besorgen, in der Freizeit nicht arbeiten, war etwas Besonderes. Denn viele verbesserten ihr Einkommen mit Datschen-Gärten, züchteten Viecher und Grünzeug.
Von meinen Eltern wurde Fehlen nicht als Mangel an Lebensqualität akzeptiert. Fehlen gehörte dazu und in Schlangen stellte man sich nicht, es sei denn, es war Sylvester und die Kinder wollten knallen. Fehlen erzeugt viele Arten des Umgangs damit, folglich auch verschiedene Lebensstile. Westliche Überfülle und östlicher Mangel haben ähnlich differenzierende Wirkungen.

(Mario Stumpfe, geb. 1963 in Cottbus. In: Tempolinsen und P 2. Alltagskultur der DDR. A.a.O., 49f.)

1. Beschreibt den Lebensstil, den Mario Stumpfe schildert!

2. Diskutiert Marios Behauptung im letzten Satz! Begründet eure Meinung mit Beispielen!

Improvisierte Vielfalt: Wohnen in der „Platte"

Seit 1971 setzte die SED im Wohnungsbau ein ehrgeiziges Neubauprogramm in die Tat um. Die Wohnungen wurden in Fertigteilen nach einem genormten Grundriss erstellt, was ihnen viele Spitznamen eintrug: „Platte", „Karnickelbuchten", „Arbeiterschließfächer". Gegenüber den Altbauten boten sie aber einen Zuwachs an Wohnqualität.

Q3 „Was uns überhaupt niemand nehmen konnte: die Ausgestaltung unserer Wohnung. Wir bauten an, um und aus nach unseren Bedürfnissen. Wir eigneten uns die Standardwohnung an. Die richtigen Möbel produzierte die Möbelindustrie nie. Deshalb lehnten wir die Einheitsmöblierung ab. „Kultur im Heim" zeigte uns, wie aus der Wohnung ein Schmuckstück werden konnte."

(Petra Gruner In: Tempolinsen und P 2. Alltagskultur der DDR. 84)

1. Überlegt, warum die individuelle Ausgestaltung der „eigenen" Mietwohnung betrieben wurde!

B1 Wochenendhaus und Trabant

B2 Wohnungsbau in der DDR und BRD seit 1951

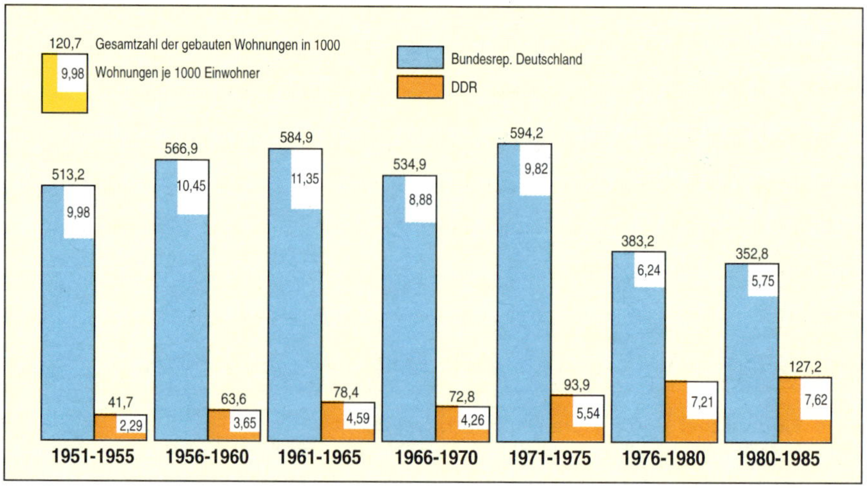

B3 Im Neubaugebiet

2. Diskutiert die möglichen Gründe der DDR-Staatsführung dieses Neubauprogramm durchzuführen!

Absetzbewegung: Von der Hauptstadt aufs Land

Q4 „Es war keine große Einschränkung. Im Mittelpunkt standen eigentlich die Kinder. Die sollten in einer vernünftigen Umgebung groß werden und ohne Stress aufwachsen. Und damals war ja in Berlin auch schon so ein Stress in den Schulen, das war in den Großstadtschulen, dass die Kinder sich untereinander schon drangsaliert haben, und damals war ja immer noch diese Ost-West-Geschichte: Der eine hatte 'ne Oma und der andere hatte keine und die eine hatte ne Westmappe und die andere nicht, ist also auch Stress.

Ich denke mal, dass wir schon gedacht haben, wenn wir da ein bisschen weiter weg vom Schuss sind, dann ist alles ein bisschen lockerer, diese Reglementierungen, die Allgegenwart der Polizei. Flucht hört sich so viel an, aber wir haben schon gedacht, da sind wir ein bisschen abseits und es guckt nicht gleich jeder, was wir so veranstalten."

(Zit. nach: Tempolinsen und P2, a.a.O., 112)

1. Nennt und beurteilt die Motive für den Umzug aufs Land!
2. Erläutert und diskutiert den Begriff „Nischengesellschaft"!
3. Findet Gründe für den Rückzug der DDR-Bürger in ihre „Nische"!

Von Protestanten und Regimekritikern

In den erstarrten politischen Strukturen der DDR artikulierte sich seit Mitte der 1970er Jahre ein Protestpotenzial, das unter anderem im Umfeld der evangelischen Kirche entstanden war. Darin drückte sich für viele die Hoffnung aus „ihren Staat" DDR auf den Weg von Reformen zu bringen.

T5 „Im Gegensatz zum katholischen Klerus hat die evangelische Kirchenführung den Kontakt der Partei- und Staatsführung gesucht und sich trotz vielfacher Irritationen und Rückschläge nicht entmutigen lassen offen Stellung zu beziehen. Friedenssicherung, individuelle Menschenrechte und Umweltschutz waren die zentralen Themen der 80er Jahre. Beharrlich plädierten die Protestanten für Friedenserziehung statt Wehrunterricht, für einen sozialen Friedensdienst als Alternative zur Wehrpflicht. Sie warnten vor den Gefahren einer zunehmenden Militarisierung der Bevölkerung, setzten sich für Meinungsfreiheit, Rechtssicherheit, realistische Berichterstattung der Medien und Beteiligung der Bürger an politischen Entscheidungen ein. Friedens-, Umwelt- und Menschenrechtsgruppen suchten Schutz unter dem Dach der Kirche. Als einzige unabhängige Organisation in der DDR sah sie sich auch von Nichtchristen mit besonderen Erwartungen konfrontiert."

(Zit. nach: Handwörterbuch zur deutschen Einheit, 429)

Wahrer Sozialismus

Eine sozialistische Opposition zur Politik der SED konzentrierte sich in den 1970er Jahren auch um den Kommunisten und Regimekritiker Robert Havemann. Er war 1964 aus der SED wegen „parteifeindlichen Verhaltens" ausgeschlossen worden und hatte seine Universitätsprofessur verloren. Havemann weigerte sich jedoch die DDR zu verlassen:

Q6 „Wenn ich ein Feind der DDR und des Sozialismus wäre, dann wäre es ganz selbstverständlich, wenn ich in jenes Wunderland der Freiheit und des Wohlstands hinüberwechselte und dort ätzende Anklagen gegen das System der neostalinistischen Unterdrückung veröffentlichte.

Aber ich bin gerade das Gegenteil, ein Freund der DDR und überzeugter Sozialist. Wenn ich in den Westen ginge, würde ich sehr darunter leiden, dass ich mich dort kaum politisch betätigen könnte. Im Westen könnte ich mich weder für die DDR einsetzen noch Kritik an ihr üben, ohne in einen falschen Geruch zu kommen. Beides aber kann ich als Bürger der DDR, der in der DDR lebt, in sehr wirksamer Weise tun."

(Interview mit Robert Havemann. In: Die Zeit, Nr. 20, 11. Mai 1973, 3)

1. Erläutert die Rolle der evangelischen Kirche in der DDR!
2. Diskutiert die Einstellung Havemanns zur DDR!

Opposition und staatliche Repression

Aus der Kurzbiografie der Bürgerrechtlerin Bärbel Bohley:

T7 Geboren 1945 in Berlin, 1963 Abitur, 1969 Studium an der Kunsthochschule in Berlin, seit 1974 freischaffende Malerin, mehrere Ausstellungen, 1982 Gründungsinitiatorin des unabhängigen Netzwerks „Frauen für den Frieden“, Eingabe bei Honecker gegen das neue Wehrdienstgesetz (Einberufung von Frauen im Mobilmachungsfall), Kontakte zur westdeutschen Friedensbewegung, 1983 sechs Wochen U-Haft beim Min. für Staatssicherheit (Verdacht auf landesverräterische Nachrichtenübermittlung), Entlassung nach Protesten aus dem Ausland, Reiseverbot und Ausstellungsboykott, private Keramikwerkstatt mit Katja Havemann, 1985/86 Mitbegründerin der Initiative Frieden und Menschenrechte, im Jan. 1988 zusammen mit Stephan Krawczyk und Freya Klier Verhaftung nach Protestaktionen bei der offiziellen Demonstration für Karl Liebknecht und Rosa Luxemburg, Abschiebung aus der DDR, Aufenthalt in England, August 1988 Rückkehr nach Berlin, Engagement für Loslösung der Oppositionsgruppen von der ev. Kirche, Sept. 1989 Initiatorin der illegalen Gründung des Neuen Forum.

Bärbel Bohley über die StaSi:

Q8 „Ich bin halt einfach bockig, das war ich schon immer. Ich habe irgendwie nicht einsehen können; dass so ein Verein wie die Staatssicherheit im Grunde genommen ein ganzes Land im Griff hatte. Ich habe ja dieses Land gern gehabt; ich habe auch gern hier gelebt; ich wollte ja nie weggehen. Ich wollte eigentlich etwas für dieses Land tun; für die Leute; die hier lebten. Und ich war immer der Meinung; wenn mehr Leute etwas dagegen getan hätten und mehr Leute den Gehorsam verweigert hätten... aber das hat wohl auch mit unserer Erziehung zu tun.“

(Zit. nach: W. Kenntemich (Hg.) u.a.: Das war die DDR. 1994, 167)

B4 Vertreter von Oppositionsgruppen in der DDR: die Malerin Bärbel Bohley (links oben), der Theologe Friedrich Schorlemmer (rechts oben), darunter links: der Pfarrer und Mitbegründer der SPD in der DDR, Markus Meckel, sowie unten rechts: Ibrahim Böhme, der als inoffizieller Mitarbeiter des MfS enttarnt wurde.

Professionelle Zerstörung

Q9 „Man darf nicht dämonisieren. Auch dieser große aufgeblähte Apparat, wo Hunderttausende beschäftigt waren und ihre Dienste taten, war keinesfalls perfekt, und das Ergebnis des Ganzen zeigt ja, dass so gut nicht gearbeitet wurde. Dennoch würde ich sagen, sie waren ganz schön professionell. Wenn man sich überlegt, was sie sich für Wissen zusammengeholt und wie praxisnah sie es angewendet haben. Es wurden Diplomarbeiten geschrieben, es gab Dissertationen, betreut von einer eigenen Hochschule in Potsdam/Golm. Hier wurde Wissen systematisch und professionell missbraucht, gegen Menschen angewendet, um oppositionelle Haltungen aufzuweichen, zu zerstören, zu loyalisieren, wie sie manchmal sagten, um Menschen gegeneinander zu hetzen, Rivalitäten aufzubauschen, Gruppen zu sprengen. Ausbürgerungen herbeizuführen...“

(Jürgen Fuchs. Zit. nach: ebd., 163)

1. Erörtert die Spielräume der Opposition in der DDR!
2. Arbeitet heraus, wie die Staatsmacht der DDR auf Protest und Kritik reagierte!

Die DDR als prägende Erfahrung

Rede der Bürgermeisterin von Lüderitz, Edith Müller, vor dem Kreistag in Stendal am 3. 10 1990:

Q10 „Mit dem heutigen Tag, meine Damen und Herren, ist das Ende der Spaltung territorial überwunden. Es ist aber der Anfang eines Weges, für den jeder Mitverantwortung trägt. Heute nehmen wir Abschied von der

DDR. In den letzten Wochen wurde uns dieser Abschied zunehmend schwerer, denn es gibt Dinge, von denen wir uns gern verabschieden, aber auch solche, die wir gern in die Einheit Deutschlands mit einbringen möchten. Gern verabschieden wir uns von der Verlogenheit der alten DDR, dem Widerspruch zwischen der Presse- und Fernsehwirklichkeit und der anders aussehenden Lebenswirklichkeit, dieser Doppelung der Sprache im vertrauten Kreis einerseits und im öffentlichen Leben andererseits. Wir verabschieden uns auch gern von der uns vorgetäuschten sozialen Einheit bis hin zum entmündigten Betreuungs- und Überwachungsstaat. Was aber bringen wir ein in diese Einheit Deutschlands? Zunächst einmal sind wir Deutsche, wir haben eine gemeinsame Sprache, eine gemeinsame Geschichte und ein gemeinsames Vaterland.

Was bringen wir noch ein? Zum Beispiel das Misstrauen, eine dünnhäutige Verletzlichkeit und eine Vielfalt an Problemen. Wir wissen, dass die Bundesrepublik in diesem Einigungsprozess der wirtschaftlich stärkere Partner – auch an Fachkompetenz ist. Dieser bundesdeutschen Überlegenheit können wir derzeit nur die Territorialkompetenz entgegensetzen, denn wir wissen, wie es bei uns wirklich war und noch ist.

Und noch etwas haben wir einzubringen: unsere Sensibilität gegenüber Gerechtigkeit, unsere Wärme und echte Naivität. Dieses Natürlich-Menschliche und unsere gegenseitige aus der Zwangslage heraus entwickelte Solidarität, das bringen wir erhobenen Hauptes ein.

Dennoch bin ich überzeugt, dass wir noch viele Monate und Jahre Abschied von über vierzig Jahren nehmen werden, denn trotz aller Redensarten – man hätte vierzig Jahre vertan oder umsonst gelebt – sollten wir nicht vergessen, dass auch das Leben unter dem DDR-Regime – bei allen Sorgen und Nöten – eine Fülle von privatem Glück in sich barg. Auch sollten wir Deutsche niemals vergessen, dass wir die Teilung einst selbst heraufbeschworen haben und der 3. Oktober eine einmalige Chance für uns und Europa ist."

(Zit. nach: Zwei deutsche Pfarrer. Tagebuchnotizen und Gespräche aus dem Ruhrgebiet und der Altmark. 1991, 117f.)

1. Stellt die negativen und positiven Seiten der DDR gegenüber!

2. Diskutiert E. Müllers Mahnungen gegen die Vergesslichkeit!

Nostalgie

K. R. Korte zur Tendenz, die DDR nostalgisch zu verklären:

T11 „Scheinidylle auf Kopfsteinpflaster, nostalgisch-verträumte Landschaften, Gefühle verjährter Modernität, biedere Bürgerlichkeit abseits hektischer Verwestlichung: Dieses verklärte Bild von der DDR darf nicht darüber hinweg täuschen, dass das Bild nur entstehen konnte aus der Mangelsituation der DDR heraus. Mangel an Internationalität bewahrte Provinzialität und Mangel an freier Meinungsäußerung stärkte die Bedeutung der Nischengesellschaft. Der verklärte Blick verstellte so den Einblick in ein unfreiheitliches Regime."

(K. R. Korte In: Handwörterbuch zur deutschen Einheit. 579).

1. B5 spiegelt künstlerisch die Situation der Menschen in der DDR, besonders der Kinder vor 1989. Erläutert diese Aussage!

2. In gewisser Weise widersprechen sich die Aussagen von T11 und B5. Erläutert dies!

B5 Brigida Böttcher: Winter, 1983

Die DDR – Anfang und (W)Ende

Weichenstellungen

In der Sowjetischen Besatzungszone (SBZ) wurde von der Militärmacht bereits am 10. Juni 1945 die Erlaubnis zur Gründung demokratischer Parteien, freier Gewerkschaften und Organisationen gegeben. Einen Tag später veröffentlichte die KPD ihren ersten Aufruf an die deutsche Bevölkerung. Die KPD wurde von ehemaligen Moskauer Emigranten, darunter Wilhelm Pieck und Walter Ulbricht, geführt. Es folgte der Aufruf der Berliner SPD unter Otto Grotewohl (15.6.), der „in moralischer Wiedergutmachung der Fehler der Vergangenheit" die Vereinigung der beiden Arbeiterparteien forderte. Danach wurden CDU und LDP gegründet. Für die KPD standen zunächst andere Ziele im Vordergrund. Sie versuchte, die eigene Organisation zu festigen und das Spektrum ihrer Anhänger und Sympathisanten bis weit in bürgerliche Kreise hinein zu erweitern. Als sich jedoch abzeichnete, dass die politische Zustimmung der Bevölkerung zur KPD sehr viel geringer ausfiel als zur SPD und den bürgerlichen Parteien, war es die KPD, die eine Vereinigung mit der SPD forderte. Nun übte die sowjetische Militärmacht politischen Druck auf die SPD aus. Eine Abstimmung unter den Parteimitgliedern über die Vereinigung wurde verhindert, es kam zu Verhaftungen. In den Westsektoren Berlins, wo die Urabstimmung am 31. März 1946 stattfand, war das Ergebnis eindeutig: 82 Prozent der Mitglieder waren gegen die sofortige Vereinigung.

B1 Das vielleicht bekannteste Foto des 1. Parteitags der SED (Vereinigungsparteitag) Wilhelm Pieck mit Otto Grotewohl und Walter Ulbricht am 22. April 1946.

Die SPD gab in der SBZ dem politischen Druck nach. Auf dem „Vereinigungsparteitag" am 21./22. April 1946 wurde der Zusammenschluss von SPD und KPD zur SED vollzogen. Den Vorsitz der neuen Partei übernahmen Wilhelm Pieck (KPD) und Otto Grotewohl (SPD). Die Parteiämter sollten gleichberechtigt besetzt werden. Aber seit 1948, als die jugoslawischen Kommunisten von der stalinistischen Linie der KPdSU abrückten, wandelte sich die SED zu einer kommunistischen Partei nach Moskauer Vorbild. Nun wurden die Sozialdemokraten abgedrängt. Es gibt Schätzungen, nach denen mindestens 20.000 Mitglieder der SPD nach dem Vereinigungsparteitag verhaftet wurden. Deshalb wurde die Gründung der SED von vielen Sozialdemokraten als „Zwangsvereinigung" betrachtet.

In den Nachkriegsjahren wurde die Entnazifizierung der Justiz, der Schule und der Verwaltung in der SBZ vorangetrieben. Dabei gelangten immer mehr SED-Funktionäre in Machtpositionen – nach Walter Ulbrichts Prinzip: „Es muss demokratisch aussehen, aber wir müssen alles in der Hand haben."

Sozialisierung und Reparationsleistungen

Die sowjetische Besatzungsmacht maß – ebenso wie die KPD und später die SED – den gesellschaftsverändernden Maßnahmen in der Wirtschaft der SBZ grundlegende Bedeutung bei. So bildeten die unter Entnazifizierung laufenden Befehle Nr. 124 und 126 der SMAD vom 30./31.10.1945 zur Beschlagnahme und Sequestrierung (Zwangsverwaltung) des Eigentums des Staates und der NS-Organisationen die Grundlage für die späteren volkseigenen Betriebe (VEB). Da die SMAD bereits im Frühjahr 1946 die beschlagnahmten Objekte und Vermögenswerte an die Landes- und Provinzialverwaltungen übergab, konnte der von der KPD initiierte Vorschlag, beispielhaft in Sachsen einen Volksentscheid zur Enteignungsfrage durchzuführen, realisiert werden. Am 30. Juni 1946 stimmten 77,6% der Stimmberechtigten in Sachsen dem „Gesetz über die Übergabe von Betrieben von Kriegs- und Naziverbrechern in das Eigentum des Volkes" zu. Dem Beispiel Sachsens folgten die anderen Länder in der SBZ und erließen gleich lautende Gesetze. Bereits 1949 betrug der Anteil der VEB an der Industrieproduktion der jungen DDR 46,6%.

B2 und B3 (oben links und rechts) Plakate zum Volksentscheid in Sachsen vom 30. Juni 1946 über die Enteignungsfrage.

B4 Faksimile des Stimmzettels zum Volksentscheid vom 30. Juni 1946 in Sachsen.

BUNDESLAND SACHSEN

Volksentscheid am 30. Juni 1946

LANDESVERWALTUNG SACHSEN

Stimmen Sie

dem Gesetz über die Übergabe von Betrieben von Kriegs- und Naziverbrechern in das Eigentum des Volkes

zu?

Ja **Nein**

Ab Juni 1946 mussten 202 der zur Demontage vorgesehenen Betriebe als Sowjetische Aktiengesellschaften (SAG-Betriebe) auf Reparationskosten arbeiten, u.a. Leuna und Buna, die Krupp-Stahlwerke in Magdeburg und die Neptunwerft in Rostock. Bereits 1945 hatte die SAG „Wismut" ihre Tätigkeit aufgenommen, um die Uranerzvorkommen im Erzgebirge abzubauen.

Unter der Losung „Junkerland in Bauernhand" wurde im Herbst 1945 die Enteignung von Großgrundbesitzern mit über 100 ha Land in einer demokratischen Bodenreform vollzogen.

11 000 Bodenreformkommissionen überwachten die Landverteilung. Ca. zwei Drittel der 3,3 Millionen ha Land erhielten im Losverfahren Kleinbauern, Landarbeiter, Flüchtlinge und Vertriebene, ein Drittel ging an volkseigene bzw. öffentliche Betriebe.

B5 Plakat zur Werbung für die Bodenreform

„DER GRUNDBESITZ SOLL SICH IN UNSERER DEUTSCHEN HEIMAT AUF FESTE, GESUNDE UND PRODUKTIVE BAUERNWIRTSCHAFTEN STÜTZEN, DIE PRIVATEIGENTUM IHRES BESITZERS SIND."

URKUNDE

Auf Grund der Verordnung der Landesverwaltung Sachsen über die Bodenreform vom 10. Sept. 1945 wird dem Bauern PAUL VOGT wohnhaft in der Gemeinde GROSZSCHÖNAU Kreis ZITTAU

ein Grundstück

im Umfang von 10,62 ha, einschließlich Wald (–)

rechtskräftig

zum persönlichen, vererbbaren Eigentum übergeben. Das dem Bauern VOGT übergebene Grundstück liegt in der Gemeinde GROSZSCHÖNAU und hat laut dem von der Bodenkommission aufgestellten Verteilungsplan die Nummer 8

Der Bauer VOGT erhält das Grundstück

schuldenfrei

Diese Urkunde berechtigt zur Eintragung des Grundstücks in das Grundbuch.

GROSZSCHÖNAU, den 5. FEBRUAR 1946 Kreis ZITTAU

Der Präsident Der Landrat

B6 Urkunde über die Zuteilung von im Rahmen der Bodenreform enteigneten Landes an einen Kleinbauern

Die im Potsdamer Abkommen festgelegten Reparationspflichten Deutschlands traf die sowjetische Besatzungszone besonders hart, da sie die von der UdSSR geforderten 10 Mrd. Dollar Kriegsentschädigung hauptsächlich durch demontierte Betriebe (geschätzt 1900) und Entnahmen aus der laufenden Produktion bis 1953 im Wesentlichen selbst aufbrachte. Auf diese Weise verlor die SBZ etwa 80% der Eisenindustrie, 35% ihrer Energieerzeugung, 25% der Textilindustrie.

1. Ordnet Bodenreform und Volksentscheid in Sachsen in die deutschlandpolitischen Ziele der UdSSR ein! Welches Gesellschaftskonzept lag dieser Politik zu Grunde?

Die Staatsgründung

Die Währungsreform, die im Sommer 1948 zuerst in den Westzonen und dann in der SBZ durchgeführt wurde, hatte die ökonomische Spaltung besiegelt. Ein Jahr später folgte die endgültige politische Spaltung in zwei deutsche Staaten. Ende Mai 1949 stimmte der Deutsche Volkskongress, eine Delegiertenkonferenz, die pseudodemokratisch nach Einheitsliste zustande gekommen war und von der SED dominiert wurde, einer Verfassung der DDR zu. Am 7. Oktober erklärte sich der Zweite Deutsche Volksrat, der von eben jenen 1.400 Delegierten gewählt worden war, zur „Provisorischen Volkskammer". Otto Grotewohl wurde zum Ministerpräsidenten gewählt und mit der Bildung einer Regierung beauftragt. Wilhelm Pieck wurde Staatspräsident der Deutschen Demokratischen Republik.

Der Führungsanspruch der SED gegenüber allen anderen Parteien wurde durch die Schaffung der „Nationalen Front" durchgesetzt, in der diese Parteien zusammengefasst wurden. Sie stellte bei Wahlen die einzig wählbaren, vorab festgelegten „Einheitslisten" auf.

Unmittelbar nach der Staatsgründung wurde im Februar 1950 das Ministerium für Staatssicherheit (MfS) als politische Polizei und als geheimer Nachrichtendienst der DDR eingerichtet. Zu seinen Aufgaben zählten auch die Auslandsspionage und die Spionageabwehr feindlicher Geheimdienste. Das MfS kontrollierte auch die Staatsgrenze und den Reiseverkehr in der DDR.

Im Mittelpunkt seiner Arbeit stand jedoch die „Bekämpfung subversiver Tätigkeit" unter der Bevölkerung der DDR. Ein Netz von Spitzeln, Inoffizielle Mitarbeiter (IM) genannt, lieferte Informationen und Berichte über Kollegen, Freunde und sogar über den eigenen Ehepartner. Die Sorge der SED um den Erhalt ihrer Herrschaft und ihr fehlender demokratischer Rückhalt in der Bevölkerung führte schubweise zu einer Erweiterung des Unterdrückungsapparates. Das MfS begann mit 1.000 hauptamtlichen Mitarbeitern und endete 1989 bei 89.000. Bis 1986 sollte statistisch auf 120 DDR-Bürger ein IM entfallen. Das MfS, das nur dem Politbüro rechenschaftspflichtig war, verfügte über ein Wachregiment. In Anlehnung an die Sowjetunion wurde das MfS „Schild und Schwert der Partei" genannt.

Der 17. Juni 1953 oder Die Angst der Führung vor dem Volk

Als die SED 1952 den „beschleunigten Aufbau des Sozialismus" verkündete, verschärfte sie die ohnehin angespannte soziale Lage der Bevölkerung bis zum Sommer 1953 beträchtlich. Die Preise für Lebensmittel und öffentliche Dienstleistungen wurden erhöht. Den Selbstständigen wurden die Lebensmittelkarten entzogen. Und im Mai 1953 wurde die Arbeitsnorm für Industrie- und Bauarbeiter bei gleichem Lohn um 10 Prozent erhöht, was Lohneinbußen von etwa 25 Prozent bedeutete. Die Moskauer Kommunisten kritisierten nach Stalins Tod am 5. März 1953 diese Politik. Unter sowjetischem Druck machte die SED Anfang Juni 1953 deshalb Zugeständnisse. Sie verkündete den „neuen Kurs": Preiserhöhungen wurden zurückgenommen und eine bessere Grundversorgung in Aussicht gestellt. Die Normerhöhung blieb jedoch bestehen. An ihr entzündete sich schließlich am 16. Juni 1953 der Protest der Berliner Bauarbeiter in der Stalinallee, der sich schnell in große Streiks und Demonstrationen ausdehnte, die auch andere Gruppen der Gesellschaft mobilisierten. Der Zug der rund 10.000 Demonstranten endete vor dem Haus der Ministerien, dem Sitz der DDR-Regierung. Das Politbüro nahm unter dem Druck der Arbeiter die Normerhöhung zurück. Mit dieser Entscheidung in letzter Minute konnte die Führung die Dynamik des sozialen und politischen Protests nicht mehr aufhalten.

Am 17. Juni zog eine Menschenmenge vom Straußberger Platz in die Innenstadt. Aus dem Norden der Stadt stießen rund 12.000 Stahlarbeiter aus Hennigsdorf, die durch den französischen Sektor Berlins und von Westen aus durch das Brandenburger Tor marschiert waren, zum Demonstrationszug. Grenzmarkierungen wurden niedergerissen, Zeitungsstände in Brand gesteckt und Büros gestürmt. An diesem Tag ging es schon nicht mehr um materielle oder gewerkschaftliche Forderungen. Die Energie der Demonstranten richtete sich gegen die kommunistische Herrschaft der SED. Es wurden freie

B7 17. Juni 1953, nahe dem Haus der Ministerien in Ost-Berlin, kurz vor Verhängung des Ausnahmezustands ab 13 Uhr.

Wahlen, die Ablösung des Generalsekretärs der SED, Walter Ulbricht, und der Rücktritt der Regierung gefordert. Neben Berlin und Leipzig wurden vor allem die Industriebezirke zu Mittelpunkten des Volksaufstands, in denen ebenfalls überbetriebliche Streikleitungen gebildet sowie die Zentralen der SED und des MfS und die Polizeireviere gestürmt wurden. Erst der militärische Eingriff der sowjetischen Besatzungsmacht beendete die Unruhen. Das Militärkommando verhängte am 17. Juni in 167 von insgesamt 217 Stadt- und Landkreisen der DDR den Ausnahmezustand, der für Berlin erst am 11. Juli aufgehoben wurde. An vielen Orten streikten und demonstrierten die Menschen zunächst trotz des verhängten Ausnahmezustands.

Niemand in der SED hatte die Möglichkeit von Unruhen in der Bevölkerung vorhergesehen. Der Aufstand zeigte klar die Grenzen der SED-Herrschaft. Diese Tatsache konnte auch nicht durch eine lautstarke Propaganda der SED überdeckt werden, die den Aufstand als „faschistischen Putsch" westlicher Provokateure und „ausländischer Agenten" bezeichnete.

Die Parteiführung musste erfahren, dass sie gegen den Willen großer Teile der Bevölkerung regierte. Sie konnte die politische Macht nur unter dem Schutz der sowjetischen Armee halten. In den kritischen Tagen der Unruhen wurde das gesamte Politbüro der SED in die Zentrale der Sowjetischen Kontrollkommission nach Karlshorst einbestellt und dort einquartiert. Erst am 21. Juni trat die SED-Führung mit einer selbstkritischen Stellungnahme wieder an die Öffentlichkeit.

Aus den Erfahrungen des Aufstands zog die SED unter anderem die Lehre, die geheimpolizeiliche Bespitzelung der Bevölkerung auszudehnen. Man wollte Unzufriedenheit, Kritik und abweichende politische Meinungen frühzeitig erkennen, um Konflikte zu dämpfen und oppositionelle Bewegungen zu zerschlagen. Einen zweiten 17. Juni sollte es in der DDR nie mehr geben.

Aber die Unruhen vom 17. Juni hatten auch zur Folge, dass sich die SED-Herrschaft unter Walter Ulbricht verschärfte. Eine Welle von Verhaftungen und Repressalien gegen die Wortführer des Aufstands verschaffte der Staatsmacht Respekt. Die schärfsten Kritiker des diktatorischen Führungsstils von Walter Ulbricht, Rudolf Herrnstadt, der Chefredakteur des „Neuen Deutschland", und Wilhelm Zaisser, der Minister für Staatssicherheit, mussten als Sündenböcke für den Volksaufstand herhalten. Sie wurden aus dem Politbüro der SED und 1954 aus der Partei ausgeschlossen und aus ihren Funktionen entlassen. Und es gelang Ulbricht die Unterstützung der KPdSU, die er im Frühsommer 1953 für kurze Zeit verloren hatte, wiederzugewinnen. Bis zu seiner Ablösung durch Erich Honecker im Jahr 1971 konnte er seine Position der Alleinherrschaft in Staat und Partei behaupten.

1. Diskutiert die Bedeutung des 17. Juni für die SED-Führung und für ihre weitere Politik!
2. Überlegt, warum der 17. Juni in der Bundesrepublik bis 1990 ein nationaler Feiertag war!

Die Mauer: Symbol der deutschen Teilung und der Teilung der Welt

In der Bundesrepublik wurde sie „eiserner Vorhang" genannt, in der DDR „antifaschistischer Schutzwall" – die Mauer, die Deutschland und Europa teilte. Bereits 1952 hatte die DDR die Grenze zur Bundesrepublik geschlossen. Viele Bewohner des Sperrgebiets im mehrere Kilometer breiten Vorfeld der Grenze wurden ausgesiedelt, die Grenze selbst wurde befestigt und bewacht. Allein die offene Sektorengrenze in Berlin blieb bis zum Mauerbau am 13. August 1961 für Menschen, die die DDR verlassen wollten, das Nadelöhr in den Westen. Der Vier-Mächte-Status machte Berlin zum Sonderfall und die westlichen Alliierten garantierten für die Sicherheit des Westteils der Stadt.

Für die SED stellte diese Situation jedoch eine politische und bald auch eine wirtschaftliche Herausforderung dar, der sie mit Agitation und Propaganda nicht mehr beikommen konnte: 1960/61 war abzusehen, dass der Strom der vorwiegend jungen und beruflich gut ausge-

B8 Flüchtlinge/Übersiedler aus der DDR in die Bundesrepublik Deutschland 1949–30.6. 1990

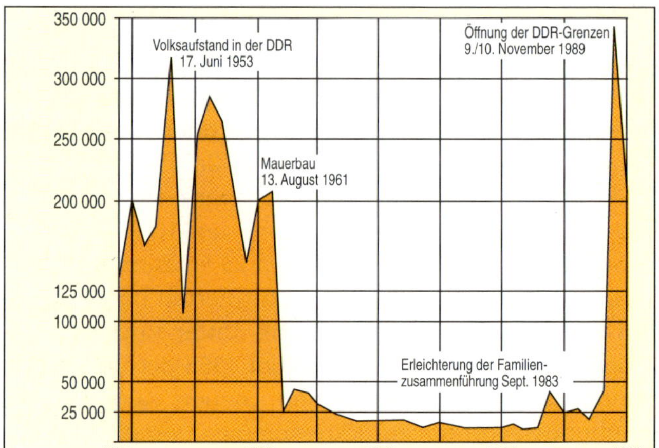

bildeten „Republikflüchtlinge“, die in den 1950er Jahren die DDR verlassen hatten, nicht abreißen würde. Diese Fluchtbewegung brachte den Arbeitsmarkt der DDR bereits in eine bedrohliche Schieflage.
Noch am 15. Juni 1961 hatte Walter Ulbricht auf einer internationalen Pressekonferenz erklärt: „Niemand hat die Absicht, eine Mauer zu errichten“, worauf die Flüchtlingszahlen noch einmal in die Höhe schnellten.
Am 13. August 1961 wurde mit Zustimmung der Warschauer-Pakt-Staaten die Sektorengrenze mit Stacheldraht gesperrt, bald darauf wurde von Einheiten der betriebseigenen „Kampfgruppen“ und der Nationalen Volksarmee (NVA) die Mauer errichtet. Auch die Sperranlagen an der innerdeutschen Grenze wurden 1961 durch Tretminen und seit 1970 durch Selbstschussanlagen unüberwindlich gemacht. Eine Intervention der Westmächte blieb aus, weil der Mauerbau die „drei Essentials“ amerikanischer Berlin-Politik nicht antastete: die Präsenz der Westalliierten in Berlin, der freie Zugang nach Berlin und das Recht der Bewohner Westberlins auf politische Selbstbestimmung.
Wer nach 1961 die DDR verlassen wollte, war gezwungen sich auf den langen und diskriminierenden bürokratischen Weg der Ausreiseanträge zu begeben. Von dieser Möglichkeit waren Schüler, Studenten und Soldaten von vornherein ausgeschlossen. Erst im Zuge der neuen Ostpolitik der Bundesregierung unter Willy Brandt war die DDR bereit, weiter gehende Besuchsregelungen zu akzeptieren und Ausreisen von Rentnern zu gestatten.

B9 Bauarbeiter errichten unter Bewachung die Mauer in Berlin, August 1961

1. Analysiert die Tabelle im Hinblick auf Tief- und Höhepunkte der Flucht- und Übersiedlungswelle! Setzt eure Ergebnisse in Zusammenhang zu den jeweiligen historischen Ereignissen!

Frauen in der DDR – Ein anderer Weg der Emanzipation?

Die Gleichberechtigung der Frau galt als eine der größten Errungenschaften der DDR. Tatsächlich waren bereits in den 50er Jahren in der DDR deutlich mehr Frauen im Alter zwischen 15 und 65 Jahren berufstätig als in der BRD. Zuletzt standen rund 90% der DDR-Frauen (50% in der BRD) in Lohn und Brot. Frauenarbeit außerhalb der Familie war aus vielen Gründen erwünscht: Die ostdeutsche Gesellschaft hatte Anfangs einen höheren „Frauenüberschuss“. Denn die Flucht in den Westen traten bis zum Bau der Mauer vor allem jüngere, besser qualifizierte Männer und junge Familien an. Der so entstandene Bedarf an Arbeitskräften sollte nicht zuletzt auch durch Frauen gedeckt werden. Doch es gab darüber hinaus ein starkes ideologisches Motiv: In der sozialistischen Gesellschaft sollten Frauen aus dem isolierten privaten Lebenszusammenhang der Familie und aus der wirtschaftlichen Abhängigkeit des traditionellen Familienvaters und „Ernährers“ herausgelöst und in die Arbeitswelt und in gesellschaftliche Aktivitäten integriert werden. Ausbildung, Arbeit und finanzielle Unabhängigkeit wurden als entscheidender Schritt auf dem Weg zu mehr weiblicher Selbstständigkeit und zur Gleichberechtigung zwischen den Geschlechtern betrachtet.
Die Frauenpolitik in der DDR orientierte sich am Grundsatz der „Vereinbarkeit von Berufstätigkeit und Familie“, während in der Bundesrepublik das „Dreiphasenmodell“ zum Leitbild einer familienorientierten Frauenpolitik erklärt wurde: Darin sollten sich die „Phasen“ von Berufstätigkeit Familiengründung und Wiedereinstieg in eine zeitweise Berufstätigkeit idealerweise ablösen. In der DDR hingegen war eine kontinuierliche Vollzeitbeschäftigung mit vielfältigen Möglichkeiten der Weiterbildung neben der Familie selbstverständlich. Bereits in den 60er Jahren boten die Betriebe spezielle Frauenförderpläne an. Die Initiative „Frauen fördern die Technik“ brachte aufstiegsbewussten Frauen auch finanzielle Anerkennung. Das bedeutete aus der Sicht der Frauen eine hohe Mehrfachbelastung, auch weil die sozialen Rollen zwischen Männern und Frauen sich nur sehr langsam veränderten: Hausarbeit und die Organisation des Familienalltags blieben

Frauensache. Eine berufstätige Mutter brachte über 40 Stunden pro Woche für ihren Haushalt auf, das war quasi eine „zweite Schicht“. Die umfangreichen sozialen Maßnahmen von „Vater Staat“ in den Betrieben (Kinderbetreuung, Einkaufsmöglichkeiten und Dienstleistungen, Ferienheime) brachten zwar wesentliche Erleichterungen, aber keine grundsätzliche Wende.

31.12.1982	Anzahl	Plätze
Säuglingsheime	57	1 009
Heime für Kinder und Jugendliche	1 378	54 427
Erziehungsheime (1981)	483	25 076
Sonder- und Beobachtungsheime (1981)	434	24 727
Kinderkrippen	882	26 245
Kindergärten [1)]	22 724	1 334 997
Kinderhorte	2 407	86 831
Kur-, Heil-, Genesungs- und Erholungsheime für Minderjährige (1981)	347	27 124
Jugendheime und Jugendzentren	6 602	–
Jugendtagungs-, Jugendbildungsstätten	432	27 251
Erziehungs- und Jugendberatungsstellen	1 185	–

1985	Anzahl	Plätze
Dauerheime für Säuglinge und Kleinkinder	112	5 041
Kurheime für Kinder	63	3 994
Heime für Jugendhilfe (1984) [1)]	490	31 000
Kinderkrippen	7 315	338 670
Kindergärten und -wochenheime	13 138	788 095
Schulhorte (Hortgruppen)	34 187	707 126
Pionierhäuser	142	–
Zentrale Pionierlager	48	39 000
Lager der Erholung und Arbeit	ca. 1 300	110 000
Betriebsferienlager	ca. 5 000	800 000
FDJ-Jugendclubs (1986)	10 150	–
Jugenderholungseinrichtungen	268	24 144

B10 Einrichtungen für Kinder und Jugendliche in BRD und DDR

Dennoch veränderte das Leitbild der modernen Frau die Lebensweise der nachwachsenden Generationen: In der DDR wurde früher geheiratet. Junge Paare entschieden sich früher zum Kind. Die Zahl der alleinerziehenden Mütter war größer als im Westen. Vor allem jüngere Frauen bezogen viel Selbstbewusstsein aus dem Beruf.

Neben Beruf und Familie leisteten viele Frauen Basisarbeit in den Parteien, im Deutschen Frauenbund, im FDGB und in anderen Massenorganisationen, in der „Volkssolidarität“ und in kommunalen Funktionen. Die leitenden Funktionen aber blieben Männersache.

Das Bild von der Superfrau, die alles schafft, stieß in der DDR-Literatur der 70er Jahre aber zunehmend auf Widerspruch. Schriftstellerinnen wie Christa Wolf, Irmtraud Morgner, Maxie Wander oder Brigitte Reimann stellten sich die Frage nach der weiblichen Selbstverwirklichung hinter der gesellschaftlichen Gleichberechtigung. Dennoch – die „Töchter“ der DDR, die in den Jahren der Wende um die vierzig Jahre alt waren, brachten ein spezifisches weibliches Selbstbewusstsein in den Vereinigungsprozess ein: „Ohne uns ist kein Staat zu machen.“

1. Erläutert die Gründe, die eine vermehrte Berufstätigkeit von Frauen in der DDR erwünscht erscheinen ließen!
2. Diskutiert die Leitbilder der Frauen- und Familienpolitik in Ost und West!
3. Würdigt kritisch die sozialen Maßnahmen des DDR-Staats für Frauen! Bezieht B10 mit ein!

Selbstverständnis und politisches System der DDR

Staat und Nation

In der Phase der politischen, sozialen und wirtschaftlichen Festigung nach dem Mauerbau definierte die SED die nationale Identität der Deutschen um. Mit der Staatsgründung 1949 galt noch die Auffassung: „Deutschland ist eine unteilbare demokratische Republik; sie baut sich auf den deutschen Ländern auf. Die Republik entscheidet alle Angelegenheiten, die für den Bestand und die Entwicklung des deutschen Volkes in seiner Gesamtheit wesentlich sind. [...] Es gibt nur eine deutsche Staatsangehörigkeit.“ Die Verfassung der DDR von 1968 hingegen sprach von der DDR als einem „sozialistischen Staat deutscher Nation unter Führung der Arbeiterklasse und ihrer marxistisch-leninistischen Partei“. Anfang 1967 hatte die DDR-Regierung bereits ein Gesetz über die Staatsbürgerschaft der DDR erlassen. Nach dem Abschluss des Grundlagenvertrags zwischen der Bundesrepublik und der DDR, 1973, sprach die SED versuchsweise von zwei Nationen, die sich in unüberbrückbarem Gegensatz gegenüberstehen: die ***sozialistische Nation*** der DDR und die kapitalistische Nation der Bundesrepublik. In der geänderten Verfassung der DDR von 1974 schließlich wurden alle Hinweise auf die deutsche Nation gestrichen. Nun war die DDR „ein sozialistischer Staat der Arbeiter und Bauern“.

Das Machtmonopol der SED

Die Politik der DDR wurde vier Jahrzehnte lang durch das Machtmonopol der SED bestimmt. Die SED beanspruchte als „Partei neuen Typus“ seit 1949 „der bewusste und organisierte Vortrupp der Arbeiterklasse und des werktätigen Volkes“ zu sein. Seit 1968 war ihr Führungsanspruch in der Verfassung der DDR festgeschrieben worden. Die SED betrachtete sich zur politischen Führung berechtigt aufgrund einer „wissenschaftlichen Weltanschauung“ (Marxismus-Leninismus).

Die „befreundeten politischen Parteien“ und gesellschaftlichen Massenorganisationen – der Freie Deutsche Gewerkschaftsbund, die Freie Deutsche Jugend, der Demokratische Frauenbund, der Deutsche Kulturbund und die Gesellschaft für Deutsch-Sowjetische Freundschaft – konnten aus diesem Grund keine eigenständigen politischen Positionen entwickeln. Ihre Funktion bestand nicht darin, die Interessen ihrer Mitglieder durchzusetzen, sondern Übereinstimmung mit der SED zu demonstrieren.

Das tragende Organisationsprinzip des Aufbaus der Partei wurde als ***„demokratischer Zentralismus“*** bezeichnet. Er beruhte auf straffer Parteidisziplin und einer Unterordnung unter die Beschlüsse der Parteiführung, die von oben nach unten durchgesetzt wurden. Eine Folge des demokratischen Zentralismus bestand darin, dass weder die Abgeordneten der Volkskammer noch die Mitglieder der Parteileitungen nach demokratischen Prinzipien gewählt wurden.

Ein zweites Prinzip des politischen Systems lautete „zentrale Planung“. Damit versuchte die SED ihren umfassenden Anspruch durchzusetzen über den gesamten gesellschaftlichen Reichtum verfügen zu können.

Auch das Rechtssystem der DDR wurde als Mittel der Machtsicherung der „herrschenden Klasse“ in Gestalt der SED betrachtet. Die Meinungs-, Presse- und Versammlungsfreiheit waren beschränkt. Das Strafrecht der DDR stellte solche „Vergehen“ wie „staatsfeindliche Gruppenbildung“ oder „Zusammenrottung“ unter hohe Strafe.

1. Zählt die wichtigsten Elemente des Machtmonopols der SED auf!

2. Untersucht, welche Mitbestimmungsmöglichkeiten die DDR-Bürger hatten!

Entspannung?

Nach dem Grundlagenvertrag, der 1973 zwischen der Bundesrepublik und der DDR vereinbart wurde und „normale, gutnachbarliche Beziehungen“ anstrebte, signalisierte die SED-Führung eine begrenzte Bereitschaft zur Kooperation. Der Weg der gegenseitigen politischen Anerkennung brachte für die Menschen in beiden deutschen Staaten eine Politik der menschlichen Erleichterungen. Zum ersten Mal konnten DDR-Bürger, die das Rentenalter noch nicht erreicht hatten, in die Bundesrepublik reisen. Westdeutsche Journalisten konnten in der DDR arbeiten.

Für ihre Sicht der deutsch-deutschen Beziehungen benutzte die SED Anfang der 1970er Jahre den Begriff der ***friedlichen Koexistenz***. Er besagt, dass zwischen Staaten unterschiedlicher gesellschaftlicher und staatlicher Ordnung ein friedliches Nebeneinanderbestehen und eine Zusammenarbeit auf vielen Ebenen möglich sei, „auf der Grundlage der Gleichberechtigung der Staaten, der gegenseitigen Achtung ihrer Souveränität, der territorialen Integrität und der Nichteinmischung in ihre inneren Angelegenheiten“. Aber es wurde auch betont, dass es sich dabei immer noch um eine besondere Form des Klassenkampfes zwischen Kapitalismus und Sozialismus handele. Die Politik der friedlichen Koexistenz erforderte in jeder Phase die ideologische Auseinandersetzung und Abgrenzung der DDR, denn die DDR war

B11 Das politische System der DDR. Stand 1985

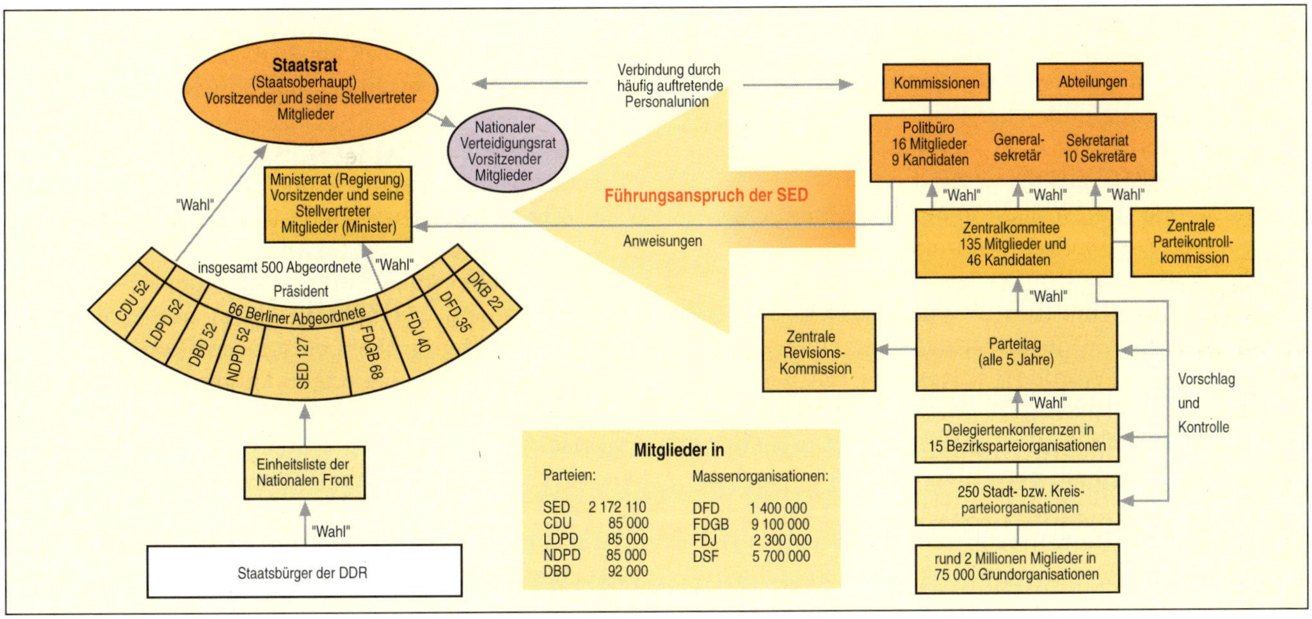

nur als „sozialistische Alternative zur BRD" denkbar. Die Politik der friedlichen Koexistenz forderte der DDR deshalb gewaltige Anstrengungen in der Sozial- und Wirtschaftspolitik ab, um das eigene politische System zu stabilisieren.

Die 80er Jahre: „Wer zu spät kommt, den bestraft das Leben"

Der Weg in den Zusammenbruch vollzog sich in den 80er Jahren eher schleichend. Nach außen wirkte die DDR erstaunlich stabil, wenn auch in ihren Strukturen versteinert. Der Staatsbesuch des Bundeskanzlers Helmut Schmidt im Dezember 1981 wurde zum Sinnbild eines Regimes, das seinen Bürgern noch immer zutiefst misstraute. Bei Schmidts kurzem Aufenthalt in Güstrow mussten die Bewohner in den Häusern bleiben und durften sich nicht am Fenster zeigen. Sicherheitskräfte beherrschten die winterliche, gespenstische Szene. Die SED wollte eine Wiederholung der Jubelszenen vermeiden, wie sie sich bei Willy Brandts Besuch in Erfurt im Jahr 1970 ereignet hatten.

Der internationalen Anerkennung der DDR seit den 1970er Jahren folgten in den 80er Jahren zahlreiche Reisen Honeckers in das westliche Ausland. In den 1980er Jahren wurde der innerdeutsche Handel ausgeweitet, deutsch-deutsche Städtepartnerschaften entstanden. Und 1987 schließlich reiste Erich Honecker zum Staatsbesuch nach Bonn, wo er mit allen protokollarischen Ehren empfangen wurde. Für die SED bedeutete dies unzweifelhaft den politischen Höhepunkt, denn damit signalisierte Bonn, dass man sich im Westen mit der Existenz der DDR abgefunden habe.

Als Michail Gorbatschow im Jahr 1985 zum Generalsekretär der KPdSU gewählt wurde und im Zeichen von „Glasnost" und „Perestroika" in der Sowjetunion Reformen einleitete, veränderten sich die Existenzbedingungen der DDR. Zwar lehnten Honecker und viele SED-Funktionäre den neuen Kurs aus Moskau ab. Der Chefideologe Kurt Hager erklärte in einem Interview im Stern polemisch: „Würden Sie, wenn Ihr Nachbar seine Wohnung neu tapeziert, sich verpflichtet fühlen, Ihre Wohnung ebenfalls neu zu tapezieren?" Die Führung der DDR war eisern zur dogmatischen Politik entschlossen und nannte diese Politik „Sozialismus in den Farben der DDR". Sie setzte wohl auch auf das Scheitern Gorbatschows. Andererseits regten sich im Lande und selbst innerhalb der SED Reformkräfte (vgl. S. 198ff.).

Da Gorbatschow die „Breshnew-Doktrin" (1968), also das Recht der Sowjetunion auf militärische Intervention in Ländern des Warschauer Paktes im Fall einer „Bedrohung" des Sozialismus, 1988 offiziell aufgegeben hatte, musste die SED mit dem zunehmenden innenpolitischen Druck selbstverantwortlich umgehen.

Die SED beantwortete die Regimekritik von Friedens- und Menschenrechtlern im Januar 1988 mit Festnahmen und Ausweisungen. Sie verhinderte im November 1988 den Verkauf der deutschen Ausgabe der sowjetischen Zeitschrift Sputnik, weil darin angeblich die Geschichte der Sowjetunion und aller kommunistischen Parteien verzerrt werde. Im Juni 1989 äußerte die Volkskammer der DDR in einer Erklärung ihre Zustimmung zum Blutbad in Peking am 4. Juni 1989, das als „Niederschlagung einer Konterrevolution" bezeichnet wurde. In der DDR ging die Angst vor einer „chinesischen Lösung" gegen Oppositionelle um.

Fall der Mauer und deutsche Einheit

Hunderttausende vor allem junge Bürgerinnen und Bürger der DDR nahmen sich die (Reise-)Freiheit und verließen seit Sommer 1989 ihren Staat. Sie flohen seit Mitte August 1989 bei Sopron über die ungarisch-österreichische Grenze, die von den ungarischen Reformkommunisten schließlich am 11. September 1989 geöffnet wurde. In den ersten drei Tagen wählten 15.000 Ostdeutsche diesen Weg. Zu Tausenden stürmten und besetzten andere die Botschaften der Bundesrepublik Deutschland in Budapest und Prag und erwirkten Anfang Oktober ihre Ausreise. In dieser angespannten Situation beging die DDR am 7. 10. 1989 die pompösen Feiern zum 40. Jahrestag der Staatsgründung.

Bürgerbewegung und Parteigründungen

Gegen den Massenexodus formierte sich im Herbst 1989 eine trotzige Gegenbewegung von politischen Oppositionellen nach dem Motto: Wir bleiben hier! Bereits Mitte September 1989 traten zwei Gruppierungen der Bürgerbewegung „Demokratie jetzt" und „Neues Forum" an die Öffentlichkeit, die zunächst von der SED als staatsfeindliche Gruppierungen kontrolliert und unterdrückt worden waren. Neue und alte Parteien wurden (wieder) gegründet. Seit Anfang Oktober 1989 fanden überall in der DDR große Demonstrationen statt, die von den Friedensgebeten in den Kirchen ausgingen und von denen die eindrucksvollste die wöchentliche Montagsdemonstration in Leipzig darstellte. An ihr nahmen bis zu 100.000 Menschen teil.

B12 Feiern zum 40sten Jahrestag der Gründung der DDR

B13 Massendemonstration am 4. 11. 1989 in Ostberlin.

Das MfS in der Defensive

Die Massenflucht von DDR-Bürgern im Sommer 1989 versetzte das MfS in höchste Alarmbereitschaft. Erich Mielke, Chef des MfS, fragte in einer Dienstbesprechung am 31. August: „Ist es so, dass morgen der 17. Juni ausbricht?" Von führenden Militärs des MfS wurde er beruhigt: „Der ist morgen nicht, der wird nicht stattfinden, dafür sind wir ja auch da." Anders als im Verlauf der Feiern zum 40sten Jahrestag der DDR kam es jetzt aber 1989 nicht zu Verhaftungen, obwohl das MfS mobilisiert worden war. Nach der Wende wurde bekannt, dass das MfS schon länger Szenarios zur Bekämpfung der Opposition vorbereitet hatte. Seit 1983 hatte das MfS Pläne ausgearbeitet, nach denen in jedem Bezirk der DDR ein „zentrales Isolierungslager" für politische Gegner eingerichtet werden konnte.

1. *Erläutert anhand der Bilder die gegensätzlichen Entwicklungen, die 1989 auf eine Lösung zutrieben!*
2. *Setzt die Fotografie B14 und den Einsatzbefehl in einen Zusammenhang!*
3. *Erläutert die Befürchtungen Erich Mielkes!*

B14 Halle, 3.11.89. Einsatzbefehl.

Der Zerfall der SED und erste freie Wahlen

Im Oktober 1989 zeigten einzelne SED-Leitungen, in Dresden und Leipzig, Gesprächsbereitschaft mit der Opposition. Durch einen Wechsel der Parteiführung und durch kontrollierte Reformen sollte die Macht der SED gerettet werden. Am 18. Oktober 1989 wurde Erich Honecker von Egon Krenz abgelöst und am 8. November ein neues Politbüro gebildet.

Einen Tag später, am 9. November 1989, fand jene denkwürdige Pressekonferenz statt, auf der das Mitglied des Politbüros der SED, Günther Schabowski, unerwartet den folgenreichen Beschluss erläuterte, der die Mauer ins Wanken brachte. Noch in derselben Nacht konnten

sich die Bürger der DDR davon überzeugen, dass sie ungehindert in den Westen und nach Westberlin reisen und wieder zurückkehren konnten. Die Grenzübergänge und die Mauer wurden zum Ort der Begegnung.
Am 13. November 1989 wurde eine neue Regierung unter Ministerpräsident Hans Modrow gebildet. Der Verlust an politischem Vertrauen war aber innerhalb und außerhalb der SED nicht mehr aufzuhalten. Am 1. Dezember 1989 strich die Volkskammer der DDR den Führungsanspruch der SED aus der Verfassung. Kurz darauf musste das gesamte Zentralkomitee der SED zurücktreten. Zum neuen Vorsitzenden einer umbenannten Partei, Partei des demokratischen Sozialismus (PDS), wurde der Rechtsanwalt Gregor Gysi gewählt. Der Zerfall der Partei ging weiter. Bis Mitte Januar 1990 traten über 1 Million Mitglieder aus der PDS aus.

Die deutsche Einheit

Am 1. Juli 1990 trat der zwischen der Bundesrepublik und der DDR geschlossene „Vertrag über die Schaffung einer Währungs-, Wirtschafts- und Sozialunion" in Kraft. Das war der erste Schritt zur Vereinigung. Die Einführung der DM in der DDR sollte die Angleichung der Lebensverhältnisse einleiten und die DDR-Bevölkerung im Land halten. Die Währungsumstellung hatte für die DDR-Wirtschaft verhängnisvolle Folgen: Sie verlor ihre Absatzmärkte in Osteuropa und erlag der westdeutschen Konkurrenz.
Nachdem die Siegermächte des Zweiten Weltkrieges Frankreich, England, die USA und die Sowjetunion in den sogenannten „Zwei-Plus-Vier-Gesprächen" mit der Bundesrepublik und der DDR ihr Einverständnis zur Vereinigung der beiden deutschen Staaten gegeben hatten, konnte am 31. August 1990 der Einigungsvertrag unterzeichnet werden. Darin erklärte die erste demokratisch gewählte DDR-Regierung unter Ministerpräsident Lothar de Maizière den Beitritt der DDR zur Bundesrepublik Deutschland zum 3. Oktober 1990 nach Art. 23 des Grundgesetzes. Im Moskauer Vertrag vom 12. September 1990 erlangte die Bundesrepublik ihre volle Souveränität. Eine Epoche ging zu Ende.

	absolut	Prozent	Mandate
CDU	4710598	40,59	163
SPD	2525534	21,76	88
PDS	1892381	16,32	66
Deutsche Soziale Union	727730	6,27	25
Bund freier Demokraten[1]	608935	5,28	21
Bündnis 90[2]	336074	2,90	12
Demokratische Bauernpartei Deutschlands	251226	2,17	9
Grüne Partei und Unabhängiger Frauenverband	226932	1,96	8
Demokratischer Aufbruch	106146	0,93	4
National-Demokratische Partei Deutschlands	44292	0,38	2
Demokratischer Frauenbund Deutschlands	38192	0,33	1
Aktionsbündnis Vereinigte Linke – Die Nelken	20 242	0,18	1
Sonstige	52773	0,45	–

B15 Wahlen zur Volkskammer der DDR, 18. März 1990

1. Beschreibt die Stationen des Machtzerfalls der SED.
2. Überlegt, warum die CDU 1990 siegte!

Währungsunion	Wirtschaftsunion	Sozialunion	
DM einzige Währung	Die DDR schafft die Voraussetzungen für die soziale Marktwirtschaft :	Die DDR schafft Einrichtungen entsprechend denen in der BR-Deutschland:	Die DDR schafft und gewährleistet nach dem Vorbild der BR Deutschland:
Deutsche Bundesbank alleinige Zentralbank	Privateigentum	Rentenversicherung	Tarifautonomie
Umtauschkurse Mark der DDR : DM	Freie Preisbildung	Krankenversicherung	Koalitionsfreiheit
1:1 für Löhne und Gehälter Renten, Mieten Pachten, Stipendien	Wettbewerb	Arbeitslosenversicherung	Streikrecht
1:1 für Guthaben von natürlichen Personen bis zu bestimmten Höchstgrenzen	Gewerbefreiheit	Unfallversicherung	Mitbestimmung
2:1 für alle übrigen Forderungen und Verbindlichkeiten	Freier Verkehr von Waren, Kapital, Arbeit	Sozialhilfe	Betriebsverfassung
	Ein mit der Marktwirtschaft verträgliches Steuer-, Finanz- und Haushaltswesen		Kündigungsschutz
	Einfügung der DDR-Landwirtschaft in das EG-Agrarsystem		

Die BR Deutschland gewährt für die Anschubfinanzierung der Sozialsysteme Mittel aus dem Bundeshaushalt und für den Haushaltsausgleich der DDR Finanzzuweisungen aus dem "Sonderfond Deutsche Einheit" in Höhe von 115 Mrd. DM

B16 Der Staatsvertrag zwischen der BRD und der DDR

B17 Der Vertrag über die abschließende Regelung in Bezug auf Deutschland (2 + 4-Vertrag)

1. Diskutiert die Frage, inwieweit man von „Beitritt" der DDR sprechen kann!

Der 9. November in der deutschen Geschichte

Zum (Feier-)Tag der deutschen Einheit wurde der 3. Oktober bestimmt, weil im Einigungsvertrag vereinbart worden war, dass von diesem Tag an die DDR als zweiter deutscher Staat aufhörte zu bestehen. Manche Menschen waren über die Wahl dieses Datums erstaunt, weil man mit diesem Tag kein sinnlich erfahrenes Ereignis in Beziehung bringen konnte.
Im Gedächtnis vieler Zeitgenossen ist die deutsche Einheit viel stärker mit dem 9. November 1989 verbunden. Denn am Abend des 9. November öffnete sich für die Bürger der DDR die Mauer.
In der deutschen Geschichte des 20. Jahrhunderts bildet jedoch der 9. November 1989 nur ein bedeutsames Ereignis unter anderen.

1. Diskutiert, ob sich der 9. November als Tag der Deutschen Einheit und als Gedenktag der neuen Bundesrepublik gut eignen würde oder eher nicht.
2. Sucht weitere Fotos und Texte zum 9. November in der deutschen Geschichte und erarbeitet eine kleine Ausstellung für den Klassenraum.

B3 Brennende Synagoge in Berlin, 9. November 1938

B1 Die Revolution in Berlin, November 1918

B2 Straßensperre der Putschisten am 9. November 1923 in München

B4 Die Nacht des 9. November 1989 am Brandenburger Tor.

ALL OF THIS IN

NAME OF THE PEO

9 Die Epochenwende 1989/90: Ein kurzes Jahrhundert geht zu Ende

Zur Auftaktseite

Das Volksfest auf der Berliner Mauer fand erst in der Neujahrsnacht 1989/90 statt: Auf dem Brandenburger Tor weht noch die Staatsflagge der DDR mit Hammer und Zirkel. Die roten Parteifahnen zeigen, dass das SED-Regime noch nicht gestürzt ist. Zehntausende strömten im November 1989 nach Berlin um bei einem weltgeschichtlichen Ereignis live dabei zu sein: der Überwindung des „antifaschistischen Schutzwalls", der seit 1961 die Menschen in Ost- und Westberlin durch Mauer und Stacheldraht getrennt hatte. Jahrzehntelang war die Berliner Mauer weltweit das Symbol des Kalten Kriegs, der Spannungen zwischen den Supermächten USA und UdSSR.
Große Hoffnungen waren mit der Öffnung der Mauer verbunden. Die Annäherung von Ost- und Westdeutschland sollte den Auftakt bilden für eine friedliche Entwicklung in Europa und der Welt. Eine neue Weltordnung jenseits des Kalten Kriegs schien in Reichweite. Inzwischen ist überall Ernüchterung eingetreten. Zwar ist in Deutschland die Einheit vollzogen, die Fahrt durch das Brandenburger Tor zur Selbstverständlichkeit geworden. Aber die Mauer in den Köpfen der Menschen ist (noch) nicht überwunden, die innere Annäherung scheint ebenso beschwerlich wie die Besteigung der Mauer auf unserem Bild. In Europa haben sich die Hoffnungen nur teilweise erfüllt. Schon zwei Jahre nach dem Fall der Mauer begann auf dem Balkan der erste Krieg in Europa seit 1945. Und die Annäherung der osteuropäischen Reformstaaten an das westliche Wirtschafts- und Sicherheitssystem ist ins Stocken geraten. An der Ostgrenze Polens werden neue (Pass-)Mauern errichtet, um unerwünschte Zuwanderer von Europa fern zu halten.

Zur Einführung

Das Kapitel führt also aus der jüngsten, noch kaum begriffenen Geschichte mitten in die Gegenwart mit ihren ungelösten politischen und wirtschaftlichen Problemen. Zunächst allerdings ist zu untersuchen, welchen Vorgängen und welchen Personen in welchen Ländern die Entwicklung zu verdanken ist, die zum Sturz der Berliner Mauer und damit zum Ende des Kalten Kriegs geführt hat. Im ersten Arbeitsteil werden die Veränderungen in der UdSSR untersucht, die unter dem Namen ***Glasnost*** und ***Perestroika*** bekannt geworden sind. Ohne die entschlossene Politik Michail Gorbatschows, die Reformen in seinem Land voranzutreiben und die Reformbewegungen in den Ostblockstaaten militärisch nicht zu behindern, wäre es nicht zu den friedlichen Umwälzungen gekommen. Dabei wird im Einzelnen zu untersuchen sein, welche eigentlichen Ziele Gorbatschow verfolgte und warum seine Reformen letztlich zum Untergang der UdSSR geführt haben.
Der zweite Arbeitsteil widmet sich den Bemühungen, in Europa eine neue Ordnung nach dem Kalten Krieg zu installieren. Die vielfach nach 1989 neu aufgebrochenen Konflikte zeigen, wie notwendig ein übergreifendes Friedens- und Sicherheitssystem für Europa und die Welt ist.
Kaum ein Ereignis ist so geeignet einen Blick in unsere globale Zukunft zu werfen wie die Olympischen Spiele. Ihre Ideale (Friede und Völkerverständigung, internationale Zusammenarbeit und Solidarität) können als Leitideen für die Zeit nach dem Ende des Kalten Kriegs angesehen werden. Das olympische Motto: „Höher – weiter – schneller" scheint die Entwicklungsrichtung der Zukunft anzudeuten. Kein Markenzeichen ist weltweit so bekannt wie die Olympischen Ringe. Kein Ereignis bringt so viele Zuschauer vor die Bildschirme wie die Olympischen Spiele. Viele Olympiasieger werden weltbekannte Stars und Werbeträger. Das Olympiamaskottchen weist auf den Einfluss privater Sponsoren und die zunehmende Kommerzialisierung des Sports hin. Der dritte Arbeitsteil nimmt daher die Olympischen Spiele in Atlanta 1996 zum Beispiel für die Diskussion des Phänomens ***Globalisierung*** und zur Verdeutlichung der daraus entstehenden Chancen und Risiken.
Die Werkzeugkiste zeigt anhand der Geschichte des Brandenburger Tors, wie sich aus einem einfachen Zweckbau über die Jahrhunderte ein Symbol von nationaler und internationaler Bedeutung entwickelt hat.

Zur Orientierung

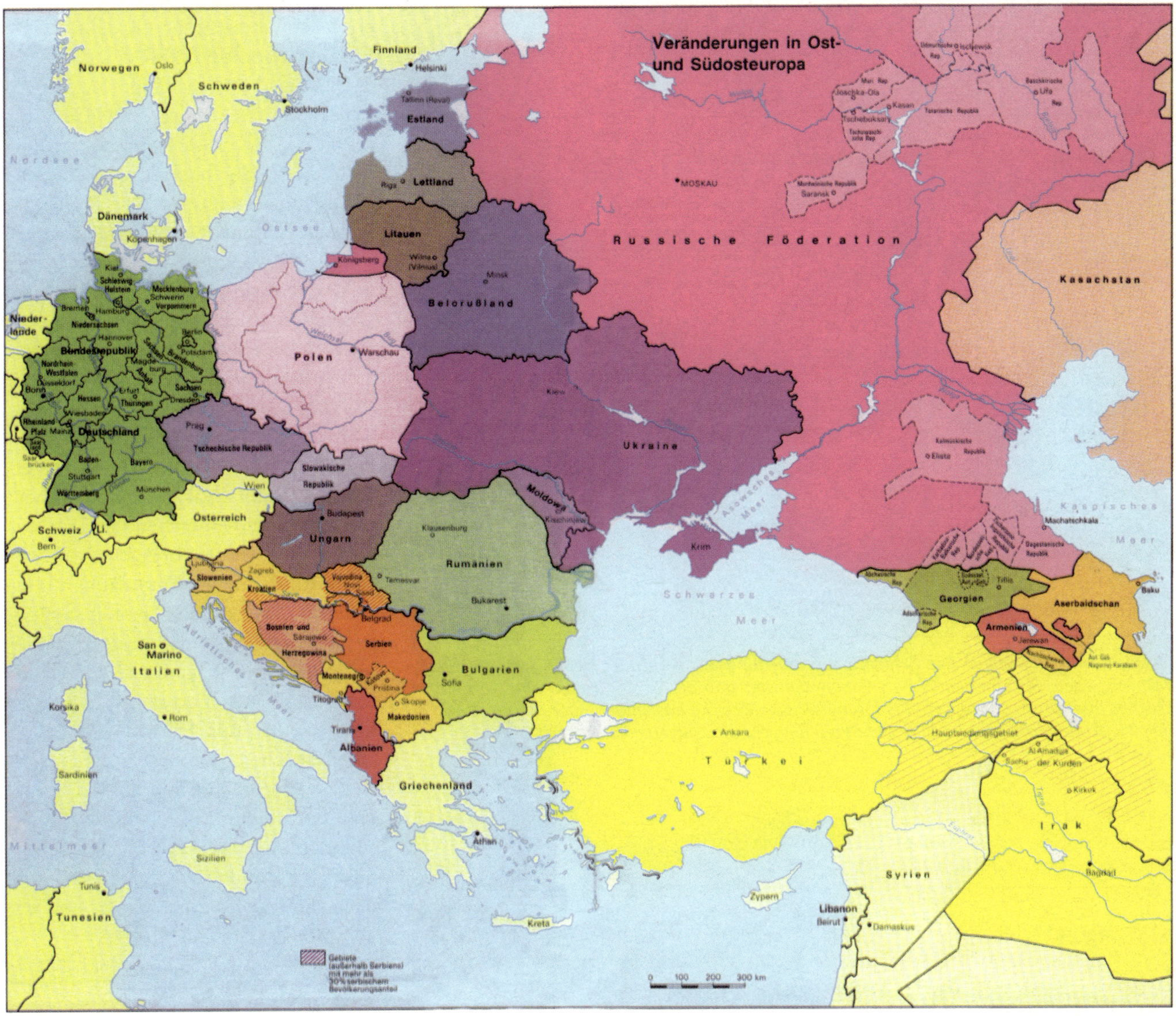

Wichtige Daten

1. 3. 1985	Michail Gorbatschow wird zum Generalsekretär der KPdSU gewählt
März 1989	Erste (halb freie) Wahlen zum Kongress der Volksdeputierten
Oktober 1989	Warschauer-Pakt-Staaten widerrufen die Breshnew-Doktrin
9.11.1989	Öffnung der Berliner Mauer
Dezember 1989	Bush und Gorbatschow verkünden das Ende des Kalten Kriegs
Dezember 1991	Auflösung der Sowjetunion

Grundbegriffe

Dissidenten, Glasnost, KSZE, Perestroika, solidarnosc

1 Gorbatschow und das Ende der Sowjetunion

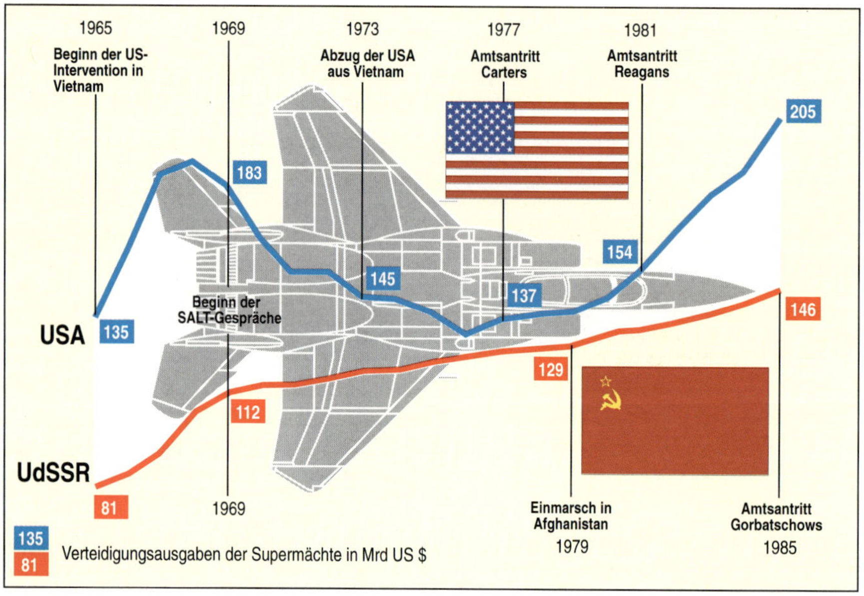

B1 Der Rüstungswettlauf. Die Zahlen zu den Rüstungsausgaben der UdSSR sind geschätzt. Nach Angaben des amerikanischen Geheimdienstes gab die UdSSR in den 70er Jahren ca. 12–14% ihres Bruttosozialprodukts für militärische Zwecke aus. In den 80er Jahren waren es 15–17%. Zum Vergleich: Die USA wendeten im gleichen Zeitraum ca. 6% auf.

B2 Karikatur Mitte der 80er Jahre.

Vorahnungen der Krise

Der bulgarische Staats- und Parteichef Schiwkow über ein Gipfeltreffen im November 1986:

Q1 „Auf der Moskauer Konferenz der Ersten Sekretäre und Generalsekretäre der Bruderländer (im November) 1986 haben wir übereinstimmend festgestellt, dass die sozialistischen Länder vor einer erbarmungslosen Alternative stehen: Entweder Führungspositionen bei der wissenschaftlich-technischen Revolution und im wirtschaftlichen Bereich zu erreichen und auf diese Weise die Vorzüge der sozialistischen Lebensweise zu enthüllen oder stagnierend zu bleiben und mit einer wachsenden Anzahl akuter Probleme konfrontiert zu sein, die wahrscheinlich Krisensituationen hervorbringen werden. Die Gründe für die Entstehung dieser Situation sind unterschiedlich. Im gegenwärtigen Entwicklungsstadium – und das ist das spezifische Charakteristikum dieses Stadiums – sind wir mit Gründen und Faktoren, die allen sozialistischen Ländern gemeinsam sind, immer drängender konfrontiert. Das sind keine Probleme, die für die Entwicklung des Sozialismus peripher (am Rande wichtig) wären, sondern sie betreffen das Wesen und die Zukunft des Sozialismus.

(Zit. nach: British Broadcasting Corporation, Summary of World Broadcast, EE/8499/B vom 23.2.87, S. 3 (übersetzt von W. Süß)

1. Beschreibt das militärische Verhältnis zwischen den damaligen Supermächten USA und UdSSR!
2. Sucht einen passenden Titel für die Karikatur und erläutert ihn!
3. Zeigt auf, vor welcher Alternative der Sozialismus laut Schiwkow 1986 stand und wie es dazu kam!

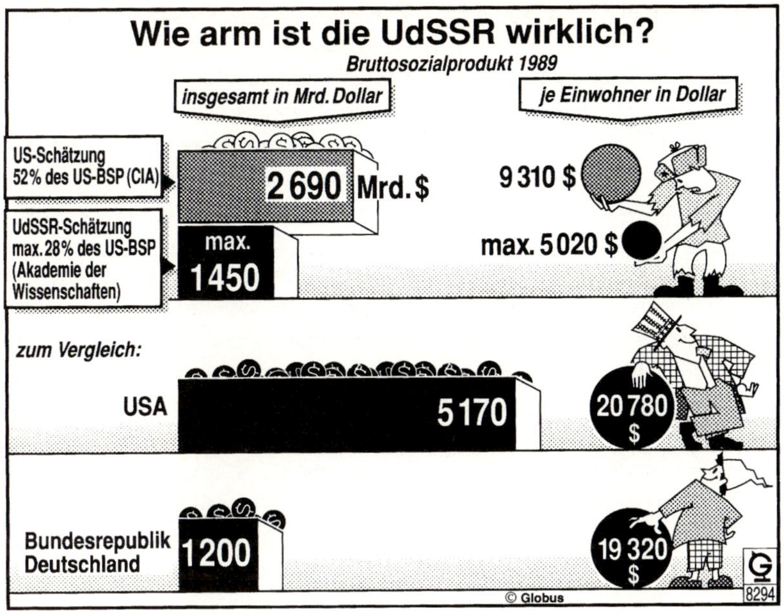

B3 *Wie arm ist die Sowjetunion wirklich?*

Glasnost und Perestroika

Gorbatschow vor dem ZK der KPdSU am 27. 1. 1987

Q2 „Auf einer bestimmten Etappe begann das Land (die UdSSR), an Entwicklungstempo zu verlieren, es begannen sich Schwierigkeiten und ungelöste Probleme zu häufen, es kam zu Stagnations- und anderen, dem Sozialismus fremden Erscheinungen. Das alles wirkte sich ernsthaft auf die Wirtschaft sowie auf die sozialen und geistigen Sphären aus. Die Hauptursache, und das Politbüro hält es für notwendig, darüber in aller Offenheit vor dem Plenum zu sprechen, bestand darin, dass das Zentralkomitee der KPdSU, die Führung des Landes, vor allem aus subjektiven Gründen nicht rechtzeitig und in vollem Umfang die Notwendigkeit von Veränderungen und die Gefahr des Anwachsens von Krisenerscheinungen in der Gesellschaft einschätzen sowie eine klare Linie zu ihrer Überwindung, zu einer umfassenderen Nutzung der Möglichkeiten, die im sozialistischen System liegen, erarbeiten konnte."

(Zit. nach: FAZ 3.2.1987)

Schlusswort Gorbatschows vor dem ZK der KPdSU am 28. Januar 1987

Q3 „Wir brauchen die Demokratie wie die Luft. Wenn wir dies nicht begreifen, und selbst wenn wir es begreifen, aber keine wirklichen, ernsthaften Schritte zu ihrer Erweiterung, ihrer Weiterentwicklung sowie zur breiten Einbeziehung der Werktätigen des Landes in den Prozess der Umgestaltung unternehmen, dann wird unsere Politik versagen, dann wird die Umgestaltung ersticken, Genossen ...
Offenheit, Kritik und Selbstkritik brauchen wir nicht nur, es sind die wichtigsten Merkmale der sozialistischen Lebensweise, und wenn irgendeiner meint, dass wir das nur deshalb brauchen, um die Unzulänglichkeiten der Vergangenheit zu kritisieren, so irrt er gewaltig. Das Wichtigste besteht darin, dass Offenheit, Kritik und Selbstkritik sowie Demokratie für unsere Vorwärtsbewegung, für die Lösung der großen Aufgaben erforderlich sind. Ohne die aktive Teilnahme des Volkes werden wir diese Aufgaben nicht lösen. Und eben dafür brauchen wir das alles (...) Wir sind unbeirrt in unseren Streben, die Beschlüsse des XXVII. Parteitages zu erfüllen. Wir streben nach einem qualitativ neuen Zustand der sowjetischen Gesellschaft. Wir sind davon überzeugt, dass die Sache der Umgestaltung unumkehrbar ist."

(Zit. nach: Neues Deutschland. Berlin-Ost. 30.1.1987)

1. Arbeitet heraus, was Gorbatschow kritisiert und welche Ziele er verfolgt!
2. Erläutert die Begriffe „Glasnost". und „Perestroika" an Beispielen!
3. Arbeitet heraus, wieso Gorbatschow zu diesen Reformansätzen gezwungen war! Zieht dazu den Darstellungsteil heran!

Unfähigkeit zur Reform

Antworten des Chefideologen der SED, Kurt Hager, auf Fragen der Illustrierten „Stern" im April 1987.

Q4 Stern: „Die SED-Führung unterstützt die von Michail Gorbatschow eingeleiteten Reformen in der Sowjetunion. Zugleich betont die DDR ihre Eigenständigkeit. Sind die Zeiten vorbei, in denen das Land Lenins für deutsche Kommunisten vorbildlich war?
Hager: (...) Wir haben uns die Lehren Lenins, inbesondere die Theorie der sozialistischen Revolution[1] und

[1] In der Ideologie der SED waren Kennzeichen der „sozialistischen Revolution": die Eroberung der politischen Macht durch die „Arbeiterklasse" unter Leitung einer kommunistischen Partei, die Errichtung einer „Diktatur des Proletariats", die Verstaatlichung des Privateigentums an Grund und Boden und Kapitalvermögen, die Errichtung einer zentralistischen Planwirtschaft, die „Verteidigung" – d.h. repressive Absicherung – der Umwälzung, die ideologische Vorherrschaft der kommunistischen Partei u.a.m.

des sozialistischen Aufbaus sowie die Lehre von der Partei, angeeignet und aus dem reichen Erfahrungsschatz der KPdSU Nutzen gezogen. Dies bedeutete jedoch nicht, dass wir alles, was in der Sowjetunion geschah, kopierten.
Stern: Ein hartes Wort …
Hager: Schon im Aufruf des ZK der KPD vom 15. Juni 1945 heißt es: „Wir sind der Auffassung, dass der Weg, Deutschland das Sowjetsystem aufzuzwingen, falsch wäre, denn dieser Weg entspricht nicht den Entwicklungsbedingungen in Deutschland." Übrigens kopiert die Sowjetunion auch nicht die DDR. (…) Würden Sie, nebenbei gesagt, wenn Ihr Nachbar seine Wohnung neu tapeziert, sich verpflichtet fühlen, Ihre Wohnung ebenfalls neu zu tapezieren?

(Zit. nach: Neues Deutschland 10. 4. 1982)

1. Fasst zusammen, wie Hager die Ablehnung von Reformen begründet!
2. Legt dar, welchen falschen Schluss er gezogen hat und welche Konsequenzen daraus erwachsen sind!

Eine erste Bilanz

Ansprache des ehemaligen Staatspräsidenten der Sowjetunion M. Gorbatschow am 25. 12. 1991 zu seinem Rücktritt und dem Ende der Sowjetunion. Gorbatschows Abschiedsrede, 25. 12. 1991 (Auszug):

Q6 „Ich spreche zu Ihnen das letzte Mal als Präsident der UdSSR. Deshalb halte ich es für notwendig, meinen seit 1985 gegangenen Weg einzuschätzen (…) Das Schicksal hat es so gefügt, dass es sich bereits bei meiner Amtsübernahme zeigte, dass es im Land Probleme gab. Gott hat uns viel geschenkt: Land, Erdöl, Gas und andere Naturreichtümer. Und auch viele talentierte und kluge Menschen. Und dabei lebten unsere Menschen schlechter als in den anderen entwickelten Ländern. Wir bleiben sogar immer weiter hinter ihnen zurück. Der Grund war schon zu sehen – die Gesellschaft befand sich in der Schlinge eines bürokratischen Kommandosystems. Die Gesellschaft musste der Ideologie dienen und dabei die furchtbare Last des Wettrüstens tragen. Die Gesellschaft gelangte an die Grenze ihrer Möglichkeiten (…) So konnte man nicht weiterleben. Es musste alles grundlegend verändert werden (…)
Der Prozess der Erneuerung des Landes und der grundlegenden Veränderungen in der Weltgemeinschaft hat sich als komplizierter erwiesen, als man voraussagen konnte. Trotzdem muss man das Vollbrachte gebührend einschätzen. Die Gesellschaft wurde frei. Und das in politischer und geistiger Hinsicht. Und das ist die größte Errungenschaft (…) Trotzdem wurde eine Arbeit von historischer Bedeutung geleistet: Es wurde ein totalitäres System beseitigt, das ein weiteres Aufblühen und Wohlergehen des Landes verhinderte. Es wurde ein Durchbruch zu demokratischen Veränderungen vollzogen. Freie Wahlen, eine freie Presse. Religionsfreiheit, wirkliche Machtorgane und ein Mehrparteiensystem wurden zur Realität. Die Menschenrechte wurden als oberstes Prinzip anerkannt. Es wurde mit dem Übergang zu einer vielseitigen Wirtschaft begonnen (…) Das Unternehmertum, die Gründung von Aktiengesellschaften und die Privatisierung gewannen immer mehr an Kraft. Es muss daran erinnert werden, dass der Übergang zur Marktwirtschaft im Interesse des Menschen erfolgt. In dieser schweren Zeit muss alles für einen sozialen Schutz getan werden. Das gilt vor allem für die alten Menschen und die Kinder. Wir leben in einer anderen Welt. Der „Kalte Krieg" ist vorbei. Das Wettrüsten wurde gestoppt. Die wahnsinnige Militarisierung unseres Landes, die unsere Wirtschaft, das gesellschaftliche Bewusstsein und die Moral zu Grunde richtete, wurde beendet. Die Gefahr eines Weltkrieges beseitigt. Ich möchte noch einmal betonen, dass von meiner Seite in der Übergangsperiode alles für eine zuverlässige Kontrolle der Kernwaffen getan wurde. Wir öffneten uns der Welt und verzichteten auf die Einmischung in fremde Angelegenheiten sowie auf den Einsatz von Truppen außerhalb unseres Landes. Und man antwortete uns mit Vertrauen, Solidarität und Respekt. Wir wurden zu einer der wichtigsten Stützen bei der Umgestaltung der modernen Zivilisation auf friedlicher und demokratischer Basis. Die Völker und Nationen haben die reale Freiheit erhalten, den Weg ihrer Entwicklung selbst zu bestimmen (…) Sicherlich war eine Reihe von Fehlern vermeidbar. Vieles hätte man besser machen können. Aber ich bin überzeugt, dass unsere Völker in einer aufblühenden und demokratischen Gesellschaft leben werden. Ich wünsche Ihnen alles Gute.

(Zit. nach: Sowjetunion heute/Wostok. Nr 1/Feb. 1992)

1. Stellt die positiven und die negativen Punkte der Bilanz Gorbatschows zusammen!
2. Diskutiert die Sichtweise, die Gorbatschow von seiner Amtszeit vermittelt!
3. Sammelt Material für eine gegensätzliche Position zu seinem Wirken und veranstaltet eine Pro-und-Contra-Diskussion!

2 Das neue Europa – Ideal und Wirklichkeit

„Unser Ziel ist es, dass Europa einmal ein großes gemeinsames Haus für die Europäer wird, ein Haus der Freiheit"

(Konrad Adenauer 1961)

Die Charta von Paris für ein neues Europa.

Die folgende Erklärung der Staats- und Regierungschefs aller europäischer Staaten einschließlich der damals noch bestehenden Sowjetunion und der Republik Jugoslawien sowie der USA und Kanadas ist anlässlich des KSZE-Treffens in Paris am 21. 11. 1990 unterzeichnet worden:

Q1 „Europa befreit sich vom Erbe der Vergangenheit. Durch den Mut von Männern und Frauen, wie Willensstärke der Völker und die Kraft der Schlussakte von Helsinki bricht in Europa ein neues Zeitalter der Demokratie, des Friedens und der Einheit an.

Nun ist die Zeit gekommen, in der sich die jahrzehntelang gehegten Hoffnungen und Erwartungen unserer Völker erfüllen: unerschütterliches Bekenntnis zu einer auf Menschenrechten und Grundfreiheiten beruhenden Demokratie, Wohlstand durch wirtschaftliche Freiheit und soziale Gerechtigkeit und gleiche Sicherheit für alle unsere Länder.

Wir verpflichten uns, die Demokratie als die einzige Regierungsform unserer Nationen aufzubauen, zu festigen und zu stärken. In diesem Bestreben werden wir an Folgendem festhalten: Menschenrechte und Grundfreiheiten sind allen Menschen von Geburt an eigen; sie sind unveräußerlich und werden durch das Recht gewährleistet. Sie zu schützen und zu fördern ist vornehmste Pflicht jeder Regierung.

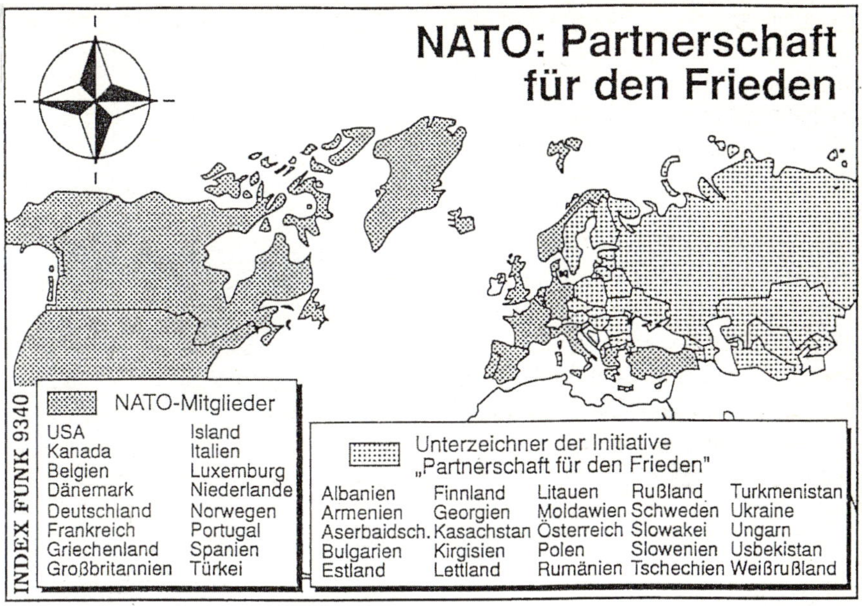

K1 NATO-Partnerschaft für den Frieden

Der in der Demokratie zum Ausdruck gebrachte und durch den Rechtsstaat gewährleistete freie Wille des Einzelnen bildet die notwendige Grundlage für eine erfolgreiche Wirtschafts- und Sozialentwicklung. Freiheit und politischer Pluralismus sind notwendige Elemente unserer gemeinsamen Bemühungen um die Entwicklung von Marktwirtschaften hin zu dauerhaftem Wirtschaftswachstum, Wohlstand, sozialer Gerechtigkeit, wachsender Beschäftigung und rationeller Nutzung der wirtschaftli-

B2 Karikatur aus der Süddeutschen Zeitung vom 9. 1. 1995 zum russischen Eingreifen in Tschetschenien: „Protest formiert sich."

chen Ressourcen. Der Erfolg von Ländern, die den Übergang zur Marktwirtschaft anstreben, liegt in unserer aller Interesse.

Wir erkennen den wesentlichen Beitrag unserer gemeinsamen europäischen Kultur und unserer gemeinsamen Werte zur Überwindung der Teilung des Kontinents an. Zur Förderung größerer Vertrautheit zwischen unseren Völkern befürworten wir die Errichtung von Kulturzentren in Städten anderer Teilnehmerstaaten, eine verstärkte Zusammenarbeit auf dem audio-visuellen Gebiet und einen umfangreichen Austausch in den Bereichen Musik, Literatur und Kunst.

(Zit. nach: Sicherheit und Zusammenarbeit in Europa. Hg. v. Auswärtigen Amt, Bonn 1991, 147 leicht gekürzt)

1. Stellt zusammen, welche gemeinsamen Werte und Überzeugungen in Europa gelten sollen!
2. Erörtert, welche Staaten demnach zu Europa gehören und welche nicht! Beachtet dabei K2!

Aus der Grundakte zwischen der NATO und Russland, unterzeichnet am 27. Mai 1997:

Q2 „Russland und die NATO betrachten sich nicht als Feinde. Sie teilen das Ziel, die Spuren früherer Konfrontation und Rivalität zu überwinden und das gegenseitige Vertrauen und die Zusammenarbeit zu stärken (...) Russland ist entschlossen, seine konventionellen und atomaren Streitkräfte weiter zu reduzieren (...) Russland und die Nato werden dazu beitragen, die Organisation für Sicherheit und Zusammenarbeit in Europa (OSZE) zu stärken. Die OSZE hat eine Schlüsselrolle hinsichtlich des europäischen Friedens und der Stabilität.(...)

(Zit. nach: SOWI 1997/3, 206)

B3 Karikatur aus der französischen Zeitschrift Liberation vom Oktober 1993. Auf der einen Seite des Tisches die Präsidenten Russlands (Jelzin), Tschechiens (Havel) und Polens (Walesa); auf der anderen der britische Premier Major, der französische Staatspräsident Mitterrand, der deutsche Bundeskanzler Kohl.

	Tschechien (CR)			Polen (P)			Slowakei (SR)			Ungarn (U)		
	1993	1994[1]	1995[2]	1993	1994[1]	1995[2]	1993	1994[1]	1995[2]	1993	1994[1]	1995[2]
Bruttoinlandsprodukt jährl. Veränderung (%)	–0,3	+2,5	+3	+3,8	+4,5	+4	–4,1	+3	+3	–2,3	+2	+1
Arbeitslosenquote Jahresende (%)	3,5	3,4	5	15,7	16,5	20	14,4	15	16	21,1	11	11
Verbraucherpreise jährl. Veränderung (%)	20,8	10,2	10	35,3	30	25	23,2	16	10	22,5	20	22
Leistungsbilanz Saldo (Mrd. US-$)	+0,3	0	–0,5	–2,3	–1	–2,5	–0,7	–0,4	–0,5	–3,5	–3	–2,5
Ausländische Direktinvestitionen in konvertierbaren Währungen (Mrd. US-$)	1,7[3]	0,6[4]	–	0,4[3]	1,0[4]	–	0,2[3]	0,4[4]	–	3,4[3]	5,8[4]	–

[1]Schätzung [2]Prognose [3]1992 [4]1993 — Quelle: WIIW (Wien), OECD (Paris)

(Aus: Frankf. Rundschau 24. 1. 1995)

B4 Die wirtschaftliche Lage in ausgewählten Ländern Osteuropas

B5 Beschäftigte in Polen, Tschechien und Ungarn (Aus: Bürger im Staat 1997/3, S. 171)

Beschäftigte in	Polen		Tschechien		Ungarn	
Sektor	1989	1995	1989	1995	1989	1995
I (Land- und Forstwirtschaft)	28	20	11	6	20	16
II (Bergbau, verarbeit. Gewerbe, Bau)	37	36	47	44	37	36
III Handel, Verkehr, Dienstleistungen, Staat	35	44	42	50	43	48

1. Setzt die Aussage der Karikatur B2 (S. 201) in Beziehung zu Q1 und Q2!
2. Informiert euch über den aktuellen Stand des Tschetschenienkonfliktes!
3. Interpretiert B3! Beachtet dabei die Angaben zur wirtschaftlichen Lage (B4 und B5)!
4. Beschreibt die wirtschaftliche Lage der osteuropäischen Staaten!
5. Überlegt, welche Probleme beim Übergang von der sozialistischen Planwirtschaft zur kapitalistischen Marktwirtschaft entstanden sein könnten!

T3 Sechs Staaten gründeten 1957 die Europäische Wirtschaftsgemeinschaft (EWG). Daraus erwuchs die Europäische Union mit ihren heute 15 Mitgliedern. Seit dem Zusammenbruch des Ostblocks suchen mehr und mehr osteuropäische Staaten Anschluss an die EU. Inzwischen haben sich zehn mittel- und osteuropäische Länder um eine Mitgliedschaft beworben. Drei Staaten, nämlich Malta, Zypern und die Türkei warten seit längerem auf den Beginn von Beitrittsverhandlungen.
Im Fall der Türkei hielt es die EU-Kommission für „nicht zweckmäßig“, Beitrittsverhandlungen aufzunehmen, was vor allem mit dem unzureichenden Schutz von Minderheiten und Menschenrechten in der Türkei begründet wurde. Auch die ungelöste Zypernfrage verhinderte bislang die Aufnahme der geteilten Insel in die Gemeinschaft. Malta dagegen dürfte gute Chancen haben, bei der nächsten Erweiterungsrunde dabei zu sein. Bleibt der Sonderfall Schweiz: Das Land hat im Mai 1992 einen Antrag auf EU-Mitgliedschaft gestellt. Doch seit dem „Nein“ der Bevölkerung beim Referendum über den Beitritt im Dezember 1992 liegt dieser Antrag auf Eis.

K6 Die EU und ihre Beitrittskandidaten

Ein Osteuropahistoriker zum Verhältnis Europas zu Russland:
T4 „Wir haben eine Geschichte hinter uns, die mit Russland im Guten wie im Bösen über die Jahrhunderte hin verflochten war, und vieles spricht dafür, dass dies so bleiben wird. Wir haben allen Grund, die Zukunft Russlands und die der anderen Länder im Osten als Teil unserer eigenen Zukunft zu begreifen. Das aber heißt, dass das neue Russland nicht draußen vor der Türe bleiben darf, wenn Europa, nach dem Epochenbruch der letzten Jahre, auf neuen Fundamenten leben soll. Natürlich lässt sich dieser Riesenraum, so wie er heute ist, dem Europa der Maastrichter Verträge nicht einfach einverleiben. Doch sollten wir uns auch nicht gestatten, Europa zu denken und Russland davon auszuschließen. Gewiss, der eurasische Kontinent gehört heute zu den großen Notstandsgebieten unserer Erde, und es mangelt nicht an Stimmen, die empfehlen, gegen diesen „wildgewordenen Osten“ Dämme zu bauen. In öf-

fentlicher Rede wird nicht selten für ein Europa plädiert, das an der polnischen Ostgrenze und (auf dem Balkan) an der alten österreichischen Militärgrenze enden soll, weil jenseits davon eine Welt beginne, die sich den Grundwerten Europas nicht füge. (...)
Sicher ist dagegen, dass sich Europa (in welcher Gestalt auch immer) von Russland nicht verabschieden kann, so wenig wie von der Türkei, vom Balkan und von anderen Krisenzonen in unserer Nachbarschaft. Auch sollte nicht vergessen werden, dass Russland in ein zukünftiges Europa mehr einzubringen hat als seine Armut und verwüstete Umwelt, mehr als seine Schulden und verrotteten Industrien, mehr als mafiose Netzwerke und verstockte Kader der alten Nomenklatur. Russland verfügt auch nicht bloß über gewaltige Ressourcen und billige Arbeitskräfte. Es besitzt große und ehrwürdige Kulturtraditionen, eigene geschichtliche Erfahrungen und sittliche Werte, die es zu respektieren gilt: Ein „humanes Kapital“, das, wenn es sich bewahren und neu beleben ließe, der Aufnahme in den „Gemeinbesitz Europas“ nicht weniger würdig wäre als das, was wir selbst beizusteuern haben.“

(Zit. nach: D. Geyer: Russland zwischen den Zeiten. In: Der Bürger im Staat. 46/1996, H. 2, 93)

1. Erläutert, warum Russland zu Europa gehören sollte!
2. Führt Argumente für oder gegen eine Mitgliedschaft Russlands auf und diskutiert ihre Wertigkeit!

Zusammenfassende Aufgaben:
1. Stellt mithilfe von K1, K2 und B6 die gesamteuropäischen Einrichtungen zusammen! Informiert euch über den aktuellen Entwicklungsstand der Systeme!
2. Diskutiert kontrovers, welche Staaten zu Europa gehören! Beachtet dabei T3 und T4!

B6 Die Staaten Europas und ihre Mitgliedschaft in übergreifenden Organisationen

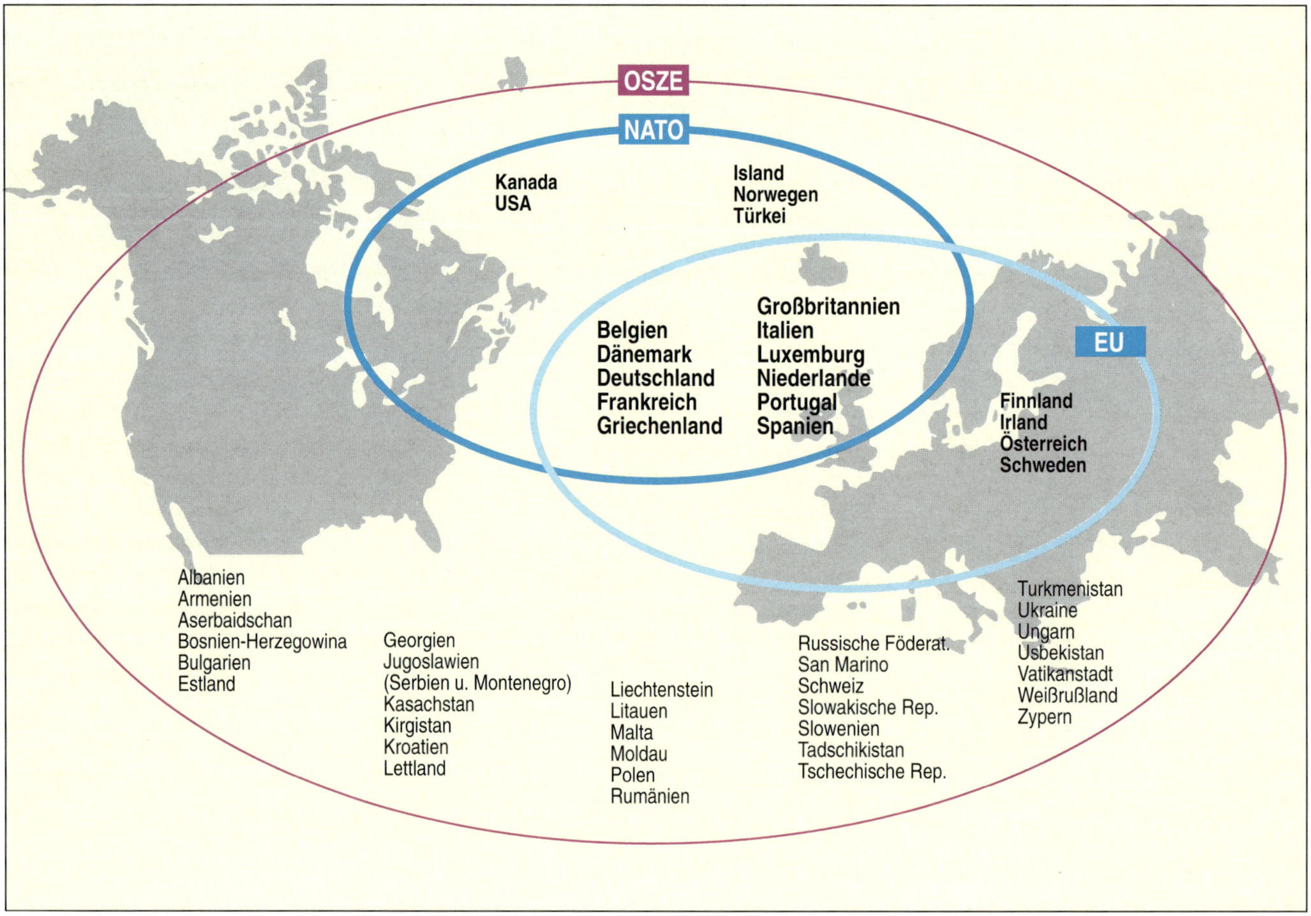

3 Atlanta 1996 – Ein Blick in die Welt von morgen

Kaum ein Ereignis ist so geeignet das Phänomen ***Globalisierung*** zu verdeutlichen, wie die Olympischen Spiele in Atlanta 1996.

B1 Blick auf die Olympiastadt Atlanta bei Nacht.

1. Beschreibt die Olympiastadt aus der Sicht von Fernsehzuschauern aus verschiedenen Ländern und Erdteilen!

2. Ergänzt, was ihr von den Olympischen Spielen 1996 noch wisst! Zieht B2 und B3 mit dazu heran!

B2 Werbeplakat der Sponsoren der Olympischen Spiele 1996.

Der Franzose Pierre de Coubertin (1863–1937) war der Gründer der modernen Olympischen Spiele. Seine Motive hat er in vielen Vorträgen und Schriften niedergelegt.

Q1 „Von den Völkern zu verlangen, sich gegenseitig zu lieben ist eine Art Kinderei; sie aufzufordern, sich zu achten, ist keine Utopie; aber um sich zu achten, muss man sich zunächst kennen.

...sollen die wieder erweckten Olympischen Spiele alle 4 Jahre der Jugend der Welt die Gelegenheit zu einem glückhaften und brüderlichen Zusammentreffen geben, bei dem nach und nach die Unwissenheit verschwinden wird, die die Vorstellungen der einzelnen Völker voneinander prägt, diese Unwissenheit, die Hassgefühle lebendig erhält, Missverständnisse anhäuft und die Ereignisse häufig in Richtung auf einen barbarischen und gnadenlosen Kampf sich überstürzen lässt.

Die Olympischen Spiele mit ihrem Vierjahresrhythmus sind notwendig und ausreichend, um den Wettkampfgedanken zwischen den Völkern in rechtem Maße zu erhalten."

(Zit. nach: A. Höfer: Der Olympische Friede. 1994, 48f.)

1. Erörtert die Behauptung, die Olympischen Spiele dienten dem Frieden und der Völkerverständigung! Berücksichtigt dabei auch die folgenden Texte und Abbildungen!

T2 „Coubertin hat der Olympischen Bewegung keine direkte Friedensmission zugemessen. Sie war vielmehr ein Symbol einer besseren Welt, eines Verständnisses der Sportjugend über Völker und Kulturgrenzen hinweg – weil die Werte und Ziele der Olympischen Bewegung sich wegen ihres allgemeinen funktionalen, humanitären und mit vielen Kulturen verträglichen Charakters zur Identifikation und

Vereinigung einer internationalen und interkulturellen Bewegung besonders eignen. Der viel gerühmte Beitrag zur Völkerverständigung findet also nicht direkt, sondern indirekt durch ein wirksames Symbol statt."

(H. Lenk: Auf der Suche nach dem Olympischen Geist. In: ebd, 50)

Bei den ersten Olympischen Spielen der Neuzeit in Athen 1896 nahmen 262 Sportler aus 13 Nationen teil. 1996 in Atlanta waren es 197 NOKs (Nationale Olympische Komitees) mit rund 10000 Athleten. 5000 Journalisten, darunter 900 Fotografen, waren zugelassen. Die weltweiten Fernsehübertragungsrechte für ca. 3,5 Milliarden Zuschauer wurden für die Rekordsumme von 456 Millionen Dollar erworben. Hinter diesen Zahlen verbirgt sich ein Aspekt des Schlagworts 'Globalisierung', das für die Kennzeichnung der Welt von heute verwendet wird. Andere Aspekte vermitteln die folgenden Schaubilder und Texte.

T3 „Gewährleistung des Gottesfriedens auf Erden verlangt ja kein Mensch von den olympischen Göttern, nicht einmal für die Zeit der Spiele. Nach Berlin 1936 und Sarajewo 1984 kann in keinem Hirn mehr Platz sein für die überspannte Hoffnung auf eine bessere Welt unterm olympischen Sternenzelt. Doch selbst zur gelegentlichen Geste in Sachen kleines Menschenrecht hat sich das IOC (Internationales Olympisches Komitee) nicht aufgerafft. Wie schon in Mexico 1968, wo man das Elend in den Müllsiedlungen vor der Stadt versteckte, hat es auch in Atlanta 1996 ungerührt zugesehen, als die Obdachlosen aus der Stadt verfrachtet wurden und Behausungen der Ärmsten platt gemacht wurden. Auch dass noch mehr als dreißig Länder der Welt ihren Frauen eine Teilnahme an den Olympischen Spielen verwehren, hat das IOC nicht berührt."

(A. Behler: Das Spiel mit dem Feuer. In: DIE ZEIT, 19.7.1996 (gekürzt))

T4 „Globalisierung der Wirtschaft" heißt das Schlagwort, mit dem sich jegliche Unternehmenspolitik heute begründen lässt. Tatsächlich wird die weltweite Vernetzung der Märkte immer enger. Das Kapital wandert dahin, wo die höchsten Renditen zu erwarten sind, und die Produktion wird da angesiedelt, wo sie am billigsten darzustellen ist. Mit dem rasanten Fortschritt der Telekommunikation erscheinen die Grenzen von Zeit und Raum aufgehoben. Die Konsequenzen aus diesem Wandel sind umwälzend, gerade auch für einen so traditionellen Industriestandort wie Deutschland, in dem die Fertigungskosten zu hoch sind und die erzielbaren Gewinne zu niedrig, wie es allenthalben heißt. Unternehmen sind verstärkt dabei neue Standorte im Ausland zu erschließen. Der Lohn für einen gewerblichen Mitarbeiter in Polen ist nur ein Zehntel so hoch wie in Deutschland. Lohnkostensenkung und Personalabbau sind also angezeigt. Natürlich kann weder eine Volkswirtschaft noch ein Unternehmen den globalen Wettbewerb ignorieren. Doch die strikte Ausrichtung von Unternehmensaktivitäten am Börsenwert der Firma kann nicht das Maß aller Dinge sein. Neben der schlichten Gewinnmaximierung gibt es auch noch so etwas wie Sozialpflichtigkeit, zumindest in einer sozialen Marktwirtschaft.

1. Diskutiert die aktuelle Streitfrage: Globalisierung – Chance oder Gefahr? Nehmt den Darstellungsteil zu Hilfe!

B3 T-Shirt mit einem Zitat von Martin Luther King.

B4 Die Aufteilung der Welt.

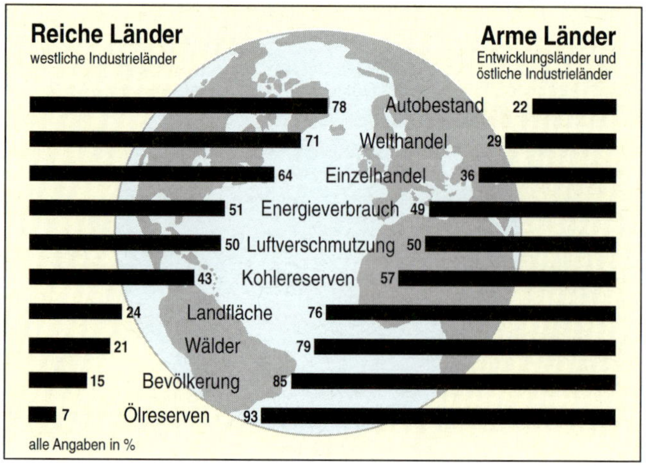

Die Welt am Ende des „kurzen" 20. Jahrhunderts

Die Welt ist nach dem Zusammenbruch des Kommunismus nicht einfacher geworden. Nachträglich zeigt sich, dass der vielgescholtene Kalte Krieg immerhin wenigstens für Europa ein (relativer) Kalter Friede mit einigermaßen stabilen und berechenbaren Verhältnissen war. Doch die sich gegenseitig in einem „Gleichgewicht des Schreckens" lähmenden Blöcke sind zerbrochen und an ihre Stelle ist (noch) keine neue Weltfriedensordnung getreten. Stattdessen flammen sogar in dem relativ gefestigt und befriedet geglaubten Europa Bürgerkriege und Nationalitätenkonflikte mit ungeheurer Sprengkraft und Grausamkeit gerade an Konfliktlinien auf, die durch den einebnenden Kommunismus zugeschüttet schienen, in Wahrheit jedoch nur unterdrückt waren. Nur mühsam finden sich neue Sicherheitssysteme und Ordnungen, die Hoffnung geben können auf ein freieres und dennoch gesichertes Zusammenleben von Nationen und Nationalitäten: Die Ost-Erweiterung der NATO und die zusammenwachsende Europäische Gemeinschaft sind Beispiele für die Entwicklung.

Das Ende der Sowjetunion

Nach dem Ende des Zweiten Weltkriegs hatte sich die Sowjetunion systematisch vor allem im Westen Bereiche indirekter Herrschaft, so genannte „Satellitenstaaten", wie einen Sicherheitsgürtel zugelegt (vgl. K2, S. 110). Seit der Breschnew-Doktrin (1969) besaßen diese Staaten auch formell nur noch eingeschränkte Souveränität. Dagegen gelang es Jugoslawien (1948) und Albanien (1960) sich der Sowjetherrschaft teilweise zu entziehen. Das sowjetische Riesenreich wurde unter Stalin und seinen Nachfolgern durch eisernen Zwang zusammengehalten. Die Sowjetunion war wirtschaftlich über den RGW (Rat für gegenseitige Wirtschaftshilfe), militärisch über den Warschauer Pakt eng mit ihren Satellitenstaaten verflochten. Erst seit Stalins Tod (1953) lockerte sich die strenge Herrschaft über das Riesenreich. Der innere Zusammenhalt im Sowjetblock schwand, als der Kalte Krieg abzuebben begann, es dem Westen gelang, die Sowjetunion an den Verhandlungstisch zu bringen und konkrete Vereinbarungen mit ihr zu treffen. Gleichzeitig wiesen immer wieder aufflackernde regionale Konflikte auf innere Risse im Sowjetreich hin. Wichtige Etappen auf dem langen Weg der Destabilisierung des Sowjetimperiums waren der 17. Juni

B1 Die Beschlüsse der KSZE.

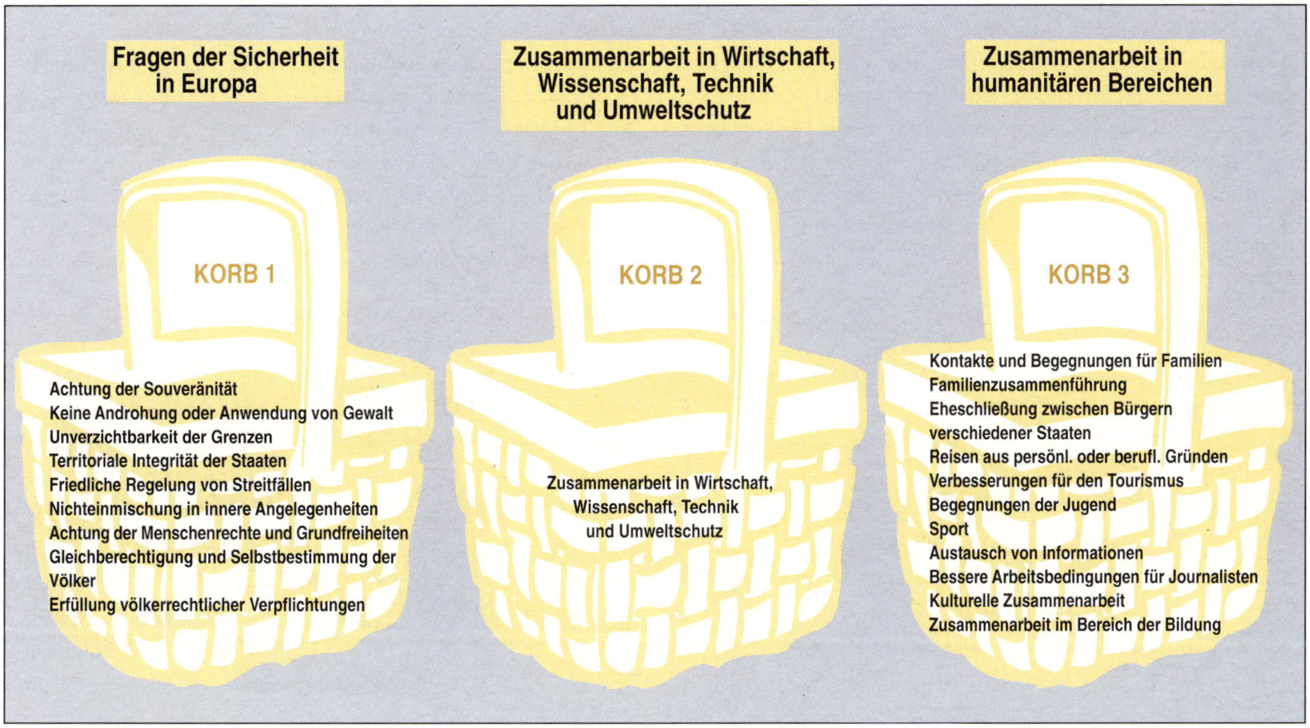

B2 Der Slowake Emil Gallo stellt sich am Morgen des 21. August 1968 in Bratislava einem russischen Panzer entgegen.

in der DDR (1953), Aufstände in Polen und Ungarn (1956), der „Prager Frühling" und seine Niederschlagung durch das militärische Eingreifen des Warschauer Paktes (1968), erneute Unruhen in Polen (Danzig 1970, Radom 1976, wieder ausgehend von Danzig 1980/81.)

Jeder blutigen Unterdrückung folgte zwar eine Milderung des totalitären Systems, aber keine grundsätzliche Reform, sodass die Unzufriedenheit ständig wuchs. Die Sowjetunion versuchte mit Parolen wie der von der „friedlichen Koexistenz", dem „Wettbewerb der Systeme" oder der „internationalen Zusammenarbeit" gegen zu steuern. Der Westen nahm diese Angebote wahr. So kam schließlich die Konferenz für Sicherheit und Zusammenarbeit in Europa (KSZE) in Helsinki (1975) zu Stande. Die Sowjetunion musste als Preis für Wirtschafts- und Kredithilfe des Westens wenigstens auf dem Papier die Gewährung der Menschenrechte zugestehen (vgl. B1 S. 207). Damit war aber eine Grundlage geschaffen, auf die sich fortan die Oppositions- und Dissidentengruppen im gesamten Ostblock berufen konnten.

B3 „Der Weg zum Sozialismus", Karikatur 1990

B4 Karikatur von Haitzinger zum sowjetischen Einmarsch in Afghanistan: „Bist du sicher, Leonid, dass wir uns diesmal nicht verfahren haben?"

Als entscheidende militärische und moralische Niederlage markierte der Afghanistankrieg (1979–88) den Anfang vom Ende der Sowjetunion. Einerseits musste die hochgerüsteten Sowjetarmee eine schwere militärische Niederlage einstecken, andererseits verspielte die antiimperialistische Schutzmacht der Dritten Welt, als die sich die Sowjetunion bis dahin gerne gesehen hatte, mit ihrem brutalen Eingreifen in die inneren Angelegenheiten eines Nachbarstaates weltweit jeglichen moralischen Kredit.

Die offenkundige Schwäche der kommunistischen Vormacht nutzte vor allem das nationalbewusste Polen, die größte Satellitennation, um sich mehr Freiraum zu verschaffen. Mit der katholischen Kirche hatte Polen sich eine intakte Struktur außerhalb der des kommunistischen Machtapparats erhalten und 1956 auch die private Landwirtschaft zurückgewonnen. Beginnend mit den Auguststreiks 1980 in Danzig und der daraus hervorgehenden Gründung der unabhängigen, nichtkommunistischen Gewerkschaft „solidarnosc" höhlten die Polen in kleinen

B5 Karikatur von Horst Haitzinger von 1989: „Ich wollte, es würde Nacht, oder die Chinesen kämen!"

Schritten und mit massiver Unterstützung des polnischen Papstes Johannes Paul II. die sowjetische Herrschaft und die Macht der kommunistischen Statthalter in Polen aus.
Das Sowjetsystem erwies sich zunehmend als reformunfähig und war der Herausforderung durch den Westen, der sich in einer zweiten Industrialisierung rasant modernisierte, nicht gewachsen. Unsinnig übertriebene Zentralisierung, „Tonnenmentalität", aufgeblähte bürokratische Apparate (allgemeine Verwaltung, Partei, Gewerkschaften, Geheimpolizei), die Bevorzugung der Militarisierung der Gesellschaft durch einen überdimensionierten militärisch-industriellen Rüstungskomplex zulasten der Konsumgüterindustrie, die Vernichtung der Bauernschaft und ihre Ersetzung durch eine mechanisierte Großlandwirtschaft und zuletzt eine hoffnungslos überalterte Führung ließen die Sowjetunion immer weiter ins Hintertreffen geraten. Das Regime zerfiel von innen heraus. Mit sozialistischer Plan- und Zwangswirtschaft, Terror (GULAG, KGB) und unerfüllbaren Versprechen auf ein besseres Leben war in einer tristen Realität auf Dauer kein moderner Staat zu machen.
In letzter Minute versuchte Michail Gorbatschow durch „Perestrojka" (Wandel) und „Glasnost" (Offenheit) ab 1985 den Kommunismus doch noch zu reformieren und versetzte ihm damit (ungewollt) den Todesstoß. Die Lockerung des Griffs der Zentralmacht und die Erlaubnis zur Selbstkritik setzte, zunächst in den Satellitenstaaten, dann im Inneren der Sowjetunion, lange unterdrückte Kräfte frei, die das Sowjetsystem hinwegfegten.

Das Epochenjahr 1989

1989 trieben die wachsende ökonomische Attraktivität des sich vereinigenden Europa im Westen und die Angst vor dem Chaos im Osten die westlichen Satellitenstaaten ins neuentdeckte „Haus Europa" (Gorbatschow). Die baltischen Republiken (Litauen, Lettland, Estland) forderten ihre Unabhängigkeit zurück, ebenso Georgien, Armenien und Aserbeidschan. Polen nahm seinen vom „Kriegszustand" (1981–83) unterbrochenen Reformprozess wieder auf. „Solidarnosc" zwang die regierenden Kommunisten an den „runden Tisch" und erreichte die erste Regierung im Ostblock unter einem Nicht-Kommunisten. Damit wurde das reformfeindliche SED-Regime Erich Honeckers in der DDR von den Reformstaaten im Osten (UdSSR, Polen) und dem demokratischen Westen (Bundesrepublik Deutschland) in die Zange genommen.
Ungarn, trotz der blutigen Niederschlagung des Aufstands von 1956 am weitesten westlich orientiert, öffnete im Mai 1989 auf eigenes Risiko die gemeinsame Grenze zu Österreich und damit zum Westen. Damit bot sich ausreisewilligen jungen DDR-Bürgern eine relativ risikolose Möglichkeit nach Westdeutschland zu flüchten. Seitdem war die DDR nicht mehr zu halten: Ihre überalterte und reformunfähige Führung selbst lieferte der ständig wachsenden Opposition die Vorlagen: Sie ging zunehmend auf Distanz zum Reformkurs Gorbatschows und fälschte offensichtlich die Kommunalwahlen vom 8. Mai 1989. Die Billigung des Massakers auf dem Tiananmen-Platz in Peking (14. 6. 1989) entfremdete die Bevölkerung noch weiter von ihrem Staat. In ernsthaften wirtschaftlichen Schwierigkeiten, vom Volk durch Montagsdemonstrationen und Ausreisewellen unter Druck gesetzt, vom großen sowjetischen Bruder verlassen, musste Erich Honecker am 18. 10. 1989 zurücktreten. Von der DDR-Bevölkerung und ihrem Willen zu einem friedlichen Umsturz der Verhältnisse getrieben, blieb der neuen SED-Führung unter Egon Krenz keine Zeit, eine eigene Politik zu entwickeln. Am 9. November 1989 musste sie die Berliner Mauer öffnen, womit sie die Selbstauflösung der DDR durch den Beitritt zur Bundesrepublik (3. Oktober 1990) einleitete. Die übrigen kommunistischen Staaten folgten: Bulgarien, Rumänien, Albanien, Mongolei, bis auf die „Weihnachts-Revolution" in Rumänien, alle friedlich. Zuletzt brach der Kommunismus auch in seinem Zentrum zusammen, Gorbatschows Reformversuche waren längst am zähen Widerstand des Machtapparats gescheitert. Den drohenden Zerfall der Sowjetunion sollte im letzten Moment der Moskauer Putschversuch im August 1991 aufhalten. Er beschleunigte ihn aber nur, da am entschlossenen Widerstand Moskauer Demokraten unter dem inzwischen zum Staatspräsidenten Russlands avancierten Boris Jelzin scheiterte. Sturz Gorbatschows, Verbot der KPdSU, Auflösung der UdSSR und die Gründung der „Gemeinschaft Unabhängiger Staaten" (GUS) im Dezember 1991 folgten.
Das Epochenjahr 1989 und der Untergang des Sowjetkommunismus in einer Folge friedlicher Revolutionen beendeten das „kurze" 20. Jahrhundert, das mit der Oktoberrevolution in Russland und dem Epochenjahr 1917/18 begonnen hatte.

1. Erörtert die These: „Kalter Krieg – Kalter Friede"!
2. Erläutert die Aussagen der Karikaturen!
3. Informiert euch über den Stand der Beitrittsverhandlungen zur EU und der Erweiterung der NATO!
4. Diskutiert die These vom „kurzen" 20. Jahrhundert!

Das Tor – Ein Bauwerk macht Geschichte

Wie kaum eine anderes Bauwerk in Europa reflektiert das Brandenburger Tor in Berlin die Geschichte Deutschlands und Europas.

Erbaut Ende des 18. Jahrhunderts von Carl Gotthard Langhans war es zunächst einer der Zugänge nach Berlin, an der Straße von Brandenburg. Erst im Laufe der Jahrzehnte und Jahrhunderte wurde aus einem ganz normalen Stadttor mehr und mehr ein Denkmal, ja ein Symbol. Gebraucht und missbraucht, spielte es viele Rollen und trug viele Verkleidungen.

Napoleon zog 1806 nach Preußens Niederlage durch das Brandenburger Tor in Berlin ein. 1871 feierte Kaiser Wilhelm I. hier Frankreichs Niederlage und die Gründung des deutschen Reiches. 1919 besetzten während des Spartakusaufstands Regierungstruppen das Bauwerk, um es gegen Spartakisten zu sichern. Im Sommer 1933 diente es als Staffage für den nationalsozialistischen Propagandafilm „Hans Westmar", in dem der Fackelzug anlässlich Hitlers Einsetzung zum Reichskanzler nachgestellt wurde (vgl. B1, S. 36). 1940 zogen die Truppen der deutschen Wehrmacht nach ihrem Sieg im Frankreichfeldzug durch das Tor nach Berlin ein. 5 Jahre später hissten Soldaten der Sowjetarmee die rote Fahne auf dem arg ramponierten Bauwerk. Am 17. Juni 1953 schwangen aufständische Arbeiter aus Ost-Berlin die schwarz-rot-goldene Fahne eines einigen Deutschlands, als sie durch das Brandenburger Tor in den Westen marschierten. Noch 1957, mitten im Kalten Krieg, konnten sich die beiden Teile Berlins, die noch nicht durch eine Mauer geteilt waren, darauf einigen, gemeinsam das Tor und die Quadriga zu restaurieren: Der Magistrat/Ost das Tor, der Senat/West die Quadriga. Die zerbrechliche Gemeinsamkeit hielt nicht lange: Am 14. August 1961 wurde der Grenzübergang am Brandenburger Tor geschlossen: für 28 Jahre …

1. Sucht in diesem Band nach Abbildungen des Brandenburger Tors und erläutert den historischen Zusammenhang, in dem sie stehen!
2. Sammelt Material für eine Wandzeitung, die das Brandenburger Tor als Spiegel der Geschichte zum Inhalt hat!
3. Diskutiert, welches andere Bauwerk in ähnlicher Weise die Geschichte Europas reflektieren kann und widmet auch ihm eine Wandzeitung!
4. Erarbeitet eine Ausstellung: „Denkmäler machen Geschichte"! Ladet eure Parallelklasse zu einem Vortrag über dieses Thema ein!

B1 (li.) Napoleon I. zieht nach seinem Sieg über Preußen in der Schlacht bei Jena und Auerstedt 1806 in Berlin ein. (Gemälde von Charles Meynier)

B2 (re.) Kaiser Wilhelm I. reitet nach dem siegreichen Krieg gegen Frankreich 1870/71 und der Reichsgründung in Versailles am 16. Juni 1871 in Berlin ein. (Gemälde von Anton von Werner, 1877)

B3 (o.li.) Nach dem Sieg im Feldzug über Frankreich 1940 wird auf Veranlassung Hitlers der „Waggon von Compiegne" durch das Tor nach Berlin geholt. In ihm waren zwei Kapitulationsurkunden unterzeichnet worden: 1918 die deutsche, 1940 die französische.

B4 (o. re.) Soldaten der Roten Armee hissen 1945 die Fahne der Sowjetunion auf dem Tor.

B5 (mi.re) Am 26. Juni 1961 besucht John F. Kennedy als erster amerikanischer Präsident die Mauer. Die DDR versperrte ihm den Blick durch das Tor mit schwarzen Tüchern.

B6 (u. li.) Demonstrierende Ostberliner Bauarbeiter ziehen am 17. Juni 1953 mit schwarz-rot-goldenen Fahnen durch das Tor.

B7 (u. re.) Am 3. Oktober 1990 schwingen wieder – diesmal jubelnde – Menschen schwarz-rot-goldene Fahnen am Brandenburger Tor.

Glossar

Antifaschismus
m., Bezeichnung für die organisierte Gegnerschaft zu Faschismus und Nationalsozialismus. Der Begriff wurde in der DDR zum politischen Schlagwort; nach der Überwindung des nationalsozialistischen Herrschaftssystems meinte Antifaschismus hier die Abwehr neofaschistischer Tendenzen ebenso wie den „Kampf gegen den westlichen Kolonialismus und Imperialismus". Die innerdeutsche Mauer wurde in diesem Sinne als „antifaschistischer Schutzwall" bezeichnet.

Bi-polare Welt
w., ideologische Zuteilung der Länder der Erde zu den von den USA und der UdSSR dominierten Machtblöcken, dem marktwirtschaftlich-kapitalistischen und dem kommunistischen System während des Kalten Krieges. Die Aufteilung schloss vielfach militärische und wirtschaftliche Unterstützungsleistungen ein.

„Demokratischer Zentralismus"
m., Bezeichnung für das verbindliche Organisationsprinzip der kommunistischen Parteien. Die Leitung des Staates und der gesellschaftlichen Organisationen durch die Partei ist zentralistisch und von der Spitze her organisiert, gleichzeitig erfolgt die Wahl der leitenden Organe von unten nach oben. Die Wahrung einer strengen Parteidisziplin sowie die absolute Verbindlichkeit der Beschlüsse höherer Organe für die niederen sind unbedingte Forderungen dieses Prinzips.

Dissidenten
m., lat. Getrennte, Abweichler, etwa seit 1965 Bezeichnung für solche Intellektuelle in der Sowjetunion und in anderen sozialistischen Staaten, die das politische und wirtschaftliche System ihres Landes kritisieren und vor allem die Beachtung der Menschenrechte fordern.

„Eindämmung"
w., dt. Übersetzung des engl. Begriffs „containment". 1946/47 insbesondere von George F. Kennan (1944-46 Botschafter in Moskau) entworfenes Programm der amerikanischen Außenpolitik zur „Eindämmung der kommunistischen Weltreligion". Jeder sowjetische Druck sollte durch Gegendruck beantwortet und der sowjetische Einflussbereich vor allem mit wirtschaftlich-finanziellen Mitteln (Marshall-Plan) „eingedämmt" werden.

Einigungsvertrag
m., am 31. 08. 1990 zwischen der Bundesrepublik Deutschland und der DDR geschlossener Vertrag über den Beitritt der ostdeutschen Länder zur Bundesrepublik, der mit der Wiedervereinigung am 3. 10. 1990 vollzogen wurde.

„Entartete Kunst"
w., während der nationalsozialistischen Herrschaft eingeführte diffamierende Bezeichnung für Werke der Modernen Kunst, die als „artfremd" und „ungesund" eingestuft wurden, da sie nicht der völkischen Kunsttheorie und Rassenideologie entsprachen. Als entartet galten z. B. die Bilder Picassos oder van Goghs, die Skulpturen von E. Barlach, ebenso die Musikwerke der Kompositionen A. Schönberg und A. Webern. Die deutschen Maler, Bildhauer und Komponisten erhielten Arbeitsverbot, viele mussten emigrieren.

Entnazifizierung
w., Sammelbezeichnung für die Verfahren zur völligen Beseitigung des Nationalsozialismus, zur Bestrafung seiner Anhänger und zur Vorsorge gegen seine Wiederbelebung. Dabei standen zwei Ziele im Vordergrund: Einerseits die Aufhebung der NS-Gesetzgebung und die Bestrafung von Kriegsverbrechern, andererseits die Ausschaltung der NS-Anhängerschaft und die Demokratisierung der Gesellschaft.

Entspannung
w., die Bemühung der internationalen Politik, den ideologischen Gegensatz zwischen den USA und der UdSSR bzw. den Blockstaaten durch Maßnahmen der Abrüstung und Zusammenarbeit zu entschärfen. Die Politik der Entspannung geht davon aus, dass es trotz der systembedingten Unterschiede der Machtblöcke gemeinsame Interessen wirtschaftlicher und kultureller Art gibt. Nach der Kubakrise 1962, die beinahe zu einer atomaren Auseinandersetzung geführt hatte, kam es seit 1963 zu Gesprächen und Vertragsabschlüssen.

Euthanasie
w., von gr. „schöner Tod", in der Antike Bezeichnung für einen schmerzlosen Tod oder den ehrenvollen Tod eines Kriegers im Kampf. Seit der Neuzeit beschreibt der Begriff die Diskussion um die Schmerzlinderung Sterbender. Im Nationalsozialismus wurde das Fremdwort als tarnende, beschönigende (euphemistische) Bezeichnung für die systematische Tötung missgebildeter Kinder und erwachsener Geisteskranker missbraucht. Der „Tötung lebensunwerten Lebens" fielen gemäß der nationalsozialistischen Rassenhygiene über 100.000 Menschen zum Opfer.

Exil
s., von lat. verbannt, Bezeichnung für den meist aus politischen Gründen erzwungenen Aufenthalt. Der Emigration geht oft staatliche Verfolgung und Flucht voraus, vielfach mit Verlust des Eigentums und unter Bedrohung des Lebens.

Faschismus
m., von ital. fascio = der Bund, Bezeichnung für das politische Regime unter Diktator Benito Mussolini in Italien in den zwanziger Jahren, die zwischen den Weltkriegen auf andere rechtsgerichtete, nationalistische und autoritäre Bewegungen und Herrschaftssysteme, v.a. in Deutschland, übertragen wurde. Bestrebungen, den Nationalsozialismus oder Faschismus nach 1945 wieder aufleben zu lassen, werden als Neofaschismus bezeichnet.

Frauenemanzipation
w., organisiertes Eintreten der Frauen für ihre Gleichberechtigung auf ökonomischem, sozialem, politischem und kulturellem Gebiet. Die Emanzipationsbewegung vertritt den Standpunkt, dass vermeintlich typisch weibliche Eigenschaften, z.B. gefühlsbetont, passiv, irrational, nicht natürlich, d.h. biologisch festgelegt sind, sondern von der Gesellschaft in der Folge sozialer und politischer Strukturen konstruiert wurden.

Friedliche Koexistenz
w., Strategie der sowjetischen Aussenpolitik seit 1956 mit dem erklärten Ziel, mit nichtkommunistischen Ländern wirtschaftlich zu konkurrieren, auf direkte Konfrontation zu verzichten, ohne die ideologischen Gegensätze zu verwischen und die entsprechenden Ziele aufzugeben.

Führerprinzip (Führer, Führerstaat)
s., offizieller Titel Adolf Hitlers war seit August 1934 „Führer und Reichskanzler". In der Vorstellung der NS-Ideologie war er der uneingeschränkte Leiter des Volkes mit unbegrenzten Befugnissen, keiner Herrscherfamilie entstammend, sondern der Mitte des Volkes, von Gott gesandt und quasi religiös verehrt. Er verkörperte das Volk und verwirklichte zu seinem Besten seinen wahren Willen. Im nationalsozialistischen Führerstaat sollte das uneingeschränkte Prinzip von Befehl und Gehorsam auf allen Ebenen gelten, in der Realität bestand aber ein kaum durchschaubares System miteinander rivalisierender Kompetenzen.

Genozid
m., von gr. „Tötung eines Geschlechts", Vernichtung einer nationalen, religiösen oder ethnischen Gruppe in ihrer Gesamtheit, von den Vereinten Nationen als Verbrechen geächtet und verfolgt. Zur Durchsetzung des Völkermords gehören Tötung und Folter, die Errichtung von Gettos, Internierung in Konzentrationslager und Geburtsverhinderung. Im Nationalsozialismus fielen dem Genozid etwa sechs Millionen Juden zum Opfer.

Gestapo (Geheime Staatspolizei)
w., Bezeichnung für die politische Polizei während der nationalsozialistischen Herrschaft; sie war dem Chef der Polizei und „Reichsführer SS" Heinrich Himmler unterstellt, besaß Sondervollmachten und war von gerichtlicher Kontrolle weitgehend unabhängig. Sie überwachte mit Hilfe von Spitzeln die Bevölkerung und ging mit Verhaftung und Folter gegen politische Gegner, Juden und andere Gruppen vor, die vielfach im Konzentrationslager umgebracht wurden.

Glasnost
w., russ. Öffentlichkeit; 1987 von Generalsekretär M. Gorbatschow im Zuge des demokratischen Reformprogramms der UdSSR, der Perestroika, geprägtes Schlagwort. Glasnost beschreibt das Bestreben, die Regierungsgeschäfte von Partei und Staat für die Öffentlichkeit durchsichtiger zu machen, indem mehr Informationen über die Medien nach außen gegeben werden.

„Gleichgewicht des Schreckens"
s., politisches Schlagwort des Kalten Krieges, das einen durch das atomare Wettrüsten der Machtblöcke hergestellten Gleichgewichtsfrieden bezeichnet, die militärische Abschreckung konnte durch das Drohen einer alles vernichtenden atomaren Auseinandersetzung eine Schreckensbalance halten.

Gleichschaltung
w., von den Nationalsozialisten erstmals verwendeter Begriff; die erzwungene einheitliche Ausrichtung und Instrumentalisierung aller politisch-gesellschaftlichen, kulturellen und wirtschaftlichen Organisationen nach den Interessen der herrschenden Partei in einem totalitären Staat.

Grundlagenvertrag
m., zwischen der Bundesrepublik Deutschland und der DDR 1972 geschlossener, am 21.6.1973 inkraftgetretener Vertrag zur Regelung und Normalisierung der Beziehung der beiden deutschen Staaten, v.a. bezüglich der Reisefreiheit. Die Einrichtung „Ständiger Vertretungen" bedeutete faktisch die Anerkennung der DDR als souveräner Staat.

Das im bundesrepublikanischen Grundgesetz verankerte „Wiedervereinigungsgebot" blieb dennoch unangetastet.

Holocaust
m., von gr. „völlig verbrannt", aus dem Englischen übernommenes Fremdwort, bezeichnet die Tötung einer großen Zahl von Menschen eines Volkes. Der Begriff wird vor allem im Zusammenhang mit der systematischen Judenvernichtung (⇨ Genozid) während des Nationalsozialismus verwendet.

Inflation
w., Geldentwertung durch anhaltenden Anstieg des Preisniveaus (Kaufkraftverlust). Die „schleichende" Inflation, bei geringen Preissteigerungsraten bis zu 5%, ist eine kalkulierte Folge wirtschaftlichen Wachstums, während die „galoppierende" oder „Hyperinflation" bei Steigerungsraten über 50% zur Entwertung einer Währung führt und meist eine Währungsreform zur Folge hat, z. B. in Deutschland 1923.

Isolationismus
m., Grundsatz der amerikanischen Außenpolitik seit dem Präsidenten Monroe (Monroe-Doktrin) von 1823 über die Nichteinmischung der USA in europäische Angelegenheiten, die jedoch eine aktive Außenwirtschaftspolitik nicht ausschließt. Teilweise Abkehr von dieser Haltung durch die Kriegserklärung der USA an Deutschland 1917.

Kanzlerdemokratie
w., in den 50er Jahren geprägtes politisches Schlagwort, das die verfassungsmäßig gegebene starke Stellung des Kanzleramtes und den autoritären Führungsstil von Bundeskanzler K. Adenauer kritisiert.

Konzentrationslager
s., Massen- oder Internierungslager in diktatorischen Staaten, die der Unterdrückung und Ausschaltung politischer Gegner dienen. Während des Nationalsozialismus wurden vor allem Personengruppen inhaftiert, die aus rassischen, religiösen oder „sozialen" Gründen zu Volksschädlingen erklärt wurden (z. B. Juden, Sinti und Roma, Homosexuelle). Die Häftlinge wurden unter menschenverachtenden Bedingungen zur Zwangsarbeit vielfach in der Rüstungsindustrie verpflichtet, litten an Hunger und unter den sadistischen Quälereien der SS-Männer. Die 1942 beschlossene „Endlösung der Judenfrage" bedeutete die technisch-fabrikmäßig organisierte Ermordung von etwa sechs Millionen Juden und mindestens 500 000 Menschen nichtjüdischer Herkunft.

KSZE
w., Abkürzung für Konferenz für Zusammenarbeit und Sicherheit in Europa; mehrere Zusammenkünfte der europäischen Staaten, Kanada und den USA seit 1973, zur Regelung der Fragen der Sicherheitspolitik und Abrüstung sowie über die Zusammenarbeit in den Bereichen Wirtschaft, Wissenschaft und Umwelt.

Marshall-Plan
m., nach dem US-Außenminister benanntes Programm zur Wirtschaftshilfe der USA an Europa mit dem Ziel, Hunger und Elend zu überwinden und wirtschaftlich gesunde Handels- und Interessenpartner zu gewinnen. Die Hilfeleistungen beschleunigten den wirtschaftlichen Wiederaufbau und verschärften gleichzeitig die Abgrenzung des Westens vom Osten.

Nationalsozialismus
m., Bezeichnung für die nach dem Ersten Weltkrieg in der Weimarer Republik aufgekommene antidemokratische, rassistisch-nationalistische Bewegung, die als Nationalsozialistische Deutsche Arbeiterpartei dem Führerideal unter Adolf Hitler huldigte. Seit der Machteinsetzung der Nationalsozialisten 1933 Synonym für das faschistische Herrschafts- und Gesellschaftssystem.

Nürnberger Prozess
m., Am 8. August 1945 erließen die alliierten Siegermächte das Statut zur Errichtung eines internationalen Militärgerichtshofs mit Sitz in Nürnberg zur Aburteilung der Hauptverantwortlichen für die deutschen Kriegsverbrechen. Als Kriegsverbrechen galten Verbrechen gegen den Frieden, gegen die Menschlichkeit und verbrecherische Kriegsführung. Diesem Statut traten 19 Staaten bei. Vom November 1945 bis September 1946 verhandelte der Gerichtshof gegen 24 deutsche Hauptangeklagte. 12 davon wurden zum Tode verurteilt, 7 zu langjährigen Gefängnisstrafen. Es folgten weitere Prozesse vor internationalen Gerichten und Gerichten einzelner Länder gegen hohe Funktionäre und Politiker des NS-Regimes, Industrielle, SS-Leute, SS-Ärzte und KZ-Personal. Erst viel später begann auch die deutsche Justiz NS-Verbrechen aufzuarbeiten.

Parlamentarismus
m., Regierungsform, bei der die Macht bei dem vom Volk gewählten Parlament liegt. Als Repräsentation des Volkes kann das Parlament eine Regierung durch Misstrauensvotum zum Rücktritt zwingen. Es besitzt zudem die Gesetzgebungshoheit und entscheidet über Verwendung des Finanzhaushaltes.

Parteienstaat
m., Staat, dessen vor allem Innenpolitik durch die Maßgabe einzelner politischer Parteien bestimmt wird. Oft auch abwertend in dem Sinne gebraucht, dass das Gemeinwesen zum Interessenobjekt einzelner Parteien geworden ist.

Perestroika
w., russ. Umbau, von Generalsekretär M. Gorbatschow 1985 eingeleitete demokratische Reformbewegung zur wirtschaftlichen und gesellschaftlichen Umgestaltung der UdSSR, die eine Diskussion in der Öffentlichkeit anstrebte (⇨ Glasnost). Mit Hilfe von Wirtschaftsreformen sollten Korruption und Misswirtschaft bekämpft und durch Förderung von Eigenverantwortlichkeit eine größere Effizienz und Produktivität erreicht werden.

Planwirtschaft
w., Wirtschaftsordnung, in der nicht wie in der Marktwirtschaft die Produzenten und Verbraucher entscheiden, was und wieviel produziert wird, sondern zentrale Planungsstellen des Staates. Sie stellen die Bedürfnisse der Bevölkerung fest, entscheiden über ihre Rangfolge und steuern die Verteilung der Produkte durch festgesetzte Preise.

Pluralismus
m., philosophische und politische Position, die die Koexistenz und freie Entfaltung einer Vielzahl verschiedener Meinungen und Interessen in einem Gesellschaftssystem anerkennt und in der Verschiedenheit dieser Gruppen das tragende Element einer demokratischen Ordnung sieht.

Propaganda
w., (lat. propagare: verbreiten). Planmäßige politische Werbung. Von den Nationalsozialisten besonders durch den Einsatz moderner Medien (Kommunikationsmittel wie Presse, Rundfunk) und großartig inszenierter Massenveranstaltungen ins Maßlose übersteigert.

Pogrom
m., von russ. Verwüstung, Unwetter, von Kirche und Staat geduldete oder angestiftete Ausschreitungen und Gewalttaten gegen Juden. In der so genannten „Reichspogromnacht" am 9./10.11.1938 wurden auf Initiative des Propagandaministers Joseph Goebbels Synagogen, jüdische Friedhöfe, Wohn- und Geschäftshäuser geplündert, angezündet und zerstört.

Rassismus
m., verfemte Lehre von der Verschiedenwertigkeit der menschlichen Rasse, wonach selbsterklärt höherwertige Rassen, z.B. die „arische Herrenrasse" im Nationalsozialismus, das Recht haben, andere zu unterdrücken. Der Rassismus legitimiert Versuche, unterdrückte und verfolgte Rassen durch Völkermord zu vernichten.

Räte/Rätesystem
m., ideologischer Entwurf einer basisorientierten Demokratie, um bisher benachteiligte Schichten durch die direkte Wahl von jederzeit abberufbaren Räten an der Herrschaftsausübung zu beteiligen. Seit den russischen Revolutionen von 1905 und 1917 durch die Bildung der Arbeiter- und Soldatenräte formale Verfassungsgrundlage der Sowjetunion.

Rüstung
w., Art und Stand der militärischen Bewaffnung und Mannschaftsstärke der Streitkräfte eines Landes und die dafür aufgewendeten staatlichen Mittel. Rüstungsbeschränkungen sind vertraglicher Bestandteil von Abrüstungsvereinbarungen zwischen Staaten und Bündnissen.

Satellitenstaat
m., Bezeichnung für einen Staat, der trotz seiner völkerrechtlichen Unabhängigkeit innen- wie außenpolitisch unter dem beherrschenden Einfluss einer Großmacht in einem Abhängigkeitsverhältnis steht, das die staatliche Souveränität faktisch aufhebt. Als Satellitenstaaten wurden z.B. die ehemaligen Ostblockstaaten bezeichnet, die unter dem Einfluss der Sowjetunion standen.

solidarnosc
w., poln. Solidarität; polnische Gewerkschaftsorganisation, deren langjähriger Vorsitzender der spätere Friedensnobelpreisträger L. Walesa war. Sie war die treibende Kraft der Demokratiebewegung 1980, die sich durch Massenstreiks Gehör verschaffte. Von 1982–89 verboten, stellte solidarnosc das kommunistische Herrschaftssystem grundsätzlich in Frage. 1989 übernahm sie die Regierung der Republik Polen.

Soziale Marktwirtschaft
w., Wirtschaftsordnung, die auf freiem Wettbewerb, privatem Eigentum an Produktionsmitteln, freier Preisbildung und Lohnvereinbarung durch autonome Tarifpartner (Gewerkschaften und Arbeitgeberverbände) beruht, in die der Staat aber zum Schutz von Schwachen und zum Ausgleich der Einkommen durch Steuern, Subventionen und Sozialleistungen eingreift.

Totalitarismus (totalitäre Herrschaft)
m., Herrschaftsform, die einen uneingeschränkten Verfügungsanspruch über die von ihr Beherrschten stellt, mit dem Zwang zur totalen Unterordnung des Individuums und dessen Privatsphäre unter das System, mit der Zielsetzung, ein umfassendes neues Wertesystem zu schaffen.

Versailler Vertrag
m., am 28.6.1919 in Versailles zwischen den Alliierten und dem Deutschen Reich geschlossener Friedensvertrag, der den Ersten Weltkrieg beendete. Neben der Anerkennung der militärischen Alleinschuld Deutschlands und seiner Verbündeten enthielt der Vertrag Vereinbarungen zu Reparationszahlungen, Entmilitarisierung und Gebietsabtretungen. Während der Weimarer Republik drehten sich die außenpolitischen Bemühungen mit einigem Erfolg um die Revision bzw. Milderung der Auflagen des Vertrages, dennoch lasteten viele Deutsche, v.a. die Nationalsozialisten und Deutschnationalen, das „Diktat von Versailles" den Parlamentariern als nationale Demütigung und Verrat an den deutschen Soldaten an, der sog. Dolchstoßlegende.

Vertreibung (der Deutschen)
w., Bereits auf der Konferenz von Teheran (28.11.–1.12.1943) hatten die USA und Großbritannien Stalins Forderung zugestimmt, die im Herbst 1939 auf Grundlage des Hitler-Stalin-Pakts von der Sowjetunion besetzten Gebiete Polens zu behalten. Außerdem verlangte er einen Teil Ostpreußens. Die polnische Ostgrenze sollte auf Kosten ehemals deutschen Gebiets nach Westen verschoben werden. Diese Bestimmungen wurden auf der Konferenz von Jalta (4.–11.2.1945) dahingehend präzisiert, dass Polen das Gebiet östlich der Oder und der Lausitzer Neiße sowie Teile Ostpreußens zufallen sollten, die dortige deutsche Bevölkerung sollte umgesiedelt werden. Auf der Potsdamer Konferenz (17.7.–2.8.1945) legten die Alliierten dann fest, dass „diese Überführung auf eine geregelte und menschliche Weise erfolgen sollte." Die ungeregelte Flucht und Vertreibung der Deutschen aus diesen Gebieten war zu diesem Zeitpunkt aber bereits in vollem Gange. Insgesamt sind ca. 14 Mio. Menschen aus den deutschen Siedlungsgebieten in Ost- und Südosteuropa geflohen oder vertrieben worden. Dabei sind über 2 Mio. umgekommen.

Volksdemokratie
w., von kommunistischer Seite geprägter Begriff zur Bezeichnung der Staatsform in osteuropäischen Ländern, in denen die Parteien und Massenorganisationen unter Führung der Kommunisten zu einem Block zusammengeschlossen sind und in der nach einer Einheitsliste gewählt wird.

Volksgemeinschaft
w., Zentraler Punkt der nationalsozialistischen Ideologie. Demnach bestimmen nicht Klassengegensätze oder Interessenskonflikte die Auseinandersetzungen in Staat und Gesellschaft, sondern besteht eine einheitliche Volksgemeinschaft, in der alle sozialen Gruppen zu einer Einheit verschmolzen sind.

Westbindung/Westintegration
w., enge politische und wirtschaftliche Bindung Westdeutschlands an die Westmächte, besonders an deren führende Macht, die USA, bei gleichzeitiger Abgrenzung von der Sowjetunion unter Absage an ein blockfreies Deutschland. Die Westbindung untermauerte die deutsche Teilung.

Widerstand
m., im politischen Untergrund organisierte Form der Auflehnung gegen ein diktatorisches oder menschenrechtsfeindliches Regierungssystem. Der Widerstand im Nationalsozialismus (z.B. der passive Widerstand einzelner, studentischer Widerstand, der militärische Anschlag auf Hitler 1944) scheiterte an der Festigkeit des Herrschaftssystems und an dem mangelnden Rückhalt aus der Bevölkerung.

Wiedervereinigung
w., die Überwindung der Teilung Deutschlands als Folge des Zweiten Weltkrieges und der Blockbildung 1949 durch den Beitritt der Länder der DDR zur Bundesrepublik Deutschland entsprechend dem Einigungsvertrag vom 31.8.1990, am 3.10.1990. Während das Ziel der deutschen Wiedervereinigung in der Bundesrepublik grundgesetzlich verankert war, pochte die DDR auf die Anerkennung staatlicher Souveränität.

Sachwortverzeichnis

Bildnachweis

Seite 15, 38 u., 69, 92, 94, 98 (2), 99, 100, 101 li., 144 (2), 193 Mi. li., 206, 208, 211 o. re., 211 Mi. re., Ullstein Bilderdienst, Berlin, U4 re., 16, 17 o., 59 (2), 136, 139, 158, Süddt. Verlag Bilderdienst, München, U4 li., 17 u., 20 u. li., 34/35, 145, 210 re., Bildarchiv Preuss. Kulturbesitz, Berlin, 20 u. re., 78/79, 113, 150 re., 144, 145 (2), 210 li. Archiv für Kunst und Geschichte, Berlin, 25 Staatsarchiv Dortmund, 27, 29, 40, 63, 126/127, 130, 132, 133, 134, 135, 138 (2), 170 re., 171 o., 183 (2), 184 (2), Sächs. Landesbibliothek, Fotothek, 28, 157, 211 o. li., u. li. Landesbildstelle Berlin, 31, 48, 88, 181, VG Bild-Kunst, Bonn 1998, 42 Staatl. Universitätsbibliothek, Frankfurt, 46, 85 Bundesarchiv Koblenz, 50/51, 52/53, 54/55, 194 J. Stehling, Bielefeld, 50/51 aus: Scott McCloud: Comics richtig lesen, Carlsen Verlag GmbH, Hamburg, 53 aus: Bedürftig/Kalenbach: Hitler, Carlsen Verlag GmbH, Hamburg, 64 H. Hoffmann, Dresden, 67 o. (c) VG Bild-Kunst, Bonn 1998, 77 Koerber-Stiftung, Hamburg, U1, 87 Weiße Rose Stiftung, München, 93, 120, 163, 211 u. re., dpa. Frankfurt, 104/105 Bavaria/DRA, Gauting, 116, 162, Keystone Pressedienst, Hamburg, 119 U.S.I.S., Bonn, 148, 149 Bundesbildstelle, Bonn, 150 li. Sven Simon, Essen, 155 re. Stadtarchiv Kaiserslautern, 156 Bongarts, Hamburg, 165 Haus der Geschichte, Bonn, 166/167 Photos: Volker Kreidler, Dresden, 170 li., 171 re. Archiv der Gedenkstätte Buchenwald, 173 actionpress/v. Stamm, Hamburg, 191 Archiv Jürgens, Berlin, 193 u. li. Stadtarchiv München, 193 u. re. Zenit Bildagentur, Berlin, 207, 208 o., u. re. CCC/Haitzinger, München, 208 u. li. K. Schoenfeldt, Ahrensburg, 201 CCC/Pepsch, München

987 654 321